青海省主要矿产资源节约与综合利用研究

QINGHAI SHENG ZHUYAO KUANGCHAN ZIYUAN JIEYUE YU ZONGHE LIYONG YANJIU

魏小林　童海奎　周　堃　王权峰
于小亮　康　波　严玲琴　王振东　编著

中国地质大学出版社
ZHONGGUO DIZHI DAXUE CHUBANSHE

图书在版编目(CIP)数据

青海省主要矿产资源节约与综合利用研究/魏小林等编著. —武汉:中国地质大学出版社,2023.8
ISBN 978-7-5625-5635-0

Ⅰ. ①青… Ⅱ. ①魏… Ⅲ. ①矿产资源-资源利用-研究报告-青海 Ⅳ. ①F426.133

中国国家版本馆 CIP 数据核字(2023)第 149643 号

青海省主要矿产资源节约与综合利用研究	魏小林 童海奎 周 堃 王权峰 于小亮 康 波 严玲琴 王振东	编著

责任编辑:舒立霞	选题策划:舒立霞	责任校对:何澍语

出版发行:中国地质大学出版社(武汉市洪山区鲁磨路388号)	邮编:430074
电　　话:(027)67883511　　传　　真:(027)67883580	E-mail:cbb@cug.edu.cn
经　　销:全国新华书店	http://cugp.cug.edu.cn
开本:880毫米×1 230毫米　1/16	字数:495千字　印张:15.75
版次:2023年8月第1版	印次:2023年8月第1次印刷
印刷:湖北睿智印务有限公司	
ISBN 978-7-5625-5635-0	定价:168.00元

如有印装质量问题请与印刷厂联系调换

前　言

青海省地处欧亚板块与印度板块衔接部位，区内地质构造复杂，成矿地质作用多样，全省主要成矿区(带)由北而南划分为祁连成矿带、柴达木盆地北缘成矿带、柴达木盆地成矿区、东昆仑成矿带、巴颜喀拉成矿带、"三江"北段成矿带等。其中祁连成矿带以有色金属、石棉、煤为主；柴达木盆地北缘成矿带以贵金属、有色金属、煤炭为主；柴达木盆地成矿区以石油、天然气、盐类矿产为主；东昆仑成矿带以有色金属、贵金属矿产为主；巴颜喀拉和"三江"北段成矿带以铜、铅锌、钼等有色金属矿产为主。按矿产种类的区域分布，大致有"北部煤，南部有色金属，西部盐类和油气，中部有色、贵金属"的特点；矿种上，有矿产种类多，共伴生矿多，矿产地分布散，矿产资源量相对丰富的特征。石油、天然气、钾盐、石棉及有色金属（铅、锌、铜等）矿产品的供应在全国占有重要地位。

经过广大地质工作者60余年的努力，已查明青海省有较丰富的石油、天然气、煤炭、铁、铜、铅、锌、镍、金、钾盐、锂、锶、硼、湖盐、镁盐、芒硝、石棉、石灰岩、石英岩、白云岩、饰面石材等矿产资源，为青海省矿产资源开发利用奠定了资源基础。伴随着西部大开发战略的实施，青海省矿产资源优势得到了充分的发挥，为社会经济的发展起到了重要的支撑作用，矿业已成为青海省工业经济发展的主要力量。截至2020年底，全省共有各类矿山企业531家，开发利用矿产61种，年产矿石总量12 613.54万t（其中固体矿11 809.49万t；液体矿281.60万t；气体矿640 000万m^3，合522.45万t）。

据《青海省统计年鉴（2020年）》统计，2015—2020年期间，青海省矿产资源开发规模以上企业总产值占全省规模以上企业总产值比例在9.80%～29.44%之间；延伸加工制造业规模以上企业总产值占全省规模以上企业总产值比例在50.05%～55.55%之间，是全省重要的支柱性产业之一。在全省十大重点行业中，与矿产资源开采和加工相关的行业就有8个，由矿产资源勘查—资源开发—资源加工利用形成的矿产资源产业，不仅为全省国民经济发展提供了资源保障，而且也是经济发展的主导产业。

2000年以来，随着"西部大开发""青藏专项"等重大国家战略的实施，青海省矿业发展迎来了崭新的篇章，矿业飞速发展、矿产资源开发规模不断提高，全省矿业经济得到发展和壮大，但在矿业绿色发展、矿产资源综合利用等诸多方面也产生了一些新的问题。面对未来的发展要求，加强青海省矿产资源节约与综合利用，提高矿产资源开发利用技术水平和利用效率，显得尤为重要，具有深远的战略意义。

为贯彻国家节约优先战略，查清青海省重要矿产资源综合利用现状，积极推进矿产资源节约与综合利用工作，在自然资源部的统一部署下，青海省开展了重要矿产资源、重要矿山"三率"综合调查与评价工作，旨在摸清青海省矿产资源开发利用中节约与综合利用、开发利用技术水平的现状及存在的问题，分析研究青海省重要矿山的开发利用水平和与全国同类矿山的差距，提出解决问题的方向、方法及政策措施。

本书在充分收集青海省矿产资源开发利用现状资料的基础上，通过综合汇总研究，总结了青海省主要矿产资源特点以及资源开发利用技术现状，并在此基础上对全省矿产资源的节约与综合利用提出了对策建议，为全省开发矿产资源提供了参考。

本书共分 7 章,童海奎、魏小林完成了著作的统稿。各章节执笔人如下:前言、第一章、第七章由童海奎编写;第二章由于小亮、康波编写;第三章、第四章由魏小林编写;第五章由严玲琴、周堃(成都理工大学)、王权峰(成都理工大学)编写;第六章由魏小林、王振东编写;魏小林对所有各章节进行了校对、整理。

由于成果资料丰富,加之编者水平有限,成果可能有所疏漏,不足之处在所难免,请广大读者批评指正,提出宝贵的建议。

编著者

2023 年 5 月

目 录

第一章 矿产资源节约与综合利用的重要意义	(1)
第二章 研究的重点矿种及基础资料	(3)
第一节 矿产资源概况	(3)
一、优势矿产	(4)
二、劣势矿产	(5)
第二节 矿产资源种类	(5)
第三节 矿产资源共伴生及综合利用情况	(7)
一、煤炭	(7)
二、铁矿	(8)
三、铜矿	(8)
四、铅锌矿	(8)
五、金矿	(8)
六、钾盐	(8)
七、镁盐	(9)
八、石棉	(9)
第四节 重点矿种的确定	(9)
第五节 本次研究的基础资料	(10)
第三章 主要矿种及其共伴生资源的开发利用条件	(12)
第一节 煤　炭	(12)
一、煤炭资源概况	(12)
二、煤炭资源特点	(12)
三、煤炭资源开采条件	(25)
第二节 铁　矿	(26)
一、铁矿资源概况	(26)
二、铁矿资源储量及分布	(38)
三、铁矿资源开发利用条件	(38)
第三节 铜　矿	(40)
一、铜矿资源概况	(40)
二、铜矿资源量及分布	(40)
三、铜矿资源开发利用条件	(53)
第四节 铅　矿	(54)
一、铅矿资源概况	(54)
二、铅矿资源储量及分布	(67)
三、铅矿资源开采条件	(67)

第五节　锌矿 …… (69)
一、锌矿资源概况 …… (69)
二、锌矿资源储量及分布 …… (69)
三、锌矿资源开发利用条件 …… (82)

第六节　镍矿 …… (83)
一、镍矿资源概况 …… (83)
二、镍矿资源量及分布 …… (86)
三、镍矿资源开发利用条件 …… (86)

第七节　金矿 …… (87)
一、金矿资源概况 …… (87)
二、金矿资源储量及分布 …… (97)
三、金矿资源开发利用条件 …… (97)

第八节　钾盐 …… (98)
一、钾盐资源概况 …… (98)
二、钾盐资源量及分布 …… (99)
三、钾盐资源开发利用条件 …… (107)

第九节　石棉矿 …… (108)
一、石棉矿资源概况 …… (108)
二、石棉矿资源量及分布 …… (110)
三、石棉矿资源开发利用条件 …… (110)

第十节　石灰岩矿 …… (111)
一、石灰岩矿资源概况 …… (111)
二、水泥用石灰岩矿资源量及分布 …… (118)
三、水泥用石灰岩矿资源开发利用条件 …… (118)

第四章　主要矿产资源开发利用现状 …… (120)

第一节　矿产资源开发现状 …… (120)
一、矿产资源开发概况 …… (120)
二、矿业活动概况 …… (121)
三、矿产资源分析 …… (124)
四、调查基本情况 …… (125)

第二节　矿山开发利用现状 …… (125)
一、煤炭 …… (125)
二、铁矿 …… (130)
三、铜矿 …… (141)
四、铅锌矿 …… (148)
五、镍矿 …… (159)
六、金矿（岩金） …… (163)
七、其他金属矿产 …… (171)
八、盐湖矿产 …… (175)

九、非金属矿产 ………………………………………………………………………………………（190）

第五章　矿山开发利用水平概况 ……………………………………………………………………（203）

第一节　矿山"三率"水平综述 ……………………………………………………………………（203）
　　一、"三率"调查评价结果 ……………………………………………………………………（203）
　　二、"三率"达标率 ………………………………………………………………………………（205）

第二节　先进适用技术和攻关的重点难点项目 …………………………………………………（209）
　　一、适宜推广的先进适用技术 …………………………………………………………………（209）
　　二、需要攻关的重点难点项目 …………………………………………………………………（214）

第三节　矿产资源开发利用水平综述 ……………………………………………………………（219）
　　一、矿山开采进一步规范 ………………………………………………………………………（219）
　　二、"三率"指标达标率进一步提高 ……………………………………………………………（220）
　　三、矿产资源管理与服务能力稳步提升 ………………………………………………………（220）

第四节　矿产资源勘查及开发利用中存在的问题 ………………………………………………（220）
　　一、勘查中存在的问题 …………………………………………………………………………（220）
　　二、开发利用中存在的问题 ……………………………………………………………………（222）

第六章　矿产资源节约与综合利用的方向 …………………………………………………………（225）

第一节　国家节约与综合利用的形势 ……………………………………………………………（225）
　　一、生产集中度大幅上升至35%，劳动生产率明显提高 ……………………………………（225）
　　二、采选难度持续增加，但资源利用效率逐渐提高 …………………………………………（226）
　　三、尾矿综合利用量逐年增加，年产生量仍超过10亿t ……………………………………（226）
　　四、主要再生有色金属产量逐年增加，二次资源利用潜力巨大 ……………………………（227）
　　五、共（伴）生资源和残矿回收产值提升空间较大 ……………………………………………（227）

第二节　矿产资源节约与综合利用的发展趋势 …………………………………………………（227）
　　一、绿色发展 ……………………………………………………………………………………（227）
　　二、智能采选 ……………………………………………………………………………………（230）
　　三、高效开发 ……………………………………………………………………………………（232）
　　四、综合利用 ……………………………………………………………………………………（234）

第七章　青海省矿产资源节约与综合利用的对策建议 ……………………………………………（237）
　　一、提高共伴生矿产资源的综合利用要求 ……………………………………………………（237）
　　二、加强监督管理，提高矿产资源开发利用水平和效率 ……………………………………（237）
　　三、加强矿产资源开发利用研究，提高资源的利用效率 ……………………………………（237）
　　四、开展综合利用及政策研究，提高资源保障 ………………………………………………（238）
　　五、加强宣传，提高矿山企业的积极性 ………………………………………………………（238）
　　六、努力发展矿产资源领域的循环经济 ………………………………………………………（238）
　　七、制定青海省矿产资源节约与综合利用鼓励、限制和淘汰技术目录及政策 ……………（239）

主要参考文献 ……………………………………………………………………………………………（240）

第一章　矿产资源节约与综合利用的重要意义

矿产资源是经济社会发展和生态文明建设的重要物质基础，具有特定的自然属性，突出表现在时空分布极不均衡，这种不均衡性塑造了区域乃至全球矿产资源的分布格局，也决定了一个国家或地区的矿产资源都不可能应有尽有或完全满足自身需求。因此，矿产资源的保障程度和合理开发利用是关系到国家或区域经济可持续发展及资源战略安全的重大问题，事关国家经济建设全局和国家资源能源安全。

矿产资源开发利用模式的不同和水平的高低会对生态环境产生重建改善或扰动破坏的双向作用。习近平总书记指出："生态环境问题，归根到底是资源过度开发、粗放利用、奢侈浪费造成的。"因此，如何减少资源过度开发、粗放利用，推动产业领域实现创新、协调、绿色、开放、共享，备受社会关注。提高矿产资源节约与综合利用水平，建立生态环境友好下的资源开发利用模式成为当前及以后一段时间的重点工作。

从国际形势来看，世界经济总体发展趋势是由降转升，加快复苏，逐步进入后危机时代。以应对金融危机和资源短缺等全球性挑战为目标，各国纷纷调整发展战略，大力推动发展新能源、环保低碳技术等新型绿色产业，抢占未来技术创新和产业发展的制高点。党的"十九大"历史性判断我国已进入新时代，发展理念和发展方式出现重大转变，经济进入中高速增长的"新常态"。"经济建设、政治建设、文化建设、社会建设、生态文明建设"五位一体的总体布局和"创新、协调、绿色、开放、共享"的新发展理念对矿业经济提出了新的要求，需求结构发生了重大变化，带动了矿业经济结构战略性调整，进而带动了组织结构和人才队伍结构调整，矿业经济创新发展的要求比以往任何时候都更加迫切。

根据国情，我国东部地区矿产资源开发利用在中华人民共和国成立后的 70 多年中，为全国经济社会发展作出了重要贡献。经多年的开发利用，多数矿山已进入衰退期，通过挖潜增储已不能解决我国资源保证的根本性问题，找矿重点不得不向西部转移。客观上，全球三大成矿带之一的地中海-特提斯成矿带横贯青藏高原，使该地区成为世界上矿产资源成矿背景与找矿潜力最好的地区之一。

目前，我国处于工业化、城市化加速阶段，资源约束矛盾突出，环境、生态压力大，如果继续沿用粗放型经济增长方式，矿产资源不但将难以为继，生态环境也将不堪重负。目前探明矿产资源的储量消耗过快，我国矿山废弃物和尾矿等减量化、无害化、资源化程度低，造成矿山环境问题严重。节约与综合利用已成为提高保障程度、增加有效供给和减轻环境污染压力的有效途径。

青海省是我国西部矿产资源集中分布区域之一，省内成矿条件优越，经过广大地质工作者 60 余年的努力，查明有较为丰富的石油、天然气、煤炭、铜、铅、锌、金、钾盐、锂、锶、硼、湖盐、石棉、水泥用石灰岩、石膏、石英岩、镁矿（白云岩）、镁盐、芒硝、钴、硅灰石等矿产资源，为青海省矿产资源开发利用奠定了资源基础。伴随着西部大开发战略的实施，青海省矿产资源优势初步显现，为青海省社会经济的发展起到了重要的支撑作用，矿产资源开发利用为青海省经济社会发展作出了重大贡献。截至 2020 年底，全省共有各类矿山 531 家（青海油田分公司各矿山计为 1 家），其中生产矿山 233 家，停产关闭矿山 216 家（停产 183 家，关闭 33 家），筹建矿山 82 家。全省开发利用矿产 61 种，年产矿石总量 12 613.54 万 t（其中固体矿 11 809.49 万 t；液体矿 281.60 万 t；气体矿 640 000 万 m^3，合 522.45 万 t），全省从事矿业开发的人数为 48 095 人，实现工业总产值 4 028 161.31 万元。

据《青海省统计年鉴（2020年）》，2020年全省生产总值为3 005.92亿元。其中第一产业生产总值为334.30亿元，第二产业1 143.55亿元，第三产业1 528.07亿元。如果按行业统计，在全省规模以上企业工业总产值2 328.05亿元中，采掘业产值为292.94亿元，占12.58%，相关延伸加工制造业为1 219.20亿元，占52.37%，采掘业和相关延伸加工制造业两项合计产值占64.95%，是全省重要的支柱性产业。

全省矿业对经济社会发展作出了巨大贡献，同时也存在一些问题：

（1）已探明的矿产资源具有贫矿多、富矿少，难采、难选、难冶矿多，易采、易选、易冶矿少，共生、伴生矿床多，单一矿床少等特点（韩生福等，2012）。矿产资源相对较差的天然禀赋给采、选、冶等处理过程带来了一定的困难，导致相当一部分矿产在近期内难以开发利用，成为长期沉睡的呆滞资源；同时增加了利用的难度。矿产资源的禀赋特点决定了在矿产开发与利用中必须注意资源节约与综合利用。

（2）青海省资源开发的综合利用率低、能耗高，破坏生态环境现象时有发生；矿产资源开发利用的技术和装备水平与矿业的发展要求不相适应。因此，树立和落实以人为本的全面、协调、可持续的科学发展观，实现资源的科学、合理和可持续的节约利用，是缓解矿产资源供需矛盾的主要手段，是促进矿产资源可持续利用的根本保证。

（3）青海省矿产资源开发利用中存在开发规模小、利用水平粗放、开发利用结构和布局问题突出、过量消耗资源等问题。资源利用浪费严重、效率不高的现象尚未得到根本性的解决，多数小矿山采选工艺落后、开发方式粗放、集约化程度低，开采回采率、选矿回收率和综合利用水平低，对尾矿、贫矿、共伴生矿、低品位矿产的利用不够，矿产资源浪费较严重（韩生福等，2012）。为保证国民经济健康、均衡增长，必须在矿产开发利用中实施节约与综合利用。

因此，在矿山中提高矿产资源的综合利用与节约利用水平，发展矿业循环经济，是落实科学发展观，建设节约型、环境友好型社会的重要工作；是解决资源短缺，实现矿业经济可持续发展战略目标的现实选择；是提高矿山企业经济效益，促进经济增长方式转变的有效途径；是治理污染，改善环境，提高资源利用率的重要措施。

随着青海省矿产资源开发规模的不断提高，加强青海省矿产资源节约与综合利用，提高矿产资源开发利用技术水平和利用效率，贯彻矿业绿色发展，提升矿业综合发展能力，显得尤为重要，具有深远的战略意义。

第二章　研究的重点矿种及基础资料

第一节　矿产资源概况

青海地处欧亚板块与印度板块衔接部位，区内地质构造复杂，成矿地质作用多样，全省主要成矿区（带）由北而南划分为：祁连成矿带、柴达木盆地北缘成矿带、柴达木盆地成矿区、东昆仑成矿带、巴彦喀拉成矿带、"三江"成矿带北段等。大致有"北部煤，南部有色金属，西部盐类和油气，中部有色、贵金属"的特点（潘彤和王福德，2021），全省盐湖类矿产资源（钾、镁、钠、锂、锶、硼等）储量相对丰富。石油、天然气、钾盐、石棉及有色金属（铅、锌、铜等）矿产品的供应已在全国占有重要地位。

据《2020年度青海省矿产资源年报》，青海省矿产资源量居全国前3位的有27种，前5位的有39种，6至10位的有23种。有62种矿产资源保有资源量排在全国前10位。其中锂矿、锶矿、电石用石灰岩、制碱用石灰岩、化肥用蛇纹岩、镁盐、钾盐、石棉、玻璃用石英岩、饰面用蛇纹岩10种矿产位于全国第1位。在国民经济占主导地位的45种主要矿产中，优势矿产锂矿（氯化锂）、锶矿、钾盐（氯化钾）、石棉、玻璃用石英岩等居第1位，而大宗支柱性矿产的煤炭居第15位，石油居第9位，天然气居第7位，铜矿、铅矿居第11位，锌矿居第10位，金矿居第13位，铁矿居第19位（表2-1）。

表2-1　2020年底青海省保有矿产资源量在全国排位表

（据《2020年度青海省矿产资源年报》）

位次	矿种（含亚矿种）	矿种数（含亚矿种数）（种）
1	锂矿、锶矿、电石用石灰岩、制碱用石灰岩、化肥用蛇纹岩、镁盐、钾盐、石棉、玻璃用石英岩、饰面用蛇纹岩	10
2	冶金用石英岩、芒硝、盐矿、溴矿、压电水晶、石榴子石、铸石用玄武岩、水泥配料用板岩	8
3	镍矿、钴矿、汞矿、铌矿、钽矿、硼矿、浮石、碎云母、陶粒用黏土	9
4	钛矿、自然硫、天然碱、碘矿、水泥配料用黄土	5
5	铬矿、铂族金属、铟矿、熔炼水晶、硅灰石、砖瓦用黏土、岩棉用玄武岩	7
6	镉矿、泥炭、砷矿、透辉石、粉石英	5
7	天然气、石膏	2
8	锡矿、铋矿、锑矿、铷矿	4
9	石油、锗矿、硒矿、重晶石、磷矿、玉石、建筑用砂、饰面用大理岩	8

续表 2-1

位次	矿种(含亚矿种)	矿种数(含亚矿种数)(种)
10	锌矿、菱镁矿、石墨、云母	4
11	铜矿、铅矿、镁矿、铂矿、钯矿、银矿、轻稀土矿、硫铁矿、水泥配料用泥岩	9
12	玻璃用脉石英	1
13	油页岩、金矿	2
14	饰面用花岗岩、普通萤石	2
15	煤炭、镓矿、水泥配料用黏土、水泥用大理岩	4
16—27	钨矿、钼矿、硫铁矿(矿石)、长石、铁矿、钒矿、水泥用石灰岩、锰矿、陶瓷土、溶剂用石灰岩、冶金用白云岩	11
总计		91

注：不含水气矿产。

一、优势矿产

(1)矿产资源量占优势的矿种。青海省矿产资源量占优势的矿种，主要有锂矿(氯化锂)、锶矿(天青石)、电石用石灰岩、制碱用石灰岩、化肥用蛇纹岩、硫酸镁盐、氯化镁盐、钾盐(氯化钾)、石棉、玻璃用石英岩、饰面用蛇纹岩等矿产，并在全国同类矿产保有资源量上占有绝对优势(图 2-1)。

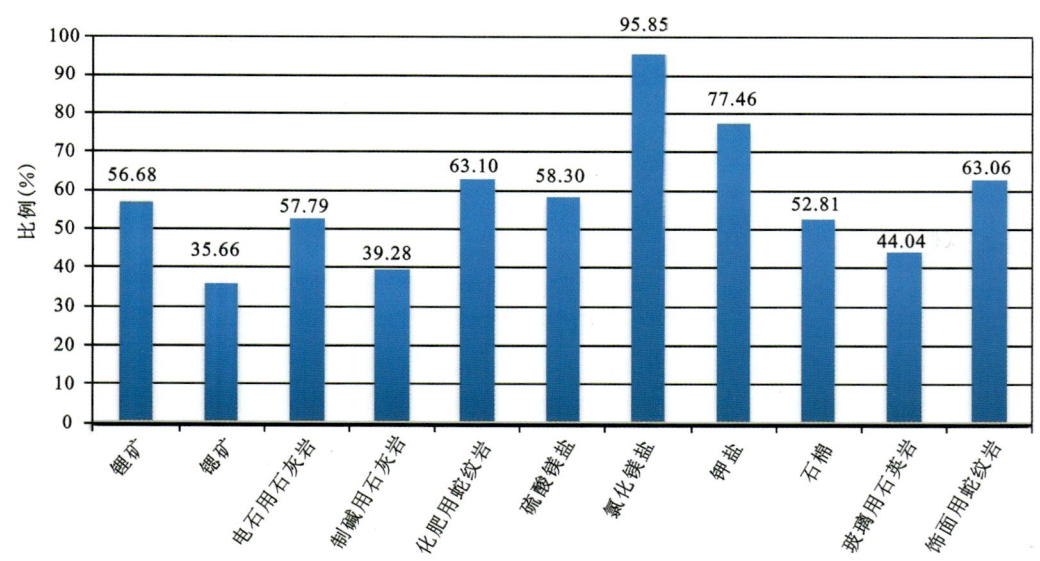

图 2-1 青海省保有资源量列全国第 1 位的 10 种矿产在全国的比重

在位列全国第 1 位的矿产中，保有资源量占全国比重超过 50% 的是 4 种盐湖矿产[锂矿(氯化锂)、硫酸镁盐、氯化镁盐、钾盐(氯化钾)]，以及石棉、化肥用蛇纹岩、电石用石灰岩、饰面用蛇纹岩 4 种非金属矿产。而对国民经济有重大带动意义的和高附加值的金属矿产并不多，且多数矿种经济的基础储量相对不足。

在国民经济中占有重要地位的、经济价值高的重要矿产青海省保有资源量占全国的比重均不高。

由图 2-2 中可见，所列 15 种重要矿产资源有 14 种在全国矿产资源中所占比例不超过 5%，其中煤炭所占的比例不足 0.5%。

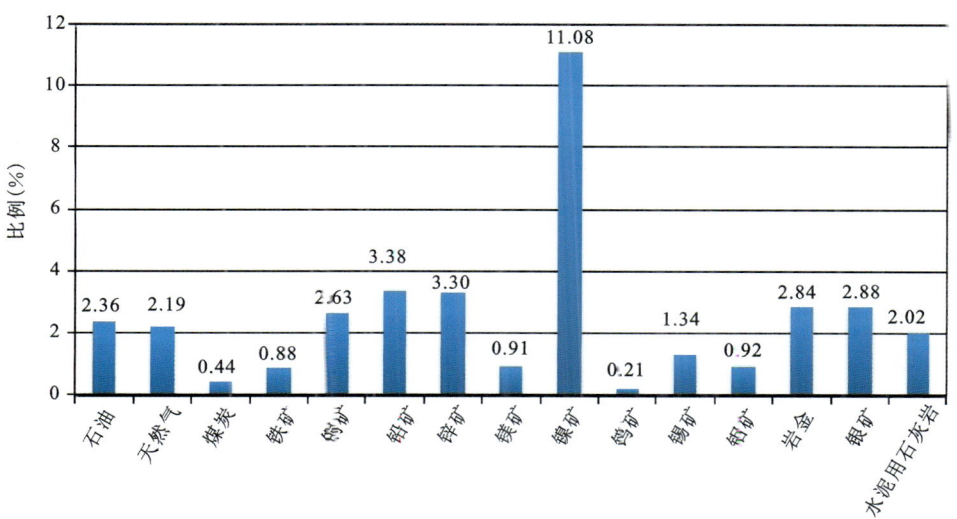

图 2-2 青海省 15 种重要矿产保有资源量占全国总保有资源量的比重

（2）开发效益较好的矿种。从目前青海省矿产资源种类的市场分析看，有较丰富的资源量、开发效益较好的矿种有石油、钾盐、天然气、岩金、锌矿、铜矿、铅矿、锂矿、硼矿、铁矿、盐矿（氯化钠）、石棉、饰面石材等矿种。其中煤炭总量较少，仅占全国的 0.43%，但分布较集中，且以炼焦配煤为主，经济价值较高。随着矿产勘查的深入，岩金矿产资源量有望大幅增长。

（3）资源相对较丰富，有潜在市场前景的矿种。资源量相对较丰富的并具潜在市场前景的矿产有镁盐、石英岩、芒硝、石膏、硅灰石等。

二、劣势矿产

目前探明资源量很少或未探明资源量的矿产，主要有铁矿（占全国资源量的 0.88%）、锰矿、铬矿、铂族矿、煤炭、钛矿、钒矿、铝土矿、铀矿、石墨、高岭土、膨润土、耐火黏土等。尤其是铝土矿在青海省成矿条件差，资源匮乏。铂、钯贵金属，铌钽矿等稀有金属矿虽然保有储量分列全国第 11 位和第 3 位，但因其品位低，开采不经济。铂族矿产主要为伴生矿，随主矿种开采消耗，未加以回收。

第二节 矿产资源种类

青海省作为矿产资源大省，矿产资源种类多、分布广、储量大（陈婷，2015）。截至 2020 年底，青海省共发现矿产种类有 137 种（含亚矿种，下同），其中能源矿产 11 种，金属矿产 46 种，非金属矿产 78 种，水气矿产 2 种（表 2-2）。全省查明有资源量的矿产种类有 111 种，编入《青海省矿产资源量简表（截至 2020 年底）》的矿产种类有 98 种（不含石油、天然气）。其中能源矿产 3 种，黑色金属矿产 5 种，有色金属矿产 12 种，贵金属矿产 8 种，稀有、稀土、分散元素矿产 14 种，冶金辅助原料非金属矿产 5 种，化工原料非金属矿产 17 种，建材和其他非金属矿产 32 种，水气矿产 2 种（表 2-3，图 2-3）（青海省自然资源厅，2020）。

本次研究涉及矿产地和矿产资源量的统计数据，主要依据《青海省矿产资源量简表（截至 2020 年底）》《2020 年全国矿产资源量通报》《2020 年度青海省矿产资源年报》等。

表 2-2　截至 2020 年底青海省已发现矿种分类表

（据《2020 年度青海省矿产资源年报》）

矿产分类		矿种数（种）	矿种名称
能源矿产		11	煤炭、石油、天然气、油页岩、天然气水合物（可燃冰）[2]、页岩气[2]、煤层气[2]、油砂[2]、铀[2]、钍[2]、地热（地下热水）
金属矿产	黑色金属	5	铁、铬、锰、钛、钒
	有色金属	13	铜、铅、锌、镁、镍、钴、钨、锡、钼、汞、锑、铋、铝[2]
	贵金属	8	金、银、铂、钯、钌、锇、铱、铑
	稀有、稀土、分散元素	20	铌、钽、锂、锶、铷、镓、铟、镉、硒、锗、镧、铈、钕、钐、钇[2]、镝[2]、铕[2]、铯[2]、锆[2]、铍[1]
非金属矿产	非金属矿产（括号中为亚种）	78	石墨、自然硫、硫铁矿、水晶（压电水晶、熔炼水晶）、刚玉[2]、蓝晶石[1]、红柱石[1]、绿柱石[1]、硅灰石、滑石、石棉、云母（碎云母、片云母）、长石、石榴子石、叶蜡石[2]、透辉石、透闪石[2]、蛭石[2]、沸石[2]、明矾石[2]、芒硝、石膏、重晶石、天然碱、方解石、冰洲石[2]、菱镁矿、萤石（普通萤石）、宝石[2]、玉石、电气石[1]、石灰岩（水泥用石灰岩、熔剂用石灰岩、电石用石灰岩、制碱用石灰岩）、白云岩（冶金用白云岩）、石英岩（冶金用石英岩、玻璃用石英岩、饰面用石英岩[1]）、天然石英砂（建筑用砂、铸型用砂[1]）、脉石英（玻璃用脉石英）、粉石英、含钾岩石[2]、高岭土[1]、陶瓷土、耐火黏土[2]、膨润土[2]、其他黏土（砖瓦用黏土、陶粒用黏土、水泥配料用黏土、水泥配料用黄土、水泥配料用泥岩）、蛇纹岩（饰面用蛇纹岩、化肥用蛇纹岩）、玄武岩（铸石用玄武岩、岩棉用玄武岩）、辉绿岩[1]、花岗岩（饰面用花岗岩）、珍珠岩[2]、凝灰岩（水泥用凝灰岩[2]）、大理岩（水泥用大理岩、饰面用大理岩）、板岩（水泥配料用板岩）、泥炭、盐矿、钾盐、镁盐、碘、溴、砷、硼、磷矿、麦饭石[2]、硝石[2]、绿松石
水气矿产		2	地下水、矿泉水
合计		137	

注：1. 查明有资源量但未上表的矿种；2. 发现但未查明资源量的矿种。

表 2-3　编入《青海省矿产资源量简表（截至 2020 年底）》的矿种分类表

（据《2020 年度青海省矿产资源年报》）

矿产分类		矿种数（种）	矿种名称
能源矿产		3	煤炭、油页岩、地热（地下热水）
金属矿产	黑色金属	5	铁、铬、锰、钛、钒
	有色金属	12	铜、铅、锌、镁、镍、钴、钨、锡、钼、汞、锑、铋
	贵金属	8	金、银、铂、钯、钌、锇、铱、铑
	稀有、稀土、分散元素	14	铌、钽、锂、锶、铷、镧、铈、钕、钐、锗、镓、铟、镉、硒

续表 2-3

矿产分类		矿种数(种)	矿种名称
非金属矿产	冶金辅助原料非金属	5	菱镁矿、普通萤石、熔剂用石灰岩、冶金用白云岩、冶金用石英岩
	化工原料非金属	17	自然硫、硫铁矿、芒硝、重晶石、天然碱、电石用石灰岩、制碱用石灰岩、化肥用蛇纹岩、泥炭、盐矿、钾盐、镁盐、碘、溴、砷、硼矿、磷矿
	建材及其他非金属	32	石墨、压电水晶、熔炼水晶、硅灰石、滑石、石棉、云母、碎云母、长石、石榴子石、透辉石、石膏、玉石、水泥用灰岩、玻璃用石英岩、建筑用砂、玻璃用脉石英、粉石英、陶瓷土、砖瓦用黏土、陶粒用黏土、水泥配料用黏土、水泥配料用黄土、水泥配料用泥岩、饰面用蛇纹岩、铸石用玄武岩、岩棉用玄武岩、饰面用花岗岩、饰面用大理岩、水泥用大理岩、水泥配料用板岩、绿松石
水气矿产		2	地下水、矿泉水
合计		98	

注:不含石油、天然气。

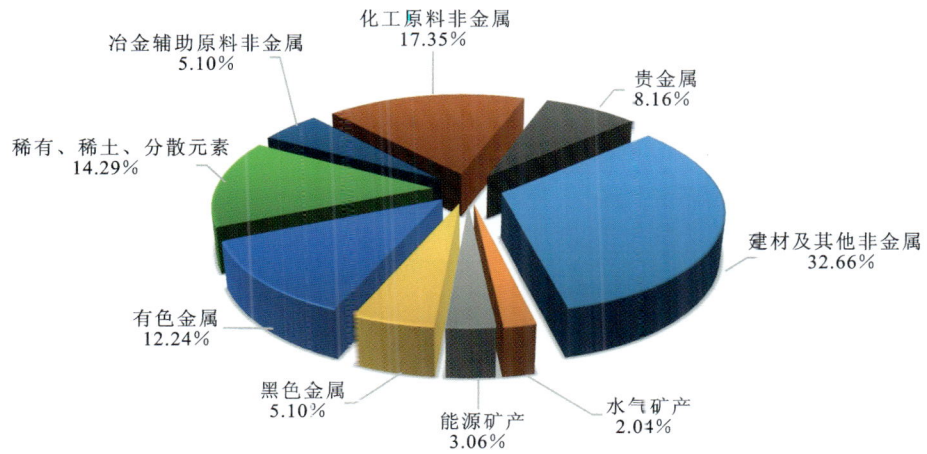

图 2-3 青海省 2020 年二表矿产地矿产种类构成图(含石油、天然气)

第三节 矿产资源共伴生及综合利用情况

一、煤炭

青海省上表煤矿区(井田)共伴生矿产基本没有共伴生矿产,近年来虽在个别煤矿区中发现了可燃冰、煤层气、油页岩等矿产,但经评价,不具开发利用的价值或无法利用,因此不具综合利用条件。

煤炭矿山在开发利用过程中,主要产生一些煤矸石、废弃岩土、矿井废水。目前主要是对煤矸石(主要是含耐火黏土的煤矸石)的利用,每年可利用全部矸石量的 60%~80%,另外还有一部分煤矸石被用作回填塌陷坑和治理耕地的填料,从而大大减轻了煤矸石的积压和污染问题。

二、铁矿

青海省铁矿 TFe 品位一般为 35%～55%,有害杂质硫、磷一般低于工业要求。一般均共生 Pb、Zn、Co、Bi、Au 等有益元素,其代表矿床有肯德可克、尕林格、野马泉、海寺、白石崖等。开发的矿山中少部分进行了综合利用,大部分没有开展这项工作,综合利用水平较低。

三、铜矿

全省铜矿石中共伴生的元素很多,但在现有的选矿条件下通常可综合回收 Au、Ag、Fe、Zn 等元素,多数大中型矿山和选矿厂通过采用先进、高效的设备,改造选矿工艺流程,选用选择性好的选矿药剂,提高选矿技术等措施综合回收矿石中的有益组分。小型铜选厂则不够重视综合回收,除回收金、银外,对硫、铁等不予回收。

四、铅锌矿

锡铁山铅锌矿矿石中共伴生有益组分很多,主要有金、银、镉、镓、铟、锡及硫。目前得到回收利用的只有金、银和硫 3 种。

矿石中的金、银主要赋存于方铅矿内,其中的金品位每吨可达到数十克,银品位每吨达上千克。近年来针对锡铁山矿深部开采问题,进行了原矿性质及金银赋存状态和选矿工业试验。研究采用不改变原生产流程,仅在铅回路添加新型捕收剂和新型调整剂等技术措施,有效地强化了铅锌及金银矿物的浮选,取得了较好的效果。

五、金矿

全省内岩金矿山大多数为单金矿床,只有双朋西和谢坑为铜金共生矿,铜厂沟伴生有少量铜,德尔尼伴生有少量银,在开发中都得到不同程度的回收。

六、钾盐

钾盐矿山的综合利用水平不高,目前正在生产的钾盐矿山,基本未对共伴生的盐矿(氯化钠)、镁盐、锂矿等矿产进行综合利用,主要原因是市场及工艺技术水平限制。但各矿山对低品位固体钾矿的综合利用进行了探索,取得了良好的效果,矿山的尾水利用率基本在 90% 以上。

总体看,青海省钾盐矿山的开发利用水平较高,盐田采收率达标率 80%,选矿回收率达标率 100%,但共伴生综合利用因各种客观原因无法开展。

七、镁盐

镁盐的综合利用和生产加工没有固定的生产厂家,只作为盐田滩晒光卤石后,在镁盐池或沟槽盐田滩晒水氯镁石($MgCl_2 \cdot 6H_2O$)原矿以销定产。纯水氯镁石含 $MgCl_2$ 只有 46%,其余均为结晶水,水氯镁石作为菱镁制品的原料和用于生产镁水泥、包装箱、简易房等建筑材料销往内地。运输量大,但一直未建脱水的深加工厂。

八、石棉

青海省石棉矿床共伴生资源主要有化肥用蛇纹岩、蛇纹岩等,其中部分蛇纹岩块度、色泽、透明度等指标达到了工艺石材用料的要求,可以作为雕刻石料、工艺石料使用,但由于化肥用蛇纹岩、蛇纹岩类矿产资源量巨大,资源远离消费主区,价格低廉,开展该类矿产综合利用意义不大,因此各矿山均无开展综合利用,石棉矿共伴生资源的综合利用水平有待提高。从调查的情况看石棉矿山均没有开展综合利用,石棉矿山的综合利用率为零(青海省国土资源厅,2015)。

第四节 重点矿种的确定

根据《2020 年度青海省矿产资源年报》,截至 2020 年底,全省共有各类矿山 531 家,其中大型矿山 84 家,中型矿山 99 家,小型矿山 303 家,小矿 45 家,开采利用的矿种有 61 种。在开采利用矿产中,能源矿产 4 种(包括地下热水),占开采总数的 6.56%;黑色金属矿产 4 种,占 6.56%;有色金属矿产 6 种,占 9.84%;贵金属矿产 1 种,占 1.64%;稀有金属矿产 2 种,占 3.28%;冶金辅助原料非金属矿产 2 种,占 3.28%;化工原料非金属矿产 7 种,占 11.47%;建材及其他非金属矿产 34 种,占 55.73%;水气矿产 1 种,占 1.64%(图 2-4)。

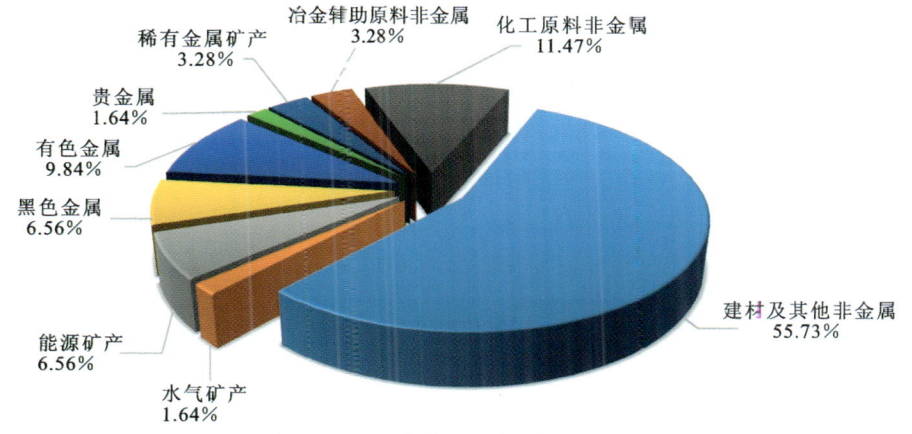

图 2-4 开采利用矿种比例结构图

年产矿石量 100 万 t 以上的矿种共 19 种,依次为钾盐、水泥用石灰岩、煤炭、建筑用闪长岩、建筑用砂、天然气、铁矿、电石用石灰岩、建筑用花岗岩、锂矿、石棉、建筑用砂岩、石油、盐矿、制碱用石灰岩、铜矿、铅矿、饰面用大理岩、金矿。年产矿石量增加50万t以上的矿产有7种，依次为建筑用闪长岩增加473.85万t、钾盐增加337.98万t、建筑用花岗岩增加259.80万t、建筑用砂岩增加168.31万t、水泥用石灰岩增加153.33万t、饰面用大理岩增加93.76万t、铜矿增加80.19万t，以上矿种合计增加1 567.22万t。

矿业开发总产值10 000万元以上的矿产有19种，依次为石油、天然气、钾盐、煤炭、锂矿、铅矿、金矿、铁矿、锌矿、铜矿、镁盐、盐矿、水泥用石灰岩、建筑用砂、矿泉水、石棉、硼矿、建筑用闪长岩、电石用灰岩。实现利润1000万元以上的矿产共有12种，依次为钾盐、石油、天然气、铅矿、金矿、盐矿、锌矿、锂矿、铁矿、水泥用石灰岩、电石用石灰岩、建筑用砂岩。

根据青海省矿产资源的特点及其开发利用现状，"十二五"矿产资源规划的节约与综合利用研究选择了钾盐、铜矿、铅矿、锌矿、铁矿、金矿、煤矿、石棉、石灰岩9种矿种进行研究，本次研究增加了镍矿，主要依据是煤炭、铁矿、铜矿、铅矿、锌矿、金矿、镍矿、钾盐、石棉、石灰岩等这几类矿在青海省矿业开发中虽然企业数和从业人员不高，但年产矿石量、工业总产值、工业销售值等指标的比重是相当高的，年产矿石量、工业总产值、工业销售值等指标均占全省的45%以上。如果不考虑石油、天然气，那么这几类矿产的矿业总产值就占全省矿业总产值的85%以上，可见在青海省经济社会发展中所起的作用。因此选择钾盐、铁矿、铜矿、铅矿、锌矿、金矿、镍矿、煤矿、石棉、石灰岩来分析研究青海省矿产资源的节约与综合利用，基本可以代表青海省主要矿种和矿山的开发利用情况(图2-5，表2-4)。

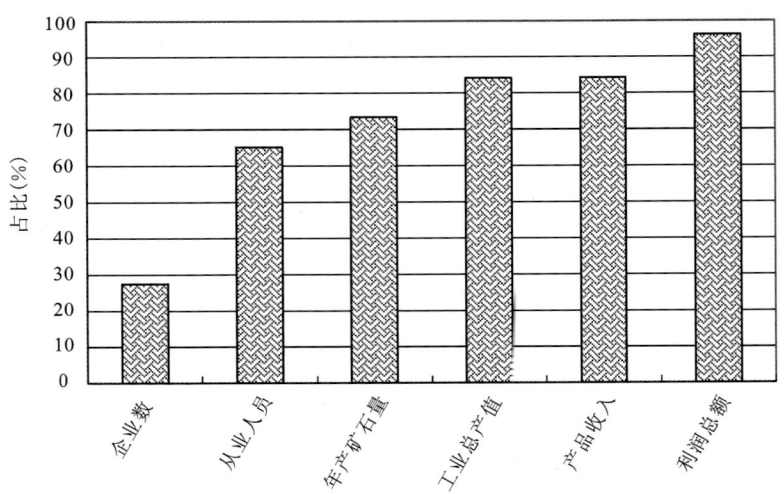

图2-5 研究的主要矿种开发利用指标占全省非油气的比例

第五节 本次研究的基础资料

前期，对全省的煤炭、铁矿、铜矿、铅矿、锌矿、镍矿、岩金、钾盐矿山的开发利用水平进行了实地调研，取得了可靠的第一手资料，掌握了青海省主要矿种矿山开发利用水平较准确的资料，为本书的编写奠定了扎实的基础。本书中使用的青海省开发利用水平数据也以这次调研的数据为主，其他矿种是以青海省自然资源厅（原青海省国土资源厅）2016—2020年矿产资源开发年报以及为"十四五"矿产资源规划专门进行的2019—2020年的调研资料为基础。

全国矿山开发利用水平资料引用自然资源部（原国土资源部）组织进行的20个矿种的开发现状和利用水平调查的资料《中国矿产资源主要矿种开发利用水平与政策建议》和《矿产资源合理开采利用和矿业政策研究》等成果资料。

表 2-4 青海省主要矿产开发利用情况表（据《2020年度青海省矿产资源年报》）

矿种	矿山企业数（个）				从业人数（人）	年产矿量（万 t）			工业总产值（万元）	综合利用产值（万元）	矿产品销售收入（万元）	利润总额（万元）
	合计	大型	中型	小型	小矿		固体矿（万 t）	液体矿（万 t）	气体矿（万 m³）				
全省合计	531	84	99	303	45	48 095	11 809.49	281.60	640 000	4 028 161.31	281 121.57	3 917 074.15	430 360.47
油（气）	1	1	0	0	0	16 400	0	228.50	640 000	1 772 000	0.00	1 710 000	98 600
全省非油气合计	550	83	99	303	45	31 695	11 809.49	53.1	0.00	2 256 161.31	281 121.57	2 207 074.15	331 760.47
煤炭	26	1	10	15		5560	779.15			256 206.82	9 100.00	162 911.81	−14 301.90
铁矿	37	2	7	25	3	1459	370.97			108 918.63	0.00	102 742.57	4 795.97
铜矿	18	1	1	13	3	575	149.97			42 980.45	9 259.32	36 870.55	−44 237.38
铅矿	15	1		12	2	1034	143.04			142 115.24	23 458.28	135 093.27	88 319.50
锌矿	6		4	2		457	71.17			46 022.07	13 253.78	42 759.76	9 941.64
金矿	15	3	2	10		1516	100.14			129 888.45	33 428.00	122 154.43	37 210.34
镍矿	6	1	1	3	1	77	0.00			0.00	0.00	0.00	0.00
钾盐	15	4	7	3	1	8854	5 858.38			1 131 557.04	64 646.53	1 216 240.71	234 548.79
石棉	3	2	1			783	243.09			16 287.00	3 748.37	18 089.00	−389.00
石灰岩	11	5	4	2		331	944.31			23 636.27	280.00	23 171.72	3 452.62
合计	152	20	37	85	10	20 646	8 660.22	0.00	0.00	1 897 611.97	157 174.28	1 860 033.82	319 340.58
非油气比例（%）	27.64	24.10	37.37	28.05	22.22	65.14	73.33	0.00	0.00	84.11	55.91	84.28	96.26
全省比例（%）	28.63	23.81	37.37	28.05	22.22	42.93	73.33	0.00	0.00	47.11	55.91	47.49	74.20

第三章 主要矿种及其共伴生资源的开发利用条件

第一节 煤 炭

一、煤炭资源概况

青海省地域辽阔，但煤炭资源分布极不均衡，主要分布于海西州、海北州和西宁市，其余各州、市仅有零星分布的小规模煤矿床（点）。

据《青海省矿产资源量简表（截至2020年底）》有煤矿区（井田）120处，其中大型3处（≥5亿t），中型2处（2亿～5亿t），其余均为小型矿区；按井田划分，共有大型井田区段32处（≥1亿t），中型9处（0.5亿～1亿t）（表3-1）。全省累计查明煤炭资源量79.94亿t，分属120个上表单元，全省8个州（市）中，除黄南州外，其余7个州（市）均有查明并上表的煤炭资源量，7个有上表煤炭资源量的州（市）中，查明煤炭储量最多的是海西州，最少的是海南州（表3-2）。查明煤炭资源分布的17个县级行政区中，最多的是海西州天峻县，其次为海西州大柴旦行委，最少的是海南州，未查明煤炭资源（表3-2，图3-1）。

二、煤炭资源特点

根据青海省内煤炭资源赋煤构造分区特征和生态功能特征，可将青海划分为五大生态赋煤区（王伟超等，2020）。柴北缘分区预测煤炭资源量占全省44%以上，是资源勘查开发的潜力最大的地区，具备资源勘查开发的基础条件，是下一步开勘查开发的重点区。

祁连山分区预测煤炭资源量占全省42%，资源潜力大，但本区广泛分布湿地、草甸、冻土等生物多样性和水源涵养的生态功能区，生态脆弱。尽管本区经济发展较好，具备资源勘查开发的需求和支撑条件，但在下一步资源勘查开发过程中必须坚持生态保护优先，合理选择绿色勘查手段和资源的清洁利用方法。

东昆仑和积石山分区煤炭资源潜力低，资源勘查开发的基础不足，同时两个地区内资源多分布在人迹罕至的高寒山区，资源需求和勘查开发的支撑条件均不足，虽具备一定的生态承载能力，但不是当前资源的重点勘查开发地区。

唐古拉分区资源潜力一般，具备资源勘查开发的基础，但区内人类活动少，资源需求和勘查开发的支撑条件均不足，且区内是"长江、黄河、澜沧江"的源头地，生态环境脆弱，不是当前资源勘查开发的重点区域。

表 3-1 青海省上表煤炭矿区（井田）特征表[据《青海省矿产资源储量简表（截至 2020 年底）》]

序号	矿区名称	勘查阶段	规模	保有资源量(万t)	累计查明资源量(万t)	赋煤地层	可采煤层	总厚度(m)	倾角(°)	顶底板岩性	稳固性	煤质类型	共伴生组分	水文条件	开拓方式	备注
1	大通县干沟煤矿	普查	矿点	52.29	52.29	中侏罗统	3	0.5~10.15	60~74	碳质泥岩、泥岩及粉砂岩	较稳固	长焰煤	矸石、黏土	简单	井采	未利用
2	大通县大通煤矿元木尔井田	勘探	大型	6899.76	16128.77	下中侏罗统	3	54.77	25~45	砂、页岩	较稳固	长焰煤	锗、矸石	简单	井采	闭坑
3	大通县石山煤矿	普查	小型	600.93	600.93	中侏罗统	1	0.91~2.25	19~30	泥岩夹油页岩	不稳固	长焰煤	矸石、黏土	中等	露天-井采	未利用
4	湟源县大茶石浪煤矿	普查	矿点	360.5	360.5	下中侏罗统	3	3.02	35	砂岩	较稳固	肥煤	矸石	简单	平硐、竖井	未利用
5	互助县小峡煤矿	勘探	矿点	231.0	370.7	下中侏罗统	1	1.2	7~21	砂、页岩	较稳固	长焰煤	矸石	简单	井采	停采
6	互助县五峰（小石湾）煤矿	勘探	矿点	283.5	345.6	下中侏罗统	1	1.02	5~25	砂、页岩	较稳固	长焰煤	矸石	简单	硐采	停采
7	互助县大石湾煤矿	详查	矿点	232.3	232.3	下中侏罗统	1	1.63	11~29	泥岩	不稳固	长焰煤	矸石	简单	井采	开采
8	门源县铁迈煤矿	勘探	小型	457.78	667.2	中侏罗统	3	16.09	18~29	油页岩、砂泥岩	不稳固	气煤	矸石、油页岩	简单	井采	未利用
9	门源万固-克图煤矿万固矿区	详查	矿点	91.8	93.6	上三叠统	1	4	75~85	砂岩、板岩	稳固	气煤	黏土	中等	井采	未利用
10	门源万固-克图煤矿克图矿区	普查	矿点	242.6	243.1	上三叠统	2	1.02	45	砂岩、板岩	稳固	气煤	黏土	中等	井采	未利用
11	门源县宁缠第一煤矿	勘探	小型	1324.0	1425.0	石炭系	4	6.98		石灰岩、泥岩	不稳固	无烟煤	石膏、石灰岩	中等	井采	已利用
12	门源县宁缠第二煤矿	详查	矿点	476.55	476.55	石炭系	4	8.93		砂岩、泥岩	不稳固	无烟煤	石膏、石灰岩	简单	露天开采	停产
13	门源县瓜拉煤矿	详查	矿点	261.1	279.26	下中侏罗统	2	7.26	45	砂板岩	稳固	长焰煤	黏土	中等	井采	已利用

续表 3-1

序号	矿区名称	勘查阶段	规模	保有资源量（万t）	累计查明资源量（万t）	赋煤地层	可采煤层	矿体特征 总厚度(m)	矿体特征 倾角(°)	顶底板岩性	稳固性	煤质类型	共伴生组分	水文条件	开拓方式	备注
14	门源县轮铜沟煤矿	详查	矿点	47.0	72.0	中侏罗统	1	2.12	15	砂板岩	较稳固	长焰煤	黏土	简单	井采	已利用
15	门源县号塔寺煤矿	普查	小型	1 948.1	1 948.1	上石炭统	2	2.24		石灰岩、泥岩	稳固	无烟煤		简单	井采	未利用
16	门源县卡洼掌东部煤矿	勘探	小型	1 912.26	1 912.26	上石炭统	6	10.65		砂岩	较稳固	无烟煤		简单	井采	未利用
17	门源县宁缠煤田东部煤炭区	勘探	小型	2 933.0	2 933.0	石炭系	5	7.88		石灰岩、泥岩	较稳固	无烟煤	石膏、石灰岩	简单	井采	已利用
18	门源县卡洼掌煤矿区	勘探	小型	4 476.6	4 486.0	石炭系	6	10.65		泥岩、砂岩	较稳固	无烟煤		简单	井采	未利用
19	祁连县阿力克煤矿一井田	勘探	小型	2 800.33	2 863.55	上石炭统	3	3.58	20~50	石灰岩	稳固	贫瘦煤	石灰岩、黏土	复杂	井采	已利用
20	祁连县默勒煤矿	勘探	大型	7 219.55	10 922.16	下中侏罗统	1	7	25~45	砂岩、泥岩	较稳固	不黏煤	黏土	中等	井采	停采
21	祁连县青羊沟煤矿	详查	矿点	346.93	360.36	上石炭统	4	3.75	45	石灰岩	稳固	瘦煤		简单	井采	停采
22	祁连县野牛沟煤矿大水沟井田	普查	矿点	114.6	114.8	上石炭统	3	2.09	45	石灰岩	稳固	瘦煤		中等	露天-井采	停采
23	祁连县野牛沟煤矿马房沟井田	普查	矿点	210.8	211.0	上石炭统	3	1.93	42	石灰岩	稳固	焦煤		中等	露天-井采	停采
24	祁连县野牛沟煤矿郭米寺井田	普查	矿点	25.9	26.1	上石炭统	2	1.4	64	石灰岩	稳固	肥煤		中等	露天-井采	停采
25	祁连县多洛煤矿一井田	详查	小型	536.8	763.3	上三叠统	6	4.92	85	砂岩、板岩	较稳固	肥煤		简单	露天-井采	开采
26	祁连县多洛煤矿二井田	详查	小型	110.2	110.2	上三叠统	5	4.12	65~80	砂岩、板岩	较稳固	肥煤		中等	井采	开采
27	祁连县日旭煤矿区	详查	小型	3 064.0	3 064.0	上石炭统	4	6.05	53	石灰岩	稳固	贫煤		简单	露天开采	未利用
28	祁连县五林沟煤矿	勘探	小型	3 328.8	3 328.8	上石炭统	2	1.54		粉砂岩、泥岩	稳固	无烟煤		简单	井采	未利用
29	祁连县三岔煤矿区	详查	小型	3 221.0	3 364.0	上石炭统	2	8.46	15~20	砂岩、泥岩	较稳固	贫煤		简单	井采	未利用

续表 3-1

序号	矿区名称	勘查阶段	规模	保有资源量（万t）	累计查明资源量（万t）	赋煤地层	矿体特征 可采煤层	矿体特征 总厚度（m）	矿体特征 倾角（°）	顶底板岩性	稳固性	煤质类型	共伴生组分	水文条件	开拓方式	备注
30	祁连县玉石沟煤矿	普查	小型	827.0	827.0	下石炭统	3	4.49		砂岩、泥岩	较稳固	贫煤		简单	硐采	未利用
31	祁连县柏树沟煤矿	详查	小型	1 672.6	1 672.6	上石炭统	3	11.99		砂岩、泥岩	较稳固	贫煤		简单	井采	未利用
32	祁连县石圈沟煤矿	普查	矿点	189.0	189.0	上石炭统	3	12.61		砂岩、泥岩	不稳固	贫煤		简单	露天-井采	未利用
33	祁连县大拉洞-柏杨沟煤矿	详查	小型	2 771.77	2 771.77	上石炭统	3	5.13		石灰岩、泥岩	较稳固	无烟煤		简单	井采	未利用
34	祁连县阿力克煤矿区三、四井田	勘探	小型	2 309.9	2 309.9	上石炭统	3	5.98		砂岩、灰岩	不稳固	贫煤		中等	井采	已利用
35	祁连县茶钦沟西煤矿	勘探	小型	2 022.0	2 022.0	上三叠统	1	1.89	64～86	砂岩、泥岩	较稳固	贫煤		简单	井采	未利用
36	祁连县石级沟煤矿	普查	小型	786.85	786.85	上石炭统	6	8.5		砂岩、石灰岩	较稳固	贫煤		中等	井采	未利用
37	祁连县黑沟脑煤矿	普查	矿点	349.74	349.74	上石炭统	3	4.41		泥岩、粉砂岩	较稳固	贫煤		简单	井采	未利用
38	祁连县黄龙沟煤矿	普查	矿点	182.54	182.54	上石炭统	4	5.63		泥岩、砂岩	较稳固	无烟煤	矸石	简单	井采	未利用
39	祁连县牙马沟煤矿	普查	小型	896.06	896.06	上石炭统	2	2.7	23～56	泥岩、灰岩	较稳固	无烟煤		中等	井采	未利用
40	祁连县默勒镇以北地区煤矿	普查	小型	1 417.74	1 417.74	上石炭统	2	2.4		泥岩、粉砂岩	较稳固	无烟煤		简单	井采	未利用
41	祁连县海德尔煤矿	勘探	小型	2 250.22	3 409.15	下中侏罗统	1	24.09	48～80	砂岩、泥岩	较稳固	不黏煤		简单	井采	已利用
42	刚察县外力哈达煤矿	勘探	中型	4 759.83	5 005.27	下中侏罗统	1	6.91	50～80	砂岩、板岩	较稳固	贫煤		中等	露天-井采	已利用
43	刚察县牡丹沟煤矿	勘探	小型	2 330.04	2 338.04	下中侏罗统	3	38.72	42～59	砂岩、板岩	不稳固	不黏煤		简单	井采	已利用
44	刚察县热水煤矿天鹅泉区段	普查	矿点	163.09	163.09	下中侏罗统	3	38.72	45～70	砂岩、板岩	不稳固	弱黏煤	铁矿	简单	井采	已利用
45	刚察县热水煤矿柴达尔井田	勘探	大型	9 425.0	12 258.62	下中侏罗统	3	16.47		砂岩、板岩	不稳固	贫煤	铁矿	简单	硐采	已利用

续表 3-1

序号	矿区名称	勘查阶段	规模	保有资源量（万t）	累计查明资源量（万t）	赋煤地层	可采煤层	总厚度(m)	倾角(°)	顶底板岩性	稳固性	煤质类型	共伴生组分	水文条件	开拓方式	备注
46	刚察县柴达尔先锋煤矿	勘探	中型	4 597.66	5 539.75	下中侏罗统	1	26.82	60~70	砂岩	不稳固	贫煤		简单	露天开采	已利用
47	刚察县江仓煤矿区一井田	勘探	大型	10 406.0	10 703.0	下中侏罗统	14	57.73		泥岩、粉砂岩	不稳固	非炼焦用煤	铁矿	中等	井采	已利用
48	兴海县苦海小煤矿	普查	矿点	37.8	38.0	中侏罗统	1	5.21	30~60	砂岩、板岩	不稳固	不黏煤		简单	井采	已利用
49	玛沁县大武（乌黑马）煤矿	普查	矿点	344.2	368.6	下中侏罗统	5	13.41	50	页岩、砂岩	不稳固	无烟煤	盐类矿产	中等	露天-井采	已利用
50	玛沁县野马滩小煤矿	普查	小型	606.8	618.0	侏罗系	1	8.9		页岩、砂岩	较稳固	贫煤	盐类矿产	简单	露天-井采	未利用
51	玛沁县江卡沟小煤矿	勘探	矿点	40.0	40.0	中侏罗统	2	3.94	40~60	页岩、砂岩	较稳固	贫煤	盐类矿产	简单	露天-井采	已利用
52	玛沁县军牧场煤矿	普查	矿点	284.0	284.0	下侏罗统	3	6.21	60~80	砂岩、泥岩	较稳固	焦煤	盐类矿产	简单	竖井开采	闭坑
53	玛多县红土坡小煤矿	普查	矿点	64.0	83.0	中侏罗统	1	7.63		板岩	较稳固	长焰煤	盐类矿产	简单	露天-井采	未利用
54	杂多县巴马煤矿	普查	矿点	31.4	33.0	上石炭统	1	2.63	45	砂岩、泥岩	不稳固	无烟煤	盐类矿产	中等	井采	未利用
55	杂多县冷切达煤矿	普查	矿点	101.0	101.0	上石炭统	1	2.45	45~65	砂岩、泥岩	较稳固	无烟煤		简单	井采	未利用
56	杂多县吉耐一其涌煤矿	普查	矿点	202.0	202.0	上石炭统	2	3.59		碎屑岩	较稳固	无烟煤		简单	露天-井采	已利用
57	治多县乌丽煤矿	普查	小型	2 271.0	2 271.0	下二叠统	6	8.22	60~80	砂岩、泥岩	较稳固	无烟煤	盐类矿产	简单	露天-井采	未利用
58	囊谦县白扎煤矿	普查	矿点	41.9	41.9	上石炭统	4	4.02		砂岩、泥岩	不稳固	无烟煤	盐类矿产	简单	露天-井采	未利用
59	囊谦县东明豹草沟小煤矿	普查	矿点	71.4	72.0	上石炭统	9	27.03	30~52	石灰岩	稳固	无烟煤		中等	露天开采	未利用
60	囊谦县巴浪弄煤矿	普查	矿点	314.0	314.0	上石炭统	3	8.13	40~55	砂岩、板岩	较稳固	无烟煤		简单	井采	未利用
61	囊谦县草龙涌哈煤矿	普查	小型	1 087.0	1 087.0	上石炭统	10	20.9	40~55	砂岩、泥岩	较稳固	无烟煤		简单	井采	未利用
62	曲麻莱县达哈煤矿	普查	矿点	0	5.1	上二叠统	6	31.47		砂岩、灰岩	不稳固	贫煤		简单	井采	开采
63	德令哈市红山沟煤矿	详查	矿点	54.1	104.1	中侏罗统	2	20	50~80	砂岩、泥岩	不稳固	不黏煤		简单	露天-井采	开采

续表 3-1

序号	矿区名称	勘查阶段	规模	保有资源量（万t）	累计查明资源量（万t）	赋煤地层	矿体特征 可采煤层	矿体特征 总厚度(m)	矿体特征 倾角(°)	顶底板岩性	稳固性	煤质类型	共伴生组分	水文条件	开拓方式	备注
64	德令哈市东大沟—牦牛山煤矿	普查	矿点	316.0	316.0	中侏罗统	1	0.34~3.47		砂岩、灰岩	较稳固	长焰煤		简单	井采	未利用
65	德令哈市北大滩—红土山煤矿	普查	小型	1 154.0	1 154.0	中侏罗统	2	7.5		泥岩、粉砂岩	不稳固	长焰煤		简单	井采	开采
66	德令哈市旃垭煤矿	普查	中型	5 939.0	5 939.0							长焰煤			井采	停采
67	德令哈市旺尕秀煤矿Ⅰ矿区	普查	小型	645.0	920.1	下中侏罗统	3	4.6	20~25	页岩、砂砾岩	较稳固	长焰煤		简单	井采	停采
68	德令哈市旺尕秀煤矿Ⅱ矿区	详查	矿点	167.0	242.2	上石炭统	7	7.39	44~67	砂岩	较稳固	肥煤		简单	井采	
69	都兰县达肯乌拉山南缘煤矿	普查	矿点	115.0	123.8							长焰煤			井采	
70	都兰县塔妥煤矿	普查	小型	1 210.9	1 355.5	下中侏罗统	4	7	21~46	砂岩、泥岩	较稳固	气煤		简单	井采	开采
71	天峻县瓦乎寺煤矿	勘探	小型	2 178.0	2 226.3	下中侏罗统	1	9.58	35~55	黏土质页岩	不稳固	长焰煤		简单	井采	未利用
72	天峻县聚乎更煤矿区一号井（三露天）	勘探	大型	25 319.0	25 319.0	下中侏罗统	3	15.41		砂岩、泥岩	不稳固	焦煤		简单	露天开采	未利用
73	天峻县聚乎更煤矿区二号井（二露天）	勘探	小型	2 963.0	2 963.0	下中侏罗统	2	13.87		砂岩、泥岩	不稳固	焦煤		简单	露天开采	未利用
74	天峻县聚乎更煤矿区三号井（一露天）	勘探	大型	11 621.22	15 860.64	下中侏罗统	2	36.11		砂岩、泥岩	较稳固	焦煤		简单	露天开采	已利用
75	天峻县聚乎更煤矿区四号井	详查	大型	9 531.5	12 044.1	下中侏罗统	2	37.53		砂岩、泥岩	较稳固	焦煤		简单	井采	已利用

续表 3-1

序号	矿区名称	勘查阶段	规模	保有资源量（万t）	累计查明资源量（万t）	赋煤地层	矿体特征 可采煤层	矿体特征 总厚度(m)	矿体特征 倾角(°)	顶底板岩性	稳固性	煤质类型	共伴生组分	水文条件	开拓方式	备注
76	天峻县聚乎更煤矿区五号井	勘探	大型	15 524.0	15 525.3	下中侏罗统	4	27.4		砂岩、泥岩	较稳固	焦煤		简单	井采	未利用
77	天峻县聚乎更煤矿区六号井	勘探	大型	30 747.7	30 747.7	下中侏罗统	4	31.76		砂岩、泥岩	较稳固	焦煤		简单	井采	未利用
78	天峻县聚乎更煤矿区七号井	勘探	大型	17 876.0	17 877.8	下中侏罗统	2	20.66		砂岩、泥岩	较稳固	焦煤		简单	井采	未利用
79	天峻县聚乎更煤矿区八号井	勘探	大型	12 406.0	12 406.0	下中侏罗统	2	9.27		砂岩、泥岩	较稳固	焦煤		简单	井采	未利用
80	天峻县聚乎更煤矿区九号井	勘探	大型	11 090.0	11 090.0	下中侏罗统				砂岩、泥岩	较稳固	焦煤		简单	井采	未利用
81	天峻县弧山煤矿	勘探	大型	31 488.0	31 488.0	下中侏罗统	17	27.05	50～60	砂岩、粉砂岩	不稳固	贫煤		简单	井采	未利用
82	天峻县江仓煤矿区二号井	勘探	大型	15 316.84	15 316.84	下中侏罗统	11	30.29		砂岩	稳固	焦煤		中等	露天开采	未利用
83	天峻县江仓煤矿区三号井	勘探	大型	10 298.24	10 298.24	下中侏罗统	10	23.24		泥岩、粉砂岩	较稳固	不黏煤		中等	井采	未利用
84	天峻县江仓煤矿区四号井	勘探	大型	21 210.02	21 210.02	中侏罗统	12	26.46		泥岩、粉砂岩	较稳固	焦煤		中等	露天-井采	开采
85	天峻县江仓煤矿区五号井	勘探	中型	9 823.58	9 823.58	中侏罗统	9	36.21		泥岩、粉砂岩	较稳固	焦煤		中等	露天-井采	开采
86	天峻县木里煤田江仓矿区六号井西段	勘探	大型	19 371.72	19 371.72	下中侏罗统	13	25.53		泥岩、粉砂岩	较稳固	焦煤		中等	井采	未利用

续表 3-1

序号	矿区名称	勘查阶段	规模	保有资源量（万 t）	累计查明资源量（万 t）	赋煤地层	可采煤层	总厚度（m）	倾角（°）	顶底板岩性	稳固性	煤质类型	共伴生组分	水文条件	开拓方式	备注
87	天峻县木里煤田江仓矿区六号井东段	勘探	大型	14 003.48	14 003.48	中侏罗统	13	24.99	45~75	泥岩、粉砂岩	较稳固	焦煤		中等	井采	未利用
88	天峻县江仓煤矿区七号井	勘探	大型	28 464.44	28 464.44	中侏罗统	13	24.37		砂岩	较稳固	焦煤		中等	井采	未利用
89	天峻县江仓煤矿区八号井	勘探	大型	26 984.98	26 984.98	下中侏罗统	13	17.73		泥岩、砂岩	较稳固	焦煤		中等	井采	未利用
90	天峻县汀仓煤矿区九号井	勘探	大型	21 122.52	21 122.52	下中侏罗统	12	31.19		泥岩、砂岩	较稳固	焦煤		中等	井采	未利用
91	天峻县木里煤田哆嗦公马煤矿	勘探	大型	18 246.46	18 248.0	下中侏罗统	2	13.91	40~60	砂岩、粉砂岩	较稳固	贫煤		简单	井采	未利用
92	天峻县阿仓河南煤矿	勘探	中型	7 436.9	7 436.9	下中侏罗统	5	17.59		砂岩、粉砂岩	较稳固	贫煤		简单	井采	未利用
93	天峻县雪霍立煤矿	勘探	小型	4 216.68	4 216.68	中侏罗统	3	13.52		泥岩、粉砂岩	较稳固	无烟煤		简单	井采	未利用
94	天峻县雷尼克西部煤矿区	勘探	中型	5 303.5	5 303.5							焦煤		简单		
95	天峻县木里煤田吾切曲果煤矿	勘探	中型	5 107.22	5 107.22							贫煤		简单		
96	天峻县雪霍立西煤矿	普查	矿点	162.0	162.0									简单	井采	未利用
97	大柴旦行委鱼卡煤矿	勘探	小型	2 741.15	3 544.18	中侏罗统	3	13.7	45~70	泥岩、页岩	较稳固	不黏煤		简单	井采	未利用
98	大柴旦行委鱼卡煤田羊水河煤矿	普查	大型	36 984.14	36 984.14	中侏罗统	3					不黏煤		简单	井采	未利用
99	大柴旦行委鱼卡煤田云雾山北坡煤矿	普查	小型	1 600.0	1 600.0	中侏罗统	3	8.47		泥岩、砂岩	较稳固	长焰煤		简单	井采	未利用

续表 3-1

序号	矿区名称	勘查阶段	规模	保有资源量（万t）	累计查明资源量（万t）	赋煤地层	矿体特征 可采煤层	矿体特征 总厚度（m）	矿体特征 倾角（°）	顶底板岩性	稳固性	煤质类型	共伴生组分	水文条件	开拓方式	备注
100	大柴旦行委鱼卡煤矿区一井田	勘探	大型	53 414.09	55 357.24	中侏罗统	5	13.7		砂岩、页岩	较稳固	长焰煤		简单	井采	已利用
101	大柴旦行委鱼卡矿区二井田	勘探	大型	30 991.0	30 991.0	中侏罗统	3	23.33		泥岩、粉砂岩	较稳固	不黏煤		复杂	井采	未利用
102	大柴旦行委鱼卡煤田二井田及其外围煤矿	详查	大型	17 430.62	17 430.62	中侏罗统	3	14.65		泥岩、粉砂岩	较稳固	不黏煤		复杂	井采	未利用
103	大柴旦行委鱼卡矿区三井田	详查	大型	35 630.0	35 630.0	中侏罗统						弱黏煤				未利用
104	大柴旦镇绿草山煤矿	普查	小型	1 277.92	1 636.01	下中侏罗统	2	17.25	60~70	砂岩、页泥岩	较稳固	长焰煤		简单	井采	开采
105	大柴旦行委大煤沟大煤沟井田	勘探	大型	7 525.81	10 478.07	下中侏罗统	2	20.57	20~55	砂岩、页泥岩	不稳固	不黏煤		简单	井采	开采
106	大柴旦镇大煤沟煤矿小煤沟井田	勘探	小型	1 415.0	1 415.0	下中侏罗统	3	6.18	20~44	砂岩、页泥岩	较稳固	长焰煤		简单	井采	未利用
107	大柴旦镇大煤沟煤矿北坡井田	详查		176.2	270.93	下中侏罗统	1	19.9	45	砂岩、页泥岩	较稳固	不黏煤		简单	井采	开采
108	大柴旦镇西大滩煤矿	详查	大型	16 033.8	16 033.8	下中侏罗统	3	9.46	25	砂岩、页泥岩	较稳固	长焰煤		简单	井采	未利用
109	大柴旦行委石灰沟煤矿	普查	矿点	88.7	88.7	上石炭统	7	3.67	45~75	石灰岩	稳固	不黏煤		简单	井采	未利用
110	大柴旦镇大头羊煤矿	勘探	小型	2 570.27	2 977.74	下中侏罗统	5	20.19	30~40	砂岩、粉砂岩	较稳固	贫煤		简单	硐采	开采
111	大柴旦镇老高泉煤矿	勘探	大型	11 274.1	12 156.6	中侏罗统	2	45.94		泥岩、砂岩	较稳固	不黏煤		简单	露天-井采	已利用
112	大柴旦镇新高泉小煤矿	勘探	矿点	17.4	25.44	中侏罗统	2	2.90~58.00		泥岩、粉砂岩	较稳固	不黏煤		简单	露天开采	开采

续表 3-1

序号	矿区名称	勘查阶段	规模	保有资源量(万t)	累计查明资源量(万t)	矿体特征 可采煤层	矿体特征 总厚度(m)	矿体特征 倾角(°)	顶底板岩性	稳固性	煤质类型	共伴生组分	水文条件	开拓方式	备注
113	大柴旦行委开源煤矿	普查	小型	3 063.09	3 255.62	1	3.5~21.00		泥岩	不稳固	不黏煤		中等	露天-井采	已利用
114	大柴旦行委红柳泉煤矿	勘探	大型	22 140.4	22 140.4	5	37.57		砂岩	较稳固	不黏煤		简单	井采	未利用
115	大柴旦行委团鱼山煤矿	勘探	大型	17 302.0	17 302.0	3	11.96		泥岩、粉砂岩	较稳固	不黏煤		简单	井采	未利用
116	大柴旦行委团鱼山北部煤矿	勘探	中型	6 268.83	6 436.7	2	14.89		泥岩、粉砂岩	较稳固	不黏煤		简单	井采	未利用
117	大柴旦行委苔藿煤矿	详查	中型	7 993.1	7 993.1	6	38.08		泥岩、砂岩	较稳固	不黏煤		简单	井采	未利用
118	大柴旦行委绿草沟煤矿	普查	小型	4 292.67	4 374.02	2	32.97		砂岩	稳固	不黏煤		简单	露天-井采	已利用
119	茫崖行委金鸿山煤矿	普查	矿点	48.9	48.9	1	8	20~40	砂岩、粉砂岩	较稳固	不黏煤		简单	地下开采	停采
120	茫崖行委采水沟煤矿	普查	矿点	146.08	168.0	2	1.64~7.37		泥岩、粉砂岩	较稳固	弱黏煤		简单	露天开采	闭坑

表 3-2 全省保有和累计查明资源量分布

州、地、市	县	2020年底保有资源量(万t) 探明资源量	2020年底保有资源量(万t) 控制资源量	2020年底保有资源量(万t) 推断资源量	合计(万t)	2020年底查明资源量(万t) 探明资源量	2020年底查明资源量(万t) 控制资源量	2020年底查明资源量(万t) 推断资源量	合计(万t)
西宁市	大通县	2 120.76	4 484.0	948.22	7 553.0	10 222.77	4 484.0	2 075.22	16 781.99
	湟源县	0	360.5	0	360.5	0	360.5	0	360.5
	西宁市合计	2 120.76	4 844.5	948.22	7 913.48	10 222.77	4 844.5	2 075.22	171 424.9
海东市	互助县	514.5	232.3	0	740.8	716.3	232.3	0	948.6

续表 3-2

州、地、市	县	2020年底保有资源量				2020年底查明资源量			
		探明资源量	控制资源量	推断资源量	合计	探明资源量	控制资源量	推断资源量	合计
海北州	门源县	2 707.62	3 770.38	7 692.79	14 170.79	2 717.02	4 078.76	7 740.29	14 536.07
	祁连县	11 354.97	5 394.08	19 905.28	36 654.33	16 234.65	5 605.44	20 122.53	41 962.62
	刚察县	6 136.76	11 704.8	13 840.06	31 681.62	9 680.23	12 485.48	13 842.06	36 007.77
	海北州合计	20 199.35	20 869.26	41 438.13	82 506.74	28 631.9	22 169.68	41 704.88	92 506.46
海南州	兴海县	0	20.0	17.8	37.8	0	20.0	18.0	38.0
	玛沁县	83.5	8.0	1 183.5	1 275.0	94.3	8.0	1 208.3	1 310.6
果洛州	玛多县	0	0	64.0	64.0	0	0	83.0	83.0
	果洛州合计	83.5	8.0	1 247.5	1 339.0	94.3	8.0	1 291.3	1 393.6
	杂多县	0	0	334.4	334.4	0	0	336.0	336.0
	治多县	0	0	2 271.0	2 271.0	0	0	2 271.0	2 271.0
玉树州	囊谦县	0	3.8	1 510.5	1 514.3	0	3.8	1 511.1	1 514.9
	曲麻莱县	0	0	0	0	0	0	5.1	5.1
	玉树州合计	0	3.8	4 115.9	4 119.7	0	3.8	4 123.2	4 127.0
	大柴旦行委	41 193.64	80 723.25	158 313.4	280 230.29	47 268.8	81 964.82	158 887.69	288 121.31
	芒崖市	0	0	194.98	194.98	0	0	216.9	216.9
海西州	德令哈市	0	294.1	7 981.0	8 275.1	75.2	618.9	7 981.3	8 675.4
	都兰县	0	40.4	1 285.5	1 325.9	0	55.8	1 423.5	1 479.3
	天峻县	91 577.64	114 792.58	171 533.68	377 903.9	97 992.97	114 843.08	171 871.91	384 707.96
	海西州合计	132 771.28	195 850.33	339 308.56	667 930.17	145 336.97	197 482.6	340 381.3	683 200.87
全省总计		155 689.39	221 828.19	387 076.11	764 593.69	185 002.24	224 760.88	389 593.9	799 357.02

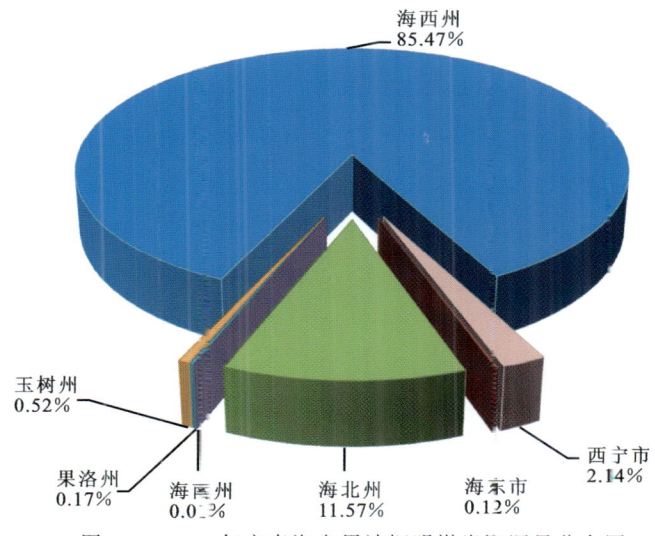

图 3-1 2020 年底青海省累计探明煤炭资源量分布图

（一）煤类特点

青海省查明有煤炭资源量的矿区（井田、区段）中，以焦煤为主，焦煤资源量占保有资源量的 40.49%，见表 3-3。

（二）煤炭资源质量

煤炭资源的煤质较好，发热量一般在（2000～3300）万 J/kg。大部分为中灰低硫煤，个别矿区硫含量达 3%，但所占比例极少。

（三）煤层厚度

煤炭矿区以厚煤层居多，一般在 3.5m 以上，最厚可达 58m；江仓煤矿区煤层厚度一般为 20～30m，平均 29m，最厚 57.73m；聚乎更煤矿区煤层厚度一般为 15～37m，平均 24m，最厚 37.53m；大道煤矿区煤层厚度一般为 14m，最厚 21m；柴达木地区的煤矿区的主要煤层厚度为 5.77～30.83m；其他煤矿区的厚度一般在 3m 左右。全省上表的煤矿区（井田、区段）中，中薄煤层（≤1.3m）3 处，占 2.50%，查明资源量 959.40 万 t；中厚煤层（1.31～3.5m）15 处，占 12.50%，查明资源量 11 680.33 万 t；厚煤层（>3.51m）94 处，占 78.33%，查明资源量 636 287.63 万 t，未统计到数据的 8 处，占 6.67%，查明资源量 100 429.66 万 t。

（四）煤层倾角

煤层倾角为缓—中—急倾斜，从 7°～85°均有分布（统计到数据的煤矿 56 处），其中缓倾斜（<25°）煤矿区 9 处，占 7.50%，查明资源量 22 606.63 万 t。中倾斜（25°～45°）煤矿区 20 处，占 16.67%，查明资源量 51 295.00 万 t。急倾斜（>45°）煤矿区 27 处，占 22.50%，查明资源量 103 027.43 万 t。未统计到的 64 处，占 53.33%，查明资源量 622 427.96 万 t。

表 3-3 全省煤类资源量分布

煤类	保有资源量（万 t）				占全省比例（%）	查明资源量（万 t）				占全省比例（%）	矿区数（处）
	探明资源量	控制资源量	推断资源量	合计（万 t）		探明资源量	控制资源量	推断资源量	合计（万 t）		
长焰煤	12 463.93	38 257.05	42 039.61	92 760.59	12.13	22 275.31	39 348.93	43 261.86	104 886.1	13.12	20
肥煤	0	416.1	784.3	1 200.4	0.16	75.2	448.7	978.4	1 502.3	0.19	5
气煤	0	501.08	1 502.0	2 003.08	0.26	0	718.9	1 640.5	2 359.4	0.30	4
贫煤	16 891.05	25 028.35	59 873.7	101 793.1	13.31	20 680.37	25 813.84	59 951.57	106 445.78	13.32	22
无烟煤	5 196.9	5 532.45	19 436.11	30 165.46	3.95	5 206.3	5 611.45	19 484.71	30 302.46	3.79	20
瘦煤	0	61.32	400.21	461.53	0.06	0	69.27	405.89	475.16	0.06	2
不黏煤	38 904.82	48 375.68	103 409.56	190 690.06	24.94	47 981.58	48 932.53	103 878.0	200 792.11	25.12	23
弱黏煤	3 675.0	3 133.0	29 131.17	35 939.17	4.70	3 675.0	3 133.0	29 153.09	35 961.09	4.50	3
焦煤	78 557.69	100 523.16	130 499.45	309 580.3	40.49	85 108.48	100 684.26	130 839.88	316 632.62	39.61	21
总计	155 689.39	221 828.19	387 076.11	764 593.69		185 002.24	224 760.88	389 593.9	799 357.02		120

(五)煤炭资源中的共伴生矿种

煤矿区(井田、区段)中,共伴生有用矿产较多,主要有耐火黏土、石灰岩、石膏、高岭土、铁矿、钼矿、钒矿、铀矿、镓矿、锗矿、油页岩、煤层气、可燃冰等。但各种共伴生矿产均未提交资源量,主要原因:一是部分矿区(井田、区段)开展煤炭资源评价时没有对发现的共伴生矿产进行综合评价;二是一些矿区(井田、区段)虽开展了综合评价,但未提交相应的资源量;三是一些矿区的共伴生矿产的评价工作正在进行中。

三、煤炭资源开采条件

(一)煤炭资源的可选性

120处矿区(井田、区段)中,原煤可选的有9处(铁迈、仑铜沟、宁缠、阿力克一井田、外力哈达、红土坡、东坝豹草沟、旺尕秀Ⅰ矿区、弧山),易选的8处(牡丹沟、热水柴达尔、柴达尔先锋、江仓一井田、大煤沟、西大滩、老高泉、聚乎更三号井),所占比例较小。

(二)顶底板稳固性

全省煤矿区顶底板多以砂岩、粉砂岩、泥岩为主,其顶底板中等稳固,稳固性差的只有26个。30个矿区(如聚乎更、江仓的部分井田)可露天开采。

(三)矿床水文地质条件

青海省各煤田分布区地形地貌类型复杂多样,但煤田或矿区内一般无大的水系通过,加之青藏高原降水量偏少,多数矿区水文地质条件为中等—简单,唯青南地区由于地形切割较深,降雨充沛,水文地质条件较复杂,但该区的煤矿规模均很小,开发规模亦很小。青北地区的江仓、木里两处大型煤矿区由于气候寒冷,冻土层较厚,冻融作用易形成井害,需高度重视。据统计(表3-1),水文条件复杂矿区仅3处,占2.50%;水文地质条件中等的矿区有27处,占22.50%;水文地质条件简单的矿区87处,占72.50%;未统计到的3处,占2.50%。由此,青海省煤矿床水文条件较简单。

(四)瓦斯地质

各煤田中的瓦斯以有机成因的甲烷为主,相对富集的二氧化碳仅见于东部的部分煤矿区。从测定的资料分析,省内大部分查明资源量的煤矿区甲烷含量低,瓦斯地质条件简单,但个别地区(门源、大柴旦)存在高瓦斯井,迄今为止瓦斯压出、倾出和喷出事故较少。

(五)矿区位置、交通条件及经济环境

青海省煤炭资源分布极不均衡,主要集中在西部的大柴旦行委和天峻县木里、江仓及海北州的默

勒、热水地区,大柴旦处在干旱的戈壁荒漠边缘地带,缺水缺电,天峻县木里、江仓及海北州的默勒、热水地区分布在高寒山区,缺电,交通极为不便。除热水、木里、大通煤矿区有专线铁路外,其他矿区均是公路运输。由于公路等级不高,制约了这些矿区的规模开发。由于矿区所在地人烟稀少,经济落后,加之严酷的自然环境,且煤矿区距消费主区(西宁市、海东市)较远,开发利用运输成本较大。

(六)煤炭清洁开发利用特点

青海省煤炭资源及开发过程有以下几个主要特点:

(1)资源总量不大,地域分布不均衡。全省保有煤炭资源量76.46亿t,由于青海省人口较少,煤炭资源人均占有量近1260t。但是青海省煤炭资源的分布不均衡,主要集中分布于海西州,其保有资源量占全省的87.36%,其次为海北州。而占青海省总面积近一半的青南地区以及西宁、海东地区严重缺煤,仅几个小型矿区。

(2)矿区(井田)较多,但大、中型矿区少。全省仅有32处大型井田(区段)、9处中型煤井田(区段)、38处小型井田(区段)、41处矿点。而且勘查程度总体偏低,全省120处已查明资源量的煤矿(井田)中,勘探的有55处,占45.83%;详查的有20处,占16.67%;普查的有45处,占37.50%(表3-1)。

(3)焦煤储量丰富,其他矿种较少,焦煤占全省已探明煤炭资源量的39.61%,而用途广泛的无烟煤资源缺乏,且煤炭的可选性较差。

(4)煤田水文工程地质条件简单,煤层厚。全省已探明资源量的煤矿区中煤层较稳定,水文地质条件简单,围岩稳定,埋藏较浅,有的煤矿可供露天开采,瓦斯危害程度较小。

(5)矿山远离人口稠密区,矿山大多为孤岛式开发,运输距离远,开发成本大,综合利用困难。

(6)一些大中型煤矿床多地处偏远,海拔较高,自然条件严酷,供水、供电、交通、经济等外部条件较差,对开发利用不利。

煤炭清洁开发利用需要进一步科学规范煤炭资源勘查开发秩序,根据煤炭矿区设置规划和资源环境承载力,合理确定煤炭生产开发规模和强度,着力推进煤矿智能化发展,实现煤炭清洁生产,清洁利用。利用煤矸石、矿井水等资源综合利用及矿区生态治理与修复支持政策,加大力度支持煤矿充填开采技术推广应用,鼓励利用废弃矿区开展新能源及储能项目开发建设。在符合生态环境保护要求的前提下,依法依规加快办理绿色智能煤矿等优质产能和保供煤矿的环保、用地、核准、采矿等相关手续。

第二节 铁 矿

一、铁矿资源概况

截至2020年底,青海省累计查明和保有铁矿资源量分别为75 957.61万t和82 423.27万t,分属90个上表单元(表3-4),全省8个州(市)中,除黄南州外,其余7个州(市)均有查明并上表的铁矿资源量,7个有上表铁资源量的州(市)中,查明铁矿资源量最多的是海西州,共计51 383.73万t,最少的是西宁市,只有103.40万t(表3-5,图3-2)。

第三章　主要矿种及其共伴生资源的开发利用条件

表 3-4　青海省上表铁矿特征表（非伴生）[据《青海省矿产资源量简表（截至 2020 年底）》]

序号	矿区名称	矿床规模	勘查阶段	利用情况	资源量（万t）		成因类型	矿体赋存条件					矿石质量				开采技术条件		
					保有	累计查明		矿体形态	矿体厚度（m）	矿体倾角（°）	矿体及顶底板稳固性	矿石品位（%）	矿石类型	共生组分	伴生组分	可选性	工程地质条件	水文地质条件	环境地质条件
1	大通县比柯河铁矿	矿点	普查	开采	2.30	2.30	接触交代型	脉状、透镜状	2.00～4.00	50	稳固	38.05	磁铁矿矿石、赤铁矿矿石			可选	中等	简单	中等
2	湟源县兑素尔铁矿区	小型	详查	未利用	101.10	101.10	低温热液充填型	扁豆状、似层状	3.04			37.34	赤铁矿矿石、褐铁矿矿石					复杂	
3	乐都县大泉石沟铁矿	矿点	普查	关闭	38.65	38.65	沉积变质型接触交代型	似层状、透镜状	1.24～5.78	5～78		28.21	赤铁矿矿石						
4	平安县元石山铁镍矿区*	中型	详查	停产	1 222.06	1 246.4	岩浆内生热液再造-外生风化淋滤	似层状、透镜状	8.53～37.00	20～60	不稳固	31.24	磁铁矿矿石						
5	循化县谢坑铜金矿*	小型	详查	开采	190.59	232.31	接触交代-热液型	脉状、楔状	0.97～4.49		稳固	44.47	磁铁矿矿石			易选	简单	简单	中等
6	循化县谢坑-朗木加铜金矿*	矿点	普查	未利用	41.33	41.33	接触交代型	透镜状、脉状	0.89～6.79	40～88	较稳固	40.03	磁铁矿矿石			可选	中等	中等	中等
7	祁连县小沙龙铁矿	大型	详查	开采	15 760.61	15 760.61	海相沉积变质型	层状、似层状	8.66～103.04	65～80	较稳固	32.78	磁铁矿矿石			难选	中等	简单	
8	祁连县小东索铁矿	小型	勘探	开采	232.72	269.41	沉积变质-热液型	扁豆体、似层状	1.00～22.00			35.30	磁铁矿矿石		Mn	可选		简单	

续表 3-4

序号	矿区名称	矿床规模	勘查阶段	利用情况	资源量（万t）保有	资源量（万t）累计查明	成因类型	矿体形态	矿体厚度（m）	矿体倾角（°）	矿体及顶底板稳固性	矿石品位（%）	矿石类型	共生组分	伴生组分	可选性	工程地质条件	水文地质条件	环境地质条件
9	祁连县阿力克铁矿区	小型	详查	开采	355.8	356.5	湖湘-海陆交互沉积型	层状	0.45~13.5	40		39.56	菱铁矿矿石			可选			
10	祁连县托勒朔热水沟铁矿	小型	普查	未利用	390.1	390.1	火山-沉积变质型	透镜状、似层状	4.95~35.37	53~85	较稳固	29.59	磁铁矿矿石			可选	中等	简单	复杂
11	祁连县大沙龙铁矿	中型	详查	未利用	1668	1668	沉积变质型	板状	13.50~57.95	69~78	较稳固	28.91	磁铁矿矿石			难选	中等	简单	中等
12	祁连县小沙龙东沟铜矿	小型	普查	未利用	594	594	浅海相沉积变质	似层状、层状	1.96~21.96	57~68	稳固	37.44	磁铁矿矿石			可选	简单	简单	良好
13	祁连县小沙沟铁矿	小型	普查	开采	923.32	923.32	沉积变质型	条带状	1.80~53.00	60~80	稳固	34.97	磁铁矿矿石			难选	简单	简单	简单
14	祁连县小清水铁矿	小型	详查	未利用	950.95	950.95	沉积变质型	层状、透镜状	1.00~45.00	33~70	较稳固	29.28	磁铁矿矿石、菱铁矿矿石			可选	中等	简单	良好
15	祁连县小沙龙直沟铜多金属	小型	普查	开采	150.93	150.93		脉状	1.26~19.30	75~80	稳固	38.51	磁铁矿矿石	Cu		可选	简单	简单	简单
16	共和县孤山铁矿**	矿点	普查	开采	68.97	69.36	接触交代型	似层状、透镜体	1.70~11.30	45~63	稳固	43.69	磁铁矿矿石			易选	简单	简单	简单
17	共和县达纳亥公卡铁多金属矿	小型	普查	未利用	143.54	143.54		似层状、透镜状	1.32~19.87	30~38		40.60	赤铁矿矿石	Pb、Zn、Ag					
18	共和县黑马河铁矿	矿点	普查	停产	12.56	13.77	接触交代型	扁豆状	0.68~2.13		稳固	35.00	磁铁矿矿石			可选	简单	简单	简单

续表 3-4

序号	矿区名称	矿床规模	勘查阶段	利用情况	资源量(万t) 保有	资源量(万t) 累计查明	成因类型	矿体赋存条件 矿体形态	矿体赋存条件 矿体厚度(m)	矿体赋存条件 矿体倾角(°)	矿体赋存条件 矿体及顶底板稳固性	矿石品位(%)	矿石质量 矿石类型	矿石质量 共生组分	矿石质量 伴生组分	矿石质量 可选性	开采技术条件 工程地质条件	开采技术条件 水文地质条件	开采技术条件 环境地质条件
19	共和县红岭铁矿	矿点	普查	开采	7.06	7.06	高温热液-接触交代型	似层状	1~3.5	68~81	稳固	48.29	磁铁矿矿石			可选	简单	简单	简单
20	兴海县白尕湖铁矿	小型	详查	开采	130.12	261.53	接触交代型	透镜状、扁豆状	4.00~46.62		稳固	32.91	磁铁矿矿石			可选	中等	简单	简单
21	兴海县委什塘铜铁矿	中型	勘探	开采	1 254.22	1 565.9	接触交代型	似层状、透镜体			稳固	23.56	磁铁矿矿石			难选	简单	简单	中等
22	兴海县很琼沟脑铁铜矿	矿点	普查	未利用	91.77	91.77	接触交代型	浸染状、条带状	0.88~9.32	45~87	稳固	41.04	磁铁矿矿石	Cu		可选	简单	简单	简单
23	玉树县赵卡隆铁铜多金属矿	中型	普查	未利用	2 019.6	2 019.6	沉积改造型	层状、似层状	0.74~29.41	62~83	较稳固	33.51	磁铁矿矿石	Cu、Pb、Zn		可选	中等	简单	中等
24	治多县当江地区东戈铁矿*	小型	普查	未利用	169.13	169.13	火山沉积型	透镜状、似层状	1.47~6.60	50~70	不稳固	41.44	磁铁矿矿石			可选	中等	简单	中等
25	囊谦县冶金山铁矿区	小型	普查	未利用	298.7	298.7	接触交代型	脉状	1.1~19.1			50.25	磁铁矿矿石			可选	中等	简单	
26	柴达木磁铁山磁铁矿区	小型	普查	未利用	339.4	339.4	沉积变质型	层状、似层状	1~3.84		不稳固	28.01	磁铁矿矿石					简单	
27	格尔木市群力铁矿	中型	详查	未利用	1 051.57	1 086.04	热液型	透镜状	4.48		不稳固	38.06	磁铁矿矿石	Cu		易选	中等	简单	简单
28	格尔木市那郭勒河东铁矿	小型	普查	开采	754.22	754.22	接触交代型	似层状、透镜状	1.06~6.29		较稳固	36.38	磁铁矿矿石			可选	中等	简单	简单

续表 3-4

序号	矿区名称	矿床规模	勘查阶段	利用情况	资源量(万t) 保有	资源量(万t) 累计查明	成因类型	矿体形态	矿体厚度(m)	矿体倾角(°)	矿体及顶底板稳固性	矿石品位(%)	矿石类型	共生组分	伴生组分	可选性	工程地质条件	水文地质条件	环境地质条件
29	格尔木市尕林格矿区铁多金属矿	大型	普查	未利用	10 097.99	10 097.99	接触交代型	透镜状	3~34	10~60	稳固	29.38	磁铁矿矿石	Pb、Zn、Co、Au、S		易选	简单	复杂	简单
30	格尔木市野马泉M4、M5异常区铁锌多金属矿	小型	详查	开采	3 075.76	4 421.08	接触交代型	透镜状、扁豆状	1~31		较稳固	39.32	磁铁矿矿石	Zn		易选	中等	中等	简单
31	格尔木市拉陵高里河下游多金属矿	中型	普查	开采	1 924.69	1 989.94	接触交代-热液型	豆荚状、透镜状	6.19~9.21	48~77		39.43	磁铁矿矿石	Cu、Zn		可选			
32	格尔木市青德可克铁矿区	中型	详查	未利用	4 949.9	6 275.09	接触交代-热液型	似层状、透镜状	0.15~113.02	30~40	稳固	29.19	磁铁矿矿石	Pb、Zn、Co、Bi、Au、S		可选	中等	简单	简单
33	格尔木市乌汉兴铁多金属矿	矿点	普查	未利用	523.04	523.04	接触交代型	似层状、透镜状	1.07~15.04	45	稳固	35.67	磁铁矿矿石	Cu、Pb、Zn		易选	中等	简单	简单
34	格尔木市它温查汉铁多金属矿	中型	详查	未利用	4561	4561	接触交代-热液型	似层状、透镜状	5.08~19.7		较稳固	34.28	磁铁矿矿石	Cu、Pb、Zn、Mo		易选	简单	复杂	简单
35	格尔木市牛苦头矿区M4磁异常区铁多金属矿*	中型	勘探	未利用	1226	1226	接触交代型	似层状、豆瓣状	1.46~2.81	4~30	较稳固	36.70	磁铁矿矿石			可选	中等	中等	简单
36	格尔木市牛苦头矿区多金属矿*	小型	勘探	未利用	509.9	509.9	接触交代型	似层状、透镜状	1~15	10~40	较稳固	33.44	磁铁矿矿石			易选	中等	中等	简单
37	格尔木市索拉吉尔铜矿*	小型	详查	已利用	574.01	574.01	接触交代型	透镜状				29.64	磁铁矿矿石						

续表 3-4

序号	矿区名称	矿床规模	勘查阶段	利用情况	资源量(万t) 保有	资源量(万t) 累计查明	成因类型	矿体形态	矿体厚度(m)	矿体倾角(°)	矿体及顶底板稳固性	矿石品位(%)	矿石类型	共生组分	伴生组分	可选性	工程地质条件	水文地质条件	环境地质条件
38	格尔木市中游铜多金属矿*	小型	普查	未利用	137.41	137.41	接触交代型	透镜状	1~5		较稳固	23.60	磁铁矿矿石			可选	中等	简单	中等
39	格尔木市野马泉M13磁异常铁多金属矿*	中型	详查	未利用	2 420.18	2 420.18	接触交代型	脉状、层状	2.77~5.08	0~65	稳固	32.95	磁铁矿矿石			可选	简单	简单	中等
40	格尔木市那陵郭勒河西铁多金属矿M2、M3矿段*	中型	普查	未利用	39.1	39.1	接触交代型	脉状、板状	1.04~13.08	18~46	稳固	29.97	磁铁矿矿石			易选	简单	简单	中等
41	格尔木市拉陵灶火铁矿	中型	普查	开采	802.25	1 069.29	接触交代型	似层状、透镜状	2.1~3.96	23~52	稳固	48.40	磁铁矿矿石			可选	简单	简单	简单
42	格尔木市乌腊德地区铁铜矿	小型	普查	开采	371.37	371.37	接触交代型	条带状	2.8~11.7	64~88	较稳固	30.40	磁铁矿矿石			可选	中等	简单	中等
43	格尔木市哈西亚图C11磁异常铁多金属矿	中型	详查	未利用	3 700.4	3 700.4	接触交代型	似层状	1.01~10.84	10~75	较稳固	36.77	磁铁矿矿石	Cu、Pb、Zn、Au		可选	中等	简单	中等
44	格尔木市尕林哈铁矿	小型	详查	未利用	315.15	315.15	接触交代型	似层状	1.35~33.89	35~47	稳固	26.96	磁铁矿矿石、赤铁矿矿石			可选	简单	简单	简单
45	格尔木市野马泉M9、M10磁异常铁多金属矿	小型	普查	未利用	615.57	615.57	接触交代型	薄板状	5.12~7.31	5~31	较稳固	40.16	磁铁矿矿石	Cu、Pb、Zn	Co、Ag、S	易选	中等	简单	简单
46	格尔木市别里赛北铁矿	小型	普查	未利用	193.98	193.98	沉积变质-接触交代型	透镜状	1.09~19.6			35.77	磁铁矿矿石						

续表 3-4

序号	矿区名称	矿床规模	勘查阶段	利用情况	资源量(万t)保有	资源量(万t)累计查明	成因类型	矿体形态	矿体厚度(m)	矿体倾角(°)	矿体及顶底板稳固性	矿石品位(%)	矿石类型	共生组分	伴生组分	可选性	工程地质条件	水文地质条件	环境地质条件
47	格尔木市扎日玛日那西铁矿	矿点	普查	未利用	4.44	4.44	接触交代型	透镜状	1~15.88	35~75	稳固	56.96	磁铁矿矿石				简单	简单	
48	格尔木市那西郭勒地区铁矿	中型	预查	未利用	3 756.99	3 756.99	沉积变质型	层状	1.02~18.69	53~74	较稳固	25.77	磁铁矿矿石			可选	中等	中等	简单
49	格尔木市全红山铁矿	矿点	普查	开采	25.37	41.17	接触交代型	透镜状、脉状	1.62~12.96		稳固	41.13	磁铁矿矿石			易选	简单	简单	简单
50	格尔木市唐古拉乡开心岭铁矿	矿点	普查	未利用	60.84	60.84	火山喷气-沉积型	脉状、似层状	2.6~8.69	25~60	不稳固	41.29	赤铁矿矿石、磁铁矿矿石	S		难选	中等	复杂	中等
51	格尔木市球路嘎窝头铁多金属矿	矿点	普查	未利用	82.16	82.16	火山沉积型	透镜状、似层状	1.17~14.48	45~60	稳固	23.44	磁铁矿矿石	Au		可选	简单	简单	简单
52	格尔木市菜园子沟西沟铁矿	矿点	详查	未利用	94.03	94.03	接触交代型	脉状、似层状	1.02~2.25	61~80	稳固	28.70	磁铁矿矿石	Au		可选	中等	简单	中等
53	格尔木市小圆山地区铁多金属矿	小型	普查	未利用	211.83	211.83	接触交代型	似层状、透镜状	1.10~13.59	20~85	较稳固	31.40	磁铁矿矿石	Cu、Pb、Zn	Au、Ag	易选	简单	简单	简单
54	格尔木市那陵郭勒河西铁多金属矿 M1矿段	小型	普查	未利用	671.22	671.22	接触交代型	脉状、板状	1.04~13.08	23~46	较稳固	36.37	磁铁矿矿石	Pb、Zn、Cu、Ag		易选	简单	复杂	中等
55	格尔木市它温查汉西矿区C5—C11异常区铁多金属矿	中型	普查	未利用	1 054.21	1 054.21	接触交代-热液型	条带状、脉状	0.80~41.68	15~48		35.21	磁铁矿矿石			可选			

续表 3-4

序号	矿区名称	矿床规模	勘查阶段	利用情况	资源量（万t）保有	资源量（万t）累计查明	成因类型	矿体形态	矿体厚度（m）	矿体倾角（°）	矿体及顶底板稳固性	矿石品位（%）	矿石类型	共生组分	伴生组分	可选性	工程地质条件	水文地质条件	环境地质条件
56	乌兰县霍德德森铁矿	矿点	勘探	开采	52.46	52.67	接触交代型和中高温热液型	薄板状	1.18~1.94	10~30	稳固	40.03	磁铁矿矿石			可选	简单	简单	
57	乌兰县乌拉斯太沟铁矿	小型	普查	未利用	129.36	129.36	沉积变质型	似层状、透镜状	0.58~20.24	30~50		29.09	磁铁矿矿石			可选			
58	都兰县洪水河铁矿	小型	详查	开采	716.36	926.8	沉积变质型	透镜状	3.35~10.45	50~70	不稳固	33.50	磁铁矿矿石			可选	中等	简单	中等
59	都兰县清水河铁矿区	中型	详查	开采	3 628.39	3 628.39	沉积变质型	透镜状、似层状	7.79~22.6	60~85	较稳固	36.13	磁铁矿矿石			难选	简单	简单	中等
60	都兰县双庆铁矿区	小型	详查	开采	209.22	286.96	接触交代型	透镜状、扁豆状	0.87~7.90	22~58	较稳固	38.48	磁铁矿矿石	Cu、Pb、Zn		可选	简单	简单	简单
61	都兰县南戈泉铁矿	小型	普查	开采	428.7	430.9					稳固	33.98	磁铁矿矿石			可选		复杂	简单
62	都兰县跃进山铁矿	小型	普查	开采	77.25	109.81	岩浆晚期分异型	似层状、条带状	1.16~6.62	15~45	稳固	36.25	磁铁矿矿石			易选	简单	简单	简单
63	都兰县海寺铁矿区	小型	详查	开采	122.11	471.82	接触交代型	扁豆状	3.7~29.71	42~72	稳固	46.26	磁铁矿矿石				中等		中等
64	都兰县白崖铁矿区	小型	勘探	开采	265.54	479.85	接触交代型	似层状、串珠状	1.22~30.10	80	稳固	52.25	磁铁矿矿石	Cu、Pb、Zn		易选	简单	简单	简单
65	都兰县达尔乌拉铁矿	小型	普查	未利用	747.64	747.64	岩浆晚期分异型	条带状、透镜状	1.53~14.49	35~58	较稳固	21.57	磁铁矿矿石			易选	中等	简单	中等

续表 3-4

序号	矿区名称	矿床规模	勘查阶段	利用情况	资源量(万t) 保有	资源量(万t) 累计查明	成因类型	矿体形态	矿体厚度(m)	矿体倾角(°)	矿体及顶底板稳固性	矿石品位(%)	矿石类型	共生组分	伴生组分	可选性	工程地质条件	水文地质条件	环境地质条件
66	都兰县占卜扎勒铁矿	小型	普查	开采	73.00	110.00	接触交代型	似层状、脉状	4.5~9.0	55~70	稳固	45.05	磁铁矿矿石			可选	简单	简单	简单
67	都兰县白石崖铁矿区外围	小型	详查	开采	706.42	909.18	接触交代型	透镜状	5.0~10.0	30~70	稳固	42.34	磁铁矿矿石	Cu、Pb、Zn		易选	简单	简单	简单
68	都兰县谷洞沟地区多金属矿*	矿点	普查	未利用	10.46	10.46	接触交代型	透镜状	1.16~12.42	45~60	较稳固	20.83	磁铁矿矿石			可选	中等	简单	简单
69	都兰县柯柯赛地区铁矿*	矿点	详查	未利用	22.29	22.29	接触交代型	透镜状	1.26~3.75	54~65	稳固	30.07	磁铁矿矿石			可选	简单	简单	简单
70	都兰县胜利铁矿	小型	普查	开采	145.23	173.48	接触交代型	似层状、透镜状	1.46~8.71	33~86	稳固	33.34	磁铁矿矿石	Cu、Zn	Au	可选	简单	简单	中等
71	都兰县小庙铁铜矿	矿点	普查	未利用	71.69	71.69	沉积变质型	似层状	1.40~11.64	60~75	稳固	28.71	磁铁矿矿石			易选	简单	简单	简单
72	都兰县洼尕当多金属矿	矿点	普查	未利用	80.74	80.74	接触交代型热液型	透镜状	1.15~7.84	47~79	稳固	32.75	磁铁矿矿石	Pb、Zn		可选	简单	简单	简单
73	都兰县大洪山含铜磁铁矿	矿点	勘探	开采	46.74	59.26	接触交代型	透镜状	0.3~3.5	50~65	稳固	31.75	磁铁矿矿石	Cu、Zn	Au	可选	简单	简单	简单
74	都兰县希龙沟铁铅锌矿	矿点	详查	开采	23.23	23.23	接触交代型	似层状、扁豆状	1.39~4.35	42~53	不稳固	38.36	磁铁矿矿石			可选	中等	简单	简单
75	都兰县洪水河铁多金属矿	矿点	详查	开采	17.57	36.72	沉积变质型	透镜状	5.91~10.45	50~70	较稳固	46.88	磁铁矿矿石	Cu、Pb、Zn、Au、Ag		可选	中等	简单	中等

续表 3-4

序号	矿区名称	矿床规模	勘查阶段	利用情况	资源量(万t) 保有	资源量(万t) 累计查明	成因类型	矿体形态	矿体厚度(m)	矿体倾角(°)	矿体及顶底板稳固性	矿石品位(%)	矿石类型	共生组分	伴生组分	可选性	工程地质条件	水文地质条件	环境地质条件
76	都兰县大海滩矿区铁矿	小型	详查	开采	217.4	218.66	接触交代型	透镜状、似层状	11~16	55~85	较稳固	33.66	磁铁矿矿石	Cu	S	难选	中等	简单	简单
77	都兰县小卧龙矿区铁矿	小型	详查	开采	52.54	270.05	接触交代型	似层状、扁豆状	1.64~10.13	43~56	稳固	23.24	磁铁矿矿石	Sn	WO₃、Cu	难选	简单	简单	简单
78	都兰县柯柯赛铁矿	矿点	普查	开采	46.31	71.06	接触交代型	透镜状、楔状	4.87~15.88	51~78	稳固	46.38	磁铁矿矿石			可选	简单	简单	中等
79	都兰县柯柯赛北山多金属矿**	矿点	普查	开采	21.81	22.56	接触交代型	透镜状	7.82	88	稳固	44.77	磁铁矿矿石				简单	简单	
80	都兰县巴硬格莉山铁矿	矿点	普查	开采	6.86	6.86	接触交代型	脉状	4.66		较稳固	24.61	磁铁矿矿石						
81	都兰县金水口铁锌矿	小型	普查	未利用	125.65	125.65	接触交代型	脉状	1.04~7.10	28~81	较稳固	35.11	磁铁矿矿石	Zn		可选	中等	简单	简单
82	都兰县可可等沟多金属矿	矿点	普查	未利用	42.71	42.71	接触交代型	脉状	3.74	68~88		33.49	磁铁矿矿石	Cu	Au、Ag	可选	简单	简单	简单
83	都兰县阿姆滩铁矿	矿点	详查	停采	31.88	38.69	接触交代型	透镜状、扁豆状	1.02~6.75	53~62	稳固	41.25	磁铁矿矿石	晶质石墨		可选	简单	简单	简单
84	都兰县三通沟铁矿	矿点	普查	未利用	42.05	42.05	沉积变质-热液改造型	脉状	1.35~8.19	33~82	稳固	38.37	磁铁矿矿石			可选			
85	天峻县峨柏湿尕铁矿	小型	普查	未利用	137.75	137.75	沉积变质型	层状、似层状	1.09~1.56	40~86	稳固	30.24	磁铁矿矿石、赤铁矿矿石			可选	简单	简单	中等

续表 3-4

序号	矿区名称	矿床规模	勘查阶段	利用情况	资源量（万t） 保有	资源量（万t） 累计查明	成因类型	矿体形态	矿体厚度（m）	矿体倾角（°）	矿体及顶底板稳固性	矿石品位（%）	矿石类型	共生组分	伴生组分	可选性	工程地质条件	水文地质条件	环境地质条件
86	茫崖行委五一河铁铜锡矿	小型	普查	未利用	368.5	368.5	接触交代型	似层状、脉状	1.11~7.43	57~70		28.77	磁铁矿矿石	Cu,Zn	Cu,Sn	可选			
87	茫崖行委迎庆沟铜铅锌多*	矿点	详查	开采	0.41	0.41	接触交代型	透镜状	0.29~6.69	40~75	较稳固	20.00	磁铁矿矿石	Cu,Pb,Zn,Ag	Fe	可选	简单	复杂	中等
88	德令哈市尕海断层山绿松石及铁多金属矿	矿点	普查	未利用	0.26	0.26	沉积-改造型	脉状	1.40~17.52	54~69	较稳固	28.74	赤铁矿矿石	绿松石		难选	简单	中等	中等
89	德令哈市巴勒格坦铁矿点详查	矿点	详查	开采	105.89	105.89	沉积型	层状、似层状	1.00~2.40	15	稳固	24.18	菱铁矿矿石		Cu	难选	简单	简单	简单
90	玛沁县德尔尼铜钴矿区*	中型	勘探	开采	957.56	3 673.26	热液改造型	似板状、透镜状	1.00~5.00	40~75	较稳固	22.31	磁铁矿矿石	Co,Zn,S	Au,Ag,Fe,Se	可选	中等	简单	简单

注：* 为共生矿产；** 为单一矿产；苏林格分属 11 个铁矿区。

表 3-5 青海省铁矿资源量分布表（含共生矿）

州、地、市	县	2020年底保有资源量（万t）				2020年底查明资源量（万t）				矿区数（处）
		探明资源量	控制资源量	推断资源量	合计（万t）	探明资源量	控制资源量	推断资源量	合计（万t）	
西宁市	大通县	—	—	2.30	2.30	—	—	2.30	2.30	1
	湟源县	—	101.10	—	101.10	—	101.10	—	101.10	1
	西宁市合计	—	101.10	2.30	103.40	—	101.10	2.30	103.40	2
海东市	乐都区	—	—	38.65	38.65	—	—	38.65	38.65	1
	平安区	—	277.44	983.27	1 260.71	—	287.22	997.83	1 285.05	2
	循化县	26.25	154.98	50.70	231.93	26.25	185.48	61.92	273.65	2

续表 3-5

州、地、市	县	2020年底保有资源量				2020年底查明资源量				矿区数(处)
		探明资源量	控制资源量	推断资源量	合计(万t)	探明资源量	控制资源量	推断资源量	合计(万t)	
海东市合计		26.25	432.42	1 033.97	1 492.64	26.25	472.70	1 059.75	1 558.70	4
海北州	祁连县	—	15 394.40	5 632.03	21 026.43	—	15 396.19	5 667.63	21 063.82	9
海南州	共和县	—	8.35	223.77	232.13	—	8.53	225.20	233.73	4
	兴海县	—	70.19	1 405.91	1 476.10	—	172.41	1 746.79	1 919.20	3
海南州合计		—	78.54	1 629.68	1 708.23	—	180.94	1 971.99	2 152.93	7
玉树州	治多县	—	—	169.13	169.13	—	—	169.13	169.13	1
	玉树市	—	1 139.30	880.30	2 019.60	—	1 139.30	880.30	2 019.60	1
	囊谦县	—	298.70	0.00	298.70	—	298.70	0.00	298.70	1
玉树州合计		—	1 438.00	1 049.43	2 487.43	—	1 438.00	1 049.43	2 487.43	3
海西州	格尔木市	146.18	15 042.06	24 269.96	39 458.20	146.18	16 667.14	24 381.26	41 194.58	30
	乌兰县	—	—	181.82	181.82	—	—	182.03	182.03	2
	德令哈市	—	62.53	43.62	106.15	—	62.53	43.62	106.15	2
	都兰县	—	4 529.03	3 400.07	7 929.10	16.85	5 709.80	3 667.66	9 394.31	27
	天峻县	—	—	137.75	137.75	—	—	137.75	137.75	1
	茫崖市	0.00	58.00	310.91	368.91	0.00	58.00	310.91	368.91	2
海西州合计		146.18	19 691.62	28 344.13	48 181.93	163.03	22 497.47	28 723.23	51 383.73	64
果洛州	玛沁县	—	—	957.56	957.56	—	957.56	957.56	3 673.26	1
全省总计		172.43	37 136.08	38 649.10	75 957.61	2 904.98	40 086.40	39 431.89	82 423.27	90

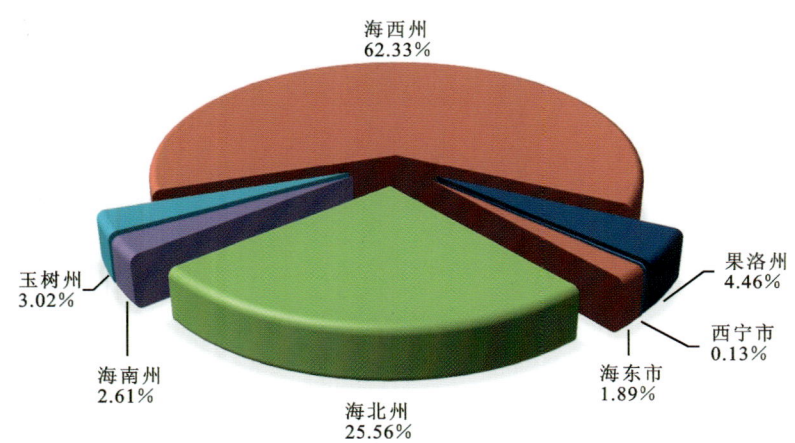

图 3-2　2020 年底青海省累计查明铁矿资源量分布图

90 处矿床(点)中,大型矿床 2 处(小沙龙和尕林格),查明资源量 25 858.60 万 t,占 31.37%;中型矿床 16 处,查明资源量 39 083.68 万 t,占 47.42%;小型矿床 43 处,查明资源量 16 310.37 万 t,占 19.79%;矿点 29 处,查明资源量 1 167.64 万 t,占 1.42%;按以铁为主的矿区统计有 73 处矿产地(表 3-4),其中大型 2 处,查明资源量 25 858.60 万 t,占 36.70%;中型 11 处,查明资源量 28 954.94 万 t,占 41.09%;小型 38 处,查明资源量 14 687.61 万 t,占 20.84%;矿点 22 处,查明资源量 962.13 万 t,占 1.37%。

上表铁矿资源量中,达到勘探的 8 处,详查 30 处,普查 51 处,预查 1 处(表 3-4)。详查阶段查明和保有资源量最多,分别为 42 779.26 万 t 和 45 442.60 万 t,占全省上表查明及保有铁矿资源量的 56.32% 和 55.13%,普查、详查阶段没有提交探明资源量,仅在勘探阶段提交了 146.18 万 t。

二、铁矿资源储量及分布

按县域分布统计,海西州格尔木市最多,查明及保有资源量分别为 41 194.58 万 t 和 39 458.20 万 t,分别占全省的 49.98% 和 51.95%,占海西州的 80.17% 和 81.89%;其次为海北州祁连县,查明和保有资源量分别为 21 063.82 万 t 和 21 026.43 万 t,分别占全省的 25.26% 和 27.68%,占海北州的 100%。格尔木市和祁连县合计查明和保有资源量分别为 62 258.40 万 t 和 60 484.63 万 t,占全省的 75.53% 和 79.63%。

从上表铁矿资源量质量分析,青海省铁矿资源量中富矿少,贫矿多,绝大多数铁矿是品位(TTe)低于 50% 的需选铁矿石,其中 TTe≥50% 的富矿 3 处,保有资源量 568.68 万 t,占 0.75%;中高品位(40%~<50%)的中富矿 19 处,保有资源量 3 287.98 万 t,占 4.33%;中低品位(25%~<40%)的中贫矿 58 处,保有资源量 68 745.83 万 t,占 90.50%;低品位(20%~<25%)的贫矿 10 处,保有资源量 3 355.15 万 t,占 4.42%。大量的中贫矿在青海省这样一个基础条件差、工业基础薄弱的省份开发利用较为困难。

三、铁矿资源开发利用条件

(一)铁矿资源特点

青海省铁矿资源的主要特点:一是查明资源分布较为集中,行政区划上主要集中于海西州的格尔木市和海北州的祁连县,成矿区(带)上分布于北祁连的大沙龙地区和东昆仑的祁漫塔格地区;二是大中型矿床少，小型及以下的产地多，全省上表矿床中仅有大型矿床两处，查明资源也只有2.59亿t；三是查明资源量中，贫矿多，富矿少；四是大部分矿床（点）中均共伴生有较多的有色金属、贵金属矿产；五是铁矿床中，部分矿床的选矿工艺技术条件差，主要是部分铁矿的粒度细，选矿困难（主要分布在祁连地区，如小沙龙、大沙龙、小水沟等铁矿），且矿床均是以全铁圈定的矿体，部分矿床中磁性铁比例不高，也增加了利用难度（王岩等，2018）。

（二）各铁矿床矿石工业类型储量分布情况

青海省铁矿查明上表资源量中，中低品位铁矿石多，富矿少，其中富矿仅有3处，铁矿石绝大多数为需选矿石。其中以磁铁矿矿石为主的矿山有83处，保有资源量75 151.56万t，占99.09%；赤铁矿为主的矿山5处，保有资源量344.39万t，占0.45%；菱铁矿为主的矿山2处，保有资源量461.69万t，占0.46%。各铁矿矿石工业类型储量情况见表3-4。

（三）青海铁矿床特征

青海省铁矿成因类型复杂，几乎全部为复合成因的，没有单一成因类型的铁矿床，且以接触交代型和沉积变质型为主，其中接触交代型矿床的保有和查明资源量分别为38 734.17万t和42 123.57万t，分别占全省保有和查明资源量的50.99%和51.11%；沉积变质型矿床的保有和查明资源量为31 762.68万t和32 028.96万t，分别占全省保有和查明资源量的41.82%和38.86%。特别是接触交代型铁矿是目前开发的重点，此类型矿石质量较好，TFe品位一般为35%~50%，有害杂质硫、磷等一般低于工业要求，而且均共生Pb、Zn、Co、Bi、Au等有益元素，代表矿床有肯德可克、尕林格、野马泉、海寺、白石崖等。由于共、伴生组分可综合利用，极大地提高了开发价值。

接触交代型矿床矿体一般为倾斜矿体，以透镜状、脉状和似层状为主，矿体厚度一般为2~10m，矿体围岩一般为较稳固、稳固，矿石均为可选和易选，较易利用（表3-4）。

沉积变质型矿床矿体一般为倾斜矿体，以似层状和透镜状为主，矿体厚度一般为1~20m，矿体围岩一般较稳固，部分矿床不稳固，开采难度较大。大部分矿床的矿石可选，但祁连地区的小沙龙、大沙龙、小水沟等矿床，由于磁铁矿粒度细，选矿难度大，为难选矿石，不易利用。

（四）共伴生矿产特征

从储量简表分析，有31处主要矿床（点）共伴生有其他有益矿产，其中共伴生铜的有23处、铅15处、锌20处、金8处、银6处。共伴生矿产最多的是格尔木市肯德可克铁矿区，共有9种（铜、铅、锌、金、银、钴、铋、锗、硫铁矿）（表3-4）。共伴生金属矿产累计铜26.03万t、铅21.15万t、锌79.85万t、金21.66吨、银278.30吨，此外还有少量的钴、铋、锗、钼、锡、钨等；非金属矿产累计硫铁矿2 136.42万t、石墨36.50万t、饰面用大理岩147.41万t。

由此可见，青海省铁矿床（点）共伴生有大量的铜、铅、锌、金、银等有益元素，也是这些有益矿产的主要开采矿床。

（五）开采技术条件

从表3-4统计结果可知，青海省水文地质条件简单的铁矿区61处，中等的8处，复杂的7处，未作评价的14处；工程地质条件简单的矿区39处，中等的33处，未作评价的18处，无复杂矿区；环境地质条件简单的矿区41处,中等的24处,复杂的1处,未作评价的24处。由此可见,青海省大部分铁矿床(点)水文地质、工程地质和环境地质条件较为简单,便于开采。但大部分矿床位于西部,交通条件不便,供水供电困难,给开发带来了一定的难度。

第三节 铜 矿

一、铜矿资源概况

截至2020年底,青海省上表非伴生铜矿区共105处,其中,单一铜矿区1处,主要铜矿区49处,共生铜矿区55处(表3-6);上表伴生铜矿区36处。

青海省累计查明和保有铜矿资源量分别为262.12万t和326.27万t,全省8个州(市)中,除西宁市外,其余7个州(市)均有查明并上表的铜矿资源量,7个有上表铜资源量的州(市)中,最多的是海西州,共计91.25万t,最少的是海东市,只有7 184.26t(表3-7,图3-3)。

105处矿床(点)中,大型矿床1处(德尔尼铜钴矿),查明资源量50.42万t,占15.45%;中型矿床7处,查明资源量154.83万t,占47.46%;小型矿床30处,查明资源量99.38万t,占30.46%;矿点67处(资源量小于1万t),查明资源量21.64万t,占6.63%。

单一铜矿区仅有1处,为茫崖行委红沟子西铜矿,规模较小(查明资源量1 654.67t),尚未利用。以铜为主的矿区49处,查明资源量220.53万t。其中大型1处(德尔尼铜钴矿),查明资源量50.42万t,占22.86%;中型6处,查明资源量110.60万t,占50.15%;小型17处,查明资源量49.62万t,占22.50%;矿点25处,查明资源量9.89万t,占4.48%。共生铜矿区55处,查明资源量105.58万t。其中中型1处,查明资源量44.23万t,占41.89%;小型13处,查明资源量49.76万t,占47.13%;矿点42处,查明资源量11.75万t,占11.13%。

上表铜矿区中,达到勘探的21处,详查25处,普查59处(表3-6)。勘探阶段查明和保有的资源量最多,分别为199.65万t和138.33万t,分别占全省的61.19%和52.77%,详查和普查阶段仅循化县谢坑铜金矿提交了530.89t探明资源量(331级别资源量);全省勘探阶段提交了10.51万t保有的探明资源量和59.55万t查明的探明资源量。

二、铜矿资源量及分布

按县域分布统计,海南州兴海县最多,查明及保有资源量分别为65.32万t和54.09万t,分别占全省的20.02%和20.64%,占海南州的96.54%和95.85%;其次为海西州格尔木市,查明和保有资源量分别为59.60万t和59.10万t,分别占全省的18.27%和22.55%,占海西州的65.32%和65.49%。兴海县和格尔木市合计查明和保有资源量分别为124.92万t和113.19万t,分别占全省的38.29%和43.18%。

从上表铜矿资源质量分析,富矿少,贫矿多,大多数为低品位矿石,其中铜品位≥1.5%的富矿16处,保有资源量13.95万t,占5.32%;中高品位(1%~<1.5%)的中富矿17处,保有资源量82.11万t,占31.33%;中低品位(0.4%~<1%)的中贫矿61处,保有资源量114.08万t,占43.52%;低品位(0.2%~<0.4%)的贫矿11处,保有资源量51.98万t,占19.83%。大量的中贫矿在青海省这样一个基础条件差,工业基础薄弱的省份开发利用较为困难。

第三章 主要矿种及其共伴生资源的开发利用条件

表3-6 青海省上表铜矿特征表[据《青海省矿产资源量简表（截至2020年底）》]

序号	矿区名称	勘查阶段	开发利用情况	资源量（t）保有	资源量（t）累计查明	矿床规模	成因类型	矿体形态	矿体厚度（m）	矿体倾角（°）	稳固性	矿石品位（%）	矿石类型	共生组分	伴生组分	可选性	工程地质条件	水文地质条件	环境地质条件
1	化隆县拉水峡铜镍矿*	勘探	闭坑	922.00	2 832.00	矿点	晚期岩浆贯入型	透镜状	4.00	60～70	稳固	0.59	硫化铜镍矿石			易选	中等	简单	简单
2	循化县谢坑铜金矿	详查	开采	1 541.28	3 818.26	矿点	接触交代型	脉状、楔状	1.70～8.45	62～89	稳固	0.56	铜金矿石	Au、TFe		易选	简单	简单	中等
3	循化县谢坑—朗木加铜金矿	普查	未利用	534.00	534.00	矿点	接触交代型	透镜状、脉状	0.80～3.60	41～76	稳固	0.84	铜金矿石			可选	中等	中等	中等
4	门源县红沟铜矿*	勘探	开采	9 418.22	137 120.00	中型	火山岩黄铁矿型	脉状、扁豆状	0.20～8.00	50～85	稳固	3.66	黄铁矿型富铜矿		Au、Ag、Se、S	易选	简单	简单	简单
5	门源县浪力克铜矿	详查	开采	167 940.09	168 542.09	中型	海相火山热液型	透镜状、脉状	11.00～12.35	42～55	较稳固	0.44	铜矿石		S	易选	简单	简单	简单
6	门源县银灿沟铜锌矿	普查	开采	2 929.00	3 193.00	矿点	次火山岩型	浸染状、呈散状	1.12～3.96	67～70	较稳固	1.25	黄铁铜型铜矿石	Zn		易选	中等	简单	简单
7	门源县松树南沟脑铜铅矿	普查	开采	8 123.91	8 164.59	矿点	火山热液型	薄板状、扁豆状	1.00～5.30	60～70	较稳固	0.91	黄铜黄铁矿型矿石	Pb		可选	中等	简单	简单
8	门源县一棵树敖包沟铜矿*	普查	未利用	1 625.00	1 625.00	矿点	低温热液型	脉状	0.93～1.73	50～70	稳固	7.43	铜矿石						
9	祁连县郭密寺多金属矿*	勘探	开采	6 171.00	6 815.00	矿点	火山热液型	似层状、透镜状	1.00～16.00	60～70	不稳固	0.98	铜铅锌矿石			可选	复杂	简单	简单
10	祁连县下柳沟多金属矿*	勘探	开采	6 278.00	6 565.00	矿点	火山热液型	似层状、条带状	0.90～4.41	65～74	稳固	0.75	铜铅锌矿石			易选		简单	

续表 3-6

序号	矿区名称	勘查阶段	开发利用情况	资源量(t) 保有	资源量(t) 累计查明	矿床规模	成因类型	矿体形态	矿体厚度(m)	矿体倾角(°)	稳固性	矿石品位(%)	矿石类型	共生组分	伴生组分	可选性	工程地质条件	水文地质条件	环境地质条件
11	祁连县弯阳河多金属矿*	普查	开采	5 290.00	9 553.00	矿点	火山热液型	扁豆状、透镜状	2.00~5.00	60~65	稳固	0.99	铜铅锌矿石			易选		中等	
12	祁连县下沟多金属矿区*	勘探	开采	6 939.00	7 772.00	矿点	火山热液型	扁豆状、透镜状	1.00~11.25	70~80	稳固	0.58	铜铅锌矿石			易选		简单	
13	祁连县扎麻什克东沟铜矿	普查	开采	33 080.20	33 261.64	小型	中低温热液型	脉状、透镜状	1.00~16.40	53~62	稳固	1.09	黄铜矿矿石	S		易选		简单	
14	祁连县都滩赖都多金属矿*	普查	开采	716.00	721.00	矿点	中低温热液型	透镜状	0.59~2.37	60~73	稳固	2.57	黄铜矿矿石			易选	简单	简单	简单
15	祁连县二珠龙铜矿	勘探	基建	68 207.43	70 727.61	小型	热液型	似层状	10.28	35~68	较稳固	1.63	黄铜矿矿石		Au,Cu	易选	中等	简单	中等
16	祁连县小沙龙盲沟铜多金属矿*	普查	开采	3 190.00	3 190.00	矿点	浅海相沉积变质型	脉状	1.26~19.30	75~80	稳固	11.01	黄铜矿矿石			可选	简单	简单	简单
17	祁连县柏树台铜矿	普查	开采	5 299.99	5 433.92	矿点	热液型	扁豆状、脉状	2.25~4.19	51~80	不稳固	1.85	黄铜黄铁矿矿石	S	Au,Ag	难选	复杂	中等	简单
18	祁连县阴凹槽铜锌矿	详查	开采	12 542.54	12 542.54	小型	火山喷发沉积-热液叠加改造型	似层状、透镜状	4.54~16.90	50~65	稳固	0.85	黄铜黄铁矿矿石	Zn		易选	简单	简单	
19	祁连县龙哇俄当铜铅锌矿*	普查	未利用	665.15	665.15	矿点	砂岩型	层状	1.28~8.35	40~45	稳固	0.87	铜铅锌矿石			易选	中等	简单	
20	同仁县双朋西铜矿	详查	开采	4 453.62	7 079.48	矿点	接触交代型	透镜状、囊状	1.02~10.26	10~30	较稳固	1.15	铜金矿石	Au	Ag,Au	易选	中等	中等	

第三章 主要矿种及其共伴生资源的开发利用条件

续表 3-6

序号	矿区名称	勘查阶段	开发利用情况	资源量(t) 保有	资源量(t) 累计查明	矿床规模	成因类型	矿体形态	矿体厚度(m)	矿体倾角(°)	稳固性	矿石品位(%)	矿石类型	共生组分	伴生组分	可选性	工程地质条件	水文地质条件	环境地质条件
21	同仁县恰个冬铜矿	详查	开采	33 630.54	34 871.30	小型	沉积-改造型	透镜状、似层状	0.58~17.84	40~50	稳固	0.91	砂岩型铜矿石		Au、Ag	易选	中等	简单	简单
22	同仁县铁吾西金铜矿*	普查	未利用	260.00	260.00	矿点	接触交代型	透镜状、似层状	0.52~3.96	32~60	稳固	0.45	铜金矿石						
23	共和县格龙沟铜镍矿	详查	开采	9 897.00	9 944.80	矿点	岩浆熔离贯入型	扁豆状、长条状	0.37~23.00	40~60	较稳固	0.56	黄铜矿矿石			易选			
24	共和县都贡玛铜矿	普查	未利用	9 682.00	9 682.00	矿点	热液型	透镜状、似脉状	1.12~13.76	54~74	稳固	0.41	黄铜矿矿石	Au Pb	Au	可选	中等	简单	
25	贵德县都秀台铜砷矿	普查	未利用	1 551.00	1 551.00	矿点	接触交代型	透镜状、似层状	1.84~10.76	70~78	稳固	0.53	毒砂黄铜矿矿石		As、Ag				
26	兴海县赛什塘铜矿	勘探	政策性停采	217 428.02	325 027.19	中型	沉积-改造型	似层状、透镜状	0.49~53.50	15~50	稳固	1.10	黄铜矿矿石	Pb、Zn TFe	Au、Ag Ga、Cd S、As	易选	简单	简单	简单
27	兴海县铜峪沟铜矿	勘探	政策性停采	232 366.59	232 366.59	中型	沉积(变质)岩型	似层状、透镜状	0.98~4.09	15~25	稳固	1.25	黄铜矿矿石	Pb、Zn	Au、Ag Sn、Ga Cd、Ge S、Se	易选	简单	简单	简单
28	兴海县日龙沟矿区锡多金属矿*	勘探	未利用	19 096.60	19 096.60	小型	沉积变质热液改造型	似层状	0.80~4.87	37~86	稳固	0.68	铜矿石	Sn	Au、Ag Bi、Zn Cd		简单	简单	
29	兴海县什多龙铅锌银矿*	勘探	未利用	3 589.00	3 589.00	矿点	接触交代型	透镜状、似层状	1.32~42.85	27~90	稳固	0.44	铅锌铜矿石			易选	简单	简单	简单

续表 3-6

序号	矿区名称	勘查阶段	开发利用情况	资源量(t) 保有	资源量(t) 累计查明	矿床规模	成因类型	矿体形态	矿体厚度(m)	矿体倾角(°)	稳固性	矿石品位(%)	矿石类型	共生组分	伴生组分	可选性	工程地质条件	水文地质条件	环境地质条件
30	兴海县索拉沟多金属矿	详查	开采	53 917.90	58 577.00	小型	火山沉积-热液改造型	似层状、透镜状	3.04~9.35	40~60	稳固	0.61	铜矿石	Pb、Zn	Ag、Ga、Cd	易选	简单	简单	简单
31	兴海县鄂拉山口银铅锌矿*	普查	未利用	1 609.91	1 609.91	矿点	火山热液型	似层状、脉状	0.80~10.05	25~75	稳固	0.32	铜铅锌矿石			易选	简单	简单	简单
32	兴海县很琼沟脑铁铜矿	普查	未利用	5 865.00	5 865.00	矿点	接触交代型	浸染状、条带状	1.23~7.34	48~87	稳固	0.87	黄铜矿			易选	简单	简单	简单
33	兴海县什多龙北山铅锌矿*	普查	未利用	235.00	235.00	矿点	构造热液型	条带状、透镜状	1.05~4.18	34~84	稳固	0.27	铅锌铜矿石			易选	简单	中等	简单
34	兴海县什多龙铅锌矿外围多金属矿*	普查	未利用	6 805.00	6 805.00	矿点	中低温热液型	透镜状、脉状	1.14~13.74	44~71	稳固	0.80	铅锌铜矿石			易选	简单	简单	简单
35	贵南县克鲁沟铜矿	勘探	开采	2 293.16	2 293.16	矿点	接触交代型	脉状	2.56~4.18	44~66	稳固	1.61	铜锡矿石	Sn		易选	简单	简单	简单
36	玛沁县德尔尼铜钴矿	勘探	开采	134 152.06	504 201.52	大型	超基性岩型	似板状、透镜状	12.79~37.15	10~30	较稳固	0.98	铜矿石	Co、Zn、S	Au、Ag、Fe、Se	易选	中等	简单	简单
37	玉树县赵卡隆铁铜矿	普查	未利用	53 965.00	53 965.00	小型	沉积-改造型	似层状、透镜状	6.33~29.41	53~70	较稳固	0.61	铁铜矿石			可选	中等	中等	中等
38	杂多县纳日贡玛铜钼矿*	勘探	未利用	442 321.00	442 321.00	中型	斑岩型	带状、厚板状	6.00~58.00	70~90	稳固	0.31	黄铜矿石		Cu	易选	简单	中等	简单
39	治多县尕龙格玛金属矿	普查	开采	6 883.68	10 413.59	小型	火山热液型	透镜状、扁豆状	1.09~34.94	60~80	较稳固	1.65	黄铁矿化黄铜矿石	Pb、Zn	Co、Ga、Ag	易选	中等	中等	中等

续表 3-6

序号	矿区名称	勘查阶段	开发利用情况	资源量(t) 保有	资源量(t) 累计查明	矿床规模	成因类型	矿体形态	矿体厚度(m)	矿体倾角(°)	稳固性	矿石品位(%)	矿石类型	共生组分	伴生组分	可选性	工程地质条件	水文地质条件	环境地质条件
40	治多县二道沟铜矿	普查	未利用	3 600.00	3 600.00	矿点	砂岩型	长条状、似层状	1.50~10.40	50~73	稳固	1.84	黄铜矿矿石		Ag	可选	简单	简单	
41	治多县藏麻西孔铜银矿*	普查	未利用	3 183.00	3 183.00	矿点	砂岩型	层状、似层状	1.20~21.00	48~65	稳固	0.91	铜银矿矿石			难选	中等	简单	
42	治多县多彩地区铜多金属矿*	普查	未利用	130 636.62	130 636.62	中型	火山热液型	透镜状、扁豆状	1.15~6.70	64~75	较稳固	0.90	黄铜矿矿石	Pb、Zn		易选	中等	中等	中等
43	格尔木市群力铁矿*	普查	未利用	132.00	132.00	矿点	接触交代型	透镜状	1.29	50	较稳固	0.73	黄铜矿矿石					简单	简单
44	格里河下游多金属矿*	普查	开采	40 201.00	41 159.00	小型	接触交代型	板状、透镜状	1.21~8.18	40~73	稳固	0.30	铁铜矿矿石			易选			
45	格尔木市乌兰拜兴铁多金属矿*	普查	开采	4 461.80	4 461.80	矿点	接触交代型	透镜状	1.07~15.04		稳固	0.46	黄铜矿矿石			易选	中等	简单	简单
46	格尔木市尕林格铁矿区铁多金属矿*	普查	未利用	332.08	332.08	矿点	接触交代型	透镜状	3.00~34.00	10~60	稳固	1.23	硫化物矿石			易选	简单	复杂	简单
47	格尔木市它温查汉铁矿*	详查	未利用	16 590.00	16 590.00	小型	接触交代-热液型	似层状、透镜状	1.00~5.08	45	较稳固	1.20	铁铜矿矿石			易选	简单	复杂	简单
48	格尔木市牛苦头矿区M1磁异常铁多金属矿*	勘探	开采	9 207.63	9 597.97	矿点	接触交代型	似层状、透镜状	0.65~20.00	0~20	较稳固	0.33	黄铜矿矿石			易选	中等	简单	简单

续表 3-6

序号	矿区名称	勘查阶段	开发利用情况	资源量(t) 保有	资源量(t) 累计查明	矿床规模	成因类型	矿体形态	矿体厚度(m)	矿体倾角(°)	稳固性	矿石品位(%)	矿石类型	共生组分	伴生组分	可选性	工程地质条件	水文地质条件	环境地质条件
49	格尔木市牛苦头矿区 M4 磁异常区铁多金属矿*	勘探	未利用	71 421.44	71 421.44	小型	接触交代型	似层状、豆瓣状	2.76~8.87	0~39	较稳固	0.54	黄铜矿矿石			易选	中等	中等	简单
50	格尔木市牛苦头矿区多金属矿*	勘探	开采	80 842.41	80 842.41	小型	接触交代型	似层状、透镜状	1.00~15.58	2~50	较稳固	0.48	铜矿石			易选	中等	简单	简单
51	格尔木市紫拉吉尔铜矿	详查	开采	108 630.09	112 296.79	中型	接触交代型	似层状	2.85~9.83	55~83	稳固	1.04	铜钼矿石	Mo					
52	亚图 C11 磁异常铁铜矿	详查	开采	6 548.99	6 548.99	矿点	接触交代型	似层状	1.30~14.17	10~73	较稳固	0.47	铁铜矿石			可选	中等	简单	中等
53	格尔木市野马泉 M9、M10 磁异常铁多金属矿*	普查	未利用	17 802.61	17 802.61	小型	接触交代型	薄板状	1.00~6.15	5~15	较稳固	0.45	黄铜矿矿石		Ag	易选	中等	简单	简单
54	勤河西铁多金属陵郭矿 M1 矿段*	普查	未利用	80 385.00	80 385.00	小型	接触交代型	似层状	4.96~25.13	23~46	较稳固	1.32	铁铜锌矿石	Pb、Zn		易选	简单	复杂	中等
55	格尔木市玛沁大湾铅锌矿	普查	未利用	3 968.00	3 968.00	矿点	中低温热液型	脉状	1.04~14.10	15~52	稳固	0.81	铜矿石		Ag	可选			
56	格尔木市灶火中游铜多拉陵金属矿	普查	未利用	29 361.01	29 361.01	小型	接触交代型	似层状、透镜状	1.00~11.35	26~66	较稳固	1.09	铜钼矿石、铜矿石	Mo、Zn	Ag	易选	中等	简单	中等
57	格山地区铁多金属矿*	普查	未利用	10 220.29	10 220.29	小型	接触交代型	似层状、透镜状	1.04~13.59	20~54	较稳固	0.52	铁铜矿石	TFe		易选			

续表3-6

序号	矿区名称	勘查阶段	开发利用情况	资源量(t) 保有	资源量(t) 累计查明	矿床规模	成因类型	矿体形态	矿体厚度(m)	矿体倾角(°)	稳固性	矿石品位(%)	矿石类型	共生组分	伴生组分	可选性	工程地质条件	水文地质条件	环境地质条件
58	格尔木市卡尔却卡北铜多金属矿*	普查	开采	2 365.95	2 365.95	矿点	接触交代型	层状	1.37~2.70	45~60	较稳固	0.32	铜铅锌矿石			易选			
59	格尔木市阿克楚克赛地区镍多金属矿*	普查	未利用	481.69	481.69	矿点	岩浆熔离型	透镜状	1.00~22.72	5~58	较稳固	0.33	铜镍矿石			可选	中等	简单	中等
60	格尔木市野马泉M13磁异常区铁多金属矿*	详查	未利用	26 079.53	26 079.53	小型	接触交代型	层状、脉状	1.00~3.97	5~54	稳固	0.43	黄铜矿矿石			可选	简单	简单	中等
61	格尔木市那陵郭勒河西铁多金属矿M2,M3矿段*	普查	未利用	4 996.00	4 996.00	矿点	接触交代型	脉状、板状	1.04~19.60	19~46	较稳固	0.79	铁铜锌矿石			易选	简单	简单	中等
62	格尔木市它温查汉西矿区C5—C11异常区铁多金属矿*	普查	未利用	41 809.22	41 809.22	小型	接触交代型	条带状、脉状	1.41~41.68	15~48	较稳固	0.62	铁铜锌矿石 黄铜矿矿石			可选			
63	格尔木市肯德可克铁矿区*	详查	未利用	641.00	641.00	矿点	接触交代型-热液型	似层状、透镜状	1.50~3.50	30~40	稳固	0.83	黄铜矿矿石	Pb,Zn,Co,Bi,Au,S	Cd,Ag	可选	中等	简单	简单
64	格尔木市乌腊德地区铁铜矿*	详查	未利用	223.95	223.95	矿点	接触交代型	透镜状	1.66~1.83	51~82	较稳固	0.87	黄铜矿矿石	Cu		可选	中等	简单	中等
65	格尔木市夏日哈木铜多金属矿	普查	未利用	946.45	946.45	矿点	岩浆熔离型	似层状、透镜状	2.63~84.31	0~72	稳固	0.40	黄铜矿矿石	Pb,Zn,Au,Ag	Cu,Co	可选	中等	简单	简单

续表 3-6

序号	矿区名称	勘查阶段	开发利用情况	资源量(t) 保有	资源量(t) 累计查明	矿床规模	成因类型	矿体形态	矿体厚度(m)	矿体倾角(°)	稳固性	矿石品位(%)	矿石类型	共生组分	伴生组分	可选性	工程地质条件	水文地质条件	环境地质条件
66	格尔木市小南川地区铜矿	普查	未利用	33 342.00	33 342.00	小型	中温热液型	似层状	0.71~1.22	70	较稳固	0.81	黄铜矿矿石						
67	德令哈市蓄积山铅矿*	普查	开采	30.00	30.00	矿点	沉积变质热液改造型	脉状	2.16~4.79	45~70	稳固	0.77	铜铅矿石			易选		简单	
68	乌兰县托新沟南金矿*	普查	未利用	961.92	961.92	矿点						0.42							
69	都兰县双庆庆铁矿*	详查	开采	662.16	662.16	矿点	接触交代型	透镜状	1.00~1.40	20~28	稳固	1.12	铁铜矿石			可选	简单	简单	简单
70	都兰县白石崖铁矿*	勘探	开采	109.97	109.97	矿点	接触交代型	透镜状	1.00~10.00	30~70	稳固	0.38	铜铅锌矿石	Pb、Zn、Ag、Cu		易选	简单	简单	中等
71	都兰县沙柳河南区铅多金属矿*	普查	开采	15 517.00	15 517.00	小型	接触交代型	似层状	1.34~5.52	35~65	稳固	0.85	黄铜矿矿石			可选	中等	简单	简单
72	都兰县督冷沟铜钴矿	详查	开采	20 442.55	20 684.00	小型	沉积-改造型	脉状	1.10~4.37	30~67	稳固	1.90	铜钴矿石	Co		可选	简单	简单	简单
73	都兰县白石崖铁矿区外围*	详查	开采	92.00	92.00	矿点	接触交代型	透镜状	5.00~10.00	30~70	稳固	0.58	锌铜矿石			易选	简单	简单	简单
74	都兰县黑石山铜多金属矿*	勘探	开采	36 365.00	36 821.00	小型	接触交代型	似层状、透镜状	1.01~6.73	55~75	较稳固	0.86	铜矿石			易选	中等	简单	简单
75	都兰县胜利铁矿*	普查	开采	475.67	475.67	矿点	接触交代型	似层状、透镜状	7.71	33~86	稳固	0.53	黄铜矿矿石			易选	简单	简单	中等

续表 3-6

序号	矿区名称	勘查阶段	开发利用情况	资源量(t) 保有	资源量(t) 累计查明	矿床规模	成因类型	矿体形态	矿体厚度(m)	矿体倾角(°)	稳固性	矿石品位(%)	矿石类型	共生组分	伴生组分	可选性	工程地质条件	水文地质条件	环境地质条件
76	都兰县大洪山含铜磁铁矿*	勘探	开采	2 843.10	3 643.26	矿点	接触交代型	透镜状	0.30~3.50	50~70	稳固	0.61	铜铁矿石			可选	简单	简单	简单
77	都兰县东山根铜矿*	详查	开采	2 755.80	3 711.35	矿点	接触交代型	脉状	1.10~3.70	70~89	稳固	1.81	铜铅锌银矿石			易选	中等	简单	简单
78	都兰县柴湾多金属矿*	普查	未利用	4 666.71	4 666.71	矿点	接触交代型	似层状、脉状	1.36~2.47	53~75	较稳固	1.14	铜铅锌矿石				中等	中等	中等
79	都兰县洪水河铁多金属矿*	详查	开采	929.38	2 975.79	矿点	接触交代型	透镜状	5.91~10.45	50~70	较稳固	2.73	铜锌矿石			易选	中等	简单	中等
80	都兰县大海滩矿区铁矿*	详查	开采	6 295.31	6 295.31	矿点	接触交代型	透镜状、似层状	11.00~16.00	55~85	较稳固	0.40	铁铜矿石			难选	中等	简单	中等
81	都兰县那日玛拉黑铜矿*	普查	开采	795.35	798.35	矿点	接触交代型	脉状	0.97~5.42	55~75	较稳固	1.10	黄铜矿石			易选	中等	简单	简单
82	都兰县直沟铅锌矿*	普查	开采	620.59	746.54	矿点	接触交代型	柱状	2.00	90	稳固	0.76	铜铅锌矿石			易选	简单	简单	简单
83	都兰县可可等多沟铁多金属矿*	普查	未利用	2 612.19	2 612.19	矿点	接触交代型	脉状	3.74~3.94	58~88	稳固	0.61	铁铜矿石			可选	中等		
84	都兰县哈茨谱山北铅锌矿*	普查	未利用	11 983.10	11 983.10	小型	中低温热液型	脉状	1.08~6.95	58~82	稳固	0.87	铜矿石			易选	简单	简单	中等
85	都兰南坡爱尔沟北多金属矿*	普查	未利用	1 305.27	1 305.27	矿点	中低温热液型	脉状	2.00~7.11	31~85	稳固	0.78	铜铅锌矿石			易选	中等	简单	简单

续表 3-6

序号	矿区名称	勘查阶段	开发利用情况	资源量(t) 保有	资源量(t) 累计查明	矿床规模	成因类型	矿体形态	矿体厚度(m)	矿体倾角(°)	稳固性	矿石品位(%)	矿石类型	共生组分	伴生组分	可选性	工程地质条件	水文地质条件	环境地质条件
86	都兰县柯柯赛地区铜矿	详查	开采	10 852.86	10 852.86	小型	浆期后热液充填型	透镜状、似层状	1.57~30.13	62~85	稳固	1.83	黄铜矿矿石		Ag,Co,S	易选	简单	简单	简单
87	都兰县恰恰当铜矿	详查	开采	1 132.50	1 132.50	矿点	接触交代型	不规则	0.45~2.61	60~65	稳固	4.98	铜矿石	Pb,Zn,Ag		可选	简单	简单	简单
88	都兰县可尔长石、铜矿	普查	开采	550.94	550.94	矿点	热液型	长条状	2.35	65~75	较稳固	2.04	铜矿石				中等		
89	都兰县托克妥铜矿	详查	未利用	32 961.24	32 961.24	小型	构造-热液脉型	透镜状	1.20~15.56	40~65	较稳固	1.34	铜矿石		Au,Ag	易选	中等	简单	简单
90	都兰县岔北山东多金属矿	普查	未利用	45 018.00	45 018.00	小型	接触交代型	透镜状、囊状	0.93~5.28	28~79	较稳固	1.20	铜矿石	Pb,Zn,Ag	Au,Ag	可选	中等	简单	复杂
91	都兰县清水河铜矿*	普查	未利用	146.56	146.56	矿点	中温热液型	透镜状	1.00~2.50	25~65	较稳固	0.55	铜矿石			可选			
92	都兰县太子沟铜铅锌矿	详查	未利用	19 650.00	19 650.00	小型	接触交代型	似层状	2.64~11.49	30~65	稳固	0.35	铜铅锌矿石		Au	易选	中等	简单	
93	都兰县哈日扎地区多金属矿*	普查	未利用	6 458.13	6 458.13	矿点	中低温热液型	透镜状	1.00~9.41	28~70	较稳固	0.45	铜铅锌矿石			可选			
94	都兰县哈日却录铜矿**	普查	未利用	1 742.05	1 742.05	矿点	火山沉积-热液改造型	透镜状、似层状	1.18~2.44		较稳固	0.92	铜矿石	Ag		易选	中等	简单	中等
95	都兰县瑙木浑沟口金矿	普查	未利用	28.00	28.00	矿点						0.32			Pb,Au				

续表 3-6

序号	矿区名称	勘查阶段	开发利用情况	资源量(t) 保有	资源量(t) 累计查明	矿床规模	成因类型	矿体形态	矿体厚度(m)	矿体倾角(°)	稳固性	矿石品位(%)	矿石类型	共生组分	伴生组分	可选性	工程地质条件	水文地质条件	环境地质条件
96	天峻县南白水河多金属矿*	普查	未利用	3 418.00	3 418.00	矿点	中低温热液型	透镜状	1.37~5.71	65~85	较稳固	0.44	铜矿石	Ag, Cu, Pb	Au	可选	中等	简单	
97	大柴旦行委绿梁山铜矿*	普查	未利用	3 596.00	3 596.00	矿点	火山沉积-变质热液型	透镜状	1.00~5.91	55~90	较稳固	0.34	铜矿石	Au		可选	中等	简单	简单
98	大柴旦行委红灯沟西金矿*	普查	未利用	86.00	86.00	矿点	石英脉型	脉状	1.08~1.67	51~66	稳固	0.55	金铜矿石			可选	简单	简单	简单
99	冷湖委行委小赛什腾铜矿*	勘探	未利用	14 791.00	14 791.00	小型	斑岩热液叠加型	脉状	1.13~20.35	14~80	较稳固	0.42	黄铜矿矿石		Au, Ag, Mo	可选	中等	简单	中等
100	茫崖行委景忍山可特勒高勒铅锌矿*	详查	开采	1 625.96	1 972.42	矿点	接触交代型	透镜状	1.00~4.86	40~87	稳固	2.07	铜矿石			易选	中等		
101	茫崖行委迎庆沟锌铜多金属矿*	勘探	未利用	18 506.90	18 506.90	小型	接触交代型	透镜状、条带状	1.21~6.69	49~80	较稳固	0.96	铜锌矿石 铜铅锌矿石	Sn		可选	中等	中等	中等
102	茫崖行委乌兰乌珠尔铜锡矿*	普查	未利用	24 593.45	24 593.45	小型	斑岩型	透镜状、似层状	1.00~39.84	48~72	较稳固	0.53	铜矿石			可选	中等	中等	中等
103	茫崖行委鸭子沟地区铜多金属矿*	详查	开采	9 739.07	9 739.07	矿点	接触交代型	透镜状、似层状	1.10~8.21	70~84	较稳固	1.07	铜铅锌矿石 铜铅锌矿石			易选	中等	中等	中等
104	茫崖行委红沟子西铜矿**	普查	未利用	1 654.67	1 654.67	矿点	热液型	条带状	1.37~4.29	30~50	稳固	1.04	黄铜矿矿石				中等	简单	简单
105	茫崖镇景忍东铜铅锌多金属矿*	普查	未利用	5 467.37	5 467.37	矿点	接触交代型	透镜状	1.04~9.56		较稳固	0.95	铜矿石 铜铅锌矿石	Cu, Zn, Pb		可选	中等	中等	中等

注：* 为共生矿产，** 为单一矿产。

表 3-7 青海省非伴生铜金属资源量统计表（截至 2020 年底）

州、地、市	县	保有资源量(t)				查明资源量(t)				矿区数
		探明资源量	控制资源量	推断资源量	合计(t)	探明资源量	控制资源量	推断资源量	合计(t)	
海东市	化隆县	—	922.00	—	922.00	1 194.00	1 085.00	553.00	2 832.00	1
	循化县	530.89	289.67	1 254.72	2 075.28	530.89	1 007.9	2 813.47	4 352.26	2
海东市合计		530.89	1 211.67	1 254.72	2 997.28	1 724.89	2 092.90	3 366.47	7 184.26	3
海北州	门源县	7 736.22	168 427.09	13 872.91	190 036.22	60 577.00	169 095.09	88 972.59	318 644.68	5
	祁连县	6 468.00	75 203.39	66 707.92	148 379.31	7 588.00	78 501.50	71 157.36	157 246.86	11
海北州合计		14 204.22	243 630.48	80 580.83	338 415.53	68 165.00	247 596.59	160 129.95	475 891.54	16
黄南州	同仁县	—	30 775.54	7 568.62	38 344.16	—	32 016.30	10 194.48	42 210.78	3
	共和县	—	—	19 579.00	19 579.00	—	—	19 626.80	19 626.80	2
	贵德县	—	—	1 551.00	1 551.00	—	—	1 551.00	1 551.00	1
海南州	兴海县	45 113.72	94 977.34	400 821.96	540 913.02	135 831.85	104 375.54	412 963.90	653 171.29	9
	贵南县	—	1 414.34	878.82	2 293.16	—	1 414.34	878.82	2 293.16	1
海南州合计		45 113.72	96 391.68	422 830.78	564 336.18	135 831.85	105 789.88	435 020.52	676 642.25	13
果洛州	玛沁县	10 923.91	44 021.16	79 206.99	134 152.06	355 304.00	57 083.95	91 813.57	504 201.52	1
玉树州	玉树市	—	31 129.00	22 836.00	53 965.00	—	31 129.00	22 836.00	53 965.00	1
	杂多县	—	279 593.00	162 728.00	442 321.00	—	279 593.00	162 728.00	442 321.00	1
	治多县	—	959.24	143 344.06	144 303.30	—	959.24	146 873.97	147 833.21	4
玉树州合计		—	311 681.24	328 908.06	640 589.30	—	311 681.24	332 437.97	644 119.21	6
海西州	格尔木市	23 691.68	197 672.75	369 625.71	590 990.14	23 774.60	198 531.88	373 698.70	596 005.18	24
	德令哈市	—	—	30.00	30.00	—	—	30.00	30.00	1
	乌兰县	—	—	961.92	961.92	—	—	961.92	961.92	1
	都兰县	—	69 116.08	157 803.35	226 919.43	—	72 370.54	159 269.41	231 639.95	27
	天峻县	—	—	3 418.00	3 418.00	—	—	3 418.00	3 418.00	1
	大柴旦行委	—	—	3 682.00	3 682.00	—	—	3 682.00	3 682.00	2
	茫崖市	11 189.00	13 948.12	54 034.3	76 378.42	11 189.00	14 074.29	54 254.59	76 724.88	7
海西州合计		34 880.68	280 736.95	589 555.28	902 379.91	34 963.60	284 976.71	595 314.62	912 461.93	63
全省总计		105 653.42	1 008 448.72	1 509 905.28	2 621 214.42	595 989.34	1 041 237.57	1 628 277.58	3 262 711.49	105

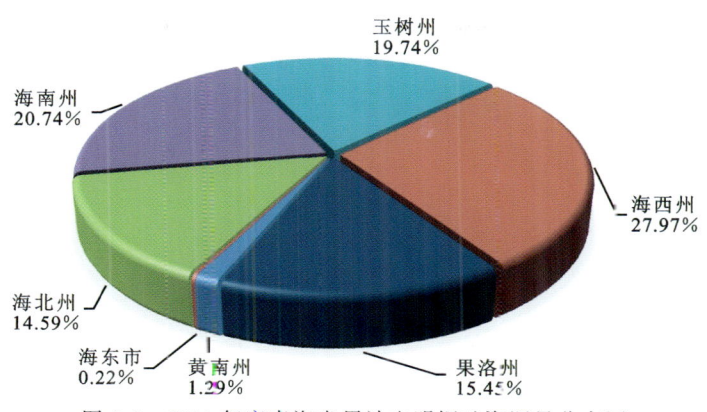

图 3-3 2020 年底青海省累计查明铜矿资源量分布图

三、铜矿资源开发利用条件

(一)铜矿资源特点

青海省铜矿资源的主要特点:一是查明资源分布较为集中,行政区划上主要集中于海南州兴海县和海西州格尔木市;二是大中型矿床少,小型及小型以下的产地多,全省上表矿床中仅有大型矿床1处,查明资源也只有50万t;三是查明资源量中,贫矿多,富矿少;四是大部分矿床(点)中均共伴生有较多的其他有色金属、贵金属矿产。

(二)各铜矿床矿石工业类型储量分布情况

从上表铜资源量质量分析,富矿少,贫矿多,绝大多数铜矿床(点)属低品位矿石,其中以铜矿石为主的矿山有20处,以硫化矿石为主的矿山37处,以铜多金属矿石为主的矿山46处,分别占105个上表单元矿山数的19.05%、35.24%、43.81%;分别占保有资源量的25.11%、53.92%、20.93%。

(三)青海铜矿床特征

青海省铜矿成因类型复杂,几乎全部为复合成因的,没有单一成因类型的铜矿床,且以接触交代型为主,其保有和查明资源量分别为75.35万t和76.74万t,分别占全省保有和查明资源量的28.78%和23.67%。但该矿床类型的大中型矿床较少,目前仅发现1处(格尔木市索拉吉尔铜矿),此类型矿石质量较好,Cu品位一般为0.4%~1.5%,有害杂质硫、磷等一般低于工业要求,而且均共生Pb、Zn等有益元素。

全省开发的矿床(点)以接触交代型为主,其次还有火山热液型、岩浆熔离型、沉积-改造型等,代表矿床有玛沁县德尔尼铜钴矿、兴海县赛什塘铜矿等。由于共、伴生组分可综合利用,极大地提高了开发价值。

接触交代型矿床矿体一般为倾斜矿体,以透镜状和似层状为主,矿体厚度一般在1~10m之间,矿体围岩一般为较稳固、稳固,矿石均为可选和易选,较易利用。

火山热液型矿床矿体一般为倾斜矿体,以透镜状和脉状为主,矿体厚度一般在1~13m之间,矿体围岩一般为较稳固、稳固,矿石均为可选和易选,较易利用。

岩浆熔离型矿床矿体以透镜状为主,矿体厚度一般在1~30m之间,矿体围岩一般为较稳固、稳固,矿石以黄铜矿矿石和铜镍矿矿石为主,且均为可选、易选矿石,较易利用。

沉积-改造型矿床矿体一般为倾斜矿体,以似层状、透镜状和脉状为主,矿体厚度一般在1~20m之间,矿体围岩稳固,矿石均为可选和易选,开采难度小,较易利用。

(四)共伴生矿产特征

青海铜矿上表矿床(点)中,单一铜矿或以铜为主的50处矿床(点)中有35个主要矿床(点)共伴生有其他有益矿产,其中共伴生铅的有12个、锌14个、金15个、银19个、铁8个。共伴生矿产最多的是兴海县赛什塘铜矿、兴海县铜峪沟铜矿和玛沁县德尔尼铜钴矿,共伴生有大量的金、银、锌、镉、硒等9种以上(表3-6)。共伴生金属矿产累计铁8 625.78万t、铅2.34万t、锌4.34万t、金42.80吨、银1 879.20吨、钴4.25万t、镉10.66万t、钼1.00万t、镓5.68万t、锡1.21万t、钨0.19万t、铬1.33万t等;非金属矿产累计硒5.53万t、硫铁矿12 690.88万t、砷0.06万t。

由此可见,青海省铜矿床中共伴生的金、银、钴、镉、镓、铬等元素较为丰富,可以提供大量的钴、镉、镓等有益矿产。

(五)开采技术条件

从表3-6统计统计结果可知,青海省水文地质条件简单的铜矿区72处,中等的12处,复杂的3处,未作评价的18处;工程地质条件简单的矿区32处,中等的45处,复杂的2处,未作评价的26处;环境地质条件简单的矿区40处,中等的25处,复杂的1处,未作评价的39处。由此可见,青海省大部分铜矿床(点)水文地质、工程地质和环境地质条件较为简单,便于开采。但大部分矿床位于西部,交通条件不便,供水供电困难,给开发带来一定难度。

第四节 铅 矿

一、铅矿资源概况

截至2020年底,青海省上表非伴生铅矿区共102处,其中,主要铅矿区36处,共生铅矿区66处(表3-8),无单一铅矿区。

青海省保有铅矿资源量349.00万t,累计查明铅矿资源量529.25万t,全省8个州(市)中,除西宁市和海东市外,其余6个州(市)均有查明并上表的铅矿资源量(表3-9),6个有上表铅资源量的州(市)中,查明铅矿资源量最多的是海西州,共计384.08万t,最少的是黄南州,只有10.61万t(图3-4)。

102处矿床(点)中,有大型矿床1处(锡铁山铅锌矿锡铁山矿区),累计查明资源量197.39万t,占37.30%(表3-8);中型矿床9处,查明资源量141.97万t,占26.82%;小型矿床46处,查明资源量173.87万t,占32.85%;矿点46处(资源量小于1万t),查明资源量16.02万t,占3.03%。

以铅为主的矿区36处,查明资源量320.34万t。其中大型1处(锡铁山铅锌矿锡铁山矿区),查明资源量197.39万t,占61.62%;中型3处,查明资源量39.53万t,占12.34%;小型18处,查明资源量77.52万t,占24.20%;矿点14处,查明资源量5.89万t,占1.84%。共生铅矿区66处,查明资源量208.92万t。其中中型6处,查明资源量102.44万t,占49.03%;小型28处,查明资源量96.35万t,占46.12%;矿点32处,查明资源量10.13万t,占4.85%。

第三章 主要矿种及其共伴生资源的开发利用条件

表3-8 青海省上表铅矿特征表[据《青海省矿产资源量简表(截至2020年底)》]

序号	矿区名称	勘查阶段	开发利用情况	资源量(t) 保有	资源量(t) 累计查明	矿床规模	成因类型	矿体形态	矿体厚度(m)	矿体倾角(°)	稳固性	矿石品位(%)	矿石类型	共生组分	伴生组分	可选性	工程地质条件	水文地质条件	环境地质条件
1	门源县松树南沟脑铜铅矿*	普查	开采	2 101.24	2 202.64	矿点	火山热液型	薄板状、扁豆状	1.00~5.30	60~70	较稳固	5.07	黄铜黄铁矿石			可选	中等	简单	简单
2	门源县中南沟多金属铅矿*	普查	未利用	339.00	339.00	矿点	接触交代型	似层状、透镜状	1.66~6.90	60~80	稳固	0.32	铅锌矿石			可选	简单	简单	
3	门源县松树南沟铅锌矿*	普查	开采	2 797.12	2 957.49	矿点	热液型	似层状、脉状	1.00~2.12	58~62	稳固	13.71	铅锌矿石		Zn,Au,Ag		简单	简单	
4	祁连县郭密寺多金属矿区	勘探	开采	27 648.00	34 243.00	小型	火山热液型	似层状、透镜状	1.00~16.00	61~78	不稳固	1.33	铅锌矿石			可选	复杂	简单	
5	祁连县下柳沟多金属矿	普查	开采	36 879.00	38 100.00	小型	火山热液型	似层状	0.90~4.41	65~74	稳固	2.28	铜铅锌矿石	Cu,Zn		易选		简单	
6	祁连县弯阴河多金属矿区	普查	开采	20 595.00	48 538.00	小型	火山热液型	扁豆状、透镜状	2.00~5.00	60~65	稳固	4.59	铜铅锌矿石	Cu,Zn		易选		中等	
7	祁连县下多沟多金属矿	勘探	开采	33 616.00	36 642.00	小型	火山热液型	扁豆状、透镜状	1.00~11.25	70~80	稳固	2.32	铜铅锌矿石	Cu,Zn	Au,Ag	易选	简单	简单	
8	祁连县大二珠龙西段多金属矿	勘探	开采	8 253.77	8 253.77	矿点	中低温热液型	透镜状、脉状	0.97~1.05		稳固	22.00	铅银矿石	Ag	Cu	易选	简单	简单	
9	祁连县赖都滩多金属矿	普查	开采	2 028.00	2 042.00	矿点	中低温热液型	透镜状	0.59~2.37	60~73	稳固	7.28	铅锌矿石	Cu,Zn		易选	简单	简单	简单
10	祁连县龙哇当铜铝锌矿	普查	未利用	7 049.66	7 049.66	矿点	砂岩型	层状	1.22~8.35	40~45	稳固	3.17	铜铅锌矿石	Cu,Zn	Ag			简单	简单

续表 3-8

序号	矿区名称	勘查阶段	开发利用情况	资源量(t) 保有	资源量(t) 累计查明	矿床规模	成因类型	矿体形态	矿体厚度(m)	矿体倾角(°)	稳固性	矿石品位(%)	矿石类型	共生组分	伴生组分	可选性	工程地质条件	水文地质条件	环境地质条件
11	同仁县夏卜楞多金属矿区IX矿带铅锌矿	详查	开采	1 539.90	14 981.20	小型	中低温热液型	脉状、似层状	2.42~7.14	50~70	不稳固	2.78	方铅矿石	Zn	Ag,Cd	易选	复杂	复杂	简单
12	同仁县夏卜楞多金属矿IV VII VIII 矿带	详查	开采	7 660.75	10 395.95	小型	中低温热液型	脉状	0.84~2.06	66~82	稳固	3.70	方铅矿石	Zn	Cu,Ag,Cd	易选	中等	简单	简单
13	泽库县老藏沟多金属矿区	详查	未利用	80 763.00	80 763.00	小型	次火山岩型	透镜状、脉状	0.92~12.30	40~70	较稳固	1.27	铅锌矿石	Zn,Sn	Ag,In,Cd,Ag	易选	中等	简单	简单
14	共和县达纳肉公卡铁多金属矿*	普查	未利用	417.00	417.00	矿点	接触交代型	似层状、透镜状	1.32~19.87	30~38	较稳固	2.03	铅矿石			可选			
15	同德县阿尔干龙洼金多金属矿*	详查	未利用	2 467.96	2 467.96	矿点	热液型	脉状	0.81~3.16	52~88	不稳固	0.99	金铅矿石			易选	复杂	易复杂	复杂
16	兴海县玛温根地区银(金)及多金属矿*	普查	未利用	20 333.67	20 333.67	小型	中低温热液型	脉状	0.93~4.60	40~89	稳固	3.49	银铅锌矿石	Pb,Zn	Au,Cu,Cd,Sn	易选	简单	简单	中等
17	兴海县赛什塘铜矿区*	勘探	开采	5 306.56	26 613.72	小型	沉积-改造型	似层状、透镜状	0.49~53.50	15~50	稳固	3.41	铅锌矿石			易选	简单	简单	简单
18	兴海县铜峪沟铜矿区*	勘探	未利用	48 858.00	48 858.00	小型	沉积(变质)岩型	似层状、透镜状	0.98~4.09	15~25	稳固	3.48	铅锌矿石			易选	简单	简单	简单
19	兴海县什多龙铅锌银矿床*	勘探	开采	61 865.91	95 381.42	小型	接触交代型	透镜状、似层状	1.32~42.85	27~90	稳固	2.51	银铅锌矿石			易选	简单	简单	简单

续表 3-8

序号	矿区名称	勘查阶段	开发利用情况	资源量(t) 保有	资源量(t) 累计查明	矿床规模	成因类型	矿体形态	矿体厚度(m)	矿体倾角(°)	稳固性	矿石品位(%)	矿石类型	共生组分	伴生组分	可选性	工程地质条件	水文地质条件	环境地质条件
20	兴海县索拉沟多金属矿区*	详查	开采	19 135.93	20 280.00	小型	沉积-热液改造型	似层状、透镜状	3.04~9.35	40~60	稳固	0.55	铅矿石			易选	简单	简单	简单
21	兴海县鄂拉山口铅银铅矿	普查	未利用	74 436.10	74 436.10	小型	火山热液型	似层状、脉状	0.8~10.05	25~75	稳固	1.06	铅锌银矿石	Ag、Zn		易选	简单	简单	简单
22	兴海县什多龙北山铅锌矿*	详查	未利用	5 117.00	5 117.00	矿点	构造热液型	条带状、透镜状	1.05~4.18	34~84	稳固	1.96	铅锌矿石			易选	简单	简单	简单
23	兴海县什多龙铅锌矿外围多金属矿	普查	未利用	3 655.00	3 655.00	矿点	中低温热液型	透镜状、脉状	1.14~13.74	44~71	稳固	0.64	铅锌矿石	Zn、Cu、Mo	Cu、Zn、Au、Ag	易选	简单	简单	简单
24	玛多县抗得弄舍金多金属矿	详查	未利用	308 150.99	308 150.99	中型	沉积-热液改造型	层状、似层状	1.27~21.50	45~88	较稳固	0.65~1.13	金铅锌矿石				中等	中等	中等
25	玛多县错扎玛金多金属矿	普查	未利用	20 512.86	20 512.86	小型	中低温热液型	似层状、脉状	0.89~10.84	54~87	较稳固	1.04	铅锌矿石			可选	简单	简单	简单
26	玉树县赵卡隆铁铜多金属矿*	普查	开采	40 242.00	40 242.00	小型	沉积-改造型	似层状、透镜状	6.33~29.41	53~70	较稳固	1.19	铁铅锌矿石			可选	中等	简单	中等
27	玉树县卡实陇铅银矿	普查	开采	41 780.67	53 232.11	小型	中低温热液型	脉状	0.82~4.26	54~86	稳固	31.41	铅银矿石	Ag		可选	简单	简单	简单
28	玉树县来乃先卡多金属矿	普查	未利用	27 267.00	27 267.00	小型						5.38							

续表 3-8

序号	矿区名称	勘查阶段	开发利用情况	资源量(t) 保有	资源量(t) 累计查明	矿床规模	成因类型	矿体形态	矿体厚度(m)	矿体倾角(°)	稳固性	矿石品位(%)	矿石类型	共生组分	伴生组分	可选性	工程地质条件	水文地质条件	环境地质条件
29	杂多县莫海拉亨-叶龙达铅锌矿*	普查	未利用	14 3421.11	14 3421.11	中型	构造热液型	板状、长条状	1.38~17.44	35~55	较稳固	0.24~0.80	铅锌矿石				中等	中等	复杂
30	杂多县东莫扎抓铅锌矿*	普查	未利用	65 652.90	65 652.90	小型	层控-热液叠加型	带状、透镜状	0.85~20.16	30~69	稳固	1.90	铅锌矿石			易选			
31	杂多县然者涌多金属矿*	普查	未利用	107 395.95	107 395.95	中型	沉积-热液改造型	层状、似层状	0.89~6.80	60~89	不稳固	2.14	铅锌银矿石	Ag、Zn	Au、As、Cd、S、Ti	可选	复杂	中等	中等
32	治多县尕龙格玛铜多金属矿区*	普查	开采	7 423.97	12 259.89	小型	火山热液型	透镜状、扁豆状	1.09~34.94	60~80	较稳固	2.93	铜铅锌矿石			易选	中等	中等	中等
33	治多县藏麻西孔铜银矿*	普查	未利用	2 646.00	2 646.00	矿点	砂岩型	层状、似层状	1.20~21.00	48~65	稳固	2.54	铜银矿			难选	简单	简单	
34	治多县多彩地区铜多金属矿*	普查	未利用	86 880.84	86 880.84	小型	火山热液型	透镜状、扁豆状	1.15~6.70	64~75	较稳固	1.09	铜铅锌矿石			易选	中等	复杂	简单
35	格尔木市尕林格铁矿区多金属矿*	普查	未利用	42 696.83	42 696.83	小型	接触交代型	透镜状	3.00~34.00	10~60	稳固	2.02	铅锌矿石			易选	简单	简单	简单
36	格尔木市肯德可克铁矿区*	详查	开采	58 350.00	58 350.00	小型	接触交代型-热液型	似层状、透镜状	0.15~113.02	30~40	稳固	0.97	铅矿石			可选	简单-中等	简单	简单
37	格尔木市乌兰兴铁多金属矿*	普查	开采	321.98	321.98	矿点	接触交代型	似层状、透镜状	1.07~15.04		稳固	0.52	铁铅锌矿石			易选	中等	简单	简单

续表 3-8

序号	矿区名称	勘查阶段	开发利用情况	资源量(t) 保有	资源量(t) 累计查明	矿床规模	成因类型	矿体形态	矿体厚度(m)	矿体倾角(°)	稳固性	矿石品位(%)	矿石类型	共生组分	伴生组分	可选性	工程地质条件	水文地质条件	环境地质条件
38	格尔木市夏努沟西支沟多金属矿	普查	开采	125.80	1 407.90	矿点	接触交代型	脉状	1.19	65~75	较稳固	3.59	铅锌矿石	Zn		易选	中等	简单	简单
39	格尔木市它温查汉铁多金属矿*	详查	未利用	1 373.00	1 373.00	矿点	接触交代-热液型	似层状、透镜状	5.08~19.7	45	较稳固	4.12	铅锌矿石			易选	简单	复杂	简单
40	格尔木市牛苦头矿区 M1 磁异常区铁多金属矿*	勘探	开采	86 943.69	124 788.69	中型	接触交代型	似层状、透镜状	0.65~20.00	0~20	较稳固	1.43	铅锌矿石			易选	中等	中等	简单
41	格尔木市牛苦头矿区 M4 磁异常区铁多金属矿*	勘探	未利用	141 281.83	141 281.83	中型	接触交代型	似层状、豆瓣状	1.46~2.81	4~30	较稳固	1.11	铅锌矿石			可选	中等	中等	简单
42	格尔木市牛苦头矿区多金属矿*	勘探	开采	186 423.24	186 423.24	中型	接触交代型	似层状、透镜状	1~15	10~40	较稳固	0.25~1.66	铅锌矿石			易选	中等	中等	简单
43	格尔木市哈西亚图 C11 磁异常铁多金属矿*	详查	开采	2 780.24	2 780.24	小型	接触交代型	似层状	1.01~10.81	10~75	较稳固	1.64	铅锌矿石			可选	中等	中等	中等
44	格尔木市野马泉 M9,M10 磁异常铁多金属矿*	普查	开采	30 796.54	30 796.54	小型	接触交代型	薄板状	5.12~7.31	5~31	较稳固	0.24~0.82	铅矿石			易选	中等	简单	简单
45	格尔木市那陵郭勒河西铁多金属矿 M1 矿段*	普查	未利用	3 673.00	3 673.00	矿点	接触交代型	脉状板状	1.04~13.08	23~46	较稳固	1.54	铅锌矿石			易选	简单	复杂	中等
46	格尔木市尕羊沟铁多金属矿*	普查	未利用	1 005.74	1 005.74	矿点	接触交代型	似层状、透镜状	0.97~8.06	42~80	较稳固	0.90	铅锌矿石			可选			

续表 3-8

序号	矿区名称	勘查阶段	开发利用情况	资源量(t) 保有	资源量(t) 累计查明	矿床规模	成因类型	矿体形态	矿体厚度(m)	矿体倾角(°)	稳固性	矿石品位(%)	矿石类型	共生组分	伴生组分	可选性	工程地质条件	水文地质条件	环境地质条件
47	格尔木市小圆山地区铁多金属矿*	普查	未利用	94.38	94.38	矿点	接触交代型	似层状、透镜状	1.10～13.59	20～85	稳固	1.05	铜铅锌矿石			易选			
48	格尔木市四角羊沟西铅锌矿*	详查	未利用	5 915.69	5 915.69	矿点	接触交代型	透镜状、脉状	1.65～11.70	20～80	较稳固	1.14	铅锌矿石			可选	中等	中等	中等
49	格尔木市卡尔北铜多金属矿*	普查	未利用	22 211.46	22 211.46	小型	接触交代型	层状	1.37～2.70	45～60	较稳固	0.59	铜铅锌矿石			易选			
50	格尔木市野马泉 M13 磁异常铁多金属矿*	详查	未利用	50 230.29	50 230.29	小型	接触交代型	层状、脉状	1.00～3.97	5～54	稳固	1.02	铅矿石			可选	简单	简单	简单
51	格尔木市那陵郭勒河西铁多金属矿 M2M3 矿段*	普查	未利用	3 755.00	3 755.00	矿点	接触交代型	脉状、板状	1.04～13.08	18～46	稳固	1.51	铜铅锌矿石	Pb、Zn、Au、Ag	Cu、Co	易选	简单	简单	简单
52	格尔木市夏日哈木铜多金属矿*	普查	未利用	4 199.24	4 199.24	矿点	接触交代型	透镜状	3.00～5.25	23～48	较稳固	1.24	铅锌矿石	Ag		可选	中等	中等	简单
53	德令哈市蓄集北山铅锌东矿*	普查	未利用	1 237.51	1 825.01	矿点	接触交代型	似层状	0.50～2.00	45～50	稳固	5.80	铅矿石	Ag		可选	简单	简单	简单
54	德令哈市蓄集沟西铅多金属矿	普查	未利用	3 715.37	3 715.37	矿点	接触交代型	条带状	2.29～	63～69	较稳固	5.46	铅矿石	Ag		易选	中等	简单	简单
55	德令哈市莫和贝雷合铅锌矿	普查	开采	11 586.00	14 068.00	小型	岩浆热液型	脉状	2.24～3.56	60～80	较稳固	5.36	铅锌矿石	Zn		易选	中等	简单	简单

续表3-8

序号	矿区名称	勘查阶段	开发利用情况	资源量(t) 保有	资源量(t) 累计查明	矿床规模	成因类型	矿体形态	矿体厚度(m)	矿体倾角(°)	稳固性	矿石品位(%)	矿石类型	共生组分	伴生组分	可选性	工程地质条件	水文地质条件	环境地质条件
56	德令哈市蓄积山铅矿区	普查	开采	20 560.06	21 794.68	小型	沉积变质热液改造型	脉状	2.16~4.79	45~70	稳固	5.94	铅矿石	Cu,Zn		易选	简单	简单	
57	乌兰县托新沟南金矿*	普查	未利用	2 720.75	2 720.75	矿点						1.12							
58	乌兰县夏日塔多金属矿*	普查	未利用	28 724.54	28 724.54	小型	接触交代型	透镜状、脉状	0.80~2.94	62~75	稳固	1.14	铅锌银矿石	Pb,Zn,Ag,Cu		易选	简单	简单	中等
59	都兰县双庆铁矿区*	详查	开采	17 921.04	19 046.49	小型	接触交代型	透镜状、扁豆状	1.19~7.25	18~55	较稳固	1.31	铅锌矿石			可选	简单	简单	简单
60	都兰县沙柳河老矿沟铅锌矿	详查	开采	5 596.99	8 665.00	矿点	热液型	似层状	2.50	46~84	稳固	6.52	铅锌银矿石	Zn,Ag		易选	简单	简单	简单
61	都兰县白石崖铁矿区*	勘探	开采	168.13	168.13	矿点	接触交代型	透镜状	1.00~10.00	30~70	稳固	0.56	铅锌矿石			易选	简单	简单	中等
62	都兰县海寺Ⅱ号硅灰石矿、铅锌矿*	勘探	开采	8 271.02	8 271.02	矿点	接触交代型	透镜状	1.55~6.17	60~80	稳固	2.13	铅锌矿石			可选	简单	简单	简单
63	都兰县沙柳河南区铅多金属矿*	普查	开采	40 376.06	40 376.06	小型	接触交代型	似层状	1.34~5.52	35~65	稳固	0.65	铅锌矿石			可选	中等	简单	简单
64	都兰县白石崖铁矿区外围*	详查	开采	2 400.00	3 524.00	矿点	接触交代型	透镜状	5.00~10.00	30~70	稳固	1.81	铅锌矿石			易选	简单	简单	简单
65	都兰县黑台山铜多金属矿*	勘探	开采	13 600.00	13 600.00	小型	接触交代型	似层状、透镜状	1.01~6.73	55~75	较稳固	0.97	铅锌矿石			易选	中等	简单	简单

续表 3-8

序号	矿区名称	勘查阶段	开发利用情况	资源量(t) 保有	资源量(t) 累计查明	矿床规模	成因类型	矿体形态	矿体厚度(m)	矿体倾角(°)	稳固性	矿石品位(%)	矿石类型	共生组分	伴生组分	可选性	工程地质条件	水文地质条件	环境地质条件
66	都兰县龙洼尕当多金属矿*	普查	未利用	7 767.53	7 767.53	矿点	热液型	透镜状	1.15~7.84	47~79	稳固	3.13	铅锌矿石			可选	简单	简单	简单
67	都兰县加羊多金属矿*	详查	开采	30 063.55	30 063.55	小型	接触交代型	脉状、囊状	1.00~6.22	42~80	较稳固	0.28~2.11	铅锌矿石			易选	中等	简单	简单
68	都兰县窑洞沟地区多金属矿	普查	未利用	566.96	566.96	矿点	接触交代型	透镜状	1.16~12.42	45~60	较稳固	0.93	铁铅锌矿石			可选	中等	简单	简单
69	都兰县东山根铜矿*	详查	开采	2 732.60	7 563.44	矿点	接触交代型	脉状	1.10~3.70	70~89	稳固	3.17	铜铅锌银矿石	Cu、Zn		易选	中等	简单	简单
70	都兰县柴湾多金属矿*	普查	未利用	5 466.50	5 466.50	矿点	构造蚀变岩型	似层状、脉状	1.36~2.47	53~75	较稳固	1.25	铜铅锌矿石		Cu、Ag、TFe	易选	中等	简单	中等
71	都兰县哈西哇金矿*	普查	开采	60 070.43	60 070.43	小型	接触交代型	似层状、囊状	1.00~5.06	35~71	较稳固	3.78	金银铅锌矿石			可选	中等	简单	中等
72	都兰县洪水河铁多金属矿*	详查	开采	228.38	228.38	矿点	接触交代型	透镜状	5.91~10.45	50~70	较稳固	10.15	铜铅锌矿石			易选	中等	简单	简单
73	都兰县热水克错铅锌矿	详查	开采	4 835.00	4 835.00	矿点	接触交代型	脉状	1.00~2.98	80~87	较稳固	7.85	铅锌矿石	Zn	Ag	易选	简单	简单	
74	都兰县直沟铅锌矿*	普查	开采	2 503.26	2 993.15	矿点	接触交代型	柱状	2.00	90	稳固	1.81	铜铅锌矿石			易选	简单	简单	
75	都兰县乌妥沟铅锌矿*	普查	未利用	9 549.02	9 549.02	矿点	中低温热液型	脉状	0.83~2.49	49~87	稳固	0.27~2.49	银铅锌矿石	Pb、Zn	Cd、Zn	易选	简单	简单	简单

续表 3-8

序号	矿区名称	勘查阶段	开发利用情况	资源量(t) 保有	资源量(t) 累计查明	矿床规模	成因类型	矿体形态	矿体厚度(m)	矿体倾角(°)	稳固性	矿石品位(%)	矿石类型	矿石共生组分	矿石伴生组分	可选性	工程地质条件	水文地质条件	环境地质条件
76	都兰县海寺驼峰铅锌矿	详查	开采	19 410.45	19 956.58	小型	接触交代型	似层状	1.00~9.38	47~76	稳固	4.41	铅锌矿石	Zn	Ag	易选	简单	简单	简单
77	都兰县哈茨谱山北铅锌矿	普查	未利用	89 496.44	89 496.44	小型	中低温热液型	脉状	1.08~6.95	58~82	稳固	2.15	铅矿石	Cu,Zn,Au,Ag	Au,Ag,As	易选	简单	简单	中等
78	都兰县扎麻山南坡爱尔沟北多金属矿	普查	未利用	4 888.48	4 888.48	矿点	中低温热液型	脉状	2.00~7.11	31~85	稳固	1.71	铜铅锌矿石	Cu,Zn		易选	中等	简单	简单
79	都兰县恰当铜矿*	详查	开采	2 674.55	2 674.55	矿点	接触交代型	不规则	0.45~2.61	60~65	稳固	6.93	铅锌矿石			可选	简单	简单	简单
80	都兰县沙丘沟金矿*	普查	未利用	3 270.05	3 270.05	矿点	构造蚀变岩型	透镜状、脉状	0.82~5.74	52~85	较稳固	1.13	铅锌矿石			可选	简单	简单	简单
81	都兰县柯赛东多金属矿*	详查	未利用	120 297.32	120 297.32	中型	接触交代型	透镜状	1.00~5.60	42~86	稳固	0.23~3.86	铅矿石			易选	中等	简单	简单
82	都兰县三岔北山东多金属矿*	普查	未利用	9 605.00	9 605.00	矿点	接触交代型	透镜状、囊状	0.93~5.28	28~79	较稳固	5.85	铜铅矿石			可选	中等	简单	复杂
83	都兰县清水河铜矿	普查	未利用	728.75	728.75	矿点	中温热液型	透镜状	1.00~2.50	46~75	较稳固	1.14	铅锌铜矿石	Cu,Zn,Au,Ag		可选	简单	简单	简单
84	都兰县大卧龙多金属矿*	普查	未利用	10 325.68	10 325.68	小型	接触交代型	透镜状、层状	1.00~4.67	46~75	稳固	5.04	铅矿石	Pb,Ag,Cu	Co	易选	简单	简单	中等
85	都兰县哈日扎地区多金属矿	普查	未利用	112 292.84	112 292.84	中型	中低温热液型	透镜状	1.00~9.41	30~65	稳固	1.16	铅矿石	Zn,Ag		可选		简单	

续表 3-8

序号	矿区名称	勘查阶段	开发利用情况	资源量(t) 保有	资源量(t) 累计查明	矿床规模	成因类型	矿体形态	矿体厚度(m)	矿体倾角(°)	稳固性	矿石品位(%)	矿石类型	共生组分	伴生组分	可选性	工程地质条件	水文地质条件	环境地质条件
86	都兰县那更康切尔沟银多金属矿*	普查	未利用	15 135.44	15 135.44	小型	中低温热液型	似层状	1.82~16.94	59~89	较稳固	0.34	铅锌矿石	Pb	Au	易选	中等	中等	简单
87	都兰县拉克贡玛铅锌银矿	详查	未利用	74 781.00	74 781.00	小型	中低温热液型	透镜状、脉状	0.94~9.81	65~81	较稳固	6.44	铅锌矿石	Zn、Ag	Ag	易选	中等	简单	简单
88	都兰县瑙木浑沟口金矿*	普查	未利用	243.64	243.64	矿点						0.93		Ag	Pb、Au				
89	都兰县鑫拓金多金属矿*	普查	未利用	20 126.79	20 126.79	小型	接触交代型	透镜状、脉状	1.00~3.16	55~60	较稳固	1.75	铅锌矿石	Pb、Zn		易选	简单	简单	简单
90	天峻县哲合隆铅矿	普查	开采	13 353.28	13 921.00	小型	中低温热液型	脉状	1.00~2.90	65~85	稳固	11.89	铅银矿	Ag		可选	中等	简单	简单
91	天峻县南白水河多金矿*	普查	未利用	4 428.00	4 428.00	矿点	构造蚀变岩型	透镜状、脉状	1.37~5.71	45~70	稳固	0.57	铅矿石	Ag		可选	简单	简单	简单
92	大柴旦行委胜利沟金矿*	普查	未利用	1 077.01	1 077.01	矿点	火山热液型	透镜状、脉状	0.88~4.40	5~73	较稳固	1.75	铅矿石	Zn	Cu、Au、Ag、S、Ga、Cd、In	可选	简单	简单	简单
93	大柴旦行委锡铁山铅锌矿区	勘探	开采	400 390.90	1 973 898.10	大型		似层状、透镜状	1.00~36.92	35~85	较稳固	1.44	铅锌矿石	Zn		易选	中等	易选	简单
94	大柴旦镇双口山铅矿区	勘探	开采	21 060.85	26 727.71	小型	中低温热液型	脉状	1.00~2.85		较稳固	3.59	铅矿石	Zn、Ag		易选	中等	简单	简单

第三章 主要矿种及其共伴生资源的开发利用条件

续表3-8

序号	矿区名称	勘查阶段	开发利用情况	资源量(t) 保有	资源量(t) 累计查明	矿床规模	成因类型	矿体形态	矿体厚度(m)	矿体倾角(°)	稳定性	矿石品位(%)	矿石类型	共生组分	伴生组分	可选性	工程地质条件	水文地质条件	环境地质条件
95	大柴旦行委锡铁山铅锌矿中间沟矿	勘探	开采	67 852.00	67 852.00	小型	火山热液型	似层状透镜状	0.82~6.26	5~73	较稳固	2.65	银铅锌矿石	Zn	Cu、Au、Ag、S、Ga、Cd、In	易选	中等	简单	
96	茫崖行委勒高勒铅锌矿*	详查	开采	328.27	329.61	矿点	接触交代型	透镜状	1.00~4.86		稳固	0.49	铜铅锌矿石			易选			
97	茫崖行委铜迎庆多金属矿*	勘探	未利用	19 143.10	19 143.10	小型	接触交代型	透镜状、条带状	1.21~6.69	40~87	较稳固	1.91	铅锌矿石			可选	中等	简单	中等
98	茫崖行委鸭子沟多金属矿*	详查	开采	12 626.90	12 626.00	小型	接触交代型	透镜状、似层状	1.10~8.21	48~72	较稳固	2.01	铜铅锌矿石			易选	中等	简单	中等
99	茫崖行委黑柱山地区铅锌矿	普查	未利用	62 250.23	62 250.23	小型	火山热液型	透镜状	0.72~28.57	51~73	较稳固	1.87	铅锌银矿石	BaSO₄、Ag、Zn		易选	中等	简单	
100	茫崖镇虎头崖多金属矿	详查	开采	134 967.86	175 639.00	中型	碎屑岩型	透镜状、似层状	1.39~11.66	40~85	稳固	3.24	铅锌银矿石	Zn	Ag、Cu、Cd	易选	简单	简单	
101	茫崖镇虎头崖西铅多金属矿*	普查	未利用	3 444.00	3 444.00	矿点		条带状				1.49		Cu、Ag					
102	茫崖镇景忍东铜铅锌金属矿*	普查	未利用	18 721.66	18 721.66	小型	接触交代型	条带状	0.98~3.75	41~83	较稳固	2.52	铜矿石铜铅锌矿石	Cu、Zn、Pb		可选	中等	简单	中等

注：* 为共生矿产。

表 3-9 青海省非伴生铅金属资源量统计表（截至 2020 年底）

州、地、市	县	保有资源量（t）				查明资源量（t）				矿区数（处）
		探明资源量	控制资源量	推断资源量	合计(t)	探明资源量	控制资源量	推断资源量	合计(t)	
海北州	门源县	—	—	5 237.36	5 237.36	—	—	5 499.13	5 499.13	3
	祁连县	40 020.00	20 147.00	75 902.43	136 069.43	44 267.00	23 870.00	106 731.43	174 868.43	7
海北州合计		40 020.00	20 147.00	81 139.79	141 306.79	44 267.00	23 870.00	112 230.56	180 367.56	10
黄南州	同仁县	—	175.02	9 025.63	9 200.65	—	3 907.64	21 469.51	25 377.15	2
	泽库县	—	2 705.00	78 058.00	80 763.00	—	2 705.00	78 058.00	80 763.00	1
黄南州合计		—	2 880.02	87 083.63	89 963.65	—	6 612.64	99 527.51	106 140.15	3
海南州	共和县	—	—	417.00	417.00	—	—	417.00	417.00	1
	同德县	—	2 062.67	405.29	2 467.96	—	2 062.67	405.29	2 467.96	1
	兴海县	10.00	60 888.20	177 809.97	238 708.17	10.00	90 365.80	204 298.91	294 674.91	8
海南州合计		10.00	62 950.87	178 632.26	241 593.13	10.00	92 428.47	205 121.20	297 559.87	10
果洛州	玛多县	—	159 054.53	169 609.32	328 663.85	—	159 054.53	169 609.32	328 663.85	2
	玉树市	—	12 826.00	96 463.67	109 289.67	—	12 826.00	107 915.11	120 741.11	3
玉树州	杂多县	—	—	316 469.96	316 469.96	—	—	316 469.96	316 469.96	3
	治多县	—	1 521.70	95 429.11	96 950.81	—	1 521.70	100 265.03	101 786.73	9
玉树州合计		—	14 347.70	508 362.74	522 710.44	—	14 347.70	524 650.10	538 997.80	18
海西州	格尔木市	143 404.90	81 623.43	417 149.62	642 177.95	171 406.43	87 237.29	422 661.33	681 305.05	4
	德令哈市	—	9 154.47	27 944.47	37 098.94	—	11 796.47	29 606.59	41 403.06	2
	乌兰县	—	11 919.00	19 526.29	31 445.29	—	11 919.00	19 526.29	31 445.29	2
	都兰县	—	219 150.79	476 242.11	695 392.90	—	224 801.47	481 775.75	706 577.22	31
	天峻县	—	—	17 781.28	17 781.28	—	—	18 349.00	18 349.00	2
	大柴旦行委	276 685.05	176 909.70	129 717.32	490 380.76	—	181 242.04	36 786.01	2 069 554.82	4
	茫崖市	1 505.30	178 474.04	71 502.68	251 482.02	1 505.30	219 145.79	71 503.41	292 154.50	7
海西州合计		421 595.25	677 231.43	1 159 863.77	2 165 759.14	2 024 438.50	736 142.06	1 080 208.38	3 840 788.94	68
全省总计		461 625.25	936 611.55	2 184 691.51	3 489 997.00	2 068 715.50	1 032 455.40	2 191 347.07	5 292 517.97	102

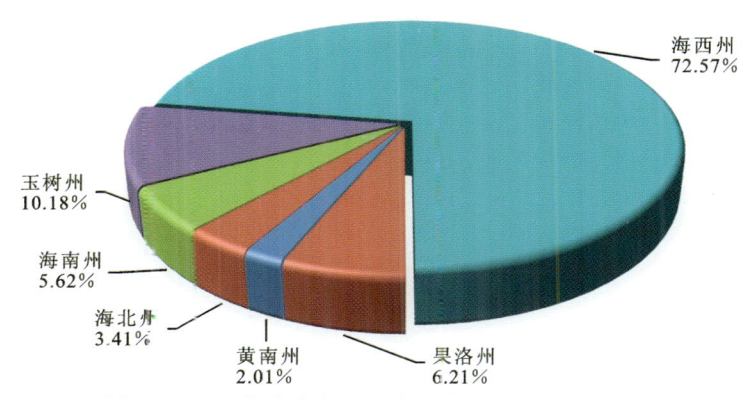

图 3-1 2020 年底青海省累计查明铅矿资源量分布图

上表铅矿资源量中，达到勘探的 16 处，详查 26 处，普查 60 处。勘探阶段查明的资源量最多，为 281.21 万 t，占全省的 53.13%；而保有铅矿资源量最多的为普查阶段，为 138.70 万 t，占全省的 39.74%。普查阶段提交了 1.92 万 t 保有的探明资源量（331 级别资源量）和 2.05 万 t 查明的探明资源量，详查阶段没有提交探明资源量，勘探阶段提交了 44.24 万 t 保有的探明资源量和 204.83 万 t 查明的探明资源量。各地区上表资源量情况见表 3-9。

二、铅矿资源储量及分布

青海省上表铅矿资源量按县域分布统计，保有资源量最多的是海西州都兰县，为 69.54 万 t，分别占海西州和全省的 32.11% 和 19.93%；其次为海西州格尔木市，保有资源量为 64.22 万 t，都兰县和格尔木市合计保有资源量 133.76 万 t，占全省的 37.47%。累计查明资源量最多的是海西州大柴旦行委，为 206.96 万 t，分别占海西州和全省的 53.88% 和 39.10%；其次为海西州都兰县，查明资源量为 70.66 万 t，大柴旦行委和都兰县合计查明资源量 277.62 万 t，占全省的 52.46%。

从上表铅矿资源量质量分析，富矿少，贫矿多，大多数铅矿床（点）属中低品位矿石，其中铅品位≥3.5%的富矿 25 处（无大中型矿床），保有资源量 37.30 万 t，占 10.69%；中高品位（2%~<3.5%）的中富矿 22 处，保有资源量 83.88 万 t，占 24.03%；中低品位（0.7%~<2%）的中贫矿 43 处，保有资源量 199.79 万 t，占 57.25%；低品位（0.3%~<0.7%）的贫矿 12 处，保有资源量 28.03 万 t，占 8.03%。

三、铅矿资源开采条件

（一）铅矿资源特点

青海省铅矿资源的主要特点：一是查明资源分布较为集中，行政区划上主要集中于海西州大柴旦行委、格尔木市和都兰县；二是大中型矿床少，小型及小型以下的产地多，全省上表矿床中仅有大型矿床 1 处；三是查明资源量中，贫矿多，富矿少；四是大部分矿床（点）中均共伴生有较多的其他有色金属、贵金属矿产。

(二)各铅矿床矿石工业类型储量分布情况

从上表铅资源量质量分析,青海省铅资源量中富矿少,贫矿多,绝大多数铅矿床(点)属中低品位矿石,其中以硫化矿石为主的矿山16处,以铅多金属矿石为主的矿山82处,分别占102个上表单元矿山数的15.69%和80.39%;分别占保有资源量的12.64%和86.39%。各铅矿矿石工业类型储量情况见表3-8。

(三)青海铅矿床特征

青海省铅矿成因类型复杂,几乎全部为复合成因的,没有单一成因类型的铅矿床,且以接触交代型和火山热液型为主,接触交代型矿床(点)保有和查明资源量分别为110.09万t和118.22万t,分别占全省的31.54%和22.34%。但该矿床类型没有大中型矿床,此类型矿石质量较好,Pb品位一般为1%~5%,有害杂质硫、磷等一般低于工业要求,而且均共生Cu、Zn等有益元素。

全省开发的矿床(点)以接触交代型和海相火山岩型为主,其次为热液型。代表矿床有大柴旦行委锡铁山铅锌矿锡铁山矿区、格尔木市牛苦头矿区M1磁异常区铁多金属矿,格尔木市牛苦头矿区多金属矿等。由于共、伴生组分可综合利用,极大地提高了开发价值。

接触交代型矿床矿体一般为倾斜矿体,以透镜状和似层状为主,矿体厚度一般在1~15m之间,矿体围岩一般为较稳固、稳固,矿石类型以铅锌矿石为主,且均为可选和易选矿石,较易利用。

海相火山岩型矿床矿体一般为倾斜矿体,以似层状、透镜状和扁豆状为主,矿体厚度一般在1~12m之间,矿体围岩稳固、较稳固,矿石均为可选和易选,开采难度小,较易利用。

热液型矿床一般为倾斜矿体,以透镜状和脉状为主,矿体厚度一般在1~10m之间,矿体围岩一般为较稳固、稳固,矿石类型以铅矿石和铅锌矿石为主,且均为易选和可选矿石,较易利用。

(四)共伴生矿产特征

青海铅矿上表矿床(点)中,以铅为主的36处矿床(点)中有32个主要矿床(点)共伴生有其他有益矿产,其中共伴生铜的有19个、锌27个、金5个、银24个。共伴生矿产最多的是大柴旦行委锡铁山铅锌矿锡铁山矿区和中间沟矿区,有大量的金、银、锌等8种以上矿产(表3-8)。共伴生金属矿产累计铜12.84万t、锌362.69万t、金32.22吨、银4 763.83吨,此外还有少量的镉、钼、镓、锡、铟等;非金属矿产累计砷2.18万t、硫铁矿5 168.58万t、重晶石0.31万t。

由此可见,青海省铅矿床中共伴生的铜、锌、金、银等元素较为丰富,这在很大程度上提高的铅矿床的开发利用价值。

(五)开采技术条件

从表3-8统计结果可知,青海省水文地质条件简单的铅矿区71处,中等的12处,复杂的4处,未作评价的15处;工程地质条件简单的矿区36处,中等的41处,复杂的4处,未作评价的21处;环境地质条件简单的矿区47处,中等的21处,复杂的3处,未作评价的31处。由此可见,青海省大部分铅矿床(点)水文地质、工程地质和环境地质条件较为简单,便于开采。

第五节 锌 矿

一、锌矿资源概况

截至 2020 年底，青海省上表非伴生锌矿区共 103 处，其中，主要锌矿区 28 处，共生锌矿区 75 处（表 3-10）。

青海省保有锌矿资源量 671.03 万 t，累计查明锌矿资源量 933.23 万 t（表 3-11），全省 8 个州（市）中，除西宁市和海东市外，其余 6 个州（市）均有查明并上表的锌矿资源量，6 个有上表新资源量的州（市）中，查明锌矿资源量最多的是海西州，共计 624.73 万 t，最少的是黄南州，只有 5.87 万 t（图 3-5）。

103 处矿床（点）中，有大型矿床 3 处（玛多县抗得弄舍金多金属矿、杂多县莫海拉亨-叶龙达铅锌矿、大柴旦行委锡铁山铅锌矿锡铁山矿）（表 3-10），查明资源量 414.83 万 t，占 44.45%；中型矿床 13 处，查明资源量 302.03 万 t，占 32.36%；小型矿床 49 处，查明资源量 203.50 万 t，占 21.81%；矿点 38 处（资源量小于 1 万 t），查明资源量 12.87 万 t，占 1.38%。

以锌为主的矿区 28 处，查明资源量 355.39 万 t。其中大型 1 处（杂多县莫海拉亨-叶龙达铅锌矿），查明资源量 77.57 万 t，占 21.83%；中型 8 处，查明资源量 219.23 万 t，占 61.69%；小型 12 处，查明资源量 55.54 万 t，占 15.63%；矿点 7 处，查明资源量 3.06 万 t，占 0.86%。共生锌矿区 75 处，查明资源量 577.84 万 t。其中大型 2 处（玛多县抗得弄舍金多金属矿、大柴旦行委锡铁山铅锌矿锡铁山矿），查明资源量 337.26 万 t，占 58.37%；中型 5 处，查明资源量 82.80 万 t，占 14.33%；小型 37 处，查明资源量 147.96 万 t，占 25.61%；矿点 31 处，查明资源量 9.82 万 t，占 1.70%。

上表锌矿资源量中，达到勘探的 18 处，详查 28 处，普查 57 处（表 3-10）。勘探阶段查明的资源量最多（494.16 万 t），而普查阶段保有的资源量最多（262.76 万 t），分别占全省上表查明及保有锌矿资源量的 52.95% 和 39.16%。勘探阶段提交的探明资源量（331 级别资源量）最多，提交了 92.65 万 t 保有的探明资源量和 316.95 万 t 查明的探明资源量，详查和普查阶段均只有 1 处矿区提交了探明资源量，且均不具规模。

二、锌矿资源储量及分布

青海省海西州累计查明和保有资源量最多，查明和保有资源量分别为 624.73 万 t 和 394.30 万 t，分别占全省的 66.94% 和 58.76%。其次为玉树州，西宁市和海东市没有查明上表的资源量，各地区上表资源量情况见表 3-11。

按县域分布统计表明，保有资源量最多的是海西州格尔木市，为 171.01 万 t，分别占海西州和全省的 43.37% 和 25.48%；累计查明资源量最多的是海西州大柴旦行委，为 293.38 万 t，分别占海西州和全省的 46.96% 和 31.44%。格尔木市和大柴旦行委合计查明和保有资源量分别为 476.30 万 t 和 257.03 万 t，分别占全省查明和保有资源量的 51.04% 和 38.30%。

从锌矿资源量质量分析，青海省锌矿资源量中贫矿较多，其中锌品位≥5% 的富矿 10 处，保有资源量 168.38 万 t，占 24.47%；中高品位（3%～<5%）的中富矿 21 处，保有资源量 125.36 万 t，占 18.22%；中低品位（1%～<3%）的中贫矿 57 处，保有资源量 368.04 万 t，占 53.50%；低品位（0.5%～<1%）的贫矿 9 处，保有资源量 26.22 万 t，占 3.81%（表 3-10）。

表 3-10　青海省上表锌矿特征表[据青海省矿产资源量简表（截至 2020 年底）]

序号	矿区名称	勘查阶段	开发利用情况	资源量(t) 保有	资源量(t) 累计查明	矿床规模	成因类型	矿体形态	矿体厚度(m)	矿体倾角(°)	稳固性	矿石品位(%)	矿石类型	共生组分	伴生组分	可选性	工程地质条件	水文地质条件	环境地质条件
1	门源县银灿铜锌矿区*	普查	开发	3 629.00	3 863.00	矿点	次火山岩型	浸染状、星散状	1.07～2.04	67～70	较稳固	3.15	黄铁矿型锌矿石			易选	中等	简单	
2	门源县中南沟多金属矿*	普查	未利用	1 711.00	1 711.00	矿点	接触交代型	似层状、透镜状	1.66～6.90	60～80	稳固	1.50	铅锌矿石		Ag	可选	简单	简单	
3	祁连县郭密寺多金属矿	勘探	开采	27 272.00	34 260.00	小型	火山热液型	似层状、透镜状	1.00～16.00	61～78	不稳固	3.06	铜铅锌矿石	Pb、Cu	Au、Ag	易选	复杂	简单	简单
4	祁连县下柳沟多金属矿*	普查	开采	38 453.00	39 868.00	小型	火山热液型	似层状、条带状	0.90～4.41	65～74	稳固	2.59	铅锌矿石			易选		简单	
5	祁连县弯阳河多金属矿区*	普查	开采	11 321.00	40 915.00	小型	火山热液型	扁豆状、透镜状	2.00～5.00	60～65	稳固	4.53	铜铅锌矿石			易选		中等	
6	祁连县下沟多金属矿区*	勘探	已利用	29 540.00	32 346.00	小型	火山热液型	扁豆状、透镜状	1.00～11.25	70～80	稳固	2.38	铅锌矿石			易选		简单	
7	祁连县赖都滩多金属矿区*	普查	开采	1 256.00	1 265.00	矿点	中低温热液型	透镜状	0.59～2.37	60～73	稳固	4.51	铅锌矿石			易选	简单	简单	简单
8	祁连县龙哇当铜铅锌矿*	普查	未利用	1 411.74	1 411.74	矿点	砂岩型	层状	1.22～8.35	40～45	稳固	0.64	铜铅锌矿石						
9	同仁县夏卜区Ⅸ多金属矿带铅锌矿*	详查	开采	807.01	5 390.20	矿点	中低温热液型	脉状、似层状	2.42～7.14	50～70	不稳固	1.83	铅锌矿石			易选	复杂	复杂	简单
10	同仁县夏布拉Ⅳ Ⅶ Ⅷ多金属矿带*	详查	开采	2 716.53	3 567.06	矿点	中低温热液型	脉状	0.84～2.06	66～82	稳固	1.34	铅锌矿石			易选	中等	简单	

续表 3-10

序号	矿区名称	勘查阶段	开发利用情况	资源量(t) 保有	资源量(t) 累计查明	矿床规模	成因类型	矿体形态	矿体厚度(m)	矿体倾角(°)	稳固性	矿石品位(%)	矿石类型	共生组分	伴生组分	可选性	工程地质条件	水文地质条件	环境地质条件
11	泽库县老藏沟多金属矿区*	详查	未利用	49 785.00	49 785.00	小型	沉火山岩型	透镜状、脉状	0.92~12.30	40~70	较稳固	0.77	铅锌矿石			易选	中等	简单	
12	共和县达纳亥公卡铁多金属矿*	普查	未利用	89.00	89.00	矿点	接触交代型	似层状、透镜状	1.32~19.87	30~38	较稳固	1.30	铁锌矿石			可选			
13	同德县阿尔干龙洼金多金属矿*	详查	未利用	405.87	405.87	矿点	热液型	脉状	0.81~3.16	52~88	不稳固	1.35	金锌矿石			易选	复杂	简单	复杂
14	兴海县玛温根地区银(金)及多金属矿*	普查	未利用	4 469.38	4 469.38	矿点	中低温热液型	脉状	0.93~4.60	40~89	稳固	1.27	银铅锌矿石			易选	简单	简单	中等
15	兴海县赛什塘铜矿*	勘探	停采	15 375.86	71 573.48	小型	沉积-改造型	似层状、透镜状	0.49~53.50	15~50	稳固	2.41	铅锌矿石			易选	简单	简单	简单
16	兴海县铜峪沟铜矿*	勘探	停采	36 407.00	36 407.00	小型	沉积(变质)岩型	似层状、透镜状	0.98~4.09	15~25	稳固	2.59	铁锌矿石			易选	简单	简单	简单
17	兴海县日龙沟多金属矿*	勘探	未利用	35 082.74	35 082.74	小型	沉积变质热液改造型	似层状	0.80~4.87	37~86	稳固	1.18	锌矿石			易选	简单	简单	简单
18	兴海县什多龙铅锌矿	勘探	开采	356 146.62	440 968.49	中型	接触交代型	透镜状、似层状	1.32~42.85	27~90	稳固	5.37	银铅锌矿石	Pb、Ag		易选	简单	简单	简单
19	兴海县索拉沟多金属矿*	详查	开采	35 474.81	37 455.00	小型	火山沉积-热液改造型	似层状、透镜状	3.04~9.35	40~60	稳固	0.99	锌矿石		Cu	易选	简单	简单	简单
20	兴海县鄂拉山口银铅锌矿*	普查	未利用	74 412.26	74 412.26	小型	火山热液型	似层状、脉状	0.80~10.05	25~75	稳固	1.06	铅锌银矿石			易选	简单	简单	简单

续表 3-10

序号	矿区名称	勘查阶段	开发利用情况	资源量(t) 保有	资源量(t) 累计查明	矿床规模	成因类型	矿体形态	矿体厚度(m)	矿体倾角(°)	稳固性	矿石品位(%)	矿石类型	共生组分	伴生组分	可选性	工程地质条件	水文地质条件	环境地质条件
21	兴海县什多龙北山铅锌矿	普查	未利用	6 890.00	6 890.00	矿点	构造热液型	条带状、透镜状	1.05~4.18	34~84	稳固	2.29	铅锌矿石		Pb,Cu,Ag	易选	简单	简单	简单
22	兴海县什多龙铅锌矿外围多金属矿*	普查	未利用	12 123.00	12 123.00	小型	中低温热液型	透镜状、脉状	1.14~13.74	44~71	稳固	1.75	铅锌矿石			易选	简单	简单	中等
23	玛沁县德尔尼铜钴矿	勘探	开采	49 035.38	174 284.48	中型	超基性岩型	似板状、透镜状	12.79~37.15	10~30	较稳固	1.08	铜锌矿石				中等	中等	简单
24	玛多县抗得弄舍金铜多金属矿*	详查	未利用	501 860.67	501 860.67	大型	热水沉积-热液叠加改造	层状、似层状	1.27~21.50	45~88	较稳固	1.59~1.73	金铅锌矿石			易选	中等	中等	中等
25	玛多县错多金矿*	普查	未利用	41 212.62	41 212.62	小型	中低温热液型	似层状、脉状	0.89~10.84	54~87	较稳固	2.05	铅锌矿石	Pb	Cu,Au,Ag		中等	简单	简单
26	玉树县赵卡隆铁铜多金属矿*	普查	未利用	23 860.00	23 860.00	小型	沉积-改造型	似层状、透镜状	6.33~29.41	53~70	较稳固	0.72	铁铅锌矿石		Ag	可选			
27	玉树县来乃卡多金属矿*	普查	未利用	10 594.00	10 594.00	小型						2.09							
28	杂多县莫海拉亨-叶龙达铅锌矿*	普查	未利用	775 699.72	775 699.72	大型	构造热液型	板状、长条状	1.38~17.44	35~55	较稳固	2.84	铅锌矿石	Pb,Ag		可选	中等	中等	中等
29	杂多县东莫扎抓铅锌矿	普查	未利用	337 402.24	337 402.24	中型	层控-热液叠加型	带状、透镜状	0.85~20.16	30~69	稳固	4.21	铅锌矿石	Pb	Pb,Zn,Au,Ag,Cd	易选	中等	中等	复杂

续表 3-10

序号	矿区名称	勘查阶段	开发利用情况	资源量(t) 保有	资源量(t) 累计查明	矿床规模	成因类型	矿体形态	矿体厚度(m)	矿体倾角(°)	稳固性	矿石品位(%)	矿石类型	共生组分	伴生组分	可选性	工程地质条件	水文地质条件	环境地质条件
30	杂多县然者涌多金属矿*	普查	未利用	98 618.83	98 618.83	小型	沉积-热液改造型	层状、似层状	0.89~6.80	60~89	不稳固	2.31	铅锌银矿石			可选	复杂	中等	中等
31	治多县尕尔龙玛多金属矿*	普查	开采	5 095.80	8 050.47	矿点	火山热液型	透镜状、扁豆状	1.09~34.94	60~80	较稳固	2.60	铜铅锌矿石			易选	中等	中等	中等
32	治多县多彩地区铜多金属矿*	普查	未利用	179 126.74	179 126.74	中型	火山热液型	透镜状、扁豆状	1.15~6.70	64~75	较稳固	1.81	铜铅锌矿石			易选	中等	中等	中等
33	格尔木市野马泉区M4、M5异常区铁锌多金属矿*	详查	开采	42 413.20	42 413.20	小型	接触交代型	透镜状、扁豆状	1.00~31.00		较稳固	2.73	铁锌矿石			易选	中等	中等	中等
34	格尔木市尕林金属矿*	普查	未利用	56 116.22	56 116.22	小型	接触交代型	透镜状	3.00~34.00	10~60	稳固	1.45	铅锌矿石			易选	简单	简单	中等简单
35	格尔木市青德可克欧矿*	详查	开采	64 492.00	111 031.00	中型	接触交代型-热液型	似层状、透镜状	0.15~113.02	30~40	稳固	1.56	锌矿石			可选	中等	复杂	简单
36	格尔木市高里河下游多金属矿*	普查	开采	33 876.00	33 876.00	小型	接触交代-热液复合型	豆夹状、透镜状	6.19~9.21	48~77	稳固	2.39	铜锌矿石			可选	中等	简单	简单
37	格尔木市乌兰拜兴铁多金属矿*	普查	开采	11 158.43	11 158.43	小型	接触交代型	似层状、透镜状	1.07~15.04		稳固	1.16	铁锌矿石			易选	中等	简单	简单
38	格尔木市支沟夏努沟多金属矿*	普查	开采	86.39	2 664.60	矿点	接触交代型	脉状	1.19	65~75	较稳固	3.59~6.79	铅锌矿石			易选	中等	简单	简单

续表 3-10

序号	矿区名称	勘查阶段	开发利用情况	资源量(t) 保有	资源量(t) 累计查明	矿床规模	成因类型	矿体形态	矿体厚度(m)	矿体倾角(°)	稳固性	矿石品位(%)	矿石类型	共生组分	伴生组分	可选性	工程地质条件	水文地质条件	环境地质条件
39	格尔木市它温查汉铁多金属矿*	详查	未利用	3 310.00	3 310.00	矿点	接触交代-热液型	似层状、透镜状	5.08~19.7	45	较稳固	3.97	锌矿石			易选	简单	复杂	简单
40	格尔木市牛苦头矿区 M1 磁异常区铁多金属矿	勘探	开采	207 751.70	277 757.86	中型	接触交代型	似层状、透镜状	0.65~20.00	0~20	较稳固	3.19	铅锌矿石	Pb,Cu	Ag	易选	中等	中等	简单
41	格尔木市牛苦头矿区 M4 磁异常区铁多金属矿	勘探	未利用	359 958.95	359 958.95	中型	接触交代型	似层状、豆瓣状	1.46~2.81	4~30	较稳固	2.80	铅锌矿石	TFe,Cu,Pb	Cu,Au		中等	中等	简单
42	格尔木市牛苦头矿区多金属矿	勘探	开采	346 911.19	346 911.19	中型	接触交代型	似层状、透镜状	1~15	10~40	较稳固	0.46~2.34	铅锌矿石	TFe,Cu,Pb	Cu,Au	易选	中等	中等	中等
43	格尔木市哈西亚图 C11 磁异常铁铜矿*	详查	开采	71 703.23	71 703.23	小型	接触交代型	似层状	1.01~10.84	10~75	较稳固	1.74	铁锌矿石			可选	中等	简单	简单
44	格尔木市野马泉 M9、M10 磁异常常铁多金属矿	普查	未利用	148 091.06	148 091.06	中型	接触交代型	薄板状	5.12~7.31	5~31	较稳固	1.95	锌矿石			易选	中等	中等	简单
45	格尔木市卡而却卡铜多金属矿*	详查	开采	14 688.15	14 688.15	小型	斑岩型、接触交代型	透镜状	0.84~28.15	30~90	不稳固	3.14	铁铜锌矿石	TFe,Zn,Mo,Au,Ag,Sn,Pb		易选	中等	复杂	中等
46	格尔木市那陵郭勒河西铁多金属矿 M1 矿段*	普查	未利用	75 172.00	75 172.00	小型	接触交代型	脉状、板状	1.04~13.08	23~46	较稳固	4.20	铁铜锌矿石			易选	易	简单	简单
47	格尔木市尕羊沟铁多金属矿*	普查	未利用	2 060.58	2 060.58	矿点	接触交代型	似层状、透镜状	0.97~8.06	42~80	较稳固	1.84	铅锌矿石	Pb		可选	简单	复杂	中等

第三章 主要矿种及其共伴生资源的开发利用条件

续表 3-10

序号	矿区名称	勘查阶段	开发利用情况	资源量(t) 保有	资源量(t) 累计查明	矿床规模	成因类型	矿体形态	矿体厚度(m)	矿体倾角(°)	稳固性	矿石品位(%)	矿石类型	共生组分	伴生组分	可选性	工程地质条件	水文地质条件	环境地质条件
48	格尔木市拉陵灶火中游铜多金属矿*	普查	未利用	521.55	521.55	矿点	接触交代型	似层状、透镜状	1.00~11.35	26~66	较稳固	1.06	银铅矿石			易选	中等	简单	中等
49	格尔木市小圆山地区铁多金属矿*	普查	未利用	34 098.41	34 008.41	小型	接触交代型	似层状、透镜状	1.10~13.59	20~85	稳固	2.52	铜铅锌矿石			易选			
50	格尔木市四角羊沟西铅锌矿	详查	未利用	8 141.50	8 141.50	矿点	接触交代型	透镜状、脉状	1.65~11.70	20~80	较稳固	1.68	铅锌矿石	Pb	Cu,Au,Ag	可选	中等	简单	中等
51	格尔木市卡尔却卡北铜多金属矿	普查	未利用	40 978.39	40 978.39	小型	接触交代型	层状	1.37~2.70	45~60	较稳固	1.19	铜铅锌矿石			易选			
52	格尔木市野马泉 M13 磁异常铁多金属矿	详查	未利用	139 144.37	139 144.37	中型	接触交代型	层状、脉状	1.00~3.97	5~54	稳固	2.04	锌矿石	TFe,Cu,Pb,	Ag,Ga,Ge,Cd,Se,S	中等	简单	中等
53	格尔木小巾那嵌邦勒河西铁多金属矿 M2M3 矿段	普查	未利用	40 181.00	40 181.00	小型	接触交代型	脉状、板状	1.04~13.08	18~46	稳固	5.26	铜铅锌矿石	TFe,Cu,Pb,Au,Ag	Au,Ag	易选	简单	简单	中等
54	格尔木市夏日哈木铜多金属矿*	普查	未利用	9 215.17	9 215.17	矿点	接触交代型	透镜状	1.50~9.65	23~48	较稳固	2.71	铅锌矿石	Pb,Zn,Au,Ag	Cu,Co	可选	中等	简单	中等
55	德令哈市臭牛机贝台铅锌矿*	普查	开采	12 501.00	14 750.00	小型	岩浆热液型	脉状	2.24~3.56	60~80	较稳固	2.74	铅锌矿石			易选	中等	简单	简单
56	德令哈市蓄积山铅矿区*	普查	开采	869.94	869.94	矿点	沉积变质热液改造型	脉状	2.16~4.79	45~70	稳固	1.75	铅锌矿石			易选		简单	

续表 3-10

序号	矿区名称	勘查阶段	开发利用情况	资源量(t) 保有	资源量(t) 累计查明	矿床规模	成因类型	矿体形态	矿体厚度(m)	矿体倾角(°)	稳固性	矿石品位(%)	矿石类型	共生组分	伴生组分	可选性	工程地质条件	水文地质条件	环境地质条件
57	乌兰县托新沟南金矿*	普查	未利用	6 182.35	6 182.35	矿点						2.46		Pb、Zn、Ag、Cu					
58	乌兰县夏日塔多金属矿	普查	未利用	44 512.09	44 512.09	矿点	接触交代型	透镜状、脉状	0.80～2.94	62～75	稳固	2.00	铅锌银矿石	Cu、Pb、Ag	Cu、Au、Ag	易选	简单	简单	中等
59	都兰县双庆铁矿区*	详查	开采	46 437.54	60 890.52	小型	接触交代型	透镜状、扁豆状	1.19～7.25	18～55	较稳固	2.26	铅锌矿石			可选	简单	简单	简单
60	都兰县柳河老矿沟铅锌矿	详查	开采	1 080.15	1 595.00	矿点	热液型	似层状	2.50	46～84	稳固	1.31	铅锌银矿石			易选	简单	简单	简单
61	都兰县海寺Ⅱ号矿区*	勘探	开采	1 108.63	1 304.11	矿点	接触交代型	透镜状	1.00～10.00	30～70	稳固	2.51	铅锌矿石			易选	简单	简单	中等
62	都兰县白石崖硅灰石矿、铅锌矿	勘探	开采	12 801.65	12 858.65	小型	接触交代型	似层状	1.55～6.17	60～80	稳固	3.07	铅锌矿石	Pb、硅灰石		可选	简单	简单	简单
63	都兰县沙柳河南区铅多金属矿	普查	开采	119 081.49	119 081.49	中型	接触交代型	似层状、透镜状	1.34～5.52	35～65	稳固	0.86	铅锌矿石	Cu、Pb、WO₃、Sn、硫铁矿	Ag	可选	中等	简单	简单
64	都兰县白石崖铁矿区外围*	详查	开采	71 318.70	88 150.00	小型	接触交代型	透镜状	5.00～10.00	30～70	稳固	4.20	铅锌矿石			易选	简单	简单	简单
65	都兰县黑石山铜多金属矿	勘探	开采	61 053.00	62 664.00	小型	接触交代型	似层状、透镜状	1.01～6.73	55～75	较稳固	2.00	铅锌矿石	Cu、Pb		易选	中等	简单	简单

续表 3-10

序号	矿区名称	勘查阶段	开发利用情况	资源量(t) 保有	资源量(t) 累计查明	矿床规模	成因类型	矿体形态	矿体厚度(m)	矿体倾角(°)	稳固性	矿石品位(%)	矿石类型	共生组分	伴生组分	可选性	工程地质条件	水文地质条件	环境地质条件
66	都兰县胜利铁矿*	普查	开采	1 418.04	1 418.04	矿点	接触交代型	似层状、透镜状	1.60~7.88	33~86	稳固	1.58	铁铜锌矿石			易选	简单	简单	中等
67	都兰县龙洼尕当多金属矿*	普查	未利用	16 785.33	16 785.33	小型	热液型	透镜状	1.15~7.81	47~79	稳固	6.76	铅锌矿石			可选	简单	简单	简单
68	都兰县加羊多金属矿*	详查	开采	48 825.50	48 825.50	小型	接触交代型	脉状、囊状	1.00~6.22	42~80	较稳固	3.39	铅锌矿石	Pb、Ag	Cu、Ag	易选	简单	中等	简单
69	都兰县大洪山含铜磁铁矿	勘探	开采	3 574.25	4 020.68	矿点	接触交代型	透镜状	0.30~3.50	50~65	稳固	0.61	锌铁矿石			可选	简单	简单	简单
70	都兰县窑洞沟地区多金属矿*	普查	未利用	4 623.88	11 070.50	矿点	接触交代型	透镜状	1.16~12.42	45~60	较稳固	1.71	铁铅锌矿石			可选	中等	简单	简单
71	都兰县东山根铜矿*	详查	开采	33 154.60	33 154.60	小型	接触交代型	脉状	1.10~3.70	70~89	稳固	4.44	铜铅锌银矿石			易选	中等	简单	简单
72	都兰县柴湾多金属矿*	普查	未利用	49 531.49	49 531.49	小型	接触交代型	似层状、囊状	1.36~2.47	53~75	较稳固	3.50	铜铅锌矿石			易选	中等	简单	中等
73	都兰县哈西哇金多金属矿*	普查	开采	3 299.42	5 929.89	矿点	构造蚀变岩型	透镜状	1.00~5.06	35~71	较稳固	0.46~3.13	金银铅锌矿石			易选	中等	简单	简单
74	都兰县洪水河铁多金属矿*	详查	开采	1 758.00	1 758.00	矿点	接触交代型	透镜状	5.91~10.45	50~70	较稳固	8.44	铜铅锌矿石			可选	中等	简单	中等
75	都兰县热水克锗铅锌矿*	详查	开采	1 758.00	1 758.00		接触交代型	脉状	1.00~2.98	80~87	较稳固	2.86	铅锌矿石			易选			

续表 3-10

序号	矿区名称	勘查阶段	开发利用情况	资源量(t) 保有	资源量(t) 累计查明	矿床规模	成因类型	矿体形态	矿体厚度(m)	矿体倾角(°)	稳固性	矿石品位(%)	矿石类型	共生组分	伴生组分	可选性	工程地质条件	水文地质条件	环境地质条件
76	都兰县直沟铅锌矿	普查	开采	3 919.05	4 679.63	矿点	接触交代型	柱状	2.00	90	稳固	4.20	铜铅锌矿石	Cu、Pb		易选	简单	简单	
77	都兰县乌妥沟铅锌矿*	普查	未利用	10 198.94	10 198.94	小型	中低温热液型	脉状	0.83~2.49	49~87	稳固	2.67	银铅锌矿石			易选	简单	简单	简单
78	都兰县金水口铁锌矿*	普查	未利用	9 038.00	9 038.00	矿点	接触交代型	脉状	1.04~7.10	28~81	较稳固	1.56	铁锌矿石			可选	中等	简单	简单
79	都兰县海寺驼峰铅锌矿	详查	开采	16 522.58	17 146.09	小型	接触交代型	似层状	1.00~9.38	47~76	稳固	3.79	铅锌矿石			易选	简单	简单	简单
80	都兰县哈资谱山北铅锌矿*	普查	未利用	485.67	485.67	矿点	中低温热液型	脉状	1.08~6.95	58~82	稳固	1.44	铅锌矿石			易选	简单	简单	中等
81	都兰县扎麻山南坡爱尔沟北多金属矿*	普查	未利用	4 159.98	4 159.98	矿点	中低温热液型	脉状	2.00~7.11	31~85	稳固	1.46	铜铅锌矿石			易选	简单	简单	简单
82	都兰县恰当铜矿*	详查	开采	2 334.51	2 334.51	矿点	接触交代型	不规则	0.45~2.61	60~65	稳固	6.05	铅锌矿石			可选	简单	简单	简单
83	都兰县沙丘沟金矿*	普查	未利用	4 418.84	4 418.84	矿点	构造蚀变岩型	透镜状、脉状	0.82~5.74	52~85	较稳固	1.53	铅锌矿石			可选	简单	简单	简单
84	都兰县柯赛东铅多金属矿	详查	未利用	171 061.77	171 061.77	中型	接触交代型	透镜状	1.00~5.60	42~86	稳固	0.40~5.05	铅锌矿石	Pb、Ag		易选	中等	简单	简单
85	都兰县岔北山东多金属矿*	普查	未利用	2 690.00	2 690.00	矿点	接触交代型	透镜状、囊状	0.93~5.28	28~79	较稳固	1.33	铜锌矿石			可选	中等	简单	复杂

续表 3-10

序号	矿区名称	勘查阶段	开发利用情况	资源量(t) 保有	资源量(t) 累计查明	矿床规模	成因类型	矿体形态	矿体厚度(m)	矿体倾角(°)	稳固性	矿石品位(%)	矿石类型	共生组分	伴生组分	可选性	工程地质条件	水文地质条件	环境地质条件
86	都兰县清水河铜矿*	普查	未利用	516.05	516.05	矿点	中温热液型	透镜状	1.00~2.50		较稳固	0.80	铅锌铜矿石			可选		简单	中等
87	都兰县太子沟铜锌矿*	详查	未利用	40 507.21	40 507.21	小型	接触交代型	似层状	2.64~11.49	25~65	较稳固	1.87	铜锌矿石			易选	中等	简单	中等
88	都兰县大卧龙铜锌矿*	普查	未利用	70 819.87	70 819.87	小型	接触交代型	透镜状、层状	1.00~4.67	46~75	稳固	21.54	铅锌矿石	Pb、Ag、Cu		易选	简单	简单	中等
89	都兰县哈日扎地区多金属矿*	普查	未利用	23 112.32	23 112.32	小型	中低温热液型	透镜状	1.00~9.41	30~65	稳固	0.92	铅锌矿石		Co	可选			
90	都兰县拉克克贡玛铅锌银矿*	详查	未利用	36 502.00	36 502.00	小型	中低温热液型	透镜状、脉状	0.94~9.81	65~81	较稳固	3.20	铅锌银矿石			易选	中等	简单	简单
91	都兰县那更康切尔沟银多金属矿	普查	未利用	11 200.88	11 200.88	小型	热液型	似层状	1.82~16.94	59~89	较稳固	1.05	铅锌银矿石			可选	中等	中等	中等
92	都兰县鑫拓金多金属矿*	普查	未利用	33 176.10	33 176.10	小型	接触交代型	透镜状、脉状	0.60~3.16	55~60	较稳固	2.88	铅锌矿石	Au、Zn、Pb					
93	大柴旦行委锡铁山铅锌矿铁山矿*	勘探	开采	798 923.89	2 870 736.50	大型	火山热液型	似层状、透镜状	1.00~36.92	5~73	较稳固	5.61	铅锌矿石	Pb、Zn		易选	中等	简单	
94	大柴旦口镇双口山铅矿*	勘探	开采	3 425.34	5 145.91	矿点	中低温热液型	脉状	1.00~2.85	35~85	较稳固	0.45	铅锌矿石			易选	中等	简单	简单

续表 3-10

序号	矿区名称	勘查阶段	开发利用情况	资源量(t) 保有	资源量(t) 累计查明	矿床规模	成因类型	矿体形态	矿体厚度(m)	矿体倾角(°)	稳固性	矿石品位(%)	矿石类型	共生组分	伴生组分	可选性	工程地质条件	水文地质条件	环境地质条件
95	大柴旦行委锡铁山铅锌矿中同沟矿*	勘探	开采	57 869.00	57 869.00	小型	火山热液型	似层状、透镜状	0.82～6.26	5～73	较稳固	2.60	银铅矿石	Zn	Cu、Au、Ag、S、Ga、Cd、In	易选	中等	简单	
96	茫崖行委勒景忍山可特勒高勒铅锌矿	详查	开采	2 305.34	2 715.71	矿点	接触交代型	透镜状	1.00～4.86		稳固	1.71	铜铅锌矿石	Pb、Cu		易选			
97	茫崖行委迎庆沟铅锌铜多金属矿	勘探	未利用	63 544.80	63 544.80	小型	接触交代型	透镜状、条带状	1.21～6.69	40～87	较稳固	4.04	锌矿石	Pb、Zn	Ag、Mo、Fe	可选	中等	简单	中等
98	茫崖镇虎头崖多金属矿*	详查	开采	151 063.99	215 478.40	中型	碎屑岩型	透镜状、似层状	1.39～11.66	40～85	稳固	3.99	铅锌银矿石	Zn	Ag、Cu、Cd	易选	简单	简单	
99	茫崖行委五一河铁铜锡矿*	普查	未利用	1 190.00	1 190.00	矿点	接触交代型	似层状、脉状	1.11～7.43	57～70	稳固	3.72	铁锌矿石			可选			
100	茫崖行委鸭子沟地区铜多金属矿	详查	开采	84 313.55	84 313.55	小型	接触交代型	透镜状、似层状	1.10～8.21	48～72	较稳固	6.77	铜铅锌矿石	Pb、Cu	Ag、Fe、Mo	易选	中等	中等	简单
101	茫崖行委黑柱山地区铅矿*	普查	未利用	57 721.77	57 721.77	小型	火山热液型	透镜状	0.72～28.57	51～73	较稳固	1.70	铅锌银矿石			易选	中等	简单	中等
102	茫崖镇虎头崖西铅锌矿*	普查	未利用	4 356.00	4 356.00	矿点						1.90		Cu、Ag					
103	茫崖镇景忍东铜铅锌多金属矿*	普查	未利用	26 778.64	26 778.64	小型	接触交代型	条带状	1.07～3.75	41～83	较稳固	2.30	铜矿石、铜铅锌矿石	Cu、Zn、Pb		可选	中等	简单	中等

注：* 为共生矿产。

表 3-11 青海省非伴生锌金属资源量统计表（截至 2020 年底）

州、地、市	县	保有资源量(t)				查明资源量(t)				矿区数（处）
		探明资源量	控制资源量	推断资源量	合计(t)	探明资源量	控制资源量	推断资源量	合计(t)	
海北州	门源县			5 340.00	5 340.00			5 574.00	5 574.00	2
	祁连县	35 464.00	18 313.00	55 476.74	109 253.74	39 685.00	22 747.00	87 633.74	150 065.74	6
海北州合计		35 464.00	18 313.00	60 816.74	114 593.74	39 685.00	22 747.00	93 207.74	155 639.74	8
黄南州	同仁县		61.84	3 461.70	3 523.54		2 002.05	6 955.21	8 957.26	2
	泽库县		2 364.00	47 421.00	49 785.00		2 364.00	47 421.00	49 785.00	1
黄南州合计			2 425.84	50 882.70	53 308.54		4 366.05	54 376.21	58 742.26	3
海南州	共和县			89.00	89.00			89.00	89.00	1
	贵德县			405.87	405.87			405.87	405.87	1
	兴海县	91.00	179 513.95	396 776.72	576 381.67	91.00	242 791.50	476 498.85	719 381.35	9
海南州合计		91.00	179 513.95	397 271.59	576 876.54	91.00	242 791.50	476 993.72	719 876.22	11
果洛州	玛沁县	115 016.00		49 035.38	49 035.38	115 016.00		59 268.48	174 284.48	1
	玛多县		278 052.00	265 021.29	543 073.29		278 052.00	265 021.29	543 073.29	2
果洛州合计		115 016.00	278 052.00	314 056.67	592 108.67	115 016.00	278 052.00	324 289.77	717 357.77	3
玉树州	玉树市		5 827.00	28 627.00	34 454.00		5 827.00	28 627.00	34 454.00	2
	杂多县			1 211 720.79	1 211 720.79			1 211 720.79	1 211 720.79	3
	治多县		1 209.58	183 012.96	184 222.54		1 209.58	185 967.63	187 177.21	2
玉树州合计			7 036.58	1 423 360.75	1 430 397.33		7 036.58	1 426 315.42	1 433 352.00	7
海西州	格尔木市	320 459.97	245 849.66	1 143 759.86	1 710 069.49	373 606.77	257 451.15	1 198 134.94	1 829 192.86	22
	德令哈市			13 370.94	13 370.94		2 249.00	13 370.94	15 619.94	2
	乌兰县		19 841.12	30 853.32	50 694.44		19 841.12	30 853.32	50 694.44	2
	都兰县		288 910.86	628 494.77	917 405.63	2 630.47	323 444.52	635 900.86	961 975.85	34
	大柴旦行委	546 163.56	286 084.67	27 970.00	860 218.23	2 618 156.23	287 625.18	27 970.00	2 933 751.41	3
	茫崖市	43 637.90	222 932.43	124 703.76	391 274.09	43 637.90	287 492.14	124 968.83	456 098.87	8
海西州合计		910 261.43	1 063 618.74	1 969 152.65	3 943 032.82	3 038 031.37	1 178 103.11	2 031 198.89	6 247 333.37	71
全省总计		945 816.43	1 548 960.11	4 215 541.10	6 710 317.64	3 192 823.37	1 733 096.24	4 406 381.75	9 332 301.36	103

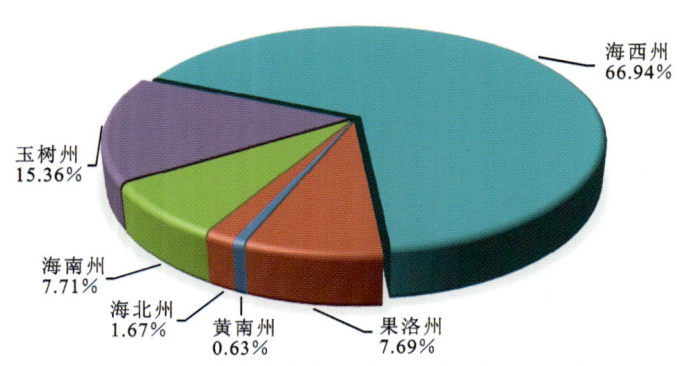

图 3-5　2020 年底青海省累计查明锌矿资源量分布图

三、锌矿资源开发利用条件

（一）锌矿资源特点

青海省锌矿资源的主要特点：一是查明资源分布较为集中，行政区划上主要集中于玉树州杂多县和海西州格尔木市、大柴旦行委；二是大中型矿床较少，小型及小型以下的产地多；三是查明资源量中，中贫矿多，富矿较少；四是大部分矿床（点）中均共伴生有较多的其他有色金属、贵金属矿产。

（二）各锌矿床矿石工业类型储量分布情况

从上表锌资源量质量分析，青海省锌资源量中富矿较少，中贫矿较多，绝大多数锌矿床（点）属中低品位矿石，其中 Zn 品位低于 3% 的锌矿床（点）74 处，保有锌资源量 421.22 万 t，占 62.77%；品位大于 3% 的锌矿床（点）29 处，保有锌资源量 249.82 万 t，占 37.23%；品位大于 5% 的矿床（点）有 8 处，保有锌资源量 137.28 万 t，占 20.46%。各锌矿矿石工业类型储量情况见表 3-10。

（三）青海锌矿床特征

青海省锌矿成因类型复杂，几乎全部为复合成因的，没有单一成因类型的锌矿床，且以接触交代型、海相火山岩型和热液型为主，这 3 种类型合计保有和查明的资源量分别为 636.76 万 t 和 860.15 万 t，分别占全省保有和查明资源量的 92.55% 和 92.05%。其中，接触交代型矿石质量较好，Zn 品位一般在 1.5%～5% 之间，有害杂质硫、磷等一般低于工业要求，而且均共生 Cu、Pb、Ag 等有益元素；海相火山岩型矿床（点）的 Zn 品位一般在 2%～4% 之间，共伴生元素较少；热液型矿床（点）的 Zn 品位一般在 1%～3% 之间，共伴生元素较少。

全省开发的矿床（点）以接触交代型、海相火山岩型和热液型为主，代表矿床有大柴旦行委锡铁山铅锌矿锡铁山矿、茫崖镇虎头崖多金属矿、都兰县沙柳河南区铅锌多金属矿、格尔木市牛苦头矿区多金属矿、格尔木市肯德可克铁矿、兴海县什多龙铅锌银矿、玛沁县德尔尼铜钴矿等。由于共、伴生组分可综合利用，极大地提高了开发价值。

接触交代型矿床矿体一般为倾斜矿体，以透镜状和似层状为主，矿体厚度一般在 1～10m 之间，矿体围岩一般为稳固、较稳固，矿石以铜铅锌等多金属矿石为主，均为可选和易选，较易利用。

海相火山岩型矿床矿体一般为倾斜矿体，以似层状、透镜状和扁豆状为主，矿体厚度一般在 1～15m

之间,矿体围岩稳固、较稳固,矿石以铜铅锌等多金属矿石为主,均易选,开采难度小,较易利用。

热液型矿床矿体以透镜状为主,矿体厚度一般在1~10m之间,矿体围岩一般为较稳固、稳固,矿石以铅锌矿石为主,且均为可选、易选矿石,较易利用。

(四)共伴生矿产特征

青海锌矿上表矿床(点)中,以锌为主的28处矿床(点)均共伴生有其他有益矿产,其中共伴生铜的有19个、铅28个、金8个、银17个。共伴生矿产最多的是格尔木市牛苦头矿区多金属矿、M1磁异常区铁多金属矿和M4磁异常区铁多金属矿,有大量的铜、铅、金、银等6种以上矿产(表3-10)。共伴生金属矿产累计铜32.89万t,锌120.56万t,金10.20吨,银3 841.9吨,铁4 195.56万t,此外还有少量的钴、镉、钼、钨、锡等;非金属矿产累计硫铁矿8 388.13万t,硅灰石1 349.60万t。

由此可见,青海省锌矿床中共伴生的铜、铅、金、银等元素较为丰富,这在很大程度上提高的锌矿床的开发利用价值,但大量的硫也加大了冶炼难度。

(五)开采技术条件

从表3-10统计结果可知:青海省水文地质条件简单的锌矿区70处,中等的12处,复杂的5处,未作评价的16处;工程地质条件简单的矿区33处,中等的45处,复杂的4处,未作评价的21处;环境地质条件简单的矿区46处,中等的25处,复杂的3处,未作评价的29处。由此可见,青海省大部分锌矿床(点)水文地质、工程地质和环境地质条件较为简单,便于开采。

第六节 镍 矿

一、镍矿资源概况

截至2020年底,青海省上表非伴生镍矿区共10处(表3-12),保有镍矿资源量114.38万t,累计查明镍矿资源量116.00万t,全省8个州(市)中(表3-13),只有海东市、海北州、海南州和海西州有查明并上表的镍矿资源量,4个有上表镍资源量的州(市)中,查明镍矿资源量最多的是海西州,共计103.25万t,最少的是海北州,只有662.00t(图3-6)。10处矿床(点)中,有大型矿床1处(格尔木市夏日哈木HS26号异常区铜镍矿),查明资源量102.65万t,占89.75%;中型矿床1处,查明资源量9.42万t,占7.16%;小型矿床4处,查明资源量3.63万t,占2.76%;矿点4处,资源量小于2000t,查明资源量0.30万t,占0.23%。

其中,单一镍矿区1处(化隆县关藏沟镍矿),规模小,已开采利用;以镍为主的矿区6处,查明资源量113.14万t,其中大型1处,查明资源量102.65万t,占90.73%;中型1处,查明资源量9.42万t,占8.33%;小型3处,查明资源量1.73万t,占1.53%;矿点2处,查明资源量0.15万t,占0.13%。共生镍矿区3处,无大中型矿床,查明资源量2.77万t。

上表镍矿资源量中,达到勘探的3处,达到详查的4处,普查阶段的3处(表3-12)。勘探阶段查明和保有资源量最多,分别为103.20万t和104.62万t,分别占全省的90.23%和90.19%,详查和普查阶段均没有提交探明资源量(331级别资源量),勘探阶段提交了63.33万t保有的探明资源量和64.17万t查明的探明资源量。

表 3-12 青海省上表镍矿特征表[据《青海省矿产资源量简表(截至 2020 年底)》]

序号	矿区名称	勘查阶段	开发利用情况	资源量(t) 保有	资源量(t) 累计查明	矿床规模	成因类型	矿体形态	矿体厚度(m)	矿体倾角(°)	稳固性	矿石品位(%)	矿石类型	共生组分	伴生组分	可选性	工程地质条件	水文地质条件	环境地质条件
1	平安县元石山铁镍矿	详查	停产	92 427.19	94 219.94	中型	岩浆-内生热液再造-外生风化淋滤型	似层状、透镜状	8.53~37	20~60	不稳固	0.84	铁镍矿石	TFe		易选			
2	化隆县拉水峡铜镍矿**	勘探	闭坑	5 169.00	18 987.00	小型	晚期岩浆贯入型	透镜状	4.00	60~70	稳固	4.47	硫化铜镍矿石			易选	中等	简单	简单
3	化隆县冶什昔硅酸镍矿	普查	开采	3 202.95	3 202.95	小型	线型风化壳	脉状	4.88	52~76	稳固	1.89	镍矿石		Cu,Co	易选	简单	简单	简单
4	化隆县关藏沟镍矿	详查	开采	676.10	835.70	矿点	岩浆熔离型	脉状	0.80~1.30	69~80	稳固	1.22	镍矿石			易选	中等	简单	简单
5	化隆县沙家铜镍矿**	详查	开采	542.39	542.39	矿点	岩浆熔离型	透镜状			稳固	1.15	铜镍矿石		Cu,Co	易选	简单	简单	简单
6	祁连县玉石沟铬铁矿区V矿群*	勘探	开采	306.41	662.00	矿点	晚期岩浆分异型	透镜状	0.93~18.98	47~68	较稳固	0.19	铁铬镍矿石		Pt,Ni	可选	中等	简单	简单
7	共和县裕龙沟铜镍矿*	详查	开采	8 055.00	8 088.40	小型	岩浆熔离-贯入型	扁豆状、长条状	0.37~23.00	40~60	较稳固	0.46	镍矿石	Cu,Pt,Pd		易选	中等	简单	简单
8	贵德县阿什贡镍矿	普查	未利用	967.71	967.71	矿点	岩浆熔离型	透镜状	14.62	63	较稳固	0.36	镍矿石		Cu,Co	易选	中等	简单	简单
9	格尔木市夏日哈HS26号异常区铜镍矿	勘探	基建	1 026 511.00	1 026 511.00	大型	岩浆熔离型	透镜状	1.98~63.64	0~30	稳固	0.68	镍矿石		Cu,Co	易选	中等	简单	简单
10	格尔木市阿克楚克赛地区镍多金属矿	普查	未利用	5 981.11	5 981.11	小型	岩浆熔离型	透镜状	1.00~22.72	5~58	较稳固	0.57	镍矿石	Cu,Co		可选	中等	简单	中等

注：* 为共生矿产，** 为单一矿产。

表3-13 青海省非伴生镍金属资源量统计表（截至2020年底）

州、地、市	县	保有资源量（t）				查明资源量（t）				矿区数（处）
		探明资源量	控制资源量	推断资源量	合计（t）	探明资源量	控制资源量	推断资源量	合计（t）	
海东市	平安区	—	17 753.79	74 673.40	92 427.19	—	19 098.28	75 121.66	94 219.94	1
	化隆县	—	6 885.59	2 704.85	9 590.44	8 398.00	12 439.29	2 730.75	23 568.04	4
海东市合计		—	24 639.38	77 378.25	102 017.63	8 398.00	31 537.57	77 852.41	117 787.98	5
海北州	祁连县	—	117.00	189.41	306.41	—	117.00	545.00	662.00	1
海南州	共和县	—	—	8 055.00	8 055.00	—	—	8 088.40	8 088.40	1
	贵德县	—	—	967.71	967.71	—	—	967.71	967.71	1
海南州合计		—	—	9 022.71	9 022.71	—	—	9 056.11	9 056.11	2
海西州	格尔木市	633 278.00	393 233.00	5 981.11	1 032 492.11	633 278.00	393 233.00	5 981.11	1 032 492.11	2
全省总计		689 079.05	417 989.38	92 571.48	1 143 838.86	641 676.00	424 887.57	93 434.63	1 159 998.20	10

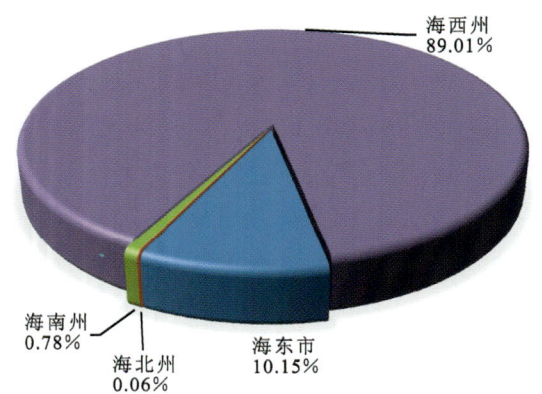

图 3-6　2020 年底青海省累计查明镍矿资源量分布图

二、镍矿资源量及分布

青海省上表资源量中,海西州格尔木市累计查明和保有资源量最多,主要为夏日哈木铜镍矿床,查明及保有资源量均为 103.25 万 t,分别占全省的 90.27% 和 89.01%,其次为海东市平安区,主要为元石山铁镍矿床,查明和保有资源量分别为 9.42 万 t 和 9.24 万 t,分别占全省的 8.24% 和 7.97%,占海东市的 79.97% 和 90.59%。格尔木市和平安区合计查明和保有资源量分别为 112.67 万 t 和 112.49 万 t,分别占全省的 97.13% 和 98.35%。西宁市、黄南州、果洛州和玉树州没有查明上表的资源量,各地区上表资源量情况见表 3-13。

三、镍矿资源开发利用条件

(一)镍矿资源特点

青海省镍矿资源的主要特点:一是青海省镍矿资源分布较少,查明资源的矿床只有 10 处,且分布不均,行政区划上主要集中于海东市平安区和海西州格尔木市;二是大中型矿床少,全省上表矿床中仅有大中型矿床各 1 处,查明资源占比较大;三是查明资源量中,中贫矿多,富矿少;四是大部分矿床(点)中均共伴生有较多的其他有色金属矿产。

(二)各镍矿床矿石工业类型储量分布情况

从上表镍资源量质量分析,青海省镍资源量中富矿少,贫矿多,多数镍矿床(点)属中低品位矿石。青海省镍矿大多数矿床(点)属中低品位(0.5%～<1.5%)矿石,仅有的 1 处大型(夏日哈木铜镍矿)和 1 处中型(元石山铁镍矿)矿床均分布于该区段,占全省镍矿资源量的 96% 以上;镍品位大于或等于 3% 的只有 1 处(化隆县拉水峡铜镍矿),中高品位(1.5%～<3%)的中富矿 1 处。

(三)青海镍矿床特征

青海省镍矿除"化隆县冶什春硅酸镍矿"为线型风化壳型外,其余 9 处矿床均为岩浆型,其保有和查明资源量分别为114.06万t和115.68万t,均占全省的99.72%。此类型矿床矿体一般为倾斜矿体,以透镜状和似层状为主,矿体厚度一般在1～20m之间,矿体围岩一般为较稳固、稳固,矿石均为可选和易选,较易利用。

(四)共伴生矿产特征

以镍为主的6处矿床(点)中有5个共伴生有其他有益矿产,其中共伴生铜的有3个、钴5个、铁1个,还有芒硝、石膏等。共伴生矿产最多的是平安县元石山铁镍矿,共有4种(铜、铁、芒硝、石膏)(表3-12)。共伴生金属矿产累计铜23.93万t、钴4.80万t、铁1 246.40万t;非金属矿产累计芒硝7 793.80万t,石膏189.50万t。

青海省镍矿床较少,规模最大、共伴生资源量最多的是格尔木市夏日哈木HS26号异常区铜镍矿床,目前该矿处于筹建阶段,大规模的开发利用尚未形成。

(五)开采技术条件

从表3-12统计结果显示,青海省水文地质条件简单的镍矿区9处,无中等和复杂矿区,未作评价的1处;工程地质条件简单的矿区2处,中等的7处,未作评价的1处;环境地质条件简单的矿区5处,中等的1处,未作评价的4处。由此可见,青海省的镍矿床(点)水文地质和环境地质条件较为简单,工程地质条件中等,开采条件偏中等。

第七节 金 矿

一、金矿资源概况

截至2020年底,青海省上表非伴生金矿区共75处,其中,单一金矿区5处,主要金矿区54处,共生金矿区16处(表3-14)。

青海省保有金矿资源量343.93t,累计查明金矿资源量465.28t,全省8个州(市)中,除西宁市外,其余7个州(市)均有查明并上表的金矿资源量,7个有上表金资源量的州(市)中,查明最多的是海西州,共计309.27t,最少的是海东市,只有7.18t(表3-15,图3-7)。

75处矿床(点)中,有大型矿床7处,查明资源量231.73t,占49.30%;中型矿床15处,查明资源量166.48t,占35.78%;小型矿床33处,查明资源量62.38t,占13.41%;矿点19处(资源量小于0.5t),查明资源量4.69万t,占1.01%。

单一金矿区仅有5处,多为小型以下规模,尚未利用。以金为主的矿区54处,查明资源量412.52t,其中大型7处,查明资源量231.73t,占56.17%;中型11处,查明资源量133.11t,占32.27%;小型25处,查明资源量44.82t,占10.86%;矿点11处,查明资源量2.87t,占0.70%。共生金矿区16处,查明资源量33.57t,其中中型3处,查明资源量19.60t,占58.39%;小型6处,查明资源量12.54t,占37.35%;矿点7处,查明资源量1.43t,占4.26%。

表 3-14 青海省上表金矿特征表[据《青海省矿产资源量简表（截至 2020 年底）》]

序号	矿区名称	勘查阶段	开发利用情况	资源量（kg） 保有	资源量（kg） 累计查明	矿床规模	成因类型	矿体形态	矿体厚度（m）	矿体倾角（°）	稳定性	矿石品位（g/t）	矿石类型	共生组分	伴生组分	可选性	工程地质条件	水文地质条件	环境地质条件
1	乐都县槽子沟金矿	普查	开采	259.68	449.51	矿点	中低温热液型	脉状	0.73~3.62	49~60	稳固	3.97	破碎蚀变岩型金矿石			易选	简单	简单	中等
2	乐都县大麦沟脑金矿	普查	未利用	1 344.22	1 344.22	小型	中低温热液型	脉状	0.88~1.34	53~80	不稳固	10.48	硫化物金矿石			易选	复杂	中等	中等
3	化隆县泥旦沟金矿	勘探	开采	1 291.00	1 920.00	小型	构造蚀变岩型	透镜状、脉状	0.85~12.10	40~90	较稳固	10.66	硫化物金矿石			易选	中等	简单	中等
4	化隆县南天重峡金矿	普查	开采	93.55	93.55	矿点	中低温热液型	脉状	0.10~4.03	40~70	稳固	2.82	金矿石			易选	简单	简单	简单
5	循化县谢坑-朗木加铜金矿*	详查	开采	1 398.46	2 998.83	小型	接触交代型	脉状、楔状	1.70~8.45	62~89	稳固	2.71	铜金矿石			易选	简单	简单	中等
6	循化县谢坑铜金矿	普查	未利用	378.00	378.00	矿点	接触交代型	透镜状、脉状	0.80~3.60	41~76	稳固	0.84	铜金矿石	TFe, Cu	Cu, Ag	可选	中等	中等	中等
7	门源县松树南沟金矿	勘探	开采	5 085.69	13 850.39	中型	中低温热液型	脉状、透镜状	0.57~62.96	40~75	稳固	3.20	硫化物金矿石			易选	简单	简单	简单
8	门源县中多拉金矿	普查	未利用	7 018.00	7 018.00	中型	构造蚀变岩型	透镜状	1.47	60	较稳固	18.98	金矿石		Cu, Ag	可选	中等	简单	中等
9	门源县巴拉哈图Ⅰ矿带金矿	普查	未利用	2 700.00	2 700.00	小型	构造蚀变岩型	脉状、透镜状	0.97~2.58	10~37	较稳固	6.44	硫化物金矿石			易选	简单	简单	中等
10	门源县铜厂沟金矿	详查	开采	414.43	931.86	小型	构造蚀变岩型	脉状、透镜状	0.92~1.71	44~62	较稳固	4.08	硫化物金矿石			易选	中等	简单	简单

续表3-14

序号	矿区名称	勘查阶段	开发利用情况	资源量(kg) 保有	资源量(kg) 累计查明	矿床规模	成因类型	矿体形态	矿体厚度(m)	矿体倾角(°)	稳固性	矿石品位(g/t)	矿石类型	共生组分	伴生组分	可选性	工程地质条件	水文地质条件	环境地质条件
11	门源县扎麻图金矿**	普查	未利用	58.92	58.92	矿点	构造蚀变岩型	脉状	0.88~3.56	30~81	较稳固	1.87	硫化物金矿石			可选			
12	祁连县红土沟-川刺沟金矿	普查	未利用	1 731.00	1 731.00	小型	中低温热液型	扁豆状、透镜状	1.61~10.84		不稳固	4.13	硫化物金矿石			难选	复杂	简单	
13	祁连县陇孔沟金矿	普查	未利用	626.73	626.73	小型	中低温热液型	脉状、透镜状	0.89~4.15	60~87	稳固	2.55	硫化物金矿石			可选	简单	简单	
14	祁连县三珠龙铜(金)矿区*	详查	未利用	1 180.86	1 289.10	小型						0.37							
15	刚察县静龙沟金铜矿	普查	未利用	122.53	122.53	矿点	热液型	脉状	0.92~1.15	64~80	稳固	4.79	硫化物金矿石			可选	简单	简单	
16	刚察县采特金矿	普查	未利用	487.00	487.00	矿点	构造蚀变岩型	脉状、似层状	0.80~2.18	47~70	不稳固	3.48	金矿石			可选	复杂	中等	
17	同仁县双朋西铜金矿区	详查	已利用	438.00	438.00	矿点	热液型	透镜状、似层状	0.97~11.80	32~60	稳固	7.11	金矿石		Cu	可选		简单	
18	同仁县铁吾西金铜矿	普查	未利用	537.38	537.38	小型	接触交代型	透镜状、似层状	0.52~3.96	32~60	稳固	9.29	铜金矿石		Cu				
19	泽库县夺确亮金砷矿区*	详查	未利用	305.27	422.27	矿点	岩浆期后热液	脉状	0.60~2.96	70~85	较稳固	2.94	硫化物金矿石	As		可选	中等	中等	
20	泽库县瓦勒根金矿区	详查	未利用	18 607.00	18 607.00	中型	构造蚀变岩型	透镜状、似层状	0.90~6.50	60~85	较稳固	2.87	金矿石			可选	中等	简单	

续表 3-14

序号	矿区名称	勘查阶段	开发利用情况	资源量(kg) 保有	资源量(kg) 累计查明	矿床规模	成因类型	矿体形态	矿体厚度(m)	矿体倾角(°)	稳固性	矿石品位(g/t)	矿石类型	共生组分	伴生组分	可选性	工程地质条件	水文地质条件	环境地质条件
21	同德县牧羊沟金矿	普查	未利用	4 185.28	4 185.28	小型	构造蚀变岩型	透镜状、似层状	0.82~5.59	30~85	较稳固	4.21	金矿石			易选	中等	简单	简单
22	同德县龙沟金矿	详查	开采	341.47	433.14	矿点	变质热液型	条带状	0.53~3.95	40~70	不稳固	4.60	金矿石	Sb		易选	复杂	简单	中等
23	同德县石藏寺金矿	普查	开采	6 679.00	6 773.00	中型	卡林型	似板状、透镜状	0.54~3.00	40~70	较稳固	4.74	金矿石			难选	中等	简单	中等
24	同德县阿尔干龙洼多金属矿	详查	未利用	1 200.33	1 200.33	小型	热液型	脉状	0.81~3.16	52~88	不稳固	3.56	硫化物金矿石	Sb			复杂	中等	中等
25	兴海县满丈岗金矿**	详查	开采	12 721.28	13 776.46	中型	中低温热液型	脉状、透镜状	0.93~10.19	46~81	较稳固	4.57	金矿石	Pb	As、Zn	易选	复杂	简单	复杂
26	甘德县东乘公麻金矿	普查	未利用	558.00	558.00	小型	热液型	似层状	0.50~5.85		较稳固	4.98	硫化物金矿石		As、Sb		中等	简单	
27	玛多县抗得弄舍金多金属矿	详查	未利用	29 439.47	29 439.47	大型	热水沉积-热液叠加改造型	层状、似层状	1.27~21.50	45~88	较稳固	2.62	金矿石	Pb、Zn、Ag	Cu、BaSO$_4$	易选	中等	中等	中等
28	曲麻莱县加给陇洼东金矿	详查	未利用	7 921.00	7 921.00	中型	中低温热液型	透镜状、似层状	1.08~4.20	20~60	不稳固	13.12	金矿石		Ag		复杂	简单	中等
29	曲麻莱县加给陇洼金矿	详查	未利用	13 923.00	13 923.00	中型	中低温热液型	似层状	0.86~7.95	30~70	较稳固	3.65	硫化物金矿石			易选	中等	简单	中等
30	曲麻莱县扎家同哪金矿	普查	未利用	21 794.81	21 794.81	大型	中低温热液型	似层状、脉状	0.74~6.39	25~60	较稳固	2.97	硫化物金矿石			易选	中等	中等	

续表 3-14

序号	矿区名称	勘查阶段	开发利用情况	资源量(kg) 保有	资源量(kg) 累计查明	矿床规模	成因类型	矿体形态	矿体厚度(m)	矿体倾角(°)	稳固性	矿石品位(g/t)	矿石类型	共生组分	伴生组分	可选性	工程地质条件	水文地质条件	环境地质条件
31	格尔木市尕林格矿区铁多金属矿*	普查	未利用	5 145.27	5 145.27	中型	接触交代型	透镜状	3.00~34.00	10~60	稳固	2.88	硫化物金矿石			易选	简单	复杂	简单
32	格尔木市青德可尔铁矿区*	详查	开采	4 866.10	4 871.53	中型	接触交代型—热液型	似层状、透镜状	0.15~113.02	30~40	稳固	2.76	硫化物金矿石			可选	中等	简单	简单
33	格尔木市哈西亚图 C11 磁异常铁多金属矿*	详查	开采	9 578.58	9 578.58	中型	接触交代型	似层状	1.01~10.84	10~75	较稳固	4.10	铁金矿石			可选	中等	简单	中等
34	格尔木市东大滩金锑矿*	详查	开采	3 607.00	3 892.38	小型	构造蚀变岩型	脉状、透镜状	0.89~1.74	45~53	较稳固	3.15	锑金矿石	Au		可选	中等	简单	简单
35	格尔木市莱园千沟西铁金属矿*	详查	开采	989.09	989.09	小型	构造蚀变岩型	脉状、似层状	1.02~2.25	61~80	稳固	2.10	铁金矿石	Au	As,S	可选	中等	简单	中等
36	灶火中游铜多金属矿*	普查	未利用	2 411.93	2 411.93	小型	接触交代型	似层状、透镜状	1.00~11.35	26~66	较稳固	0.34~7.42	铜钼金矿石			易选			
37	格尔木市红石沟金矿*	普查	未利用	142.00	142.00	矿点	构造蚀变岩型	脉状	1.02~2.64	61~83	较稳固	2.73	金矿石	Sb		易选			
38	火沟—黑刺沟金矿**	普查	未利用	335.81	335.81	矿点	构造蚀变岩型	透镜状	0.80~5.43	64~75	较稳固	1.98	金矿石	Sb		易选	中等	简单	简单
39	格尔木那陵郭勒河西铁多金属矿 M2M3 矿段*	普查	未利用	104.00	104.00	矿点	接触交代型	脉状、板状	1.04~13.08	18~46	稳固	0.36~1.64	锌金矿石			易选	易简单	简单	中等

续表 3-14

序号	矿区名称	勘查阶段	开发利用情况	资源量(kg) 保有	资源量(kg) 累计查明	矿床规模	成因类型	矿体形态	矿体厚度(m)	矿体倾角(°)	稳固性	矿石品位(g/t)	矿石类型	共生组分	伴生组分	可选性	工程地质条件	水文地质条件	环境地质条件
40	格尔木市夏日哈木铜多金属矿*	普查	未利用	254.48	254.48	矿点					较稳固	0.75	金矿石	Pb,Zn,Au,Ag		可选	中等	简单	简单
41	格尔木市黑剌沟地区金属矿	普查	未利用	3 303.39	3 303.39	小型	构造蚀变岩型	透镜状	0.80~5.43	64~75	较稳固	1.52	金矿石			易选	中等	中等	中等
42	格尔木足大格勒沟脑地区金矿**	详查	未利用	4 457.00	4 457.00	小型	构造蚀变岩型	透镜状	0.92~4.67	54~78	较稳固	4.55	金矿石			易选			
43	乌兰县拓新沟金矿	普查	未利用	687.65	687.65	小型	构造蚀变岩型	脉状、透镜状	0.79~4.19	40~70	稳固	5.34	金矿石			易选	简单	简单	简单
44	乌兰县簸坝沟金矿	详查	开采	8 818.77	10 535.15	中型	中低温热液型	脉状、透镜状	0.9~3.35	60~85	较稳固	10.09	金矿石			易选	中等	简单	
45	乌兰县托新沟南金矿	普查	未利用	226.19	226.19	矿点						2.36							
46	都兰县五龙沟金矿区	勘探	开采	14 621.58	28 525.85	大型	构造蚀变岩型	脉状、透镜状	0.87~6.08	40~80	较稳固	11.14	金矿石	Pb,Zn,Ag,Cu		易选	中等	中等	中等
47	都兰县开荒北金矿	普查	开采	2 293.75	4 536.57	小型	中低温热液型	透镜状	0.60~0.83	68~89	不稳固	5.60	金矿石				复杂	复杂	中等
48	都兰县打柴沟金矿	详查	开采	25 087.07	25 178.98	大型	构造蚀变岩型	脉状	0.82~4.27	40~64	稳固	4.64	金矿石			易选	简单	简单	简单
49	都兰县红旗沟-深水潭金矿	勘探	开采	18 908.93	39 812.32	大型	构造蚀变岩型	透镜状、条带状	0.83~15.81	40~85	稳固	2.88	金矿石			易选	简单	简单	简单

续表 3-14

序号	矿区名称	勘查阶段	开发利用情况	资源量(kg) 保有	资源量(kg) 累计查明	矿床规模	成因类型	矿体形态	矿体厚度(m)	矿体倾角(°)	稳固性	矿石品位(g/t)	矿石类型	共生组分	伴生组分	可选性	工程地质条件	水文地质条件	环境地质条件
50	都兰县果洛龙洼金矿	详查	开采	14 438.94	17 287.17	中型	中温热液石英脉型	脉状、透镜状	0.51~8.74	45~75	稳固	8.30	金矿石			易选	简单	简单	简单
51	都兰县按纳格金矿	普查	未利用	1 671.54	1 671.54	小型	中温热液蚀变脉型	脉状、透镜状	0.83~3.64	50~82	较稳固	7.10	金矿石			易选	中等	简单	简单
52	都兰县瓦勒尕金矿	普查	未利用	2 831.07	2 831.07	小型	构造蚀变岩型	脉状	0.82~3.08	55~80	较稳固	11.61	金矿石			易选	中等	简单	简单
53	都兰县哈西哇金多金属矿	普查	未利用	8 493.96	8 493.96	中型	构造蚀变岩型	似层状、囊状	1.00~5.06	35~71	较稳固	5.27	金银铅锌矿石	Zn、Pb、Ag		易选	中等	简单	中等
54	都兰县洪水河铁多金属矿*	详查	开采	249.32	249.32	矿点	接触交代型	透镜状	5.91~10.45	50~70	较稳固	21.90	金矿石			可选	中等	简单	中等
55	都兰县哈茨谱山北金属矿*	普查	未利用	30.62	30.62	矿点	中低温热液型	脉状	1.08~6.95	58~82	稳固	3.28	铅金矿石	Zn、Pb、Sb		易选	简单	简单	简单
56	都兰县妙丘沟铅锌矿*	普查	未利用	642.92	642.92	小型	构造蚀变岩型	透镜状、脉状	0.82~5.74	52~85	较稳固	2.59	金矿石			可选	简单	简单	简单
57	都兰县黑石山地区黑风口金矿	详查	未利用	1 043.87	1 043.87	小型	构造蚀变岩型	脉状	0.87~1.56	45~71	较稳固	2.88	金矿石			易选	中等	中等	简单
58	都兰县诺木洪金银多金属矿*	普查	未利用	95.43	95.43	矿点	构造蚀变岩型	脉状、透镜状	0.80~4.54	42~73	较稳固	8.03	金矿石				中等	中等	中等
59	都兰县无名沟一百吨沟金矿	普查	未利用	16 003.95	16 003.95	中型	构造蚀变岩型	透镜状	0.92~6.22	36~55	较稳固	3.59	金矿石			可选			

续表 3-14

序号	矿区名称	勘查阶段	开发利用情况	资源量(kg)		矿床规模	成因类型	矿体				矿石			可选性	开采技术条件		
				保有	累计查明			矿体形态	矿体厚度(m)	矿体倾角(°)	稳固性	矿石品位(g/t)	矿石类型	共生组分	伴生组分		工程地质条件	水文地质条件	环境地质条件
60	都兰县德龙金矿	普查	未利用	2 098.95	2 098.95	小型	构造蚀变岩型	透镜状、脉状	0.84~5.39	60~90	较稳固	3.42	金矿石	Cu		易选	简单	简单	
61	都兰县阿斯哈(可热)地区金矿	普查	未利用	2 270.22	2 270.22	小型	构造蚀变岩型	透镜状、脉状	0.81~2.79	55~86	不稳固	7.06	硫化物金矿石		Cu、Ag、As	可选	中等	中等	简单
62	都兰县巴隆金矿	详查	未利用	2 890.97	3 125.27	小型	热液型	脉状	0.77~1.55	48~81	稳固	9.16	硫化物金矿石			可选	简单	简单	
63	都兰县瑙木浑沟口金矿	普查	未利用	275.00	275.00	矿点						4.55		Ag	Pb、Au				
64	都兰县鑫拓金多金属矿*	普查	未利用	957.24	957.24	小型	构造蚀变岩型	透镜状	0.81~4.12	55~64	较稳固	1.67	金矿石	Pb、Zn		易选	中等	简单	中等
65	天峻县维日可琼西金矿**	普查	未利用	568.00	568.00	小型	构造蚀变岩型	脉状	0.81~3.36	48~66	较稳固	2.03	金矿石			易选	中等	简单	简单
66	天峻县夏格曲金矿	普查	未利用	883.14	883.14	小型	构造蚀变岩型	脉状	0.95~1.84	51~87	较稳固	4.77	金矿石			易选	中等	中等	中等
67	天峻县深沟金多金属矿	普查	未利用	58.02	58.02	矿点	构造蚀变岩型	透镜状	0.80~6.28	76~88	较稳固	5.61	金矿石	Pb		可选	简单	简单	简单
68	大柴旦行委胜利沟金矿	普查	未利用	562.48	562.48	小型	构造蚀变岩型	透镜状、脉状	0.88~4.40	45~70	稳固	1.92	金矿石			可选	简单	简单	
69	大柴旦行委红灯沟西金矿	普查	未利用	40.00	40.00	矿点	构造蚀变岩型	脉状	1.08~1.67	51~66	稳固	3.09	金铜矿石	Cu		可选	简单	简单	

第三章 主要矿种及其共伴生资源的开发利用条件

续表 3-14

序号	矿区名称	勘查阶段	开发利用情况	资源量(kg) 保有	资源量(kg) 累计查明	矿床规模	成因类型	矿体形态	矿体厚度(m)	矿体倾角(°)	稳固性	矿石品位(g/t)	矿石类型	共生组分	伴生组分	可选性	工程地质条件	水文地质条件	环境地质条件
70	大柴旦滩间山金矿金龙沟矿区	勘探	开采	10 264.20	54 313.17	大型	中温热液脉型	似层状、脉状	2.58~9.06		较稳固	6.52	硫化物金矿石		Ag	易选	中等	简单	
71	大柴旦镇红柳沟金矿	普查	已利用	810.80	1 085.00	小型	构造蚀变岩型	透镜状、脉状	1.00~8.78	70~85	较稳固	5.52	金矿石			易选	中等	中等	
72	大柴旦行委青龙沟金矿	普查	开采	12 891.04	32 662.54	大型	热液型	似层状、透镜状	0.81~7.42	40~60	较稳固	3.88	金矿石			易选	中等	简单	
73	大柴旦行委细晶沟金矿	详查	未利用	12 692.51	12 692.51	中型	构造蚀变岩型	条带状、透镜状	0.80~10.04	45~80	较稳固	5.11	金矿石			难选	中等	简单	中等
74	冷湖行委野骆驼泉西金钴矿	详查	未利用	1 691.33	3 195.61	小型	构造蚀变岩型	条带状、透镜状	1.00~3.10	71~78	不稳固	4.08	金矿石	Co		易选	复杂	简单	
75	芒崖行委采石沟金矿	详查	未利用	1 147.44	1 147.44	小型	构造蚀变岩型	脉状	1.02~5.42	43~88	较稳固	3.38	金矿石		Ag、As	易选	中等	简单	中等

注：* 指共生矿产，** 指单一矿产。

表 3-15 青海省非伴生金资源量统计表（截至 2020 年底）

州、地、市	县	保有资源量(kg)				查明资源量(kg)				矿区数(处)
		探明资源量	控制资源量	推断资源量	合计(kg)	探明资源量	控制资源量	推断资源量	合计(kg)	
海东市	乐都区		774.49	829.41	1 603.90		815.01	978.72	1 793.73	2
	化隆县			1 384.55	1 384.55	136.00	164.00	1 713.55	2 013.55	2
	循化县	170.27	227.03	1 379.16	1 776.46	170.27	1 030.90	2 175.66	3 376.83	2
海东市合计		170.27	1 001.52	3 593.12	4 764.91	306.27	2 009.91	4 867.93	7 184.11	6
海北州	门源县		5 531.17	9 745.87	15 277.04		14 813.30	9 745.87	24 559.17	5
	祁连县		1 180.86	2 357.73	3 538.59		1 289.10	2 357.73	3 646.83	3
	刚察县			609.53	609.53			609.53	609.53	2
海北州合计			6 712.03	17 039.13	19 425.16		16 102.40	17 891.13	28 815.53	10
黄南州	同仁县			537.38	537.38		148.00	827.38	975.38	2
	泽库县		9 107.00	9 895.27	19 002.27		9 107.00	9 922.27	19 029.27	2
黄南州合计			9 107.00	10 432.65	19 539.65		9 255.00	10 749.65	20 004.65	4
海南州	同德县		2 045.52	10 360.56	12 406.08		2 144.37	10 447.38	12 591.75	4
	兴海县	1 016.63	11 704.65		12 721.28	1 016.63	12 759.83		13 776.46	1
海南州合计		1 016.63	13 750.17	10 360.56	25 127.36	1 016.63	14 904.20	10 447.38	26 368.21	5
果洛州	甘德县		558.00		558.00		558.00		558.00	1
	玛多县		16 399.31	13 040.16	29 439.47		16 399.31	13 040.16	29 439.47	1
果洛州合计			16 957.31	13 040.16	29 997.47		16 957.31	13 040.16	29 997.47	2
玉树州	曲麻莱县		8 347.01	35 291.80	43 638.81		8 347.01	35 291.80	43 638.81	3
海西州	格尔木市		8 709.07	26 485.58	35 194.65		8 774.63	26 710.83	35 485.46	12
	乌兰县		5 736.77	3 995.84	9 732.61		6 569.15	4 879.84	11 448.99	3
	都兰县	9 365.42	32 570.38	72 969.53	114 905.33	27 766.29	47 094.63	80 269.33	155 130.25	19
	天峻县		614.34	894.82	1 509.16		614.34	894.82	1 509.16	3
	大柴旦行委		12 882.94	24 378.09	37 261.03	8 896.57	53 828.04	38 631.09	101 355.70	6
	茫崖市		504.08	2 334.69	2 838.77		504.08	3 838.97	4 343.05	2
海西州合计		9 365.42	61 017.58	131 058.55	201 441.55	36 662.86	117 384.87	155 224.88	309 272.61	45
全省总计		10 552.32	116 862.62	216 489.97	343 934.91	37 985.76	184 960.70	242 334.93	465 281.39	75

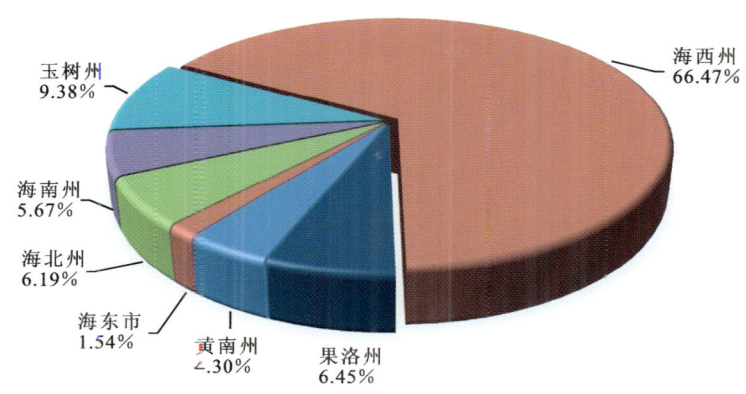

图 3-7 2020 年底青海省累计查明金矿资源量分布图

上表金矿资源量中，达到勘探的 5 处，详查 26 处，普查 44 处（表 3-14）。详查阶段查明和保有资源量最多，分别为 189.62t 和 179.10t，分别占全省的 40.75% 和 52.07%，普查阶段均没有提交探明资源量（331 级别资源量），勘探阶段提交了 8.78t 保有的探明资源量和 35.78t 查明的探明资源量，详查阶段提交了 1.77t 保有的探明资源量和 2.21t 查明的探明资源量（表 3-15）。

二、金矿资源储量及分布

青海省上表资源量中，海西州累计查明和保有资源量最多，分别为 309.27t 和 201.44t，分别占全省的 66.47% 和 58.57%。其次为玉树州，各地区上表资源量情况见表 3-15。

按县域分布统计表明，海西州都兰县金矿资源储量最多，查明及保有资源量分别为 155.13t 和 114.91t，分别占海西州的 50.16% 和 57.04%，占全省的 33.34% 和 33.41%；其次为海西州大柴旦镇，查明和保有资源量分别为 101.36t 和 37.26t，分别占海西州的 32.77% 和 18.50%，占全省的 21.78% 和 10.83%。都兰县和大柴旦镇合计查明和保有资源量分别为 256.49t 和 152.17t，分别占全省的 66.11% 和 51.91%。

从质量分析，青海省金矿资源量富矿少，中低品位矿多，大多数金矿床（点）属低品位矿石，统计显示，金品位大于 5g/t 的中—富矿 23 处，保有资源量 80.32t，占全省的 25.96%；金品位小于 5g/t 的中—贫矿 43 处，保有资源量 228.66t，占全省的 73.91%。其中金品位≥10g/t 的富矿 8 处，保有资源量 44.09t，占全省的 12.82%；中高品位（5～<10g/t）的中富矿 15 处，保有资源量 59.91t，占全省的 17.42%；中低品位（3～<5g/t）的中贫矿 27 处，保有资源量 127.91t，占全省的 37.19%；低品位（1～<3g/t）的贫矿 22 处，保有资源量 110.21t，占全省的 32.04%。

三、金矿资源开发利用条件

（一）金矿资源特点

青海省岩金矿床具有大中型矿产地少、小型以下矿产地多，中低品位矿多、富矿少，多数矿床砷含量高、矿石选矿加工工艺技术较复杂，可供露天开采的矿床少，硐采的矿床多的特点（青海省国土资源厅，2015）。

（二）各金矿床矿石工业类型储量分布情况

从工业类型分析，以金矿石为主的金矿床（点）42 处（表 3-14），查明和保有的资源量分别为 303.13t

和 238.00t,占 65.15% 和 69.20%;以硫化物金矿石为主的金矿床(点)19 处,查明和保有的资源量分别为 130.91t 和 76.68t,占 28.14% 和 22.30%;以金多金属矿石为主的金矿床(点)11 处,查明和保有的资源量分别为 29.45t 和 27.57t,占 6.33% 和 8.02%。

(三)青海金矿床特征

青海省金矿成因类型复杂,但以构造蚀变岩型和热液型为主,这两种成因类型的矿床 59 处,其保有和查明的金矿资源量分别为 280.82t 和 400.33t,占 81.65% 和 86.04%。其中以构造蚀变岩型为主的矿床(点)36 处(大型 3 处,中型 5 处,小型 21 处,矿点 7 处),保有和查明资源量分别为 159.79t 和 197.90t,占 46.46% 和 42.53%;以热液型为主的矿床(点)23 处(大型 3 处,中型 6 处,小型 8 处,矿点 6 处),保有和查明资源量分别为 121.02t 和 202.42t,占 35.19% 和 43.51%。

全省开发的矿床(点)也以构造蚀变岩型和热液型为主,代表矿床有都兰县五龙沟金矿区、都兰县打柴沟金矿、都兰县红旗沟—深水潭金矿、大柴旦滩间山金矿金龙沟矿区、大柴旦行委青龙沟金矿等大型金矿床。

构造蚀变岩型矿床矿体以透镜状和脉状为主,矿体厚度一般在 0.8~5m 之间,矿体围岩一般为较稳固,矿石均为可选和易选,较易利用。

热液型矿床矿体以透镜状和脉状为主,矿体厚度一般在 0.8~10m 之间,矿体围岩为稳固—较稳固—不稳固,矿石均为可选和易选,开采难度中等,较易利用。

(四)共伴生矿产特征

从储量简表分析,以金矿石为主的 42 处金矿床(点)中有 18 个共伴生有其他有益矿产,其中共伴生铜的有 7 个、铅 6 个、锌 5 个、银 10 个。共伴生矿产最多的是玛多县抗得弄舍金多金属矿,共有 5 种(铜、铅、锌、银、重晶石)(表 3-14)。共伴生金属矿产累计铜 1.88 万 t、铅 37.78 万 t、锌 56.24 万 t、银 886.23t、锑 10.12 万 t,此外还有少量钴、铁等;非金属矿产累计硫 118.36 万 t、砷 2.51 万 t、重晶石 480.94 万 t。

由此可见,青海省金矿床共伴生的有益元素以铜、铅、锌、锑为主,为开展综合利用提供了资源基础。

(五)开采技术条件

统计显示,青海省水文地质条件简单的金矿区 51 个,中等的 11 个,复杂的 2 个,未作评价的 11 个;工程地质条件简单的矿区 19 个,中等的 35 个,复杂的 8 个,未作评价的 13 个;环境地质条件简单的矿区 25 个,中等的 23 个,复杂的 1 个,未作评价的 26 个。由此可见,青海省大部分金矿床(点)水文地质、工程地质和环境地质条件简单—中等,便于开采。

第八节 钾 盐

一、钾盐资源概况

青海是我国盐湖分布的最主要地区,蕴含着丰富的钾、镁、锂、硼等盐类资源,潜在的经济价值巨大。仅柴达木盆地就有 33 个盐湖,其中盐矿、氯化镁、钾盐、锂矿、芒硝等矿产均居全国首位(张彭熹等,

1999;周园等,2013)。青海盐湖卤水属于高矿化度卤水,密度一般为 1.02~1.34g/cm³。卤水以 K、Na、Mg、Ca 和 Cl、HCO₃⁻ 含量居多,并赋存高含量的 B、Li 等元素,如察尔汗盐湖、一里坪盐湖和东西台吉乃尔湖等,构成了青海盐湖的优势资源,具有重要的开发利用价值,因此青海盐湖资源的合理开发利用具有现实的经济、社会和政治意义(王淑丽等,2019)。

以钾盐为代表的盐湖矿产是青海省最具特色的、在全国资源地位突出的矿产,钾盐资源全部分布于柴达木盆地中,行政区划上主要分布于海西州境内的大小盐湖中,所有矿床均共生有大量的钠盐、镁盐,部分矿床中共生锂盐、硼等矿产(青海省国土资源厅,2015)。

截至 2020 年底,青海省上表钾盐矿床(区)共 30 处(其中固体矿 14 处,液体矿 29 处)(表 3-16),保有固体钾盐资源量 23 323.87 万 t,液体 54 385.77 万 t;累计查明固体氯化钾资源量 28 147.30 万 t,液体 74 840.26 万 t。全省 8 个州(地、市)中,只有海西州有查明并上表的钾盐资源量,分布在格尔木市、大柴旦行委和茫崖市。其中,查明钾盐资源量最多的是茫崖市(图 3-8,表 3-17)。

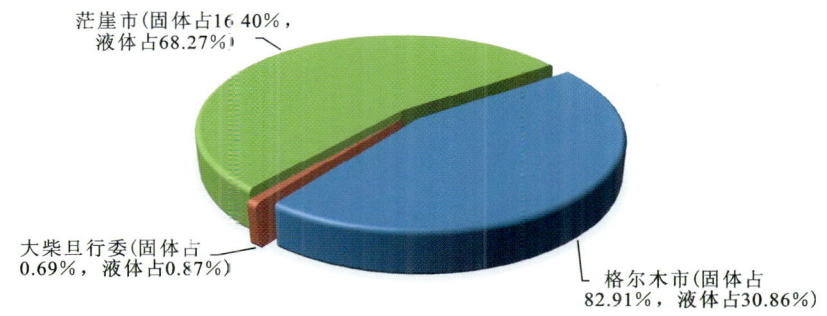

图 3-8　2020 年底青海省累计查明钾盐资源量分布图

30 处矿床(区)中,有大型固体矿床(区)5 处(≥1000 万 t),查明固体氯化钾资源量 26 792.32 万 t,占 95.19%,大型液体矿床(区)4 处(≥5000 万 t),查明液体氯化钾资源量 60 911.02 万 t,占 81.39%;中型固体矿床(区)3 处(>1000~≥100 万 t),查明固体氯化钾资源量 1 017.44 万 t,占 3.61%,中型液体矿床(区)6 处(>5000~≥500 万 t),查明液体氯化钾资源量 10 874.42 万 t,占 14.53%;小型固体矿床(区)5 处(>100~≥10 万 t),查明固体氯化钾资源量 329.84 万 t,占 3.61%,小型液体矿床(区)10 处(>500~≥50 万 t),查明液体氯化钾资源量 2 835.81 万 t,占 3.79%;固体矿点 1 处(<10 万 t),液体矿点 9 处(<50 万 t),占比十分小。

上表钾盐矿床(区)中,达到勘探的 8 处,详查 17 处,普查 5 处(表 3-16)。勘探阶段查明和保有的固体氯化钾资源量最多,分别为 23 909.03 万 t 和 19 338.29 万 t,占固体氯化钾资源量的 84.94% 和 82.91%,详查阶段查明和保有的液体氯化钾资源量最多,分别为 44 693.85 万 t 和 32 246.85 万 t,占液体氯化钾资源量的 59.72% 和 59.29%,普查阶段没有提交探明资源量(331 级别资源量),详查阶段仅冷湖行委巴仑马海钾矿区提交了 15.39 万 t 保有和查明的固体氯化钾资源量,勘探阶段提交了 8 923.97 万 t 固体和 2 340.11 万 t 液体保有的氯化钾探明资源量,11 840.26 万 t 固体和 3 580.91 万 t 液体查明的氯化钾探明资源量。

二、钾盐资源量及分布

青海省上表资源量中,海西州茫崖市累计查明和保有资源量最多,主要为大浪滩钾矿田,该矿田划分为 6 处上表矿区(其中大型 1 处,中型 1 处,其余 4 处为小型及以下),总计查明及保有液体氯化钾资源量及其在全省中的占比见表 3-18,虽然该矿田的固体氯化钾占比较小,但液体占比大。其次为格尔木市,

表 3-16 青海省上表钾盐矿特征表[据《青海省矿产资源量简表（截至 2020 年底）》]

序号	矿区名称	类型	勘查阶段	开发利用情况	资源量（万 t）保有	资源量（万 t）累计查明	矿床规模	矿体特征 厚度（m）	矿体特征 埋深（m）	矿体特征 面积（km²）	矿石特征 主要矿产	矿石特征 共生矿产	矿石特征 伴生矿产	矿石特征 矿石类型/赋存状态	开采技术条件 工程地质条件	开采技术条件 水文地质条件	开采技术条件 环境地质条件
1	格尔木市东台吉乃尔盐湖锂硼钾矿*	液体	勘探	计划近期利用	876.78	1 377.40	中型	0.78~6.00		176.00~200.00	氯化锂	氯化钾、氯化钠、硫酸镁、硼		地表卤水矿、晶间潜卤水			
2	格尔木市察尔汗盐湖钾盐矿察尔汗矿区	固体	勘探	开采	9 006.62	10 739.78	大型	0.70~0.90	4.00~19.80	2.00~53.61	氯化钾	氯化钾、硼、氯化钠、氯化镁	氯化锂、溴、碘	光卤石、钾石盐	简单	简单	简单
		液体			4 065.17	7 159.43			0.50		氯化钾			晶间潜卤水、孔隙潜卤水			
3	格尔木市察尔汗钾镁盐矿别勒滩矿区	固体	勘探	开采	7 874.05	10 391.76	大型	0.66~1.77	4.00~62.00	6.00~478.00	氯化钾	氯化钠、硼、氯化镁	氯化锂、碘、铷	光卤石、钾石盐			
		液体			9 001.24	12 062.00		0.20~3.80	0.50	6.25~1650.00	氯化钾			晶间潜卤水、孔隙潜卤水			
4	格尔木市察尔汗盐湖团结湖地区钾镁盐矿**	固体	勘探	开采	73.83	78.96	小型	0.30~3.92		83.40	氯化镁	氯化钠	氯化钾	光卤石			
5	格尔木市察尔汗盐湖霍布逊东部区段盐矿A区**	液体	详查	计划近期利用	7.34	7.34	矿点		18.17		氯化钠		氯化钾	晶间潜卤水	简单	简单	简单

续表 3-16

序号	矿区名称	类型	勘查阶段	开发利用情况	资源量(万t) 保有	资源量(万t) 累计查明	矿床规模	矿体特征 厚度(m)	矿体特征 埋深(m)	矿体特征 面积(km²)	主要矿产	共生矿产	伴生矿产	矿石类型/赋存状态	工程地质条件	水文地质条件	环境地质条件
6	察尔汗盐湖钾镁盐矿床霍布迹区段北段钠盐矿*	液体	详查	开采	11.22	11.22	矿点		18.17		氯化钠	氯化钾		晶间潜卤水、孔隙潜卤水	简单	简单	简单
7	格尔木市柴达木西台吉乃尔锂矿区*	固体	勘探	开采	2 125.97	2 125.97	大型	0.00~25.74		150.00~480.00		氯化钾、硼、氯化钠、氯化镁	氯化钾、氯化镁	光卤石、钾石盐			
		液体	勘探		1 757.89	2 487.63	中型	0.27~31.25	0.30~3.13	30.85~370.00	氯化锂			地表卤水、晶间潜卤水、孔隙潜卤水			
8	柴达木小柴旦湖硼矿区**	液体	详查	开采	5.30	5.30	矿点	0.10~1.00	0.26	35.91	硼	氯化钾		地表卤水矿			
9	大柴旦行委大柴旦湖矿区*	液体	勘探	开采	378.10	430.21	小型	3.00~7.00	0.00~1.72	22.92~35.90	硼	氯化钾		地表卤水、晶间卤水矿	简单	简单	简单
10	大柴旦行委南里滩钾矿区	固体	普查		195.48	195.48	中型	0.65	50.70~67.60	24.00	氯化钾	氯化钠	硫酸镁、氯化镁	含粉砂的石盐、含粉砂的芒硝石盐	复杂	简单	简单
		液体			161.00	161.00	小型	5.51~12.06	28.42~201.72	100.00	氯化钾	氯化钾	氯化镁	晶间卤水矿			
11	大柴旦行委红南凹地钾矿	液体	详查	计划远期利用	42.64	42.64	矿点	6.76	0.40~15.50	63.00	氯化钾	氯化钠		晶间潜卤水、孔隙承压卤水矿	复杂	简单	简单

续表 3-16

序号	矿区名称	类型	勘查阶段	开发利用情况	资源量(万t) 保有	资源量(万t) 累计查明	矿床规模	矿体特征 厚度(m)	矿体特征 埋深(m)	矿体特征 面积(km²)	矿石特征 主要矿产	矿石特征 共生矿产	矿石特征 伴生矿产	矿石类型/赋存状态	开采技术条件 工程地质条件	开采技术条件 水文地质条件	开采技术条件 环境地质条件
12	茫崖行委大浪滩矿田梁中矿床浅层—深层卤水钾盐矿	固体	详查	开采	1 838.22	2 064.86	大型	0.80~10.25	45.00	65.00	氯化钾		氯化锂、硫酸镁、氯化镁、硼、硫酸钠、溴、碘	可溶性钾盐			
		液体			17 772.53	29 348.29		11.88~193.61	0.29~38.77	210.00~452.00	氯化钾	氯化钠		晶间潜卤水、晶间承压卤水	简单	简单	简单
13	茫崖行委大浪滩矿田风南矿床	固体	普查		13.09	13.09	小型	0.50~1.95			氯化钾		硫酸钠、硫酸镁、溴	可溶性钾盐、杂卤石矿			
		液体			330.73	330.73		2.59~13.89			氯化钾	氯化钠、氯化镁		晶间潜卤水、晶间承压卤水矿		简单	
14	茫崖镇大浪滩矿田黄瓜梁矿床	液体	详查	开采	419.90	419.90	小型	0.46~64.05			氯化钾	硫酸钠、氯化钠、氯化镁		硫酸镁亚型			
15	茫崖镇大浪滩矿田双泉矿床	液体	普查		1 618.10	1 618.10	中型	6.39~129.35			氯化钾	硫酸钠、氯化钠、氯化镁		硫酸镁亚型			
16	茫崖镇大浪滩矿田黑北矿点	液体	详查		44.20	44.20	矿点	1.24~27.67			氯化钾	硫酸钠、氯化钠、氯化镁		硫酸镁亚型			

续表 3-16

序号	矿区名称	类型	勘查阶段	开发利用情况	资源量（万t）		矿床规模	矿体特征			主要矿产	矿石特征			开采技术条件		
					保有	累计查明		厚度(m)	埋深(m)	面积(km²)		共生矿产	伴生矿产	矿石类型/赋存状态	工程地质条件	水文地质条件	环境地质条件
17	茫崖镇大浪滩钾矿田风北点	液体	详查		31.80	31.80	矿点	3.82			氯化钾	氯化钠、氯化镁		硫酸镁亚型			
18	茫崖行委油泉子钾矿床浅部卤水矿	液体	详查	开采	85.90	85.90	小型	0.30~21.25	0.38~15.10	15.00~22.00	氯化钾	氯化钠	硫酸镁、硫酸钠	潜卤水矿、承压卤水矿			
19	茫崖行委尕斯库勒钾矿	固体	详查	开采	1 469.95	1 469.95	大型		0.00~20.20	72.00	氯化钾	氯化锂、氯化钠、氯化镁	硼	光卤石石盐			
		液体			774.68	1 096.21	中型	23.71~263.53	0.00~342.90	118.43~123.91	氯化钾			硫酸镁亚型表卤水矿、晶间潜卤水矿、承压卤水矿			
20	茫崖行委黑北凹地钾矿	液体	详查	未利用	253.84	253.84	小型	1.39~121.06	1.61~38.99	15.00	氯化钾	氯化钠、硼	氯化镁、氯化锂				
21	柴达木一里坪锂矿*	液体	勘探	计划近期利用	1 594.22	1 680.50	中型	0.91~10.00	0.60~16.00	202.50~250.13	氯化锂	氯化钾、硼、氯化镁		晶间卤水矿、孔隙卤水矿	简单	简单	简单

续表 3-16

序号	矿区名称	类型	勘查阶段	开发利用情况	资源量(万t) 保有	资源量(万t) 累计查明	矿床规模	矿体特征 厚度(m)	矿体特征 埋深(m)	矿体特征 面积(km²)	矿石特征 主要矿产	矿石特征 共生矿产	矿石特征 伴生矿产	矿石类型/赋存状态	开采技术条件 工程地质条件	开采技术条件 水文地质条件	开采技术条件 环境地质条件
22	冷湖行委察汗斯拉图矿区碱北凹地钾矿	固体	详查	计划近期利用	249.40	249.40	中型	0.30~2.10		0.15~11.00	氯化钾	氯化钠、氯化镁	硫酸钠	光卤石			
		液体			249.34	249.34	小型	0.37~14.40		35.5~70.0	氯化钾						
23	冷湖镇牛朗织女湖钾矿床	液体	详查	开采	2.94	3.50	矿点				氯化钾	氯化钠	氯化镁				
24	冷湖行委马海钾矿区	固体	勘探	开采	257.82	572.56	中型	0.50~23.81		33.97~800.00	氯化钾	氯化钠、氯化镁		钾镁盐矿	简单	简单	简单
		液体			2136.05	2614.59		0.96~47.64	0.00~17.00	172.65~843.01	氯化钾	氯化钠、氯化镁		地表卤水矿、晶间潜卤水矿	简单	简单	简单
25	冷湖行委巴仑马海钾矿区	固体	详查	开采	69.52	81.25	小型	0.59~2.52	0.00~0.50	3.00~76.00	氯化钾	氯化钠、氯化镁					
		液体			280.52	366.46		2.11~18.58		65.00~183.00	氯化钾	氯化钠、氯化镁		表卤水矿、晶间潜卤水床	简单	简单	
26	冷湖镇昆特依钾矿田北部新盐带矿床	固体	详查	基建	7.70	7.70	矿点	1.00~1.50		2.50~7.10	氯化钾	氯化钠、氯化镁		光卤石			
		液体			30.65	44.56					氯化钾						

第三章　主要矿种及其共伴生资源的开发利用条件

续表 3-16

| 序号 | 矿区名称 | 类型 | 勘查阶段 | 开发利用情况 | 资源量(万t) | | 矿床规模 | 矿体特征 | | | | 矿石特征 | | | 矿石类型/赋存状态 | 开采技术条件 | | |
					保有	累计查明		厚度(m)	埋深(m)	面积(km²)	主要矿产	共生矿产	伴生矿产			工程地质条件	水文地质条件	环境地质条件
27	冷湖镇昆特依钾矿田大盐滩钾矿床*	固体	详查	开采	85.76	86.90	小型	0.50~3.55	0.00~1.00	5.02		氯化钾	硫酸钠、氯化钠、氯化镁	钾石盐矿、光卤石			
		液体			11 892.01	12 341.30	大型	2.20~20.55	0.30~203.11	115.43~871.35							
28	冷湖行委昆特依钾矿田俄博滩矿床	液体	详查		342.05	342.05	小型	1.76~47.42	1.81~103.82	41.19~162.53	氯化钾	氯化钠	硫酸钠、氯化镁	潜卤水矿			
29	冷湖行委昆特依钾矿田大熊滩矿床	液体	普查		196.38	196.38	小型	3.71~30.22	3.76~131.81	24.99	氯化钾	氯化钠、硫酸镁		潜卤水矿			
30	冷湖行委钾湖钾镁盐矿床	固体	普查	开采	56.48	69.64	小型	1.00~1.50	1.00		氯化钾		氯化镁、硫酸镁				
		液体			23.27	28.44	矿点	1.95~33.74	9.95~160.23	1.63~20.00	氯化钾						

注：*共生矿产，**伴生矿产。

表 3-17 青海省钾盐资源量统计表（截至 2020 年底）

州、地、市	县	矿种	2020年底保有资源量（万 t）				2020年底查明资源量（万 t）				矿区数（处）
			探明资源量	控制资源量	推断资源量	合计（万 t）	探明资源量	控制资源量	推断资源量	合计（万 t）	
海西州	格尔木市	固体	8 923.97	8 580.25	1 576.25	19 080.47	11 840.26	9 919.96	1 576.25	23 336.47	4
		液体	1 797.39	12 724.68	1 186.34	15 708.41	2 813.03	19 094.43	1 186.34	23 093.80	5
	大柴旦行委	固体			195.48	195.48			195.48	195.48	1
		液体	3.05	352.92	242.29	598.26	3.05	405.03	242.29	650.37	5
	茫崖市	固体	15.39	986.74	3 045.79	4 047.92	15.39	1492.18	3 107.78	4 615.35	9
		液体	539.67	15 119.65	22 419.78	38 079.10	764.83	16 459.99	33 871.27	51 096.09	19
合计		固体	8 939.36	9 566.99	4 817.52	23 323.87	11 855.65	11 412.14	4 879.51	28 147.30	14
		液体	2 340.11	28 197.25	23 848.41	54 385.77	3 580.91	35 959.45	35 299.90	74 840.26	29

主要为察尔汗盐湖钾镁盐矿田,该矿已划分为5处上表矿区(其中大型2处,其余3处为小型及以下),总计查明及保有固体和液体氯化钾资源量及其在全省中的占比见表3-18,该矿田的固体氯化钾占比大。两个矿床查明的固体氯化钾资源量合计占比达82.74%,液体达68.19%。

表3-18　青海省钾盐主要矿区资源量统计表

矿区	类别	保有资源量（万t）	占全省比例（%）	查明资源量（万t）	占全省比例（%）
茫崖市大浪滩钾矿田	固体	1 851.31	7.94	2 077.95	7.38
	液体	20 217.26	37.17	31 793.02	42.48
格尔木市察尔汗盐湖钾镁盐矿田	固体	16 954.50	72.69	21 210.50	75.36
	液体	13 084.97	24.06	19 239.99	25.71
合计	固体	18 805.81	80.63	23 288.45	82.74
	液体	33 302.23	61.23	51 033.01	68.19

三、钾盐资源开发利用条件

(一)钾盐资源特点

青海省钾盐资源的主要特点:一是探明储量大。钾盐、镁盐、芒硝、锂矿和锶矿5种矿产居全国第1位;湖盐、硼矿和溴矿居全国第2位;石膏、天然碱和铷矿居全国第3位;碘矿居全国第4位。二是类型全,资源组合好。从化学成分看,既有氯化物型,又有硫酸盐型和碳酸盐型;按矿种分有钾镁盐矿、湖盐矿、硼矿、锂矿和锶矿等;按元素分有Na、Mg、K等主元素及B、Li、Br、I、Rb等共伴生元素。由于盐湖矿产共伴生组分多,这也给矿产资源的整体开发造成巨大困难(青海省国土规划研究院,2008)。

(二)各钾盐矿床矿石工业类型储量分布情况

从质量分析,青海省钾盐资源量中富矿少,多数钾盐矿床(区)属中低—中高品位矿石,其中固体氯化钾品位低于4%的矿床(区)5处,保有氯化钾资源量11 613.31万t,占49.79%;品位大于4%的矿床(区)9处,保有资源量11 710.57万t,占50.21%,其中品位大于8%的矿床(区)仅有2处,储量占比只有1%左右。

液体氯化钾品位低于2%的矿床(区)16处,保有氯化钾资源量25 372.12万t,占46.65%;品位大于2%的矿床(区)7处,保有资源量24 601.47万t,占45.24%,品位大于5%的矿床(区)仅有1处,储量占比不到0.1%。

(三)青海钾盐矿床特征

青海省钾盐矿床成因类型主要为现代盐湖型,少数为深层地下卤水型,成矿时代以第四纪为主,新近纪和古近纪少量分布(王淑丽等,2019)。

固体钾盐以光卤石矿为主,少量钾石盐矿,矿石中氯化钾含量一般为3%~6%;矿体厚度一般为

0.5～3.0m，大多出露地表，埋深一般不大于20m，个别矿区达60m以上；分布面积一般为2～80km²，个别矿区达500km²以上；矿体（层）形态较简单，厚度稳定，多呈层状、似层状或透镜状，矿体略有分叉复合；矿体（层）内部结构较简单，偶见少量夹石层，且矿石品位较均匀；矿体（层）产状变化小，少有波状起伏，断层稀少，对矿层影响不大。固体钾矿多为低品位矿，集中于地表，易于露天开采。

液体钾盐主要是以氯化物型为主的卤水矿，氯化钾含量为0.5%～4.0%，一般为1%～2%；矿体厚度一般为0.5～3.0m，潜卤水矿埋深一般为0～2m，承压卤水矿的埋深多在20m以上，最深的可达340m；矿体分布面积一般为20～200km²，个别矿区达1500km²以上。卤水矿按埋深可分为潜卤水和承压卤水矿，潜卤水为全新世新盐沉积，胶结松散，富水性强，水位埋深浅，是开采的主要对象。承压卤水层因盐层较老，胶结较致密，富水性弱，孔隙度小，一般为10%～15%，孔隙之间连通性差，并有部分无效孔隙，水量小，开采困难。

盐湖卤水钾矿矿层薄，分布面积大，矿体赋存在几百平方千米或几千平方千米范围内，渠采或井采容易，但将卤水输送盐田困难较大。原因：一是坡度小，水流缓慢；二是渠壁结盐，影响出水量；三是卤水黏性大，降落漏斗小，井、渠采收的卤水量受到限制；四是部分地区兑卤结盐，井采设备不能稳定运转；五是修建高位渠输卤，渠道长、成本高。

（四）共伴生矿产特征

青海钾盐上表矿床（区）中，除主矿种钾盐外，均共、伴生有镁盐、盐矿等，部分共伴生有锂矿、硼矿、芒硝、溴矿、碘矿等矿种（青海省国土空间规划研究院，2020）。

共伴生矿产资源量较多的有格尔木市察尔汗盐湖钾镁盐田、茫崖行委大浪滩钾矿田、冷湖镇昆特依钾矿田等，共伴生矿产累计盐矿（固）2 571.08亿t、盐矿（液）73.78亿t、镁盐（固）2.12亿t、镁盐（液）50.33亿t、锂（液）1 257.76万t、硼（液）2 895.33万t、碘（液）1.20万t、溴（液）20.83万t、铷（液）4.00万t、芒硝83.21亿t。

（五）开采技术条件

30处钾盐矿床（区）中，统计到水文地质条件、工程地质条件和环境地质条件的分别为11处、10处和8处，其中水文地质条件均为简单，工程地质条件简单的8处，复杂的2处，环境地质条件均为简单。由此可见，青海省的钾矿床（区）水文地质和环境地质条件较为简单，但部分矿床（区）承压卤水的开采工程地质条件较复杂，总体上开采条件偏中等。

第九节 石棉矿

一、石棉矿资源概况

截至2020年底，青海省上表非伴生石棉矿床（区）共7处（表3-19），保有石棉矿资源量93 638.05万t，累计查明石棉矿资源量100 071.94万t。全省8个州（地、市）中，只有海北州（祁连县）和海西州（茫崖市）有查明并上表的石棉矿资源量，其中海北州26 958.00万t，海西州73 113.94万t。7处矿床（点）中，有大型矿床3处（祁连县黑刺沟石棉矿；茫崖镇茫崖石棉矿田东矿区和西矿区），查明资源量93 628.94万t，占93.56%；中型矿床2处，查明资源量5 823.00万t，占5.82%；小型矿床2处，查明资源量620.00万t，占0.62%。

表 3-19 青海省上表石棉矿特征表[据《青海省矿产资源量简表(截至2020年底)》]

序号	矿区名称	勘查阶段	开发利用情况	资源量(万t) 保有	资源量(万t) 累计查明	矿床规模	成因类型	矿体形态	矿体厚度(m)	矿体倾角(°)	稳固性	含棉率(%)	矿石类型	共生组分	伴生组分	开采技术条件 工程地质条件	开采技术条件 水文地质条件	环境地质条件
1	祁连县双岔沟石棉矿东中段	勘探	开采	3 063.56	3 209.00	中型	超基性岩型	脉状	20~299		稳固	7.68	块状、片状矿石	化肥用蛇纹岩	CaO:0.97% MgO:37.16% NiO:0.29%	简单	简单	
2	祁连县小八宝山棉矿I矿床	普查	开采	388.89	396.00	小型	超基性岩型	细脉、平行细脉、网脉状	8~80	22~80	不稳固	2.97	块状矿石	化肥用蛇纹岩	CaO:1% MgO:38.50% SiO₂:40%	复杂	简单	
3	祁连县小八宝石棉矿田II矿床	勘探	开采	2 473.27	2 614.00	中型	超基性岩型	条带状、透镜状	75	22~85	稳固	8.52	块状矿石	化肥用蛇纹岩	CaO:1% MgO:38.50% SiO₂:40%	简单	简单	
4	祁连县小八宝石棉矿田III矿床	普查	开采	220.50	224.00	小型	超基性岩型	细脉、平行细脉、网脉状	6~35	50~74	不稳固	8.23	块状矿石	化肥用蛇纹岩	CaO:1% MgO:38.50% SiO₂:40%	复杂	简单	
5	祁连县黑刺沟石棉矿	详查	开采	20 482.00	20 515.00	大型	超基性岩型	似层状、板状楔形	10~180	40~60	不稳固	5.00	块状、片状矿石	化肥用蛇纹岩	CaO:0.41% MgO:37.92% NiO:0.27%	简单	简单	
6	茫崖镇茫崖石棉矿田东矿区*	勘探	开采	19 469.26	25 560.37	大型	超基性岩型	条带状、透镜状	40~600	45~75	不稳固	6.65	块状、碎裂状矿石	滑石、化肥用蛇纹岩		复杂	简单	简单
7	茫崖镇茫崖石棉矿田西矿区	普查	开采	47 540.57	47 553.57	大型	超基性岩型	条带状、似层状	32~340	55~70	不稳固	5.02	块状、碎裂状矿石	滑石、化肥用蛇纹岩	CaO:1.87% MgO:37.22% NiO:0.22%	复杂	简单	简单

注:*指单一矿产。

上表的 7 处石棉矿床(区)中达到勘探的 3 处,详查 1 处,普查 3 处。普查阶段的查明和保有资源量最多,分别为 48 173.57 万 t 和 48 149.96 万 t,占 51.42% 和 48.14%,详查和普查阶段均没有提交探明资源量(331 级别资源量),勘探阶段提交了 853.62 万 t 保有的探明资源量和 2 856.56 万 t 查明的探明资源量(表 3-20)。

表 3-20 青海省非伴生石棉资源量统计表(截至 2020 年底)

州、地、市	县	类别	探明资源量	控制资源量	推断资源量	合计	占全省比例(%)
海北州	祁连县	保有	829.37	10 609.66	15 189.19	26 628.22	28.44
		查明	970.00	10 794.00	15 194.00	26 958.00	26.94
海西州	茫崖市	保有	24.25	17 565.09	49 420.49	67 009.83	71.56
		查明	1 895.56	19 648.66	51 569.72	73 113.94	73.06
全省总计		保有	853.62	28 174.75	64 609.68	93 638.05	100.00
		查明	2 865.56	30 442.66	66 763.72	100 071.94	100.00

二、石棉矿资源量及分布

上表资源量中,海西州茫崖市累计查明和保有资源量最多,主要为茫崖石棉矿田,查明及保有资源量分别为 73 113.94 万 t 和 67 009.83 万 t,分别占全省的 73.06% 和 71.56%,其次为海北州祁连县,主要为黑刺沟石棉矿,查明和保有资源量分别为 26 958.00 万 t 和 26 628.22 万 t,分别占全省的 26.94% 和 28.44%。

从质量分析,青海省石棉矿含棉率较高,除祁连县小八宝石棉矿田Ⅰ矿床(2.97%)外,其余矿区的含棉率均大于 5%,占全省石棉矿资源量的 99.60%,其中,含棉率大于 6% 的矿区 4 处,占全省石棉矿资源量的 31.59%。

三、石棉矿资源开发利用条件

(一)石棉矿资源特点

青海省石棉矿资源的主要特点:一是资源分布较少,查明资源的矿床(田)只有 4 处,且分布极其不均,行政区划上主要集中于海北州祁连县和海西州茫崖市;二是查明资源量中,富矿占比少;三是大部分矿床(区)中均共伴生有较多的化肥用蛇纹岩等。

(二)各石棉矿床矿石工业类型储量分布情况

从质量分析,青海省石棉资源量中富矿占比大,含棉率大于 5% 的矿区有 6 处,资源量占比 99% 以上,但是含棉率大于 6% 的矿区虽然有 4 处,资源量占比却仅为 31.59%。含棉率小于 5% 的矿区 1 处,资源量占比不到 1%。

（三）青海石棉矿床特征

青海省石棉矿均为超基性岩型，此类型矿床矿体一般为倾斜矿体，以条带状和似层状为主，矿体厚度一般在10~340m之间，矿体围岩不稳固，矿石均为可选和易选，较易利用。

（四）共伴生矿产特征

上表矿床中，除茫崖镇茫崖石棉矿田东矿区为单一石棉矿外，其余均共生有大量的化肥用蛇纹岩，累计73 217.20万t。其中共生化肥用蛇纹岩最多的是茫崖石棉矿田西矿区，为45 028.00万t，占61.50%；最少的为祁连县小八宝石棉矿田Ⅰ矿床，只有715.30万t。由此可见，大量的共生矿产极大的提升了矿床的开发利用价值，提高了资源保障，为地方经济社会发展提供有益助力。

（五）开采技术条件

青海省石棉矿床（区）的水文地质条件均为简单，无中等和复杂矿区；工程地质条件简单的矿区2个，复杂的4个，未作评价的1个；环境地质条件简单的矿区2个，未作评价的5个。由此可见，青海省的石棉矿床（区）水文地质和环境地质条件较为简单，工程地质条件偏复杂，开采条件中等。

第十节 石灰岩矿

一、石灰岩矿资源概况

青海省石灰岩矿产资源丰富，截至2020年底，上表的各类石灰岩矿床（区）59处（包括水泥用大理岩等），其中以电石用石灰岩为主的矿床（区）11处（包括单一矿区，下同），溶剂用石灰岩为主的矿床（区）1处，水泥用石灰岩为主的矿床（区）24处，制碱用石灰岩为主的矿床（区）3处，其他矿床（区）20处。主要分布于西宁市、海东市、海北州和海西州等地区。本次主要以在国民经济中占比较大的水泥用石灰岩为研究对象。

截至2020年底，青海省上表的非伴生水泥用石灰岩矿床（区）共31处（包括7处共生矿床，表3-21），保有和累计查明非伴生水泥用石灰岩矿资源量分别为309 877.25万t和322 852.20万t，全省8个州（地、市）中，西宁市、海东市、海北州、海西州和玉树州有查明并上表的资源量，最多的是海西州，共计222 816.44万t，最少的是玉树州，只有474.00万t（表3-22，图3-9）。31处矿床（点）中，大型矿床12处，查明资源量254 124.91万t，占78.72%；中型矿床14处，查明资源量67 131.04万t，占20.79%；小型矿床4处，查明资源量1 435.20万t，占0.44%；矿点1处，查明资源量161.05万t，占0.05%。

单一矿区6处，查明资源量53 099.15万t，其中大型2处，查明资源量41 219.76万t，占77.63%；中型3处，查明资源量11 718.34万t，占22.07%；矿点1处，查明资源量161.05万t，占0.30%。以水泥用石灰岩为主的矿区18处，查明资源量189 644.53万t，其中大型8处，查明资源量143 928.40万t，占75.89%；中型9处，查明资源量45 242.13万t，占23.86%；小型1处，查明资源量474.00万t，占0.25%；矿点1处，查明资源量161.05万t，占0.08%。共生矿床（区）7处，查明资源量80 108.52万t，其中大型2处，查明资源量38 976.75万t，占86.10%；中型2处，查明资源量10 170.57万t，占12.70%；小型3处，查明资源量961.20万t，占1.20%。

表 3-21 截至 2020 年底青海省上表非伴生水泥用石灰岩矿特征表［据《青海省矿产资源量简表（截至 2020 年底）》］

序号	矿区名称	勘查阶段	开发利用情况	资源量（万t）保有	资源量（万t）累计查明	矿床规模	矿体形态	矿体厚度（m）	矿体倾角（°）	稳固性	矿石品位	矿石类型	共生组分	开采技术条件 工程地质条件	开采技术条件 水文地质条件	环境地质条件
1	大通县毛家沟石灰岩矿区西段**	勘探	开采	1 349.47	3 596.99	中型	透镜状	40.00~100.00	42~58	稳固	Al_2O_3:0.32% CaO:52.6% Fe_2O_3:0.35%	灰—浅灰色中厚层块状灰岩		简单	简单	简单
2	大通县毛家沟石灰岩矿区东段**	勘探	开采	3 342.00	4 591.20	中型	层状、似层状	30.00~140.00	30~40	稳固	Al_2O_3:0.95% CaO:51.17% Fe_2O_3:0.56%	灰—浅灰色中厚层块状灰岩		简单	简单	简单
3	大通县毛家沟矿区黑黑屏沟石灰岩	勘探	开采	1 613.00	1 655.00	中型	似层状、长透镜状	77.00~121.00	42~58	稳固	Cl^-:0.022% CaO:53.76% $fSiO_2$:4.79%	灰—浅灰色中厚层块状灰岩		简单	简单	简单
4	大通县西坡石灰岩	勘探	开采	1 616.70	1 664.50	中型	似层状、透镜状	27.56~51.40	28~47	稳固	MgO:0.38% CaO:53.48% SO_3:0.0388%	浅灰—灰色块状石灰岩		简单	简单	简单
5	湟中县上峡门石灰岩**	详查	开采	12 494.27	14 133.48	大型	层状	60.00~100.00	6~48	稳固	Al_2O_3:0.32% CaO:53.66% Fe_2O_3:0.25%	灰—深灰色中厚层状灰岩		简单	简单	简单
6	湟中县门旦峡 17 线以西石灰岩矿**	详查	推荐近期利用	7 995.09	7 995.09	中型	层状、似层状	27.99~250.99	53~72	不稳固	MgO:1.42% CaO:49.37% SiO_2:2.28%	灰白—灰色中厚层状灰岩		复杂	简单	中等
7	湟中县上新庄镇冰台沟石灰岩矿	普查		7 676.35	7 676.35	中型	似层状	173.47	41~78	不稳固	Cl^-:0.0058% CaO:50.93% Al_2O_3:0.81%	灰白—灰色中厚层状灰岩		复杂	简单	中等

续表 3-21

序号	矿区名称	勘查阶段	开发利用情况	资源量（万 t）		矿床规模	矿体				矿石			开采技术条件		
				保有	累计查明		矿体形态	矿体厚度（m）	矿体倾角（°）	稳固性	矿石品位	矿石类型	共生组分	工程地质条件	水文地质条件	环境地质条件
8	湟中县门旦峡石灰岩矿	勘探	开采	7 185.83	8 361.48	大型	层状、似层状	55.00~502.11	46~73	稳固	$Al_2O_3+Fe_2O_3:0.26\%$ $CaO:53.195\%$ $K_2O+Na_2O:0.35\%$	深灰色中厚层状灰岩		简单	简单	
9	湟源县巴汉北山石灰岩	详查	开采	2 107.89	2 257.89	中型	层状	8.00~100.00	30~60	不稳固	$MgO:1.35\%$ $CaO:51.35\%$ $K_2O+Na_2O:0.28\%$	深灰色薄—中厚层含结晶灰岩		复杂	简中	
10	湟源县巴汉矿区南山头石灰岩	勘探	开采	61.76	161.05	矿点	层状	2.42~76.23		不稳固	$MgO:1.4\%$ $CaO:0.98\%$ $SiO_2:3.73\%$	深灰色薄—中厚层结晶灰岩		复杂	简单	
11	互助县柏木峡光山石灰岩	勘探	开采	9 601.90	9 915.00	大型	层状、似层状	300.00	70~80	较稳固	$Al_2O_3:0.52\%$ $CaO:53.41\%$ $Fe_2O_3:0.16\%$	灰—灰白色中厚—厚层状灰岩		中等	简单	
12	互助县柏木峡矿区罗锅湾石灰岩	勘探	开采	4 846.23	6 439.19	中型	层状、似层状	200.00~390.00	70~80	较稳固	$MgO:1.18\%$ $CaO:54.70\%$ $Fe_2O_3:0.067\%$	灰—灰白色中厚—厚层状灰岩		中等	简单	
13	门源县黄草坡石灰岩	勘探	开采	10 849.24	10 880.54	大型	层状	14.00~390.00	34~85	较稳固	$Al_2O_3:0.87\%$ $CaO:49\%$ $Fe_2O_3:0.56\%$	中厚层状石灰岩		中等	简单	简单
14	祁连县阿力克石灰岩	普查	未利用	6 001.00	6 001.00	中型	层状	24.90		较稳固	$Al_2O_3:0.3\%$ $CaO:50.94\%$ $Fe_2O_3:0.25\%$	中厚层状石灰岩		中等	中等	

续表 3-21

序号	矿区名称	勘查阶段	开发利用情况	资源量（万t） 保有	资源量（万t） 累计查明	矿床规模	矿体形态	矿体厚度（m）	矿体倾角（°）	稳固性	矿石品位	矿石类型	共生组分	开采技术条件 工程地质条件	开采技术条件 水文地质条件	开采技术条件 环境地质条件
15	刚察县达拉沟石灰岩	普查		14 203.00	14 203.00	大型	层状	0.80~27.80	2~8		Al_2O_3:0.27% CaO:53.93% Fe_2O_3:0.15%	中厚层状石灰岩			简单	
16	天峻县南山石灰岩	详查	未利用	4 687.00	4 687.00	中型	层状	240.00	31~44	稳固	$Al_2O_3+Fe_2O_3$:0.36% CaO:54.23% K_2O+Na_2O:0.06%	灰白、浅灰色结晶石灰岩				
17	格尔木市雪水河石灰岩矿	勘探	停采	5 948.91	6 866.11	中型	透镜状	236.00~290.00	75~85	稳固	MgO:1.02% CaO:53.94%	灰—深灰色薄—中厚层状石灰岩		简单	简单	简单
18	格尔木市石灰窑区东矿段K1石灰岩矿*	详查	推荐近期利用	9 055.96	9 055.96	大型	层状、似层状		75~89	较稳固	电石用灰岩		Fe_2O_3:0.51% CaO:53.86% K_2O+Na_2O:0.09%	中等	简单	中等
19	格尔木市石灰窑矿区东矿段K2石灰岩矿*	详查	计划近期利用	7 965.29	7 965.29	中型	层状、似层状	486.38~812.80	68~85	较稳固	制碱用灰岩		MgO:1.2% CaO:52.19%	中等	简单	中等
20	格尔木市大干沟脑石灰岩矿**	详查	计划近期利用	3 530.15	3 530.15	中型	层状	28.00~200.00	65~75	稳固	Al_2O_3:0.82% CaO:51.99% Fe_2O_3:0.46%	浅灰色条带状结晶灰岩		简单	简单	中等
21	德令哈市桃斯图水泥用灰岩矿	普查	计划近期利用	20 931.40	20 931.40	大型	层状	103.50~310.80	55~85	稳固	CaO:53.96%	灰—深灰色厚层状灰岩		简单	简单	

续表 3-21

序号	矿区名称	勘查阶段	开发利用情况	资源量（万 t）		矿床规模	矿体				矿石			开采技术条件		
				保有	累计查明		矿体形态	矿体厚度（m）	矿体倾角（°）	稳固性	矿石品位	矿石类型	共生组分	工程地质条件	水文地质条件	环境地质条件
22	德令哈市曼提石灰岩矿*	普查	计划近期利用	2 205.28	2 205.28	中型	层状、似层状	22.98~540.99	56~86	稳固	电石用灰岩	浅灰色—灰白色灰岩	MgO:1.47% CaO:52.74% K$_2$O+Na$_2$O: 0.077%	简单	简单	简单
23	德令哈市额门勒茨格石灰岩矿	详查	计划近期利用	23 708.23	26 079.05	大型	层状	700.00	55~86	不稳固	MgO:0.41% CaO:55.16% SiO$_2$:0.1%	浅灰—浅灰白色灰岩		复杂	简单	简单
24	德令哈市旺尕秀矿区 T-14 石灰岩矿*	详查	计划近期利用	177.38	177.38	小型	层状	346.97~619.74	34~62	较稳固	电石用灰岩	浅灰—灰色灰岩	MgO:0.12% CaO:54.43%	中等	简单	中等
25	德令哈市旺尕秀矿区 T12 石灰岩矿*	勘探	计划近期利用	561.98	561.98	小型	层状	347.49~693.42	34~62	较稳固	电石用灰岩	浅灰—灰白色灰岩	MgO:0.635% CaO:53.82%	中等	简单	中等
26	德令哈市旺尕秀地区石灰岩 07 矿*	详查	计划近期利用	59 920.79	59 920.79	大型	层状	181.19	28~34	不稳固	电石用灰岩	浅灰—灰黑色灰岩	Al$_2$O$_3$:0.15% CaO:53.86% Fe$_2$O$_3$:0.16%	复杂	简单	中等
27	德令哈区 T05 石灰岩矿	勘探	计划近期利用	35 069.89	35 069.89	大型	层状	310.00	13~67	不稳固	CaO:55.16%	浅灰—灰色灰岩		复杂	简单	中等

续表 3-21

序号	矿区名称	勘查阶段	开发利用情况	资源量（万t） 保有	资源量（万t） 累计查明	矿床规模	矿体形态	矿体厚度（m）	矿体倾角（°）	稳固性	矿石品位	矿石类型	共生组分	工程地质条件	水文地质条件	环境地质条件
28	德令哈市旺尕秀矿区T06石灰岩矿	勘探	计划近期利用	18 458.04	18 458.04	大型	层状	115.73	5~52	不稳固	$CaO:54.96\%$	灰—深灰色石灰岩		复杂	简单	中等
29	德令哈市旺尕秀矿区T13石灰岩矿*	勘探	计划近期利用	221.84	221.84	小型	层状			稳固	电石用灰岩	灰黑色厚层状石灰岩	$CaO:53.69\%$		简单	中等
30	德令哈市旺尕秀石灰岩**	详查	已利用	26 081.32	27 086.28	大型	层状	15.00~350.00	11~57	较稳固	$Al_2O_3:0.22\%$ $CaO:53.39\%$ $Fe_2O_3:0.24\%$	灰—深灰色石灰岩		中等	简单	中等
31	玉树县尺候矿区石灰岩	勘探	推荐近期利用	474.00	474.00	小型	层状	173.00~225.00	75~78	稳固	$MgO:0.48\%$ $CaO:55.1\%$ $SiO_2:0.41\%$			简单	简单	

注：*指共生矿产，**指单一矿产。

表 3-22 青海省非伴生水泥用石灰岩资源量统计表（截至 2020 年底）

州、地、市	县	2020年底保有资源量（万t）				2020年底查明资源量（万t）				矿区数（处）
		探明资源量	控制资源量	推断资源量	合计（万t）	探明资源量	控制资源量	推断资源量	合计（万t）	
西宁市	西宁市城区	803.49	20 609.52	13 938.53	35 351.54	1 146.59	23 039.47	13 980.34	38 166.4	4
	大通县	1 873.81	3 306.84	2 740.52	7 921.17	2 276.34	5 923.42	3 307.93	11 507.69	4
	湟源县		1 676.41	492.64	2 169.05		1 921.30	497.64	2 418.94	2
西宁市合计		2 677.30	25 592.77	17 171.69	45 441.76	3 422.93	30 884.19	17 785.91	52 093.03	10
海东市	互助县	3 637.90	4 846.23	5 967.00	14 451.13	4 007.60	6 409.59	5 967.00	16 384.19	2
	门源县		10 820.88	28.36	10 849.24		10 820.88	59.66	10 880.54	1
海北州	祁连县		6 001.00		6 001.00		6 001.00		6 001.00	1
	刚察县		3 953.00	10 250.00	14 203.00		3 953.00	10 250.00	14 203.00	1
海北州合计			20 774.88	10 278.36	31 053.24		20 774.88	10 309.66	31 084.54	3
玉树州	玉树市	144.00		330.00	474.00	144.00		330.00	474.00	1
海西州	德令哈市		50 858.44	136 477.71	187 336.15		52 801.49	137 910.44	190 711.93	10
	格尔木市	2 580.71	10 476.30	13 443.30	26 500.31	3 024.43	10 476.30	13 916.78	27 417.51	4
	天峻县		2 029.00	2 658.00	4 687.00		2 029.00	2 658.00	4 687.00	1
海西州合计		2 580.71	63 297.40	152 579.01	218 457.12	3 024.43	65 306.79	154 485.22	222 816.44	15
全省总计		9 039.91	114 511.28	186 326.06	309 877.25	10 598.96	123 375.45	188 877.79	322 852.20	31

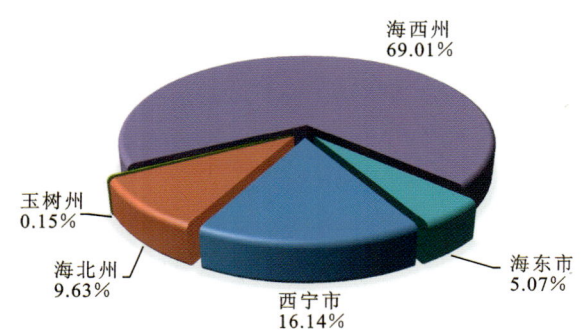

图 3-9　2020 年底青海省累计查明水泥用石灰岩矿资源量分布图

上表水泥用石灰岩矿资源量中,达到勘探的 15 处,详查 11 处,普查 5 处。详查阶段查明和保有资源量最多,分别为 162 888.36 万 t 和 157 656.43 万 t,占全省的 50.45% 和 50.88%,详查和普查阶段均没有提交探明资源量(331 级别资源量),勘探阶段提交了 9 039.91 万 t 保有的探明资源量和 10 598.96 万 t 查明的探明资源量。

二、水泥用石灰岩矿资源量及分布

青海省上表资源量中,海西州德令哈市累计查明和保有资源量最多,分别为 190 711.93 万 t 和 187 336.15 万 t,主要为旺尕秀石灰岩床,该矿床各矿区累计查明及保有资源量分别为 141 496.20 万 t 和 140 491.24 万 t,分别占德令哈市的 74.19% 和 74.99%,占全省的 43.83% 和 43.52%。其次为西宁市城区,查明和保有资源量分别为 38 166.40 万 t 和 35 351.54 万 t,占西宁市的 73.27% 和 77.80%,占全省的 11.82% 和 11.41%。黄南州、果洛州和海南州没有查明上表的资源量,各地区上表资源量情况见表 3-22。

三、水泥用石灰岩矿资源开发利用条件

(一)水泥用石灰岩矿资源特点

青海省水泥用石灰岩矿资源的主要特点:一是资源分布较少,查明资源的矿床只有 31 处,且分布不均,行政区划上主要集中于西宁市城区和海西州德令哈市。二是已探明石灰岩矿床多分布在城镇及交通干线附近,交通方便,外部经济条件较好。矿层多具一定规模,形态简单,延展稳定,厚度较大,矿石质量优良。三是矿区水文地质条件简单,剥采比较小,宜于露天开采,矿床开发利用条件较好(青海省矿业协会,1998)。

(二)各水泥用石灰岩矿床矿石工业类型储量分布情况

从质量分析,青海省水泥用石灰岩矿床(区)CaO 含量在 44%~<50% 之间的 2 处,保有水泥用石灰岩资源量 18 844.33 万 t,占 6.08%;50%~<55% 之间的 26 处,保有水泥用石灰岩资源量 231 780.80 万 t,占 74.80%;≥55% 的 3 处,保有水泥用石灰岩资源量 59 252.12 万 t,占 19.12%。由此,青海省查明的水泥用石灰岩矿床(区)矿体大多裸露,且规模大、夹层少,矿石质量可满足水泥用途。

(三)青海水泥用石灰岩矿床特征

青海省水泥用石灰岩矿床类型均为浅海相化学-生物沉积矿床,矿体一般为倾斜矿体,以层状和似层状为主,矿体厚度一般在30～85m之间,矿体围岩一般为较稳固、稳固,矿石均为较易利用。

(四)共伴生矿产特征

上表矿床(区)中,单一矿(区)6处,以水泥用石灰岩为主的矿床(区)有18处,共生矿床(区)7处(表3-21)。水泥用石灰岩矿床主要共伴生各类石灰岩类矿,如电石用石灰岩、溶剂用石灰岩、制碱用石灰岩等,且均可以综合利用,其他有害组分较少,对矿体质量影响较小。

(五)开采技术条件

青海省水文地质条件简单的水泥用石灰岩矿床区30处,无复杂矿区;工程地质条件简单的矿床区13处,中等的9处,复杂的8处,未作评价的1处;环境地质条件简单的矿区9处,中等的12处,未作评价的10处。由此可见,青海省的水泥用石灰岩矿床(区)水文地质和环境地质条件较为简单,工程地质条件中等偏复杂,开采条件偏中等。

第四章 主要矿产资源开发利用现状

第一节 矿产资源开发现状

一、矿产资源开发概况

截至2020年底,全省开发利用的矿种有61种,其中能源矿产4种(包括地下热水),黑色金属矿产4种,有色金属矿产6种,贵金属矿产1种,稀有金属矿产2种,冶金辅助原料非金属矿产2种,化工原料非金属矿产7种,建材及其他非金属矿产34种,水气矿产1种(图4-1)。

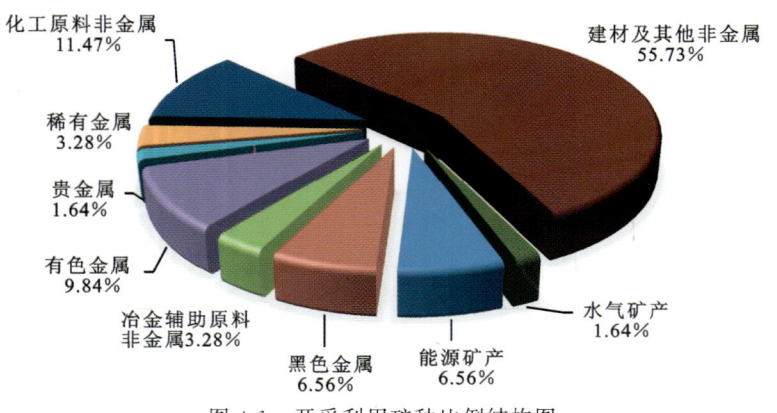

图4-1 开采利用矿种比例结构图
(据青海省自然资源厅,2020)

拥有各类矿山企业531家(青海油田分公司各矿山按1家计),生产矿山233家,停产关闭216家(停产183家、关闭33家),筹建矿山82家。531家矿山企业中大型矿山企业84家,中型99家,小型303家,小矿45家;从业人员48 095人,年产矿石总量12 613.54万t(其中固体矿11 809.49万t,液体矿281.6万t,气体矿640 000万m^3合522.45万t);工业总产值4 028 161.31万元,利润总额430 360.47万元(青海省自然资源厅,2020)。

二、矿业活动概况

(一)矿山企业经济类型

按经济类型划分统计:国有企业26家,集体企业6家,股份合作企业7家,联营企业4家,有限责任公司212家,股份有限公司46家,私营企业214家,其他企业14家;港、澳、台商投资企业2家。各种经济类型的矿山企业的基本情况见表4-1。

表4-1 青海省各种经济类型矿山企业基本情况表(据青海省自然资源厅,2020)

企业经济类型	矿山企业数(家)	从业人员(人)	年产矿量			工业总产值(万元)	综合利用产值(万元)	矿产品销售收入(万元)	利润总额(万元)
			固体矿(万t)	液体矿(万t)	气体矿(万m³)				
合计	531	48 095	11 809.49	281.6	640 000	4 028 161.31	281 121.57	3 917 074.15	430 360.47
一、内资企业	529	47 966	11 809.49	266.70	640 000	4 016 644.31	281 121.57	3 905 171.15	433 861.76
国有企业	26	20 857	1 241.18	228.50	640 000	1 971 047.52	16 104.17	1 882 393.10	111 565.36
集体企业	6	181	25.36	31.00		2 008.64		1 858.64	362.20
股份合作企业	7	207	80.01			10 680.00	9 100.00	9 330.00	−171.00
联营企业	4	233	25.56			23 689.15		23 220.64	3 853.81
有限责任公司	212	14 091	4 002.72	7.20		688 796.12	166 080.03	696 824.39	38 323.13
股份有限公司	46	8309	5 345.28			1 158 488.40	78 692.29	1 126 215.31	282 071.78
私营企业	214	3928	1 066.87			160 723.26	11 145.08	164 079.47	−2 439.35
其他企业	14	155	22.51			1 211.23		1 249.60	295.83
二、港、澳、台商投资企业 港、澳、台商投资企业	2	129		14.90		11 517.00		11 903.00	−3 501.29

内资企业(529家)占全省矿山企业总数的99.62%;工业总产值4 016 644.31万元,占全省矿山总产值的99.71%。其中的国有企业26家,占全省矿山企业总数的4.90%,工业总产值达1 971 047.52万元,占全省矿山企业总产值的48.93%,国有企业在青海省矿业开发中占有重要地位。

(二)矿业企业规模及其基本情况

截至2020年底,全省531家矿山企业中,大型矿山84家,占15.82%,年产固液矿石总量占全省的76.66%;气体矿总量占全省的100%;工业总产值4 871 530.51万元,占全省矿业总产值的89.36%;利润总额占全省矿业利润总额的89.38%;综合利用产值占全省矿山综合利用产值的99.32%(表4-2)。中型矿山99家,占全省矿山总数的18.64%,年产固液体矿石量占全省的7.59%,工业产值占全省的7.04%;利润总额占全省的7.69%,综合利用产值占全省矿山综合利用产值的0.15%。小型矿山企业303家,占全省矿山总数的57.06%,年产固液体矿石量占全省6.87%,工业总产值占全省的2.65%;利润总额占全省的0.88%,综合利用产值占全省矿山综合利用产值的0.10%。小矿45家,占全省矿山企业的8.47%;年产固液体矿石占全省的5.53%;工业总产值占全省的0.95%;利润总额占全省的2.07%,综合利用产值占全省矿山综合利用产值的0.42%。

表4-2 青海省2020年矿产资源开发利用基本情况分矿山企业规模统计表（据青海省自然资源厅，2020）

	矿山企业数（家）	年产矿量			工业总产值（万元）	综合利用产值（万元）	矿产品销售收入（万元）	利润总额（万元）	人均产值（万元）
		固体矿（万t）	液体矿（万t）	气体矿（万m³）					
合计	531	11 809.49	281.6	640 000	4 028 161.31	281 121.57	3 917 074.15	430 360.47	83.75
大型	84	9 025.41	243.4	640 000	3 444 644.03	191 265.27	3 441 400.22	426 074.4	106.05
中型	99	1 780.22	5		415 718.95	68 806.32	324 389.88	−940.41	46.76
小型	303	985.25	33.2		165 228.2	21 049.98	148 631.74	11 186.88	26.22
小矿	45	18.61			2 570.13		2 652.31	−5 960.4	6.09

青海省各类型矿山均不同程度地开展了综合利用，全省矿山企业综合利用产值由2015年的207 485.66万元增加到2020年的281 121.57万元；综合利用产值占当年全省矿业总产值的比例由2015年的3.76%增加到7.00%；5年来矿产资源开发利用水平有了大幅提高，对共伴生组分、三废的利用水平有了很大进步；大中型矿山的开发对全省经济社会发展贡献巨大，而小型矿和小矿虽开采矿山多，但其矿石量、产值、利润均占全省的总量很小，对地方经济的发展虽有贡献，但对全省矿业经济发展的贡献是有限的。

（三）各矿种开发利用基本情况

2020年底，全省开发利用矿产61种，年产矿石总量12 613.54万t（其中固体矿11 809.49万t，液体矿281.6万t，气体矿640 000万m³合522.45万t）。年产矿石量100万t以上的矿种共19种，依次为：钾盐、水泥用灰岩、煤炭、建筑用闪长岩、建筑用砂、天然气、铁矿、电石用灰岩、建筑用花岗岩、锂矿、石棉、建筑用砂岩、石油、盐矿、制碱用灰岩、铜矿、铅矿、饰面用大理岩、金矿。岩金开采矿石量98.47万t，锌矿开采72.93万t，但未统计共生于铅矿中的矿石量。全省各矿种开发利用情况见表4-3。

表4-3 2020年青海省矿产资源开发利用情况分矿种统计表（据青海省自然资源厅，2020）

序号	矿种	矿山数（家）	年产矿量			工业总产值（万元）	综合利用产值（万元）	矿产品销售收入（万元）	利润总额（万元）
			固体矿（万t）	液体矿（万t）	气体矿（万m³）				
	合计	531	11 809.49	281.6	640 000	4 028 161.31	281 121.57	3 917 074.15	430 360.47
1	石油	1		228.50		1 772 000		1 710 000	98 600
2	天然气				640 000				
3	煤炭	26	779.15			256 206.82	9 100.00	162 911.81	−14 301.90
4	地下热水	4		31.00		1 000.00		1 000.00	
5	铁矿	37	370.97			108 918.63		102 742.57	4 795.97
6	铜矿	18	149.97			42 980.45	9 259.32	36 870.55	−44 237.38
7	铅矿	15	143.04			142 115.24	23 458.28	135 093.27	88 319.50
8	锌矿	6	71.17			46 022.07	13 253.78	42 759.76	9 941.64
9	金矿	15	100.14			129 888.45	33 428.00	122 154.43	37 210.34

续表 4-3

序号	矿种	矿山数（家）	年产矿量 固体矿（万t）	年产矿量 液体矿（万t）	年产矿量 气体矿（万m³）	工业总产值（万元）	综合利用产值（万元）	矿产品销售收入（万元）	利润总额（万元）
10	锂矿（老卤量）	3	251.79			174 870.16	94 881.21	198 729.00	6 203.53
11	冶金用石英岩	11	11.52			475.82	3.20	735.05	−244.23
12	电石用灰岩	6	362.78			13 119.96		11 173.57	1 781.83
13	制碱用灰岩	1	169.79			3 905.17		3 905.17	234.33
14	盐矿	8	197.20			28 815.45	984.00	23 932.94	10 610.75
15	镁盐	6	51.77			31 512.58	16 656.17	15 448.56	−608.55
16	钾盐	15	5 858.38			1 131 557.04	64 646.53	1 216 240.71	234 548.79
17	硼矿	2	3.00			15 898.53	10 617.60	6 173.18	410.76
18	石棉	3	243.09			16 287.00	3 748.87	18 089.00	−389.00
19	石膏	6	11.79			353.70		353.70	235.20
20	玉石	13	0.09			828.50		9 281.21	−5 002.21
21	水泥用灰岩	11	944.31			23 636.27	280.00	23 171.72	3 452.62
22	建筑石料用灰岩	11	23.33			983.50		737.50	25.20
23	建筑用白云岩	2	20.74			100.15		100.15	40.00
24	建筑用砂岩	34	242.24			7 992.72		7 768.87	1 614.10
25	建筑用砂	116	535.64			20 057.14	40.00	18 917.43	819.09
26	水泥配料用砂	1	4.08			190.40		130.00	36.70
27	陶粒页岩	1	7.87			131.00			−380.00
28	砖瓦用页岩	2	4.20			588.00		588.00	60.00
29	砖瓦用黏土	21	28.35			3 646.28		3 496.28	662.88
30	水泥配料用黏土	2	45.00			1 350.00			
31	饰面用蛇纹岩	13	1.43			2.00			
32	建筑用辉长岩	1	32.48			270.00			
33	建筑用安山岩	1	15.72			490.00	50.00	121.70	−50.00
34	建筑用闪长岩	7	596.73			13 162.10	698.61	11 670.59	−415.97
35	建筑用花岗岩	25	318.79			8 653.61		7 701.40	−1 044.51
36	饰面用花岗岩	5	2.57			592.78		592.78	130.00
37	建筑用凝灰岩	3	23.00			550.00		550.00	150.00
38	饰面用大理岩	10	106.10			8 189.90	6.50	2 571.85	378.30
39	建筑用大理岩	10	3.25			16.50			−30.00
40	水泥用大理岩	7	78.02			1 886.40		1 886.40	245.00
41	矿泉水	8		22.10		18 917.00	10.00	19 475.00	−3 442.29

注：锰矿、铬矿、钛矿、镍矿、钼矿、锑矿、锶矿、普通萤石、芒硝、滑石、长石、石榴子石、制灰用石灰岩、玻璃用白云岩、玻璃用石英岩、高岭土、膨润土、建筑用玄武岩、花岗岩、水泥配料用板岩等 20 个矿种虽然有矿山企业，但无矿山生产活动。

(四)矿业总产值及基本情况

截至 2020 年底,全省矿业开发实现工业总产值 4 028 161.31 万元。矿业开发总产值 1 亿元以上的矿产有 19 种,依次为:石油、天然气、煤炭、铁矿、铜矿、铅矿、锌矿、金矿、锂矿(老卤量)、电石用灰岩、盐矿、镁盐、钾盐、硼矿、石棉、水泥用灰岩、建筑用砂、建筑用闪长岩、矿泉水。产值之和达 398.60 亿元,占全省矿业总产值的 98.95%(图 4-2)。

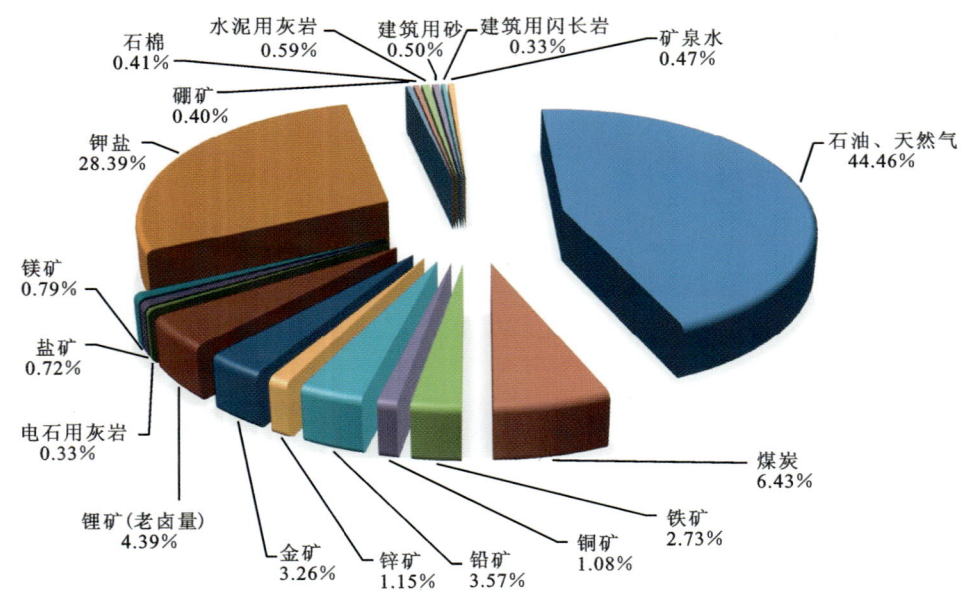

图 4-2　工业总产值超亿元的矿产产值比例结构表(石油、天然气产值未分)

(据青海省自然资源厅,2020)

按开采矿种类别分析,能源矿产的矿业总产值最高,达 247.26 亿元,占矿业总产值的 45.36%;其次为化工原料非金属矿产(以盐湖类矿产为主)和稀有金属矿产,分别占矿业总产值的 40.60% 和 4.60%,反映出青海省矿产资源开发利用主要以三大支柱型产业经济为特征,而岩金矿开发、黑色金属采选及建材业资源开发是青海省较为优势的矿产资源开发产业。

三、矿产资源分析

(一)重点开发利用的矿种

通过对开发利用矿种的分析,在开发利用的 64 种矿产中,将 28 种非油气矿产资源列为本次研究的矿种,分别是:煤炭、铁矿、锰矿、铜矿、铅矿、锌矿、镍矿、锑矿、钼矿、岩金、盐湖矿产(钾盐、锂矿、镁矿、硼矿、盐矿)、石棉、石灰岩(水泥用石灰岩、制碱用石灰岩、电石用石灰岩)、石英岩(冶金用石英岩、玻璃用石英岩)、冶金用白云岩、水泥用大理岩、饰面石材(饰面用大理岩、饰面用花岗岩、饰面用蛇纹岩)、玉石、长石。

（二）调查矿山确定

经对矿山开发现状的分析,通过对 281 个重点矿山开展了问卷调查和实地调查,其中铁矿 42 家,煤炭 35 家(表 4-4),为保证统计样本能够满足设计要求,考虑到停采等原因造成的不可预见因素导致调研无法进行,同时,选取 141 个矿山开展了实地调查。

表 4-4 矿山调查按矿种统计表 单位:家

调查方式	矿 种										
	煤炭	铁矿	铜矿	铅矿	锌矿	镍矿	金矿	石棉	石灰岩	盐湖矿产	其他矿产
问卷调查	22	20	10	7	1	2	3	1	13	6	52
实地调查	13	22	7	11	4	4	13	3	16	27	24
合计	35	42	17	18	5	6	16	4	29	33	76

注:其他矿产包括锰矿、钼矿、玉石、长石、饰面石材、冶金石材等。

四、调查基本情况

本次工作,对全省矿山开展全覆盖的问卷调查,共发出问卷调查表 281 份,返回 181 份,返回率 64.41%,说明本次工作得到了矿山企业的重视,在对问卷调查表分析研究的基础上,开展了实地调查,实地调查矿山 141 个,取得了矿山生产状况、矿石开采情况,以及开采回采率、选矿回收率、贫化率、综合利用情况等的第一手资料。

需要说明的是,由于问卷调查和实地调研是在 2018—2019 年间开展的,为更好地分析矿山在调研时的开发利用情况,故在分析对比时的个别数据采用 2019 年开发利用数据为研究基础数据。

第二节 矿山开发利用现状

一、煤炭

列入调查的煤炭矿山共 35 家,其中 2019 年生产矿山 17 家、停采 11 家、关闭 5 家、筹建 2 家;大型矿山 3 家、中型 7 家、小型 25 家(表 4-5)。

根据生产情况,35 家矿山中实地调查的有 13 家,基本涵盖了生产矿山。

35 家矿山设计能力 1609 万 t/a,实际生产能力 656.18 万 t,产能利用率仅有 40.78%,产能利用率低下;35 家矿山配套建设洗(选)煤厂生产能力 375 万 t,仅占设计采矿能力的 21.75%,实际入选为零,煤矿洗选能力有待提高。

17 家生产矿山设计生产能力 1150 万 t/a,实际生产 656.18 万 t/a,产能利用率 57.06%,产能利用率有待进一步提高。

表 4-5 2018—2019 年煤炭矿山基本情况表

序号	矿山名称	调研情况	2018年生产状态	2019年生产状态	矿山规模	开采方式	生产能力（万t/a）设计	生产能力（万t/a）实际	选矿能力（万t/a）设计	选矿能力（万t/a）实际	煤层厚度	采区回采率（%）设计	采区回采率（%）最低要求	采区回采率（%）实际
1	义马煤业集团青海义海能源有限责任公司大煤沟煤矿	实地	生产	生产	中型	井工	90	231.41			厚煤层	75	75	79.8
2	青海省隆安煤业集团股份有限责任公司大柴旦行委绿草沟煤矿	实地	生产	生产	小型	井工	15	7.95	120		厚煤层	75	75	78.5
3	青海省煤业集团有限责任公司鱼卡煤矿	问卷	关闭	关闭	小型	井工	6	10.3			中厚煤层			
4	青海省大头羊煤业有限责任公司大头羊工区二矿	实地	生产	生产	小型	井工	15	10.3			厚煤层	75	75	81.39
5	青海省大头羊煤业有限责任公司大头羊工区一矿	实地	生产	生产	小型	井工	15	0.54			厚煤层	75	75	83.18
6	青海省鑫龙矿业开发有限责任公司绿草山煤沟宽沟斜井	问卷	停产	停产	小型	井工	15	0			厚煤层			
7	青海省金洋煤业有限责任公司大柴旦行委东旦分矿	问卷	关闭	关闭	小型	井工	30	0			厚煤层			
8	青海省五彩通正荣煤炭有限公司大柴旦行委鱼卡煤矿	实地	生产	生产	小型	露天	30	29.8			厚煤层	A层95%,C,D层85%	A层95%,C,D层85%	97.35
9	青海省昆源矿业有限公司高泉源煤矿	实地	生产	生产	小型	露天	45	44.3			厚煤层	97	95	97.4
10	青海省能源发展（集团）有限公司大柴旦鱼卡一井田	实地	生产	生产	大型	井工	400	81.36			中厚煤层	85		89.74
11	青海省能源发展（集团）有限公司大柴旦煤团鱼山北部煤矿	实地	生产	生产	小型	露天	45	40			厚煤层	95	95	98.3
12	青海省海西蒙西联投资有限公司德令哈市红山沟煤矿	问卷	停产	停产	小型	露天	30				厚煤层			
13	青海省西海煤炭开发有限责任公司海塔尔矿	实地	生产	生产	中型	井工	60	40.86	30		厚煤层	75	75	75.04
14	青海省博海煤炭开发有限公司刚察县振兴煤矿	问卷	筹建	筹建	小型	井工	15				中厚煤层			75
15	青海省博海煤炭开发有限公司刚察县外力哈达煤矿Ⅰ号井	问卷	筹建	关闭	小型	井工	9				中厚煤层			75
16	青海省博海煤炭开发有限公司刚察县外力哈达煤矿曲古沟二矿	问卷	筹建	关闭	小型	井工	9				中厚煤层			70
17	青海省西海煤炭开发有限责任公司柴达尔矿	问卷	生产	生产	中型	井工	90	48.9			厚煤层	75	75	75.04

续表 4-5

序号	矿山名称	调研情况	2018年生产状态	2019年生产状态	矿山规模	开采方式	生产能力（万t/a）设计	生产能力（万t/a）实际	选矿能力（万t/a）设计	选矿能力（万t/a）实际	煤层厚度	采区回采率（%）设计	采区回采率（%）最低要求	采区回采率（%）实际
18	青海省西海煤炭开发有限责任公司柴达尔先锋煤矿	问卷	生产	生产	中型	井工	45				厚煤层	75	75	75.16
19	青海省门源瓜拉第一煤矿有限公司	问卷	停产	停产	小型	井工	6				中厚煤层			
20	青海省门源瓜拉第二煤矿有限责任公司	问卷	停产	停产	小型	井工	6				中厚煤层			
21	青海省海泰煤业有限责任公司海北州铁迈煤矿	实地	生产	生产	小型	井工	30	5.6			中厚煤层			80
22	青海省门源人头沟第一煤矿有限责任公司	问卷	停产	停产	小型	井工	6				中厚煤层			
23	青海省东立煤业有限责任公司祁连县多洛煤矿一井田	问卷	其他	停产	小型	井工	9				中厚煤层			
24	青海省西海煤电有限责任公司默勒矿区多隆一矿	问卷	关闭	关闭	小型	井工	6				厚煤层			
25	青海省西海煤电有限责任公司祁连一矿	问卷	关闭	停产	小型	井工	6				厚煤层			75
26	青海省西海煤电有限责任公司青羊沟煤矿	问卷	关闭	停产	小型	井工	6				厚煤层			
27	青海省青羊沟煤炭有限责任公司祁连县青羊沟煤矿	问卷	停产	停产	小型	井工	6				厚煤层			
28	青海省西海煤电有限责任公司祁连县默勒三矿	实地	生产	生产	小型	井工	30	2.27			厚煤层	75	75	75.1
29	青海省西海煤电有限责任公司默勒二矿	问卷	停产	生产	中型	井工	60				厚煤层	75	75	75.3
30	青海省西海煤电有限责任公司外力哈达矿区央格拉煤矿	问卷	停产	停产	小型	井工	9				厚煤层			90
31	青海省木里煤业开发集团有限公司聚乎更矿区二井田煤矿	问卷	停产	停产	大型	露天/井工	120				厚煤层	98		98.2
32	青海省木里煤业开发集团有限公司聚乎更矿区一露天煤矿首采区	实地	生产	生产	大型	露天	120	112.89			厚煤层	97	95	98
33	青海省中奥能源发展有限公司江仓矿区一井田首采区	问卷	筹建	筹建	中型	井工	90		90		厚煤层			
34	青海省木里煤业开发集团有限公司江仓矿区二号井	问卷	筹建	筹建	中型	井工	90		90		厚煤层			
35	青海省远华矿业有限公司天峻县瓦乎寺煤矿	实地	筹建	生产	小型	井工	15		45		中厚煤层	97	90	98
	合计						1609	375						

注：实际生产能力为2018年数据。

(一)煤炭矿山开发方式及规模

以开发利用库为统计依据,35家煤矿中,露天开采的有6个矿山,其中青海省木里煤业开发集团有限公司聚乎更矿区二井田煤矿设计为露天/井工,目前露天境界资源开采殆尽,下一步将转为井工开采,因此以后的统计中按井工矿山统计。其余29家煤矿山均为井工开采。

青海省煤炭矿山开采规模总体偏小,大型矿山3处(其中生产矿山1家),中型7处,大中型矿占比为25.57%。

(二)煤矿山开采回采率

从调查统计数据分析,青海省煤炭矿山开采回采率均达到了设计要求和要求的最低指标,不同开发规模、不同开发方式的矿山采区回采率情况如下。

1. 大中型矿山回采率

大中型矿山管理相对更为严格正规,开采回采率较高,目前井工开采的大型煤矿1家,为青海省能源发展(集团)有限责任公司大柴旦行委鱼卡一井田,该矿是青海省现代化程度最高的煤矿开发矿山之一,其采区回采率代表了青海省井工大型煤矿山的开采水平。大型矿山中的青海省木里煤业开发集团有限公司聚乎更矿区二井田煤矿、青海省木里煤业开发集团有限公司聚乎更矿区一露天煤矿,设计开采方式为露天/井工,截至2018年底,其实际开采方式为露天开采,尚未转入井工,两个矿山的设计生产能力为120万t/a。按国土资源部国土资发〔2004〕208号文《关于调整部分矿种矿山生产建设规模标准的通知》,按露天开采方式,两个矿山均为中型露天矿山,两矿山设计采区回采率分别为98%、97%,平均97.5%,两矿区均为厚煤层,按国土资源部《关于煤炭资源合理开发利用"三率"指标要求(试行)的公告》(国土资源部公告2012年第23号)的要求(国土资源部矿产资源量司,2017),露天开采厚煤层的采区回采率不低于95%,两矿山实际采区回采率分别为98.2%和98%,平均98.1%,平均实际回采率高于设计回采率0.6个百分点,高于部"三率"最低要求3.2个百分点。大中型矿山开采采区回采率水平较高,见表4-5。

7个中型煤矿均为井工开采,其中青海省中奥能源发展有限公司江仓矿区一井田首采区、青海省木里煤业开发集团有限公司江仓矿区二号井为筹建,5家生产矿山设计采区回采率均为75%,各矿山实际采区回采率均高于设计及部要求最低采区回采率,生产矿山采区实际回采率平均为76.07%,高于设计及部要求最低采区回采率1.07个百分点。

大中型生产煤炭矿山的采区实际回采率达标率为100%。

2. 小型矿山回采率

青海省小型煤矿山开采经多年的整顿规范,矿山开采基本正规,25家小型煤矿山中生产矿山10家,其中露天开采3家,井工开采7家。3家露天开采矿区生产矿山设计采区回采率均高于部最低要求,各矿山实际采区回采率均高于设计及部要求最低采区回采率,生产矿山采区实际回采率平均为97.76%,高于设计及部要求最低采区回采率。7家井工生产矿山设计采区回采率均在75%以上,各矿山实际采区回采率均高于设计及部要求最低采区回采率,生产矿山采区实际回采率平均为79.54%,高于设计及部要求最低采区回采率4.54个百分点。小型矿山采区回采率情况见表4-5。

(三)煤炭洗选水平

本次调查的35家煤炭矿山,配套建设洗选厂的矿山仅有5家,占14.28%,设计洗选能力占设计生产能力的21.75%,入选率为零。按国土资源部《关于煤炭资源合理开发利用"三率"指标要求(试行)的公告》(国土资源部公告2012年第23号),要求"煤炭矿山的原煤入选率原则上应达到75%以上",青海省煤炭洗选与公告要求相差甚远。

(四)综合利用情况

青海省上表煤矿区(井田)共伴生矿产基本没有共伴生矿产,近年来虽在个别煤矿区中发现了可燃冰、煤层气、油页岩等矿产,但经评价,不具开发利用的价值或无法利用,因此不具综合利用条件。

煤炭矿山在开发利用过程中,主要产生一些煤矸石、废弃岩土、矿井废水。由于青海省区位条件特殊,开展综合利用存在诸多问题。

1. 煤矸石及废弃岩土综合利用

煤矿山绝大多数均分布于偏远地区,周边人口稀少,运离城镇,给煤矸石及废弃岩土综合利用带来了不便,多数矿山除采坑回填、矿区修补道路外,煤矸石及废弃岩土基本无法利用,产生的煤矸石及废弃岩土主要堆置于排土场中。省内少数矿山开展了煤矸石及废弃岩土综合利用的探索,现介绍如下。

1)大通煤矿

大通煤矿开发历史悠远,煤矿地处大通县城边缘,因城市、公铁路、河流压覆,现已闭坑,大通煤矿由于距大通水泥厂较近,在开发过程中,煤矸石及废弃岩土一直被大通水泥厂、周边砖厂利用。

2)青海昆源矿业有限公司高泉昆源煤矿

高泉昆源煤矿地处柴达木盆地腹地,距大柴旦镇约135km,该矿为露天开采,产生的废弃岩土用于道路建设,煤矸石免费由甘肃省阿克苏—水泥厂作为水泥配料使用,矿区内没有积压煤矸石,虽未产生经济效益,但减少了煤矸石堆存占地,降低了环境污染压力。

3)青海省能源发展(集团)有限责任公司大柴旦行委鱼卡一井田

青海省能源发展(集团)有限责任公司大柴旦行委鱼卡一井田在建矿之初,就考虑了煤矸石的综合利用问题,经论证,该集团利用煤矸石及矿区附近的页岩,建设年产600万块的砖厂,由于煤矸石本身具一定燃烧发热量,节省了烧制过程中煤的使用量,其经济、环保价值以及节约与综合利用意义不容忽视。但由于该矿距城镇及中心城镇较远,烧制的砖无法顺利销售,最终砖厂停产,给企业带来较大损失。

煤矸石及废弃岩土综合利用是青海省煤炭矿山在短期内无法解决的问题,其主要原因是:煤矿山距中心城镇较远,煤矸石无法最近加工,即使加工后,因销售市场较远,运费等费用叠加后,企业亏损,进而导致煤矸石的综合利用无法开展,只能就地堆存,待矿山闭坑后用作回填物料。

2. 矿井废水

青海省属干旱气候,煤矿山的矿井(坑)废水提升至地表经沉淀池沉淀后主要用于矿区绿化灌溉、喷洒降尘等,矿井(坑)废水全部利用,个别矿山因废水较少还需到其他地区运水使用。煤矿山的废水综合利用率达到100%。

综上所述,青海省生产煤矿山在条件允许的情况下,"十三五"期间,开发利用水平大幅提高,大中小型煤矿山的采区回采率均达到了设计和部最低要求。

二、铁矿

青海省上表保有铁矿石全部为中低品位铁矿石,矿石类型为需选磁铁矿石,部分铁矿中共伴生有Cu、Pb、Zn、Co、Bi、Au、Ag等有益元素(表3-4),共伴生元素的存在,一方面提高了矿床开发利用价值;另一方面增加了矿石加工难度。

列入调查的铁矿矿山共42家,其中2019年生产矿山13家、停采24家、关闭3家、筹建2家;大型矿山1家(小沙龙铁矿为大型,不在本次调查范围)、中型9家、小型31家、小矿1家(表4-6)。

根据生产情况,对42家矿山中的22家进行了实地调研,涵盖了生产矿山,对部分停采矿山也进行了调研,主要了解停采原因及以往开采情况。经调研,铁矿山停采主要是由铁精粉价格下行造成的,部分矿山是处在环境敏感区或资源保证能力不足而停采。

42家矿山设计能力961.7万t/a,实际生产铁矿石286.88万t,产能利用率仅为29.83%,产能利用低下;42家矿山配套建设选矿厂设计生产能力735万t/a,占设计采矿能力的76.43%,个别小型及小矿没有建设选矿设施,将矿石出售给有选矿能力的企业或委托加工,铁矿石的入选率为100%。2019年入选矿石量325.93万t,部分企业利用原采出库存的铁矿石进行了选矿,造成年度铁矿石入选矿石量大于实际采出矿石量的情况。

13家生产矿山的设计生产能力为516.5万t/a,2018年实际采矿286.88万t/a,生产矿山的设计生产能力为55.54%,开发强度较低。生产矿山中,大型矿山的骨干支撑作用明显,格尔木庆华矿业有限责任公司肯德可克铁矿的产量为211.81万t,占实际生产矿石量的73.83%(表4-6)。

胜利铁矿和全红山铁矿2019年为开采矿山,2018年停采,因此未填报实际生产数据。从开采矿山填报数据分析,绝大多数矿山没有达到设计生产能力,多数矿山设计生产能力利用率不足50%。设计生产能力利用率有待进一步提高。

(一)铁矿山开发方式及规模

以开发利用库为统计依据,42家铁矿山中,露天开采的矿山6家,其余矿山均为地下开采。

受矿产资源量规模限制,青海省铁矿山开采规模总体呈大中型矿山少,小型矿山多。本次调研的42家铁矿山,大型矿山1家,中型9家,小型32家。

(二)铁矿山开采水平

通过对42家铁矿山开展了问卷调查,对22家铁矿矿山进行了实地调研,对其开采回采率、选矿回收率、贫化率情况进行了调查。

按国土资源部《关于铁、铜、铅、锌、稀土、钾盐和萤石等矿产资源合理开发利用"三率"指标要求(试行)的公告》(国土资源部公告2013年第21号)中的《铁矿资源合理开发利用"三率"指标要求(试行)》要求,地下开采的铁矿山的开采回采率见表4-7。

表4-6 2018—2019年铁矿山基本情况表

序号	矿山名称	调研情况	2018年生产状态	2019年生产状态	矿山规模	矿体产状	开采方式	生产能力(万t/a)设计	生产能力(万t/a)实际	选矿能力(万t/a)设计	选矿能力(万t/a)实际	开采回采率(%)设计	开采回采率(%)最低	开采回采率(%)实际	选矿回收率(%)设计	选矿回收率(%)最低	选矿回收率(%)实际
1	大通县普仪矿业有限责任公司比柯河铁矿	同卷	停产	停产	小型	不稳固缓倾斜	地下	1				88	79	85	销售原矿		
2	都兰县洪利铝锌矿洪水河铁多金属矿	同卷	停产	停产	小型	不稳固急倾斜	地下	5		4			79			95	
3	都兰县双庆矿业有限责任公司希龙沟铁铅锌矿	同卷	停产	停产	小型	稳固急倾斜	地下	5.2					83			95	
4	青海都兰灵德矿业有限公司双庆铅锌矿	实地	停产	停产	小型	稳固缓倾斜	地下	12		10			83			95	
5	海鑫矿业都兰县晶古卜扎勒I号磁异常区铁矿	同卷	停产	停产	小型	稳固倾斜	地下	10		10		80	81			95	
6	都兰县汇聚工贸有限责任公司巴硬格莉山铁矿	同卷	筹建	筹建	小型	稳固缓倾斜	地下	3		3		90	83			95	
7	都兰宏源实业有限公司清水河铁矿	同卷	停产	停产	中型	稳固缓倾斜	地下	50				90	83			95	
8	青海西泰矿业有限公司都兰县跃进山铁矿	同卷	停产	停产	小型	稳固缓倾斜	地下	8		8			83			95	
9	西宁映创机械开发有限公司都兰县达尔乌拉铁矿	实地	停产	基建	小型	稳固缓倾斜	露天	20		20			90			95	
10	都兰西钢矿业开发有限公司都兰洪水河铁矿	实地	停产	停产	中型	稳固缓倾斜	地下	50		16		95	83			95	
11	都兰西钢矿业开发有限公司都兰县胜利铁矿	同卷	停产	生产	小型	稳固倾斜	地下	10				92	83	97.5	西旺集团集中选矿	90	
12	青海宏源实业有限公司都兰县海寺铁矿	同卷	停产	停产	小型	稳固倾斜	地下	15		15		92	81			95	
13	都兰西钢矿业合石崖东矿区M4-M7部分异常铁矿	实地	生产	生产	小型	稳固倾斜	地下	13	1.24	13	1.24	82	81				66.18
14	都兰宏源实业有限公司南戈泉铁矿	同卷	停产	停产	小型	稳固倾斜	地下	10		10		85	81	85.1		95	
15	青海西旺矿业开发有限公司小卧龙铁矿	实地	停产	停产	小型	稳固缓倾斜	地下	20		20		85	83			95	

续表 4-6

序号	矿山名称	调研情况	2018年生产状态	2019年生产状态	矿山规模	矿体产状	开采方式	生产能力（万t/a）设计	生产能力（万t/a）实际	选矿能力（万t/a）设计	选矿能力（万t/a）实际	开采回采率（%）设计	开采回采率（%）最低	开采回采率（%）实际	选矿回收率（%）设计	选矿回收率（%）最低	选矿回收率（%）实际
16	青海新开元工贸有限公司都兰县柯柯赛铁矿	实地	生产	生产	小型	稳固倾斜	地下	3.5	1.18	0		85	81			95	
17	青海西旺矿业开发有限公司都兰县白石崖铁矿区外围铁矿	实地	生产	生产	中型	稳固缓倾斜	地下	50	3	10	2.86	88	83	92		95	
18	青海都兰灵德矿业有限公司大洪山含铜磁铁矿	实地	停产	生产	小型	稳固缓倾斜	地下	5	5	20	15	85	83	86		95	80
19	都兰县多金属矿业白石崖东区铁多金属矿	实地	生产	生产	小型	稳固缓倾斜	地下	20	8.43	15	8.4	80	83	88		95	
20	都兰宏源实业有限公司西台铁矿	问卷	停产	停产	小型	稳固倾斜	地下	5		5		92	81	92		95	90
21	都兰宏源实业有限公司大海滩铁矿	问卷	停产	停产	小型	稳固缓倾斜	地下	10		10		86	83			95	
22	都兰北部矿业有限公司都兰县阿姆滩铁矿	问卷	停产	停产	小型	稳固倾斜	地下	3		3		86	81			95	
23	德令哈市正辉矿业开采有限责任公司柯柯赛多金属矿	实地	停产	停产	小型	稳固倾斜	地下	2		2		80	81	80		95	
24	青海铭鑫格尔木矿业有限责任公司全红山铁矿	问卷	停产	生产	小型	稳固倾斜	露天	10		10		95	90			95	
25	格尔木庆华矿业有限责任公司野马泉M4、M5磁异常铁矿	实地	停产	停产	中型	不稳固急倾斜	地下	50		50		95	79	96.41		95	94.47
26	青海金鹰矿业有限公司格尔木市那棱郭勒河东铁矿	实地	生产	生产	小型	不稳固急倾斜	地下	20	10	20	10	80	79			95	
27	青海鸿丰伟矿产投资有限公司格尔木市拉陵高里河下游铁多金属矿	实地	停产	停产	中型	不稳固急倾斜	地下	30		30		92	79	97.5		95	
28	格尔木昆成矿业开发有限责任公司小南川铁矿	问卷	停产	关闭	小型	砂矿	地下	14		14		93		93			

第四章 主要矿产资源开发利用现状

续表 4-6

序号	矿山名称	调研情况	2018年生产状态	2019年生产状态	矿山规模	矿体产状	开采方式	生产能力（万t/a）设计	生产能力（万t/a）实际	选矿能力（万t/a）设计	选矿能力（万t/a）实际	开采回采率(%)设计	开采回采率(%)最低	开采回采率(%)实际	选矿回收率(%)设计	选矿回收率(%)最低	选矿回收率(%)实际
29	青海昆龙伟业实业投资有限公司格尔木市拉陵灶火铁矿	实地	生产	生产	中型	稳固缓倾斜	地下	50	11.19	10	11.19	95	90	96.5		95	
30	格尔木鑫鼎矿业有限公司小南川东铁矿	问卷	停产	关闭	小型	砂矿	地下	20		20		92		96	95		95
31	格尔木庆华矿业有限责任公司青德可克铁矿	实地	生产	生产	大型	不稳固缓倾斜	地下	250	211.81	250	223.60	80	79	80		95	89.48
32	青海鑫通矿业有限公司格尔木市乌兰拜兴铁多金属矿	实地	停产	停产	中型	稳固倾斜	地下	30		30		85	81	80		95	89.63
33	格尔木庄鑫矿业有限责任公司格尔木市群力铁矿 I 矿群	实地	生产	生产	中型	稳固倾斜	地下	45	11	30	11	93	81			95	
34	青海百富矿业有限公司共和县红岭铁矿	问卷	关闭	关闭	小型	稳固缓倾斜	地下	2		0		88	83	88.05		95	97
35	乐都县有胜矿业有限公司大泉石沟铁矿	问卷	筹建	停产	小型	稳固倾斜	地下	6		6		83	83			95	
36	格尔木青林矿业有限责任公司祁连县小水沟铁矿	实地	其他	停产	中型	稳固缓倾斜	露天	30		0		85	79			95	
37	祁连县宝泽源矿业开发有限责任公司祁连县小东索铁矿	实地	停产	停产	小型	不稳固倾斜	地下	25		25		85	78			95	
38	乌兰县有符青矿业有限公司阿移项铁矿	实地	生产	停产	小型	稳固缓倾斜	地下	10	5	10	5	90	83	93		95	
39	乌兰县东达铁选厂霍德森铁矿	实地	停产	停产	小型	稳固缓倾斜	露天	5		5		85	90			95	
40	乌兰县一帆矿业有限责任公司其柔铁矿	问卷	停产	停产	小型	稳固缓倾斜	地下	1		1		90	83			95	
41	青海省海德矿业有限公司灰狼沟铁矿	问卷	关闭	停产	小型	稳固缓倾斜	地下	3				83	83	85		95	
42	西宁新鑫矿业有限公司兴海县白尕湖铁矿	实地	生产	生产	小型	稳固缓倾斜	露天	30	19.03	30	37.64	90	90			95	
	合计							961.7	286.88	735	325.93						

注：实际生产能力为2018年数据。矿石类型除清水河铁矿、小水沟铁矿和胜利铁矿为磁铁矿细粒外，其余矿山均为磁铁矿中细粒以上。

表 4-7 铁矿地下开采回采率指标要求

围岩稳固性	矿体倾斜度	回采率(%)
稳固	缓倾斜与急倾斜矿体	83
	倾斜矿体	81
不稳固	缓倾斜与急倾斜矿体	79
	倾斜矿体	78
极不稳固	缓倾斜与急倾斜矿体	77
	倾斜矿体	75

注:1.根据《工程岩体分级标准》(GB/T 50218—2014),将矿体围岩稳固性划分为稳固(Ⅰ级、Ⅱ级、Ⅲ级)、不稳固(Ⅳ级)和极不稳固(Ⅴ级)3 类;2.缓倾斜是指矿体 $\alpha<30°$,倾斜是指矿体 $30°\leq\alpha<55°$,缓倾斜是指矿体 $\alpha\geq55°$ 的矿体。

同时"'三率'指标要求(试行)的公告"要求大型铁矿山露天矿山的开采回采率不低于 95%,中小铁矿山露天矿山的开采回采率不低于 90%。矿山建设规模划分依据《国土资源部关于调整部分矿种矿山生产建设规模标准的通知》(国土资发〔2004〕208 号)的规定(下同)。

"'三率'指标要求(试行)的公告"针对不同矿石类型的铁矿石的选矿回收率也作出了要求,见表 4-8。

表 4-8 主要铁矿矿石类型的选矿回收率指标要求

序号	铁矿类型	磨矿细度②	选矿回收率③(%)		备注
1	磁铁矿①	中细粒以上	95		指磁性铁回收率
		细粒、微细粒	90		
2	赤铁矿(含镜铁矿)	中细粒以上	75		
		细粒、微细粒	70		
3	磁—赤混合矿	中细粒以上	78		指磁铁矿与赤铁矿共生的混合矿
		细粒、微细粒	72		
4	褐铁矿	中细粒以上	55	80④	
		细粒、微细粒	50		
5	菱铁矿	中细粒以上	80		焙烧工艺
		细粒、微细粒	70		

注:①磁铁矿是指磁性铁占有率大于 85% 的铁矿。磁性铁占有率=入选原矿中磁性铁(MFe)含量(%)/入选原矿中全铁(TFe)含量(%)×100%。②中细粒级:磨矿细度-0.074mm 占 90% 以上;细粒级:磨矿细度-0.044mm 占 90% 以上;微细粒级:磨矿细度-0.037mm 占 90% 以上。③除磁铁矿的选矿回收率外,其余铁矿种类的选矿回收率均指全铁回收率。④指焙烧工艺条件下的指标要求。

青海省铁矿山大部分矿床的成矿类型为接触交代(矽卡岩)型,其顶低板围岩的稳固性较好,矿体受矽卡岩,分布呈缓倾斜、倾斜和急倾斜;少数矿山为沉积变质型,矿体产状较缓,如祁连县小沙龙铁矿、祁连县小水沟铁矿等(表 3-4)。矿石类型主要为磁铁矿石,但勘查评价时没有磁性铁开展更为详细的工作,提交资源量均以全铁(TFe)圈连矿体,给磁性铁选矿回收率评价带来了不便。选矿实验和开发利用实际证明绝大多数矿山的磨矿粒度均在中细粒以上,属易选矿石;个别矿区的矿石粒度细,选矿困难,无法开发利用,如祁连县小沙龙铁矿、祁连县小水沟铁矿、都兰县清水河铁矿等。

1. 大中型铁矿山开采水平

大中型矿山管理相对严格正规,开采技术水平较高;青海省原办理采矿许可证的大型铁矿山有 2 家,但因祁连县小沙龙铁矿矿石类型复杂,选矿工艺无法支持开发利用,一直未开发利用,因此,本次调查的大型铁矿山仅有格尔木庆华矿业有限责任公司肯德可克铁矿。该矿的成因类型为矽卡岩型,受后期构造活动影响,矿体及围岩稳固性较差,矿体产状较缓,个别矿体产状较陡,总体评价矿体为"不稳固缓倾斜矿体",矿山开采方式为地下开采。该矿是青海省现代化程度较高的铁矿开发矿山之一,其开采回采率代表了青海省地下开采大型铁矿山的开采水平;矿山设计开采回采率为80%,按其矿体产状,部颁最低要求为79%,实际开采回采率80%(表4-6),高于部最低要求1个百分点,与设计回采率要求持平,该矿的开采回采率符合该矿实际。

9个持证中型铁矿山中格尔木青林矿业有限责任公司祁连县小水沟铁矿为露天开采,其与都兰宏源实业有限公司清水河铁矿成因类型均为沉积变质型,矿物粒度细,选矿工艺难度大,自取得采矿权后一直无法开发利用,本次不作评价。其余7个中型铁矿山,均为地下开采。其中,都兰西钢矿业开发有限公司都兰县洪水河铁矿成因为沉积变质型,其余6个为矽卡岩型,大部分矿区岩矿稳固性较好,个别受后期构造破坏,工程地质条件较为复杂。

对照相关要求,地下开采铁矿山的最低开采回采率指标为79%~83%,而通过对资料的分析,铁矿山在开发利用方案和设计中确定的开采回采率指标均偏高,达到85%~95%,高于部确定的最低6~12个百分点;生产矿山和停采矿山提供于年报和报表中的开采回采率为60%~97.5%(资料来源于2018年开发库),无论高低,均存在严重偏差,无法作出恰当评价。

2018—2019年针对铁矿山开发利用现状开展了问卷调查,对42家矿山进行调研后,中型铁矿矿山的开发情况是:①都兰宏源实业有限公司清水河铁矿、格尔木青林矿业有限责任公司祁连县小水沟铁矿因选矿工艺问题没有进行过开采;②青海昆龙伟业实业投资有限公司格尔木市拉陵灶火铁矿为地下开采,其设计开采回采率为95%,按部最低要求为90%,调研估算实际回采率为96.5%,达到设计及部颁最低指标要求,现场调研认为该矿开采相对正规;③其余6家矿山均为地下开采,其中青海西旺矿业开发有限公司都兰县白石崖铁矿区外围铁矿,格尔木垚鑫矿业有限责任公司格尔木市群力铁矿I矿群2019年为生产矿山,都兰西钢矿业开发有限公司都兰县洪水河铁矿,格尔木庆华矿业有限责任公司野马泉M4、M5磁异常铁锌矿,青海鸿丰伟业矿产投资有限公司格尔木市拉陵高里河下游铁多金属矿,青海鑫通矿业有限公司格尔木市乌兰拜兴铁多金属矿2019年呈停采状态,这6家中型矿山的实际开采回采率普遍在85%左右(表4-6),符合部最低回采率要求,但距开发利用方案及开采设计要求尚有一定差离,同时也说明了开发利用方案及设计编制存在的问题。

2. 小型铁矿矿山开采水平

小型及小型以下铁矿有32家,其中生产矿山9家,停采矿山18家,筹建2家,关闭3家。

停采矿山主要是由铁精粉价格下滑影响,矿山采选不经济造成的。关闭的矿山主要是因为矿山处于环保区,开采造成环境影响较大,或影响生态保护;其次是矿山资源量很少,资源量已经不能满足开采要求。除关闭的3家矿山外,29家矿山有4家为露天开采,25家为地下开采。

从开发库数据分析,小型矿山开发利用方案和设计提供的开采回采率普遍偏高,通过实地调研认为青海省小型铁矿的开采水平基本符合相关要求:①露天开采的4家,矿床成因均为矽卡岩型,矿山开采正规,采矿采取自上而下台阶式开采,为有效利用资源,均采取大剥离开采,开采回采率达到95%以上,符合要求;②地下开采矿山的矿床成因也均为矽卡岩型,矿体规模普遍偏小,在实际开采中大都采用崩落法开采,回采率水平基本保持在85%以上,回采率水平相对较高。

3. 铁矿山贫化率情况

贫化率是矿山开采过程中的一项重要管理指标,贫化率掌控的高低决定了矿山所采矿石在后续加工过程中的精矿质量及选矿回收率等一系列指标。特别是青海省多数铁矿山的矿体规模较小,均为需选铁矿石,品位较低,一般矿山的平均品位为 TFe 30%～40%。如果贫化率管理不到位,会降低出矿品位,影响入选品位控制,同时会增加选矿成本,影响选矿质量技术水平。采矿贫化率与开采回采率是互为矛盾、互相影响的指标,当贫化率低时,回采率低,贫化率高时,回采率也相应提高。

由于青海省多数铁矿山铁矿体规模较小,厚度较薄,矿山开采大多采取崩落法开采,围岩混入较多,贫化率较高,一般为 10%～15%,影响出矿品位 3～6 个百分点(表 4-9),虽取得了较高的开采回采率指标,但对采出矿石的品位影响较大,给后续选矿工作带来不便。

表 4-9 主要铁矿贫化率对矿石品位影响表

矿山名称	设计贫化率(%)	实际贫化率(%)	勘查平均品位(TFe:%)	贫化后品位(TFe:%)	品位降低(TFe:%)
格尔木庆华矿业有限责任公司肯德可克铁矿		12.5	29.19	25.54	3.65
都兰西钢矿业开发有限公司都兰县洪水河铁矿	5	10	33.5	30.15	3.35
青海西旺矿业都兰县白石崖铁矿区外围铁矿	6	10	42.34	38.11	4.23
格尔木庆华矿业野马泉 M4、M5 磁异常铁锌矿	10	0	39.32	35.39	3.93
青海鸿丰伟业格尔木市拉陵高里河下游铁多金属矿	5	9	39.43	35.88	3.55
青海昆龙伟业实业格尔木市拉陵灶火铁矿		10	48.4	43.56	4.84
青海鑫通矿业有限公司格尔木市乌兰拜兴铁多金属矿		15	35.67	30.32	5.35
格尔木垚鑫矿业公司格尔木市群力铁矿 I 矿群	7	10.5	38.06	34.06	4.0
青海都兰灵德矿业有限公司双庆铅锌矿		10	38.48	34.63	3.85
青海海鑫矿业都兰县占卜扎勒 I 号磁异常区铁矿		10	45.05	40.55	4.5
青海西泰矿业有限公司都兰县跃进山铁矿		10	36.25	32.63	3.62
都兰西钢矿业开发有限公司都兰县胜利铁矿		12	33.34	29.34	4.0
青海宏源实业有限公司都兰县海寺铁矿		12	46.26	40.71	5.55
都兰县多金属矿业白石崖东矿区 M4—M7 部分异常铁矿		10	52.25	47.03	5.23
都兰宏源实业有限公司南戈泉铁矿	7	13.2	33.98	29.49	4.49
青海新开元工贸有限公司都兰县柯柯赛铁矿	14	0	46.38	39.89	6.49
青海都兰灵德矿业有限公司大洪山含铜磁铁矿		12	31.75	27.94	3.81
都兰县多金属矿业白石崖东区铁多金属矿	10	12	52.25	45.98	6.27
德令哈市正辉矿业开采有限责任公司柯柯赛多金属矿		12	44.77	39.4	5.37
青海铭鑫格尔木矿业有限责任公司全红山铁矿		10	41.13	37.02	4.11
青海金鹰矿业有限公司格尔木市那陵郭勒河东铁矿		12	36.38	32.01	4.37
西宁新鑫矿业有限公司兴海县白尕湖铁矿		10	32.91	29.62	3.29

注:资料来源主要为开发库,部分生产矿山实际回采率为调研数据。矿床品位为储量表。

(三)选矿技术水平

青海省大多数铁矿山有配套建设选矿厂。都兰地区的铁矿因矿山开采规模均不大,大都采取集中选矿,选矿规模能够满足本区矿山开采矿石加工的需求。全省铁矿采选设计生产能力基本平衡,选矿厂使用的铁矿磁选设备为全国通用设备,主要选矿装备技术水平为 20 世纪末 21 世纪初较为先进的选矿设备,因产能规模小、铁精矿粉价格波动等,全省铁矿开发利用从21世纪初至今的20年中,一直处于"停/动"相间的状态,利润空间较小,设备基本没有更新换代,装备水平目前处于全国同行业中上水平。

由于矿体规模小,矿石开采中贫化率较高,入选矿石品位降低,为节约利用资源,提高入选品位,多数矿山对采出原矿进行了人工手选(拣出大块废石)以提高入选品位,近年来部分矿山引进"粗碎弱磁干抛技术",大幅提高了入选品位,如青海昆龙伟业实业投资有限公司格尔木市拉陵灶火铁矿、西宁新鑫矿业有限公司兴海县白尕湖铁矿两矿山均使用了"粗碎干抛技术",先将矿石在坑口粗碎至50mm左右,使用弱磁干抛,使矿山的入选品位大幅提高,两矿山均是将TFe平均品位3%以上的铁矿围岩弱磁干抛后得到TFe品位24%~40%的入选矿石,见表4-10。此举一方面最大限度地节约回收了资源,另一方面减少了废石的矿山运输成本和选厂磨矿成本,提高了精矿质量,同时提高了经济效益。

表4-10 弱磁干抛分析结果表

矿山名称	干抛入选品位	干抛后矿石分析品位	选厂精矿品位	备注
拉陵灶火铁矿	TFe:3%	TFe:38.63%(样品1)		样品为实地调研采集
		TFe:40.17%(样品2)		
白尕湖铁矿	TFe:7%	TFe:24.04%(样品1)	TFe:63.6%(样品1)	
		TFe:23.93%(样品2)	TFe:64.48%(样品2)	

青海省铁矿山开发利用的铁矿石类型均为磁铁矿,据选矿实验和实际选矿情况,绝大部分矿山的矿石磨矿粒度为:磁铁矿在中细粒以上,按"三率"要求,选矿回收率最低应达到95%(磁性铁),企业年报中几乎均未达到最低选矿回收率指标,但据调研,造成这种现象的主要原因是青海省铁矿评价均是以全铁为工业指标圈连矿体,矿山后续开发利用时也未对磁性铁含量进行监测分析,在选矿过程中,导致原品位中非磁性铁无法选出,而目前计算的选矿回收率指标中,精矿中铁的成分基本为磁性铁,而计算基数仍为全铁,导致计算出的选矿回收率偏低,通过走访调研,选厂磁性铁的选矿回收率远高于报表中的数据,但因各矿区铁矿石中磁性铁含量各异,无法对选矿回收率作出精确的估算,建议矿山企业在今后填报报表时依据勘查报告或矿山实验室测定的磁性铁含量对磁性铁的选矿回收率进行计算。

总体看,由于原矿石品较低,矿山企业为获取合理的经济效益,已尽力地提高选矿回收率指标,按磁性铁选矿回收率评价,矿山选矿回收率基本达标。

(四)综合利用情况

本次调研的42个铁矿山中,17个共伴生有多种有益组分,提高了矿山的开发利用经济效益,为综合利用提供了资源基础。从共生矿品位及利用技术分析,多数矿山主要共生的铜、锌、铅、金、银基本达了工业品位,见表4-11。从现有国内矿山开发利用技术分析,青海省铁矿主要共生矿的加工利用技术工艺成熟,具备综合利用的条件。

铁矿矿山在开发利用过程中,除矿床本身共伴生的有益组分外,主要产生固体废弃物(废弃岩石土、选矿尾矿)、矿井废水、选矿废水等。

国土资源部《关于铁、铜、铅、锌、稀土、钾盐和萤石等矿产资源合理开发利用"三率"指标要求(试行)的公告》(国土资源部公告2013年第21号)中的《铁矿资源合理开发利用"三率"指标要求(试行)》要求中对铁矿共伴生元素综合利用值进行了规定(表4-12)。

表 4-11 各矿区共伴生组分统计及利用情况表

序号	矿山名称	是否调研	开采现状	矿山规模	主要矿产	共生矿产及品位	伴生矿产	总产值（万元）	综合利用矿产	综合利用方式	综合利用产值（万元）
1	格尔木庆华矿业有限责任公司青德可克铁矿	调研	生产	大型	铁矿	Co:0.095%;Bi:0.51%;Au:2.76g/t Zn:1.56%;Pb:0.97%		35 716.22	未利用	共伴生组分堆存于尾矿库	0
2	西旺矿业都兰县白崖铁矿区外围铁矿	调研	生产	中型	铁矿	Cu:0.58%;Pb:1.81%;Zn:4.2%		780	Cu,Pb,Zn	集中选矿回收	0
3	庆华矿业野马泉M4、M5磁异常铁锌矿	调研	停产	中型	铁矿	Zn:2.73%			未利用		
4	鸿丰伟业格尔木市拉陵高里河下游铁多金属矿	调研	停产	中型	铁矿	Cu:0.3%;Zn:2.39%			计划利用		
5	鑫通矿业有限公司格尔木市乌兰拜兴铁多金属矿	调研	停产	中型	铁矿	Cu:0.46%;Pb:0.52%;Zn:1.16%			计划利用		
6	茁鑫矿业有限公司格尔木市群力铁矿I矿群	调研	生产	中型	铁矿	Cu:0.76%		1706	未利用		0
7	都兰县洪利铅锌矿洪水河铁多金属矿		停产	小型	铁矿	Cu:2.75%;Pb:10.15%;Zn:8.44%;Ag:96.91g/t;Au:21.9g/t	Cu,Au		Cu,Pb,Zn,Ag,Au	尚未开采	
8	青海都兰灵德矿业有限公司双庆铅锌矿	调研	停产	小型	铁矿	Cu:1.12%;Pb:1.31%;Zn:2.56%			Cu,Pb,Zn	选矿回收	
9	都兰西钢矿业开发有限公司都兰县胜利铁矿		生产	小型	铁矿	Cu:0.53%;Zn:1.58%	Au		Cu,Zn	集中选矿回收	
10	青海宏源实业有限公司都兰县海寺铁矿		停产	小型	铁矿	Pb,Zn未评价			Pb,Zn	集中选矿回收	

续表 4-11

序号	矿山名称	是否调研	开采现状	矿山规模	主要矿产	共生矿产及品位	伴生矿产	总产值（万元）	综合利用矿产	综合利用方式	综合利用产值（万元）
11	都兰县多金属矿业白石崖东矿区M4—M7部分异常铁矿	调研	生产	小型	铁矿	Cu:0.35%;Pn:0.56%;Zn:2.51%		300	Cu、Pb、Zn	集中选矿回收	0
12	青海西旺矿业开发有限公司小卧龙铁矿	调研	停产	小型	铁矿	Cu:0.31%;W:0.215%;Sn:0.127%			未利用	未计价	
13	青海都兰灵德矿业有限公司大洪山含铜磁铁矿	调研	生产	小型	铁矿	Cu:0.61%;Zn:0.61%			原矿销售	选矿回收	0
14	都兰县多金属矿业白石崖东区铁矿	调研	生产	小型	铁矿	Cu:0.35%;Pb:0.56%;Zn:2.51%		3089	Cu、Pb、Zn	选矿回收	0
15	都兰宏源实业有限公司大海滩铁矿		停产	小型	铁矿	Cu:0.4%			原矿销售		
16	北部矿业有限公司都兰县阿姆滩铁矿		停产	小型	铁矿	石墨			未利用		
17	正辉矿业开采有限责任公司柯柯赛多金属矿	调研	停产	小型	铁矿	Pb:2.59%;Zn:2.87%;Ag:186.71 g/t			Pb、Zn、Ag	选矿回收	

表 4-12 铁矿共伴生元素综合利用规定值

共伴生元素	品位(%)	共伴生元素	品位(%)
硫(S)	≥5	钼(Mo)	≥0.02
磷(P)	≥0.8	镍(Ni)	≥0.2
二氧化钛(TiO_2)	≥5	锡(Sn)	≥0.1
铜(Cu)	≥0.2	五氧化二钒(V_2O_5)	≥0.2
锰(Mn)	≥3	钴(Co)	≥0.02
锌(Zn)	≥0.5	镓(Ga)锗(Ge)	≥0.001

同时,规定尾矿综合利用率不低于20%;选矿废水综合利用率不低于85%。按此规定,青海省铁矿共伴生矿产均达到了部规定的综合利用规定值。但铋、锡、钨等矿产受经济技术条件制约无法利用。

1. 共伴生组分的综合利用

据2019年开发利用通报,全省2019年铁矿采选工业总产值75 314.47万元,综合利用产值201万元,仅占0.26%,反映出青海省铁矿综合利用情况不佳。综合利用产值与矿区共生有益组分应产生的价值不成比例。经对2018年生产矿山和停采矿山的综合利用报表进行分析,17家矿山均未开展综合利用工作,报表与实际情况出入较大。

实地调研显示,17家铁矿山的综合利用情况是:部分铁矿确实没有开展综合利用;部分铁矿出矿后进行了手选分拣,单独计价;还有部分矿山将矿石集中送往选矿厂,由选矿厂在选矿过程中回收。

(1)未开展综合利用铁矿:经调研肯德可克铁矿,野马泉M4、M5磁异常铁锌矿,拉陵高里河下游铁多金属矿,乌兰拜兴铁多金属矿,格尔木市群力铁矿Ⅰ矿群,小卧龙铁矿大海滩铁矿,都兰县阿姆滩铁矿等均未开展共伴生组分的综合利用工作。

肯德可克铁矿,群力铁矿Ⅰ矿群,野马泉M4、M5磁异常铁锌矿配套建有选矿厂,选矿厂没有针对共生矿产设计选矿生产线,据矿山技术人员介绍,采出矿石中的共伴生组分随尾矿排放并进行了妥善保管,留作今后二次利用。

小卧龙铁矿将矿石出售给西旺公司选矿厂选矿,共伴生的铜、钨、锡没有回收利用,随尾矿排放,有企业曾计划尾矿二次利用,但因西旺选厂入选矿石来自多家选厂,致尾矿中的钨锡品位大幅贫化而无法利用,造成资源浪费。

大海滩铁矿、都兰县阿姆滩铁矿没有实际开采,特别是阿姆滩铁矿为近期通过生产探矿对采矿权内共生的石墨矿进行了评价,企业计划近期立项开展石墨矿的综合利用工作。目前两矿山未涉及综合利用问题,在此不作评价。

(2)选厂集中回收铁矿:经调研,白石崖铁矿区外围铁矿、海寺铁矿、白石崖M4—M7部分异常铁矿和胜利铁矿等矿山将矿石运至西旺公司选矿厂选矿,该选矿厂设有铜、铅、锌独立选矿设施,对进入选厂的矿石按不同的矿石类型开展铁、铜、铅、锌的选矿工作,该选矿厂铅、锌、铜回收率较高,分别达到了92%、94%、90%,符合部颁最低要求。矿石中共伴生的金、银在选矿过程中随铅、锌精矿一并选出并计价出售,可视为金、银已综合利用,见表4-11。

(3)选矿回收:铁矿山配套建设选矿厂开展综合利用的矿山有柯柯赛多金属矿、白石崖东区铁多金属矿、双庆铅锌矿等矿山,选矿厂配备有多条不同矿种的选矿设备,有效开展了矿石的综合利用,但在计价时分别计价,报表中没有反映综合利用产值等相关内容。

(4)部分矿山出售原矿或未开采,主要有大洪山含铜磁铁矿等,因共伴生组分的品位低,一般共伴生组分不计价,由收购矿石的选矿厂根据选矿情况回收。

总体看,铁矿的综合利水平不高,开展综合利用的矿山仅有7个,比例为41.18%,个别矿山(肯德可克矿)已开采10余年,但一直未开展综合利用,虽然企业解释对含共伴生组分的尾矿进行了保护,但长期暴露氧化后,尾矿中的铅锌氧化后将给再次利用带来困难。部分矿山虽计划近期开展综合利用工作,但推进缓慢。

2. 废弃岩土及尾矿综合利用

绝大多数矿山均分布于偏远地区,周边人口稀少,运离城镇,给尾矿及废弃岩土综合利用带来了不便,多数矿山的废弃岩土除采坑回填、矿区修补道路外,废弃岩土基本无法利用,产生的废弃岩土主要堆置于排土场中。

尾矿现均堆放于尾矿库中,部分尾矿中的有益组分可供今后二次利用。

总体看,由于铁矿山分布偏远,废弃岩土及尾矿难以利用,目前基本处于未综合利用状态。

3. 矿井废水及选矿废水

青海省属干旱气候,矿井(坑)废水提升至地表经沉淀池沉淀后主要用于矿区绿化灌溉、喷洒降尘等,矿井(坑)废水全部利用,个别矿山因水废较少,还需到其他地区运水使用。废水综合利用率达到100%。

选矿废水沉淀澄清后二次利用,随尾矿排放的废水自然蒸发。

综上所述,青海省生产铁矿山在条件允许的情况下,"十三五"期间,开发利用水平与"十二五"比较有了大幅提高,铁矿矿山的开采回采率均达到了部最低要求。铁矿的选矿回收率基本达标(按磁性铁估算);共伴生组分、尾矿及废弃岩土综合利用需逐步加强。

三、铜矿

青海省上表保有铜矿石多为中低品位铜矿石,大多数铜矿中共伴生有Pb、Zn、Co、Au、Ag、Se、Ge等有益元素(表3-6),共伴生元素的存在,为开展综合利用提供了资源基础,一方面提高了矿床开发利用价值;另一方面增加了矿石加工难度。

本次调查以铜矿为主采矿种的矿山17家,2019年生产矿山6家、停采9家、筹建2家。17家矿山中,大、中型矿山各1家,分别是青海威斯特铜业有限责任公司德尔尼铜矿和青海启源矿业开发有限公司兴海县索拉沟铜多金属矿,小型矿山15家,见表4-13。

根据生产情况,对其中的7家进行了实地调研,主要了解停采原因及以往开采情况,经调研:部分矿山因处在环境敏感区或资源保证能力不足而停采;而部分矿山因矿石品位低,采选矿成本高难以支持开采。

17家矿山设计生产能力351.1万t/a,实际生产铜矿石217.19万t,产能利用率达到61.86%;配套建设选矿厂设计生产能力401万t/a,高于设计采矿能力,个别小型及小矿没有建设选矿设施,将矿石出售给有选矿能力的企业或委托加工,铜矿石的入选率为100%,2019年入选矿石量143.33万t。

6家生产矿山的设计生产能力为307.5万t/a,实际采矿214.19万t,生产矿山的设计生产能力利用率为69.66%。生产矿山中,大型矿山的骨干支撑作用显著,青海威斯特铜业有限责任公司德尔尼铜矿的产量200.75万t,占6家生产矿山总矿石量的93.73%。

从开采矿山填报数据分析,绝大多数矿山没有达到设计生产能力,多数矿山设计生产能力利用率不足50%。设计生产能力利用率有待进一步提高。

表 4-13　2018—2019 年铜矿矿山基本情况表

序号	矿山名称	调研情况	2018年生产状态	2019年生产状态	矿山规模	开采方式	生产能力(万t/a)设计	生产能力(万t/a)实际	选矿能力(万t/a)设计	选矿能力(万t/a)实际	开采回采率(%)设计	开采回采率(%)最低	开采回采率(%)实际	选矿回收率(%)设计	选矿回收率(%)最低	选矿回收率(%)实际
1	青海威斯特铜业有限责任公司德尔尼铜矿	实地	生产	生产	大型	露天	240	200.75	240	128.8	95	95	95		85	89.48
2	青海启源矿业开发有限责任公司兴海县索拉沟多金属矿	实地	生产	生产	中型	地下	33	4.7	33	3.11	85	80	85		83	
3	都兰香加恰当矿业有限责任公司恰当铜矿	问卷	停产	停产	小型	地下	1									
4	都兰县顺驰矿业有限责任公司东山根铜矿	问卷	筹建	生产	小型	地下	0.5	0.3			93	80	94.67		83	
5	都兰县创盛矿业有限责任公司直沟铅锌矿	问卷	停产	停产	小型	地下	2				92	80		92	83	94.47
6	青海天衡工贸有限公司都兰县那日玛拉黑铜矿	问卷	筹建	停产	小型	地下	3	3	3	3		80	96		83	
7	都兰县鹏程矿业有限责任公司可尔长石矿	问卷	停产	停产	小型	地下	0.6					80			83	
8	格尔木胜华矿业有限责任公司索拉吉尔铜矿	实地	停产	停产	小型	地下	10		90		85	83		90	85	89.63
9	西宁兆庆园林工程有限公司贵南沟克鲁沟铜矿	问卷	停产	停产	小型	地下	1.5		1.5			80			83	
10	门源县松树南沟铜脑铜业有限公司门源县松树南沟铜脑铅矿	问卷	停产	停产	小型	地下	2.5		2.5			80			83	
11	祁连汇升矿业有限责任公司东沟铜矿	问卷	停产	停产	小型	地下	4.5					80			83	
12	青海省祁连山铜业有限公司门源祁连山铜矿	问卷	停产	停产	小型	地下	2.5					80			85	
13	青海鑫光矿业贸易有限公司祁连县二珠龙铜矿	问卷	3年停产	筹建	小型	地下	6				85	80	0		83	
14	青海天仁矿业开发有限公司祁连县阴凹槽铜锌矿	实地	筹建	筹建	小型	地下	10					80			83	
15	黄南州华帝矿业有限责任公司同仁县恰冬铜矿	实地	生产	生产	小型	地下	26	4	26	4	85	80	85.19		83	83.26
16	青海顺隆矿业有限公司同仁县双朋西铜金矿	实地	生产	生产	小型	地下	6	2.02	5	2	88	80	89.96		82.5	0
17	青海省循化县谢坑铜金矿	实地	生产	生产	小型	地下	2	2.42	2	2.42	88	80	89.34		82.5	
	合计						351.1	217.19	401	143.33						

注：实际生产能力为 2018 年数据。矿体厚度除德尔尼铜矿和索拉吉尔铜矿大于 5m 外，其余矿山均小于 5m；矿石品位均在 0.6%～1.2% 之间。

(一)铜矿山开发方式及规模

开发利用库数据显示,17家铜矿山中,露天开采的有1家,即青海威斯特铜业有限责任公司德尔尼铜矿,其余矿山均为地下开采。

受矿产资源量规模限制,青海省铜矿山开采规模总体表现为大、中型矿山少,小型矿山多。本次调研的17家铜矿山中,大中型矿山各1家,小型15家,大中型矿山的比例为11.76%。

(二)铜矿山开采水平

按国土资源部《关于铁、铜、铅、锌、稀土、钾盐和萤石等矿产资源合理开发利用"三率"指标要求(试行)的公告》(国土资源部公告2013年第21号)中的《铜矿资源合理开发利用"三率"指标要求(试行)》要求,地下开采的铜矿山的开采回采率见表4-14。

表4-14 铜矿地下开采回采率指标要求

矿体厚度	铜(当量)品位≥1.2%	铜(当量)品位>0.6%~<1.2%	铜(当量)品位≤0.6%
≤5m	88	80	75
>5~<15m	92	83	80
≥15m	92	85	85

同时"'三率'指标要求(试行)的公告"要求大型铜矿山露天矿山的开采回采率不低于95%,中小型铜矿山露天矿山的开采回采率不低于92%。矿山建设规模划分依据《国土资源部关于调整部分矿种矿山生产建设规模标准的通知》(国土资发〔2004〕208号)的规定(下同)。

"'三率'指标要求(试行)的公告"针对不同矿石类型的铜矿石的选矿回收率也作出了要求,部"三率"试行公告针对硫化矿、混合矿、氧化矿不同粒级和不同矿石结构构造作出了不同的选矿回收率要求,青海省铜矿基本上没有采选混合矿和氧化矿,表4-15仅列出硫化矿选矿回收率指标。

表4-15 硫化矿铜矿石选矿回收率指标要求

结构构造类型	硫化矿铜品位≥1%			0.6%≤硫化矿铜品位<1%			0.4%≤硫化矿铜品位<0.6%			硫化矿铜品位<0.4%		
	粗中粒	细粒	微细粒	粗中粒	细粒	微细粒	粗中粒	细粒	微细粒	粗中粒	细粒	微细粒
块状、粒状结构	90.0	87.5	86.0	88.5	86.0	84.0	86.5	84.0	82.0	83.0	80.5	79.0
条带状构造	89.5	86.5	85.0	87.5	85.0	83.0	86.0	83.0	81.5	82.0	80.0	78.0
似层状、网脉状构造	87.5	85.0	83.0	86.0	83.5	81.5	84.0	81.5	80.0	80.0	78.0	76.5
浸染状、交代结构	86.5	84.0	82.0	85.0	82.5	80.5	83.0	80.5	79.0	79.5	77.5	76.0

对照相关要求,青海省铜矿山主要的成矿类型为矽卡岩型、火山期后热液型,矿体厚度一般小于5m,极个别矿床厚度为5~15m;铜品位一般为0.6%~1.2%。因此,开采回采率最低指标选取为80%~83%;铜矿石结构构造以浸染状、交代状结构居多,矿石构造大多为条带状,个别为网脉状构造,似层状、交代结构少见,入选品位多在1%左右,矿石一般呈细粒状,因此,选矿回收率最低指标选取82.5%~85%之间。这里需要说明的是:在编制开发利用方案及设计时,基本没有参照"三率"指标要求进行论证,设计开采回采率一般使用经验数据,大多与矿区实际不符,而设计的选矿回收率多选用选矿实验给出的理论数据,虽有实验依据,但与规模化生产的实际有所出入。

1. 大、中型铜矿山开采水平

大、中型矿山管理相对严格正规,开采技术水平较高。本次调查的大、中型铜矿各1家,分别是青海威斯特铜业有限责任公司德尔尼铜矿、青海启源矿业开发有限公司兴海县索拉沟铜多金属矿。

(1)德尔尼铜矿为大型矿山,露天开采,采用台阶式开拓、公路运输的方式。矿山设计开采回采率为95%,部颁最低要求为95%,实际开采回采率95%,符合设计及部颁最低要求。德尔尼铜矿的开采回采率水平代表了青海省铜矿大型矿山以及露天开采铜矿山的开采水平,见表4-13。

(2)索拉沟铜多金属矿为中型矿山,地下开采,矿山设计开采回采率为85%,部颁最低要求为80%,实际开采回采率85%,符合设计及部颁最低要求。

2. 小型铜矿山开采水平

本次调查的小型铜矿山有15家,生产矿山4家,均为地下开采,设计开采回采率85%～93%,报表中设计回采率填报数据有误,都兰县创盛矿业有限责任公司直沟铅锌矿、都兰县顺驰矿业有限责任公司东山根铜矿填报的数据分别是92%、93%,据调研,直沟铅锌矿因停采,数据来源不清;东山根铜矿的填报人员并不清楚报表的数据计算,数据填报有误,从一个方面也暴露出矿山技术管理不到位、技术力量薄弱的问题。

调研显示,小型铜矿设计的开采回采率基本上为85%～88%,主要是根据成矿条件确定及经验数据确定的,高于部颁最低要求约5个百分点,而实际开采回采率基本达到或超过设计或部颁最低要求,距多年监测,因矿体厚度小、顶底板稳固性好、矿床充水量小等水文地件条件简单的影响,开采过程中工程地质问题少,开采回采率一般均大于85%,个别矿山接近90%。总体看,青海省铜矿的开采回采率处于较高水平,符合相关要求。

3. 铜矿山贫化率情况

采矿贫化率是矿山开采技术管理的重要指标,特别是青海省多数铜矿山的矿体规模较小,品位较低,一般矿山的平均品位为Cu 0.6%～3.66%,见表4-16,贫化率管理不到位,会降低出矿品位,影响入选品位控制,同时会增加选矿成本,影响选矿技术水平发挥及精矿品位。

表4-16 主要铜矿品位贫化影响表

矿山名称	设计贫化率(%)	实际贫化率(%)	勘查平均品位(%)	贫化后品位(%)	品位降低数(%)
青海威斯特铜业有限责任公司德尔尼铜矿		2.47	0.98	0.96	0.02
青海启源矿业开发有限公司兴海县索拉沟铜多金属矿		15	0.61	0.52	0.09
都兰县顺驰矿业有限责任公司东山根铜矿	8	Cu7.5	1.81	1.67	0.14
都兰县创盛矿业有限责任公司直沟铅锌矿	12	0	0.76	0.67	0.09
青海天衡工贸有限公司都兰县那日玛拉黑铜矿		9	1.1	1	0.1
格尔木胜华矿业有限责任公司索拉吉尔铜矿	10.3	1.04	0.93	0.11	
青海省祁连山铜业有限公司门源祁连山铜矿			3.66		
青海天仁矿业开发有限公司祁连县阴凹槽铜锌矿			0.85		
青海黄南州华帝矿业有限公司同仁县恰冬铜矿		12	0.91	0.81	0.1
青海顺隆矿业有限公司同仁县双朋西铜金矿		12.01	1.15	1.01	0.14
青海省循化县谢坑铜金矿	10	10.71	0.84	0.75	0.09

注:资料来源主要为开发库,部分生产矿山实际回采率为调研数据。矿床品位统计自储量表。

采矿贫化率与开采回采率是互为矛盾、互相影响的指标,当贫化率低时,回采率低,贫化率高时,回采率也相应提高。

由于青海省多数铜矿山矿体规模较小,厚度小,地下开采时矿山开采大多采取崩落法开采,围岩混入较多,导致贫化率较高,一般为10%~15%,影响出矿品位0.02~0.14个百分点,企业一般尽量控制贫化率指标于合理区间,将入选品位控制在1%左右;正是品位普遍较低,导致矿山开采时选矿亏损,因此造成部分企业停产,只有在铜价处于较高位时才能进行开采。

(三)选矿技术水平

铜矿山大多配套建设选矿厂,都兰地区的铜矿因矿山开采规模均不大,大都采取集中选矿,选矿规模能够满足本区矿山开采矿石加工的需求,全省铜矿采选设计生产能力基本平衡。选矿厂均采用浮选工艺,根据各矿山铜矿石类型、品位的差异,对药剂使用等略有调整,主要选矿装备技术水平在全国同类矿山中为较先进的选矿设备,特别是近年来引进多碎少磨工艺,选矿成本有所下降。

铜矿选矿规模大,选矿工艺水平处于前列的是青海威斯特铜业有限责任公司德尔尼铜矿和西部矿业赛什塘铜矿(设计采选矿石75万t/a,现停采)。德尔尼铜矿设计选矿回收率为85%,部颁最低标准为85%,该矿克服高原缺氧等不利因素,使铜矿的选矿回收率达到了89.48%。

中小型矿山在品位较低、开采成本高的情况下,为争取最大化的利润指标,尽力提高铜矿的选矿回收率,故生产矿山的选矿回收率均在83%以上,符合要求。

(四)综合利用情况

本次调研的17家铜矿山均共伴生有多种有益组分,为综合利用提供了资源基础,各矿区共伴生组分统计见表4-17。共伴生组分较多的有德尔尼铜矿,共生有钴、锌、硫铁矿,伴生铁(MFe7.71%)、金、银、镉、硒;铜矿山中共生矿最普遍的是铅、锌,一般均达到了工业品位,共生铅品位最高的7.21%,锌最高的6.05%。

表4-17 各铜矿区共伴生组分统计情况表

序号	矿山名称	共生矿产及品位	伴生矿产	综合利用矿产	综合利用方式	总产值(万元)	综合利用产值(万元)
1	德尔尼铜矿	Co:0.065%,Zn:1.08%,硫铁矿S:29.14%	MFe:7.71%,Au:0.41g/t,Ag:3.32g/t,Se:0.0023%,Cd:0.0015%	Au、Ag	其余共伴生矿堆存于尾矿库	20 491.21	0
2	索拉沟铜多金属矿	Pb:0.55%,Zn:0.99%	Ag:24.77g/t,Ga:0.0019%,Cd:0.0097%	Pb、Zn、Ag	其余共伴生矿堆存于尾矿库	1322	162.6
3	恰当铜矿	Pb:6.93%,Zn:6.05%,Ag:145.11g/t		Pb、Zn、Ag			
4	东山根铜矿	Pb:3.17%,Zn:4.44%,Ag:196.39g/t		Pb、Zn、Ag			

续表 4-17

序号	矿山名称	共生矿产及品位	伴生矿产	综合利用矿产	综合利用方式	总产值（万元）	综合利用产值（万元）
5	直沟铅锌矿	Pb:1.81%,Zn:4.2%		Pb、Zn			
6	那日玛拉黑铜矿	Pb:7.21%,Zn:1.39%,Ag:218.63g/t		Pb、Zn、Ag		1706	0
7	可尔长石矿	长石			未开采		
8	索拉吉尔铜矿	TFe:29.64%,Mo:0.098%	Ag:17.77g/t	Mo、Ag	铁未利用		
9	克鲁沟铜矿		Au:0.11g/t,Sn:0.23%				
10	松树南沟脑铜铅矿	Pb:5.07%		Pb			
11	祁连东沟铜矿	TFe:37.44%,硫铁矿 S:36.65%					
12	祁连山(红沟)铜矿	Au:1.41g/t	Ag:1.3g/t,S:1.34%	Au、Ag	利用效果差		
13	二珠龙铜矿		Au:0.51g/t,Se:0.37%		原矿销售		
14	阴凹槽铜锌矿	Zn:0.92%,Au:2.5g/t	S:3.67%,Ag:1.01g/t	Pb、Zn、Ag			
15	恰冬铜矿		Ag:11.5g/t	Ag	精矿计价		
16	双朋西铜金矿		Au:0.88g/t,Ag:12.21g/t,S:5.08%		未利用		
17	谢坑铜金矿	TFe:44.47%,Au:2.71g/t	Ag:6.33g/t	Fe、Au、Ag			

国土资源部《关于铁、铜、铅、锌、稀土、钾盐和萤石等矿产资源合理开发利用"三率"指标要求（试行）的公告》（国土资源部公告 2013 年第 21 号）中的《铜矿资源合理开发利用"三率"指标要求（试行）》要求中对的铜矿共伴生元素综合利用值进行了规定，规定国家鼓励铜矿山综合利用的矿种有 Au、Ag、S、Fe 等有益元素。

铜矿山无论停采还是生产矿山，在编制开发利用方案或设计时均针对在目前经济技术条件下能够利用的共伴生矿产（铅、锌、金、银、铁）作出综合利用设计。

共伴生的硫铁矿、镉、硒、锡、钴等矿产，因经济技术条件、市场条件而无法利用。一是镉、硒、锡、钴等矿产因品位低、选矿工艺条件复杂无法开展综合利用；二是硫铁矿在现有技术条件下，虽能够回收利用,但市场、区位条件等原因,导致青海省铜矿综合利用困难。

铜矿矿山在开发利用过程中,除矿床本身共伴生的有益组分外,主要产生固体废弃物(废弃岩石土、选矿尾矿)、矿井废水、选矿废水等。

1. 共伴生组分的综合利用

据 2020 年开发利用通报,青海省铜矿采选工业总产值 42 980.45 万元,综合利用产值为 9 259.32 万元,占 21.54%,数据反映青海省铜矿开发中综合利用情况一般。经对生产矿山和停采矿山的综合利用报表进行分析,仅有德尔尼铜矿、索拉沟铜多金属矿等少数矿山开展了综合利用工作,但报表与实际情况有较大出入。

而据实地调研,铜矿矿山的综合利用情况是:一是部分铜矿没有开展综合利用;二是部分铜矿出矿后进行了手选分拣,单独计价;三是还有部分矿山将矿石集中送往选矿厂,由选矿厂在选矿过程中回收,但原矿销售时共伴生组分未计价。

德尔尼铜矿是青海省代表性铜矿,其矿区资源量规模和矿山开发规模均是省内唯一的大型矿山,在非煤矿山中,其设计开发能力达 240 万 t/a,仅次于肯德可克铁矿,而实际生产能力一直是最大的,自建矿以来平均年采矿石量一直大于 200 万 t。德尔尼配套建设有选矿厂,通过不断的技术改造,针对铜的选矿设备及技术水平在国内处于前列。在勘查期间,该矿区就开展了共生钴的利用研究工作,先后委托多家设计院开展了钴的提取工艺研究,由于矿区中钴赋存于硫铁矿中,分离选矿困难,选矿工艺一直没有突破。在选矿过程中,金、银随主矿种选出计价销售,视为综合利用,但钴、锌、硫铁矿、铁、镉、硒没有利用,其中锌矿与铜矿异体共生,没有开采锌矿石,因提钴工艺困难、硫铁矿精矿没有市场,铁、镉、硒在现有经济技术条件下无法利用,全部保存于尾矿库中。

其他矿山在编制开发利用方案时,针对可综合利用的铅、锌、银、金等作出了综合利用的设计,但对共伴生的镉、硒、镓、硫铁矿、锡、钼等矿产没有进行综合利用研究。在开展综合利用工作中,一般对共生铅、锌进行专门选矿,选矿回收率均达到甚至高于设计(开发利用方案)要求或部颁最低选矿回收率指标。铜矿中共伴生金、银一般与方铅矿石关系密切,在选矿过程中随铅锌精粉富集,计价销售。

综合各方情况,青海省铜矿综合利用工作按开发利用方案衡量,共伴生组分的综合利用率达到了 100%,但按地质报告提交的组分及相关要求,尚有差距。

2. 废弃岩土及尾矿综合利用

青海省大多数铜矿均分布于偏远地区,周边人口稀少,运离城镇,给尾矿及废弃岩土综合利用带来了不便,多数矿山的废弃岩土除采坑回填、矿区修补道路外,废弃岩土基本无法利用,产生的废弃岩土主要堆置于排土场中。

尾矿现均堆放保存于尾矿库中,尾矿中基本上含硫及稀有稀散元素,尾矿中的有益组分可供今后二次利用。

总体看,由于铜矿山分布偏远,废弃岩土及尾矿难以利用,目前基本处于未综合利用状态。

3. 矿井废水及选矿废水

青海省属干旱气候,矿井(坑)废水提升地表经沉淀池沉淀后主要用于矿区绿化灌溉、喷洒降尘等,矿井(坑)废水全部利用,个别矿山因废水较少还需到其他地区运水使用。废水综合利用率达到 100%。

选矿废水选厂基本上沉淀澄清后二次利用,随尾矿排放的废水自然蒸发。

综上所述,青海省生产铜矿山在条件允许的情况下,"十三五"期间,开发利用水平与"十二五"比较有了大幅提高,铜矿矿山的开采回采率均达到了部最低要求,铜矿的选矿回收率达到了开发利用方案、部颁最低要求的指标标准;按开发利用方案要求,铜矿中共伴生组分中的综合利用亦达到了要求,但硫铁矿、镉、硒、镓、钴等元素没有开展综合利用。尾矿及废弃岩土综合利用需逐步加强。

四、铅锌矿

青海省上表保有铅锌矿石多为中低品位铅锌矿石，大多数铅锌矿中共伴生有 Cu、Co、Au、Ag、Se、Ge、Ga、Cg、In 等有益元素，共伴生元素的存在，为开展综合利用提供了资源基础，一方面提高了矿床开发利用价值；另一方面增加了矿石加工难度。

本次调查的铅锌矿山共 23 家，其中 2019 年以铅矿为主采矿种的 18 家矿山中，生产矿山 4 家、停采 14 家；18 家矿山中，大、中型矿山各 1 家，小型 16 家。以锌矿为主采矿种的 5 家矿山中，生产矿山 3 家、停采 1 家、筹建 1 家；5 家矿山中，中型矿山 3 家，小型 2 家，见表 4-18。根据生产情况，对 11 家铅矿、4 家锌矿进行了实地调研，涵盖了生产矿山。对部分停采矿山也进行了调研，主要了解停采原因及以往开采情况。经调研，停采原因主要是部分矿山处在环境敏感区或资源保证能力不足，而部分矿山因矿石品位低，采选矿成本高难以支持开采。

2018 年全省铅锌矿山设计采矿能力为 447.8 万 t/a，实际生产能力 195.67 万 t，产能利用率为 43.7%；铅锌矿山配套建设选矿厂设计选矿能力 360.8 万 t/a，实际选矿 182.3 万 t，产能利用率为 50.53%。总体采选能力基本平衡，部分小型矿山因开采规模小未建设选矿厂，将原矿出售给其他选矿厂选矿。

18 家铅矿山设计采矿能力为 233.8 万 t/a，实际生产矿石 155.38 万 t/a，产能利用率达到 66.46%；选矿厂设计生产能力 185.8 万 t/a，略低于设计采矿能力。2018 年入选矿石量 155.29 万 t，占全年生产矿石量的 99.94%，其中生产铅矿山 4 家，设计采矿能力为 198.5 万 t/a，实际采矿 155.38 万 t/a，生产矿山的设计采矿能力利用率 78.28%。大型矿山的骨干支撑作用显著，西部矿业股份有限公司锡铁山铅锌矿的产量 133.28 万 t/a，占 4 家生产矿山总矿石量的 85.78%。

5 家锌矿的设计采矿能力为 214 万 t/a，实际生产 40.29 万 t/a，产能利用率仅 18.82%，主要原因是两个中型矿山停采或筹建，采矿能力未能释放。生产的 3 家锌矿矿山，设计采矿能力为 88 万 t/a，实际采矿能力为 40.29 万 t/a，生产矿山的设计采矿能力利用率为 45.78%。锌矿的产能效率低，主要原因是以锌为主的生产矿山均位于青海省西部青新交界的祁漫塔格地区，矿石品位不高，原材料及矿产品均为公路运输，成本高，制约了矿山的开发利用。

从开采矿山填报数据分析，绝大多数矿山没有达到设计生产能力，多数矿山设计生产能力利用率不足 50%。设计采矿能力利用率有待进一步提高。

（一）铅锌矿山开发方式及规模

开发利用库数据显示，21 家铅锌矿矿山为地下开采。受矿产资源量规模限制，青海省铅锌矿矿山开采规模总体表现为大中型矿山少，小型矿山多。

18 家以铅矿为主的矿山中，大、中型矿山各 1 家（西部矿业股份有限公司锡铁山铅锌矿、青海金涌矿业开发有限责任公司茫崖行委虎头崖多金属矿），小型矿山 16 家。5 家以锌矿为主的矿山中，有中型 3 家[都兰县唐泰跃辉矿业有限责任公司都兰县沙柳河南区铅锌多金属矿、青海鸿鑫矿业有限公司格尔木市牛苦头矿区 M1 磁异常多金属矿（露天）、长河矿业有限责任公司格尔木市四角羊—牛苦头矿区 C3 磁异常区多金属矿（露天）]，小型 2 家。

随着青海省矿产资源勘查程度的不断提高，特别是部分矿山加强了外围及深部勘查工作，开发规模有望进一步提升。

表 4-18 2018—2019 年铅锌矿矿山基本情况表

序号	矿山名称	调研情况	2018年生产状态	2019年生产状态	规模	开采方式	品位(%)	开采回采率(%) 设计	开采回采率(%) 最低	开采回采率(%) 实际	选矿回收率(%) 设计	选矿回收率(%) 最低	选矿回收率(%) 实际	生产能力(万t/a) 设计	生产能力(万t/a) 实际	选矿能力(万t/a) 设计	选矿能力(万t/a) 实际
1	西部矿业股份有限公司锡铁山铅锌矿	实地	生产	生产	大型	地下	Pb:1.44	86	85	86.35	Pb:92,Zn:93.5	Pb:90,Zn:88	Pb:93.21,Zn:95.22,S:74.58,Au:31.11,Ag:77.82	150	133.28	132	133.28
2	青海中联矿业有限责任公司大柴旦行委双口山多金属矿	实地	生产	生产	小型	地下	Pb:3.59	80	80	86.4	85	85	90	5	4.02	4.5	4.02
3	德令哈市鸿鑫矿业开发有限责任公司莫和·贝雷台铅锌矿	实地	筹建	停产	小型	地下	Pb:5.36	89	85			85		3	0	0	
4	德令哈鸿达矿业开发有限责任公司蓄集山多金属银矿	函卷	筹建	停产	小型	地下	Pb:5.94		80			85		0.8	0	0.8	
5	都兰海寺多金属矿业有限责任公司海寺驼峰铅锌矿	实地	生产	生产	小型	地下	Pb:4.41	93	85	92.08		85		3.5	0.09	1	
6	都兰县银峰矿业有限责任公司县热水克错铅锌矿	函卷	停产	停产	小型	地下	Pb:7.85	90	83			85		1.2		1.2	
7	都兰县源源矿业有限责任公司沙柳河老矿沟铅锌矿	函卷	停产	停产	小型	地下	Pb:6.52	92	85			85		2		2	
8	都兰明森矿业有限责任公司海寺Ⅱ号铅锌矿	实地	停产	停产	小型	地下	Pb:2.13	80	83			85		5		0	
9	格尔木金鑫发展有限责任公司夏努沟西支沟多金属矿	函卷	停产	停产	小型	地下	Pb:3.59		85			85		0.5		0.5	

续表 4-18

序号	矿山名称	调研情况	2018年生产状态	2019年生产状态	规模	开采方式	品位(%)	开采回采率(%) 设计	开采回采率(%) 最低	开采回采率(%) 实际	选矿回收率(%) 设计	选矿回收率(%) 最低	选矿回收率(%) 实际	生产能力(万t/a) 设计	生产能力(万t/a) 实际	选矿能力(万t/a) 设计	选矿能力(万t/a) 实际
10	互助尕什江矿业有限公司萨日浪—尕什江铅锌矿	问卷	停产	停产	小型	地下	Pb:1.5~3	85	83			86		3			
11	青海金涌矿业开发有限责任公司茫崖行委虎头崖多金属矿	实地	生产	生产	中型	地下	Pb:3.24	85	80	82.79	Pb:88,Zn:84	Pb:85,Zn:85	Pb:86,Zn:86	40	17.99	40	17.99
12	茫崖新星矿业有限责任公司景忍山可特勒勒铜多金属矿	问卷	停产	停产	小型	地下	Pb:0.49		80			85		0.5			
13	青海康欣矿业有限公司门源县松树南沟铅锌矿	实地	停产	停产	小型	地下	Pb:13.71		85	85		85		0.5			
14	祁连县野牛沟辽班合铅锌矿	实地	停产	停产	小型	地下	Pb:0.6~1.2		80			85		1.5		0.5	
15	祁连县扎麻什资源开发有限公司下沟铅锌矿	实地	关闭	停产	小型	地下	Pb:2.32		83			86		3			
16	祁连博凯矿业有限公司尕大坂金多金属矿	问卷	筹建	停产	小型	地下	Pb:1.5~3	90	85			85		10			
17	天峻县哲合隆铅矿	实地	停产	停产	小型	地下	Pb:11.89	90	88			85	原矿销售	2		1.8	
18	青海煜恒矿业有限公司同仁县夏卜塄多金属矿(I—Ⅷ矿带)	实地	停产	停产	小型	地下	Pb:3.7		85			85		2.3		1.5	
	以铅为主的矿山合计													233.8	155.38	185.8	155.29

续表 4-18

序号	矿山名称	调研情况	2018年生产状态	2019年生产状态	规模	开采方式	品位(%)	开采回采率(%) 设计	开采回采率(%) 最低	开采回采率(%) 实际	选矿回收率(%) 设计	选矿回收率(%) 最低	选矿回收率(%) 实际	生产能力(万t/a) 设计	生产能力(万t/a) 实际	选矿能力(万t/a) 设计	选矿能力(万t/a) 实际
19	格尔木超越工程有限责任公司都兰县五龙沟黑石山58号锌铜矿	问卷	停产	生产	小型	地下	Zn:0.86	85	83					3			
20	都兰县唐秦跃辉矿业有限责任公司都兰县沙柳河南区铅锌多金属矿	实地	停产	停产	中型	地下	Zn:3.19	95	92	92.67	Pb:91,Zn:86	Pb:90,Zn:83	Pb:90.13,Zn:83.72	36			
21	青海鸿鑫矿业有限公司格尔木市牛苦头矿区M1磁异常多金属矿	实地	生产	生产	小型	地下	Zn:2.34	95	92			85		75	80.81	75	17.53
22	长河矿业格尔木市四角羊一牛苦头矿区C3磁异常多金属矿	实地	筹建	筹建	中型	地下	Zn:5.37	85	83	86.45		85	86.69	90		90	
23	兴海县鹏飞有色金属采选有限公司兴海县什多龙铅锌矿	实地	生产	生产	小型	地下	Zn:2.0	85	83			85		10	9.48	10	9.48
	以锌矿为主的矿山合计													214	40.29	175	27.01
	铅锌总计													447.8	195.67	360.8	182.3

注:实际生产能力来源于2018年开发利用数据库。除锡铁山铅锌矿和海寻Ⅱ号铅锌矿的矿体厚度大于5m外,其余矿山均小于5m。

(二)铅锌矿山开采水平

通过对 18 家铅矿山开展了问卷调查,实地调研 11 家;对 5 家锌矿山开展了问卷调查,实地调研 4 家。对开采回采率、选矿回收率、贫化率情况进行了调查并收集了相关资料。

按国土资源部《关于铁、铜、铅、锌、稀土、钾盐和萤石等矿产资源合理开发利用"三率"指标要求(试行)的公告》(国土资源部公告 2013 年第 21 号)中的《铅锌矿资源合理开发利用"三率"指标要求(试行)》要求,规定了铅锌矿的开采回采率指标,由于青海省地处青藏高原,气候寒冷干燥,矿石氧化程度很低,目前开采的矿山均为硫化矿石,因此引用部颁标准时均使用硫化矿指标。地下开采的铅锌矿山的开采回采率见表 4-19。

表 4-19 铅锌矿地下开采回采率指标要求

矿体厚度	铅锌(当量)品位≥9.0%	铅锌(当量)品位>4.5%~<9.0%	铜(当量)品位≤4.5%
≤5m	88	80	75
5~15m	92	83	80
≥15m	92	85	85

同时"'三率'指标要求(试行)的公告"要求大型铅锌矿山露天矿山的开采回采率不低于 95%,中小型铅锌矿山露天矿山的开采回采率不低于 92%。矿山建设规模划分依据《国土资源部关于调整部分矿种矿山生产建设规模标准的通知》(国土资发〔2004〕208 号)的规定。

"'三率'指标要求(试行)的公告"针对不同矿石类型的铜矿石的选矿回收率也作出了要求,部"三率"试行公告针对硫化矿不同粒级和不同矿石结构构造作出了不同的选矿回收率要求,见表 4-20、表 4-21。

表 4-20 硫化矿铅矿石选矿回收率指标要求

结构构造类型	硫化矿铅品位≥3%			1.5%≤硫化矿铅品位<3%			0.5%≤硫化矿铅品位<1%			硫化矿铅品位<0.5%		
	粗中粒	细粒	微细粒	粗中粒	细粒	微细粒	粗中粒	细粒	微细粒	粗中粒	细粒	微细粒
块状、粒状结构	93.0	90.0	88.0	91.0	88.0	86.5	89.0	86.5	84.5	85.0	83.0	81.0
条带状构造	92.0	89.0	87.0	90.0	87.0	85.5	88.0	85.5	84.0	84.5	82.0	80.0
似层状、网脉状构造	90.0	87.0	85.5	88.0	85.5	84.0	86.5	84.0	82.0	83.0	80.0	78.5
浸染状、交代结构	89.0	86.5	84.5	87.0	84.5	83.0	85.5	83.0	81.0	82.0	79.5	78.0

表 4-21 硫化矿锌矿石选矿回收率指标要求

结构构造类型	硫化矿锌品位≥5%			3%≤硫化矿锌品位<5%			1%≤硫化矿锌品位<3%			硫化矿锌品位<1%		
	粗中粒	细粒	微细粒	粗中粒	细粒	微细粒	粗中粒	细粒	微细粒	粗中粒	细粒	微细粒
块状、粒状结构	91.0	88.0	84.0	89.0	86.5	84.5	87.0	84.5	83.0	83.5	81.0	79.5
条带状构造	90.0	87.5	83.0	88.0	85.5	84.0	86.5	84.0	82.0	83.0	80.5	78.5
似层状、网脉状构造	88.0	85.5	81.0	86.5	84.0	82.0	84.5	82.0	80.5	81.0	79.0	77.0
浸染状、交代结构	87.0	84.5	80.5	85.5	83.0	81.0	84.0	81.0	79.5	80.5	78.0	76.0

对照相关要求,青海省铅锌矿床主要的成矿类型为矽卡岩型、火山期后热液型,矿体厚度一般小于5m,极个别矿床厚度为5~15m;铅锌品位一般为4.5%~9.0%,铅锌品位大于9.0%的矿床较少(表4-18);铅锌矿均为地下开采,开采回采率最低指标选取为80%~88%。露天开采中小型矿的开采回采率为92%。

铅矿矿石结构构造以块状、粒状结构居多,矿构造大多为条带状构造,个别为网脉状构造,似层状、交代结构少见,入选品位多在1.5%~3.0%之间,少数矿石入选品位≥3%,矿石一般呈细—中粗粒状,因此,选矿回收率最低指标选取84.5%~93.0%。

锌矿矿石结构构造以块状、粒状结构居多,矿构造大多为条带状构造,个别为网脉状构造,似层状、交代结构少见,入选品位多在3.0%~5.0%之间,少数矿石入选品位≥5.0%,矿石一般呈细—中粗粒状,因此,选矿回收率最低指标选取83.0%~91.0%。

需要说明的是:矿山企业在编制开发利用方案及设计时,基本没有参照部颁要求进行论证,设计开采回采率一般使用经验数据,大多与矿区实际不符;而设计的选矿回收率多采用选矿实验给出的理论数据,虽有实验依据,但与规模化生产的实际有所出入。

1. 大中型铅锌矿山开采水平

大中型矿山管理相对严格正规,开采技术水平较高。本次对铅锌矿5家大中型矿山进行了全覆盖的问卷调查及实地调研,其中以铅矿为主的矿山大中型2家,以锌矿为主的中型矿山3家。

1)大中型以铅矿为主的矿山开采回采率

以铅矿为主的大型矿山为西部矿业股份有限公司锡铁山铅锌矿,矿山建于20世纪80年代,是全国六大主力矿山之一,矿山已服役近40年,是青海省有色金属矿山中开采工艺技术水平较高的矿山。该矿山采用地下开采,设计开采回采率86%,按矿区资源赋存特点最低回采率要求为85%,目前矿山的实际回采率为86.35%,符合设计要求及最低回采率要求。

中型矿山为青海金涌矿业开发有限责任公司茫崖行委虎头崖多金属矿,设计开采回采率85%,按矿区资源赋存特点最低回采率要求为80%,设计开采回采率高于部颁开采回采率指标5个百分点,2018年矿山实际开采回采率82.79%,高于部颁开采回采率指标2.79个百分点,但低于开发利用方案和开采设计2.21个百分点。

2)以锌矿为主的矿山开采回采率

青海鸿鑫矿业有限公司格尔木市牛苦头矿区M1磁异常多金属矿、长河矿业有限责任公司格尔木市四角羊—牛苦头矿区C3磁异常区多金属矿、都兰县唐泰跃辉矿业有限责任公司都兰县沙柳河南区铅锌多金属矿等3家中型矿山的设计回采率分别为95%、95%和85%,最低回采率要求分别为92%、92%和85%。目前开采的仅为牛苦头矿区M1磁异常多金属矿,2018年该矿的实际开采回采率为92.67%,高于部颁开采回采率指标0.67个百分点,但低于开发利用方案和开采设计2.33个百分点,开采水平有待进一步提高。

2. 小型铅锌矿山开采水平

本次调查的小型铅锌矿山有18家,铅矿16家,锌矿2家,其中生产的铅、锌矿山各2家。

小型铅矿2家,均为地下开采,设计开采回采率为80%~93%,部分矿山设计开采回采率偏高,主要原因是铅锌矿成因类型为矽卡岩型,矿石类型为块状硫化物铅锌矿,矿石品位较高,矿体规模小、矿体厚度一般不超过2m,矿体顶底板稳固性好。设置较高的开采回采率:一是较高的开采回采率导致的贫化不会影响矿石进一步加工;二是矿体小,矿桩预留较小;三是围岩稳固,开采安全有足够保障。综合研究认为,小型铅矿的开采回采率符合要求。

小型锌矿山 2 家,均为开采矿山(地下开采),设计开采回采率 85%,部最低要求为 83%,其中兴海县鹏飞有色金属采选有限公司兴海县什多龙铅锌矿实际的开采回采率为 86.45%,高于设计 1.45 个百分点,高于部最低要求 3.45 个百分点。综合研究认为,小型锌矿的开采回采率符合要求。

综上所述,青海省铅锌矿的开采回采率处于较高水平,符合相关要求。

3. 铅锌矿山贫化率情况

采矿贫化率是矿山开采技术管理的重要指标,青海省铅锌矿基本为铅锌共生矿床,铅矿山中不共伴生锌的仅有天峻县哲合隆铅矿,锌矿中不共伴生铅的仅有格尔木超载工程有限责任公司都兰县五龙沟黑石山 58 号锌铜矿,见表 4-22,铅锌贫化率管理目前各矿山水平各异,贫化率最大的是青海鸿鑫矿业有限公司格尔木市牛苦头矿区 M1 磁异常多金属矿,贫化率达到 13.82%,导致锌的采出品位降低 0.44%,由 3.19% 降至 2.75%,影响入选品位控制,增加了选矿成本,影响选矿技术水平发挥及精矿品位。部分矿山采矿贫化率控制较好,如都兰海寺多金属矿业有限责任公司海寺驼峰铅锌矿,设计贫化率 10%,实际开采贫化率 4.81%。

由于青海省多数铅锌矿山矿体规模较小,厚度小,品位较高,地下开采时矿山开采大多采取崩落法开采,围岩混入较多,导致贫化率较高,一般为 10%~15%,影响出矿品位一般为 0.2~1.78 个百分点。

表 4-22 主要铅锌矿品位贫化影响表

序号	矿山名称	设计贫化率(%)	实际贫化率(%)	勘查平均品位(%)	贫化后品位(%)	品位降低数(%)
1	西部矿业股份有限公司锡铁山铅锌矿	14	13.48	Pb:1.44 Zn:5.61	Pb:1.25 Zn:4.85	Pb:0.19 Zn:0.76
2	青海金涌矿业公司茫崖行委虎头崖多金属矿	15	12.37	Pb:3.24 Zn:3.99	Pb:2.84 Zn:3.5	Pb:0.4 Zn:0.49
3	青海中联矿业有限责任公司大柴旦行委双口山多金属矿	8	8	Pb:3.59 Zn:1.21	Pb:3.3 Zn:1.11	Pb:0.29 Zn:0.1
4	德令哈市鸿鑫矿业开发有限责任公司莫和·贝雷台铅锌矿	8	0	Pb:5.36 Zn:2.74	Pb:4.93 Zn:2.52	Pb:0.43 Zn:0.22
5	德令哈鸿达矿业开发有限公司蓄集山多金属银矿		10	Pb:5.8 Zn:1.75	Pb:5.22 Zn:1.57	Pb:0.58 Zn:0.18
6	都兰海寺多金属矿业有限责任公司海寺驼峰铅锌矿	10	4.81	Pb:4.41 Zn:3.79	Pb:4.2 Zn:3.61	Pb:0.21 Zn:0.18
7	都兰县银峰矿业有限责任公司都兰县热水克错铅锌矿	10		Pb:7.85 Zn:2.86	Pb:7.06 Zn:2.57	Pb:0.79 Zn:0.29
8	都兰县源源矿业有限公司沙柳河老矿沟铅锌矿	10	0	Pb:6.52 Zn:1.31	Pb:5.87 Zn:1.18	Pb:0.65 Zn:0.13
9	都兰明森矿业有限公司海寺Ⅱ号铅锌矿	10	0	Pb:2.13 Zn:3.07	Pb:1.92 Zn:2.76	Pb:0.21 Zn:0.31
10	格尔木金鑫发展有限公司夏努沟西支沟多金属矿	10	12	Pb:3.59 Zn:6.79	Pb:3.16 Zn:5.98	Pb:0.43 Zn:0.81

续表 4-22

序号	矿山名称	设计贫化率(%)	实际贫化率(%)	勘查平均品位(%)	贫化后品位(%)	品位降低数(%)
11	茫崖新星矿业有限公司景忍山可特勒高勒铜多金属矿	10	9	Pb:0.37 Zn:1.71	Pb:0.37 Zn:1.56	Pb:0 Zn:0.15
12	青海康欣矿业有限责任公司门源县松树南沟铅锌矿		10	Pb:5.07	Pb:4.56	Pb:0.51
13	祁连县扎麻什资源开发公司下沟铅锌矿	10	10.5	Pb:2.32 Zn:2.38	Pb:2.08 Zn:2.13	Pb:0.24 Zn:0.25
14	天峻县哲合隆铅矿	15		Pb:11.89	Pb:10.11	Pb:1.78
15	青海煜恒矿业公司同仁县夏卜楞多金属矿（Ⅰ－Ⅷ矿带）	8	9.5	Pb:3.7 Zn:1.34	Pb:3.35 Zn:1.21	Pb:0.35 Zn:0.13
16	都兰县唐泰跃辉矿业公司都兰县沙柳河南区铅锌多金属矿	5	0	Zn:0.86 Pb:0.65	Zn:0.82 Pb:0.62	Zn:0.04 Pb:0.03
17	青海鸿鑫矿业格尔木市牛苦头矿区M1磁异常多金属矿	5	13.82	Zn:3.19 Pb:1.43	Zn:2.75 Pb:1.23	Zn:0.44 Pb:0.2
18	长河矿业四角羊—牛苦头矿区C3磁异常区多金属矿	5	0	Zn:2.34 Pb:1.66	Zn:2.22 Pb:1.58	Zn:0.12 Pb:0.08
19	兴海县鹏飞有色金属采选有限公司兴海县什多龙铅锌矿		10.08	Zn:5.37 Pb:2.51	Zn:4.83 Pb:2.26	Zn:0.54 Pb:0.25
20	格尔木超越工程公司都兰县五龙沟黑石山58号锌铜矿	10		Zn:2.85	Zn:2.59	Zn:0.29

注：资料来源主要为2018年开发利用数据库，部分生产矿山实际回采率为调研数据。矿床品位统计自储量表。

从贫化率水平看，青海省铅锌矿山开采技术水平有待进一步提高，特别是小型铅锌矿山需要加强采矿技术结构调整，进一步提高开采技术水平。

（三）选矿技术水平

省内铅锌大中型矿山大多配套建设选矿厂，都兰地区的铅锌矿因矿山开采规模均不大，大都采取集中选矿，选矿规模能够满足本区矿山开采矿石加工的需求，全省铅锌矿采选设计生产能力基本平衡。选矿厂均采用国内同行业成熟技术装备，采用浮选工艺，根据各矿山铅锌矿石类型、品位的差异，对药剂使用等略有调整；通过不断的技术改造，主要选矿装备技术水平在全国同类矿山中为较先进，特别是近年来引进多碎少磨工艺，选矿成本有所下降。

1. 以铅矿为主的矿山选矿技术水平

西部矿业股份有限公司锡铁山铅锌矿的选矿工艺水平在全国同类矿山中较先进，设计选矿能力132万t/a，2018年实际选矿能力133.28万t/a，选矿厂设计选矿回收率为铅92%、锌93.5%，部颁最低标准为铅90%、锌88%，该矿克服高原缺氧等不利因素，使铅锌矿的选矿回收率有了大幅提高，达到了铅93.21%、锌95.22%。

青海金涌矿业开发有限责任公司茫崖行委虎头崖多金属矿（中型），选矿厂设计选矿回收率为铅88%、锌84%，参照该矿山的矿石类型特点，确定对应的部颁最低标准选矿回收率指标为铅85%、锌85%，实际选矿回收率为铅86%、锌86%，符合相关规范和相关规定要求。

青海中联矿业有限责任公司大柴旦行委双口山多金属矿（小型），选矿厂设计选矿回收率为铅85%，参照该矿山的矿石类型特点，确定对应的部颁最低标准选矿回收率指标为铅85%，实际选矿回收率为铅90%，高于设计及最低要求5个百分点，符合相关规范和相关规定要求。

2. 以锌矿为主的矿山选矿技术水平

青海鸿鑫矿业有限公司格尔木市牛苦头矿区M1磁异常多金属矿（中型），选矿厂设计选矿回收率为铅91%、锌86%，参照该矿山的矿石类型特点，确定对应的部颁最低标准选矿回收率指标为铅90%、锌83%，实际选矿回收率为铅90.13%、锌83.72%，铅锌选矿回收率高于部颁最低要求指标，但均低于设计指标，符合相关规范和相关规定要求。

兴海县鹏飞有色金属采选有限公司兴海县什多龙铅锌矿（小型），选矿厂设计选矿回收率资料未收集到，参照该矿山的矿石类型特点，确定对应的部颁最低标准选矿回收率指标为锌85%，实际选矿回收率为锌86.69%，锌选矿回收率高于部颁最低要求指标，符合相关规范和相关规定要求。

总体上，青海省铅锌矿山选矿回收率因采用了成熟的技术装备，选矿回收率指标符合相关规范和规定的要求。

（四）综合利用情况

本次调查的23家铅锌矿，所有矿区均共伴生硫（部分矿区未估算硫资源量，没有统计），有19家矿山共伴生有1种以上有益组分，为综合利用提供了资源基础，各矿区共伴生组分统计见表4-23；共伴生组分较多的有锡铁山铅锌矿和沙柳河南区铅锌矿，前者共生有锌，伴生金、银、镓、铟、镉、铜、硫；后者共生铜、铅、钨、锡，伴生硫；铅锌矿中互为共生矿最普遍的是铅、锌，一般均达到了工业品位。

表4-23 各铅锌矿区共伴生组分统计表

序号	矿山名称	共生矿产	伴生矿产	综合利用矿产	综合利用方式	总产值（万元）	综合利用产值（万元）
1	锡铁山铅锌矿	Zn:5.61%	Au:0.44g/t Ag:32.78g/t Ga:15.4g/t In:67.5g/t Cd:468g/t Cu:0.05% S:14.64%	Au、Ag	锌分选，金、银冶炼厂回收	135 629.62	19 970.74
2	虎头崖多金属矿	Zn:3.99% Cu:0.23% Ag:75.33g/t		Zn、Cu、Ag	锌、铜分选，银计价销售	14 336.44	
3	双口山多金属矿	Zn:0.68%		Zn、Ag	银未评价，实际生产中计价销售	1 986.00	
4	莫和·贝雷台铅锌矿	Zn:2.74%	Ag:9.83g/t	Zn、Ag	锌分选，银计价销售		

续表 4-23

序号	矿山名称	共生矿产	伴生矿产	综合利用矿产	综合利用方式	总产值（万元）	综合利用产值（万元）
5	蓄集山多金属银矿	Zn:1.73% Ag:172.36g/t Cu:0.77%		Zn、Cu、Ag	原矿销售选厂回收		
6	海寺驼峰铅锌矿	Zn:3.73% Ag:48.72g/t	Ag:32.73g/t	Zn、Ag	原矿销售选厂回收	34.0	0
7	热水克错铅锌矿	Zn:2.85%	Ag:23.4g/t	Zn、Ag	原矿销售选厂回收		
8	哲合隆铅矿		Ag:10.36g/t	Ag	原矿销售选厂回收		
9	沙柳河老矿沟铅锌矿	Zn:1.31% Ag:100.39g/t		Zn、Ag	原矿销售选厂回收		
10	海寺Ⅱ号铅锌矿	Zn:3.07% 硅灰石		Zn	原矿销售选厂回收		
11	夏努沟西支沟多金属矿	Zn:6.79%		Zn	原矿销售选厂回收		
12	景忍山可特勒高勒铜多金属矿	Zn:1.71% Cu:1.07%		Zn、Cu	原矿销售选厂回收		
13	门源县松树南沟铅锌矿	Cu:0.91%		Cu	原矿销售选厂回收		
14	下沟铅锌矿	Cu:0.58% Zn:2.38%		Cu、Zn	选厂回收计价销售		
15	夏卜楞多金属矿（Ⅰ—Ⅷ矿带）	Zn:1.3%		Zn	分选回收		
16	沙柳河南区铅锌多金属矿	Cu:0.85% Pb:0.65% W_2O_3:0.279% Sn:0.31%	S:15.21%	设计利用Cu、Pb	其余共伴生组分堆存尾矿库		
17	牛苦头矿区M1磁异常多金属矿	Cu:0.33% Pb:1.43% S:23.82%	Co:0.01% Ag:13.76g/t Cd:0.03%	Cu、Pb、Ag	铜、铅分选、银随精矿计价	31 323.49	
18	四角羊—牛苦头矿区C3磁异常区多金属矿	TFe:33.44% Cu:0.48% Pb:1.66% S:15.7%	Au:0.26g/t Ag:9.27g/t	Fe、Cu、Pb、Au、Ag	铁、铜、铅分选，金、银随精矿计价		
19	什多龙铅锌矿	Cu:0.44% Pb:2.51%	Ag:21.25g/t	Cu、Pb、Ag	铜、铅分选，银随精矿计价	5 190.00	570.00

国土资源部《关于铁、铜、铅、锌、稀土、钾盐和萤石等矿产资源合理开发利用"三率"指标要求（试行）的公告》（国土资源部公告2013年第21号）中的《铅锌矿资源合理开发利用"三率"指标要求（试行）》要求中对的铅锌矿共伴生元素综合利用的要求是：国家鼓励铜矿山综合利用的矿种有Au、Ag、S、Fe等有益元素，并对综合利用的要求作出了规定。按要求，青海省铅锌矿应达到的最低综合利用指标为50%。

青海省铅锌矿山无论停采还是生产矿山，在编制开发利用方案或设计时均针对在目前经济技术条件下能够利用的共伴生矿产（铅、锌、铜、金、银、铁）作出综合利用设计。共伴生的硫铁矿、镓、铟、镉、硫、钨、锡等矿产，因经济技术条件或受市场条件限制而无法利用：一是镓、铟、镉、钨、锡等矿产因品位低、选矿工艺条件复杂无法开展综合利用；二是硫铁矿在现有技术条件下，能够回收利用，但由于市场、区位条件等原因而无法利用。

铅锌矿山在开发利用过程中，除矿床本身共伴生的有益组分外，主要产生固体废弃物（废弃岩石土、选矿尾矿）、矿井废水、选矿废水等。

1. 共伴生组分的综合利用

据2020年开发利用通报，全省铅锌矿采选工业总产值188 137.31万元，综合利用产值仅36 712.06万元，综合利用产值占19.51%，数据反映出青海省矿开发中综合利用情况不佳，综合利用产值占矿区共生有益组分应有产值的比例较低。依综合利用报表分析，仅有锡铁山铅锌矿和什多龙铅锌矿填报了综合产值，但报表与实际情况有较大出入。

从调研情况看，在现有经济技术条件下，矿山企业均开展了工艺技术成熟的共伴生元素的综合利用，具体做法是：

（1）铅锌矿山配套建设有选矿厂的，对共生的铁、铜、铅、锌在选矿过程中进行了分选；还有的铅锌矿因开采规模小，将原矿销往就近选矿厂，由选矿厂根据不同的矿石类型进行选矿，对共生的铜、铅、锌进行了分选。产品为铁精矿粉、铅精矿粉、锌精矿粉、铜精矿粉，矿石中共伴生的金、银则在选矿过程中随主矿种富集达到计价销售标准时计价销售，一般情况下，精矿粉中的硫未计价销售。这类矿山有锡铁山铅锌矿、茫崖虎头崖多金属矿、蓄集山多金属银矿、海寺驼峰铅锌矿等。

（2）都兰县沙柳河南区铅锌多金属矿因组分复杂，主矿种品位低，选矿工艺复杂，自取得采矿许可一直未能开发利用，矿区主要矿种为锌矿，虽为中型（锌）矿床，但单矿体规模小且分散导致该矿无法开采，也谈不上综合利用。

（3）铅锌矿区中的稀有分散元素因选矿工艺复杂，元素分散、品位低，不具综合利用条件，目前均未综合利用。硫虽在现有技术条件下能够选出，但因市场原因无法销售，矿山（选矿厂）将含有硫、稀有分散元素的尾矿堆存于尾矿库中保存以便二次利用。

虽然大部分矿山综合利用了共伴生矿产，但在调研过程中也发现不少问题：部分矿山不能提供相关的数据，反映出矿山企业对综合利用管理工作的不足。主要原因是：①多数矿山没有化验监控设施及技术人员，对共伴生矿的采矿品位不清，出售产品时分批次抽样送检以确定产品中计价元素含量；②部分企业虽有矿山化验室，但仅对主元素进行分析监控，对共伴生组分综合利用监控不足；③部分矿山企业不对共伴生组分进行监控，而是由下游加工企业自行回收利用共伴生组分。

综上所述，青海省铅锌矿综合利用水平按开发利用方案或设计要求，综合利用符合要求。

2. 废弃岩土及尾矿综合利用

绝大多数矿山分布于偏远地区，周边人口稀少，运离城镇，给尾矿及废弃岩土综合利用带来了不便，多数矿山的废弃岩土除采坑回填、矿区修补道路外，废弃岩土基本无法利用，产生的废弃岩土主要堆置于排土场中。

尾矿现均堆放保存于尾矿库中,尾矿中基本上含硫及稀有稀散元素,尾矿中的有益组分可供今后二次利用。

总体上,由于铅锌矿山分布偏远,废弃岩土及尾矿难以利用,目前基本处于未综合利用状态。

3. 矿井废水及选矿废水

青海省属干旱气候,矿井(坑)废水提升至地表经沉淀池沉淀后主要用于矿区绿化灌溉、喷洒降尘等,矿井(坑)废水全部利用,个别矿山因水废较少还需到其他地区运水使用。废水综合利用率达到100%。

选矿废水选厂基本上沉淀澄清后二次利用,利用率达到80%,符合部要求的"选矿厂废水综合利用率不低于80%,干旱戈壁沙漠等特殊地区选矿废水综合利用率不低于50%",随尾矿排放的极少量废水自然蒸发。

综上所述,铅锌矿山的开采、回采率均达到了部最低要求,选矿回收率达到了开发利用方案、部颁最低要求的指标标准;按开发利用方案要求,铅锌矿中共伴生组分中的综合利用亦达到了要求,但硫铁矿及稀有分散元素没有开展综合利用。尾矿及废弃岩土综合利用需逐步加强。

五、镍矿

青海省上表镍矿床(点)10个,其中化隆县矿业有限责任公司拉水峡铜镍矿已闭坑,本次调查的有开采许可证的镍矿山6家,其中中型矿山1家(平安鑫海资源开发有限公司平安县元石山铁镍矿),5家小型矿山,2018—2019年矿山均停采(表4-24)。

表4-24 2018—2019年镍矿矿山基本情况表

序号	矿山名称	调研情况	2018年生产状态	2019年生产状态	规模	开采方式	生产能力(万t/a) 设计	生产能力(万t/a) 实际	选矿能力(万t/a) 设计	选矿能力(万t/a) 实际
1	青海裕龙矿业有限公司共和县裕龙沟铜镍矿	实地	停产	停产	小型	地下	6		6	
2	化隆县沙家矿业有限责任公司沙家铜镍矿	问卷	停产	停产	小型	地下	0.08		0.08	
3	化隆县永顺矿业有限责任公司冶牛春硅酸镍矿	实地	停产	停产	小型	地下	3		3	
4	化隆县九方矿业有限公司化隆县关藏镍矿	实地	生产	停产	小型	地下	0.6		0.6	
5	化隆县矿业有限责任公司拉水峡铜镍矿	问卷	关闭	闭坑	小型	地下	1.2		1.2	
6	平安鑫海资源开发有限公司平安县元石山铁镍矿	实地	其他	停产	中型	露天	40		40	
生产能力合计							50.88		50.88	

注:实际生产能力来源于2018年开发利用数据。

根据生产情况,对4家矿山进行了问卷调查和实地调研,经调研,停采原因主要是部分矿山是处在环境敏感区或资源保证能力不足而停采,部分矿山因矿石品位低,采选矿成本高难以支持开采。

镍矿矿山设计采矿能力 50.88 万 t/a,配套建设选矿厂设计选矿能力 50.88 万 t/a,采选能力平衡,其中的化隆县沙家矿业有限责任公司沙家铜镍矿、化隆县永顺矿业有限责任公司冶什春硅酸镍矿、化隆县九方矿业有限公司化隆县关藏镍矿属手选矿石后原矿出售;中型矿山平安鑫海资源开发有限公司平安县元石山铁镍矿的设计采选矿能力 40 万 t/a,占镍矿总采选矿能力的 78.62%。

(一)镍矿山开发规模及方式

以开发利用库为统计依据,5 家镍矿矿山为地下开采,平安鑫海资源开发有限公司平安县元石山铁镍矿为露天开采。受矿产资源量规模限制,青海省镍矿矿山开采规模总体不大。

矿山开采方式以地下开采为主,个别矿山前期对地表矿体露头进行了回采,后期全部转入地下开采。

(二)镍矿山开采水平

通过对 6 家镍矿山开展了问卷调查,并对其中 4 家进行了实地调研,对其开采回采率、选矿回收率、贫化率情况进行了调查。

按国土资源部《关于镍、锡、锑、石膏和滑石等矿产资源合理开发利用"三率"指标要求(试行)的公告》(国土资源部公告 2015 年第 30 号)中的《镍、锡、锑、石膏和滑石等矿产资源合理开发利用"三率"指标要求(试行)》,规定了镍矿的开采回采率最低指标要求为 75%~92%,见表 4-25。

同时"'三率'指标要求(试行)的公告"要求镍矿露天矿山的开采回采率不低于 92%,矿体形态复杂的不低于 88%。

表 4-25 镍矿地下开采回采率的最低指标要求

矿石品位(%)		回收率指标要求(%)	
原生矿石	其他矿石	矿体厚度≤5m	矿体厚度>5m
≤0.5	≤1.2	75	80
0.5~0.8	<1.2~>2.0	85	88
≥0.8	≥2.0	88	92

对照部颁要求,青海省目前开采的主要镍矿床厚度一般小于等于 5m;品位一般在 0.46%~1.89%,品位最高的化隆县拉水峡铜镍矿(闭坑)镍品位 4.47%,最低的祁连县玉石沟铬铁矿区 V 矿群镍品位 0.19%。矿山均为地下开采,开采回采率最低指标选取为 85%。露天开采的开采回采率为 92%。

这里需要说明的是:在编制开发利用方案及设计时,基本没有参照部颁要求进行论证,设计开采回采率一般使用经验数据,大多与矿区实际不符。

1. 中型镍矿矿山开采水平

中型矿山(元石山铁镍矿)管理相对严格正规,矿山采取分层自上而下台阶开采,公路运输,由于矿体厚度不大,镍矿与铁矿同体共生,制订开发利用方案时采用铁矿的相关要求制定了相关指标,设计的开采回采率为 95%,矿山自 2017—2019 年停采,经对矿山实地调研,矿山按开发利用方案开展了矿山开采工作,回采率为 95.5%~96%,符合相关要求。

2. 小型镍矿矿山开采水平

除元石山铁镍矿外,其余5家除已闭坑的拉水峡铜镍矿外,矿山开采规模相对较小,均采用地下开采,设计开采回采率均为92%,高于部颁最低要求,由于长期停采(裕龙沟铜镍矿已停10年以上),实际开采回采率指标相关资料无法收集。

3. 镍矿山贫化率情况

采矿贫化率是矿山开采技术管理的重要指标,青海省镍矿多数为小而富的镍矿区,贫化对矿山的采矿品位造成的影响不大,因矿山停采,导致贫化率指标相关资料无法收集,在此不作过多评述。

(三)选矿技术水平

按国土资源部《关于镍、锡、锑、石膏和滑石等矿产资源合理开发利用"三率"指标要求(试行)的公告》(国土资源部公告2015年第30号)中的《镍、锡、锑、石膏和滑石等矿产资源合理开发利用"三率"指标要求(试行)》,针对不同矿石类型的镍矿石的选矿回收率也作出了要求,部"三率"试行公告根据镍矿品位、矿石可选难易程度的不同,镍矿选矿回收率指标最低要求为55%～82%,见表4-26。

表4-26 镍矿选矿回收率的最低指标要求

矿石品位(%)	回收率指标要求(%)	
	矿石中等可选①	矿石复杂难选②
≤0.7	68	55
0.7～1.0	73	62
≥1.0	82	72

注:①矿石中等可选是指矿石的物质组成、结构、有价成分的赋存状态使其在常规选矿方法、选矿条件和选矿流程中较容易分选并得到理想指标;②矿石复杂难选是指矿石赋存状态微细(小于10μm)呈浸染状,或者共伴生组分多,或者泥化严重,或者氧化率>30%,或者以上条件兼而有之。

青海省开采矿山的入选品位0.7%～1.0%,矿石中等可选,因此,选矿回收率最低指标选取68%～73%。需要说明的是,部分矿山的镍矿石类型较为复杂,矿石中有部分硅酸镍,属难选矿石,而设计的选矿回收率多使用选矿实验给出的理论数据,与规模化生产的实际有所出入。

6家矿山中,仅元石山铁镍矿配套建设有选矿厂,其余矿山均未建设选矿厂,开采矿石手选后销售至甘肃白银的选矿厂或冶炼厂使用,回收率不清。

元石山铁镍矿山按最低要求选矿回收率为68%,由于自2017年停产,无近期数据,经调研2017年前的选矿回收率为70%,符合最低要求。选厂设备采用通用设备,工艺技术选取国内行业成熟工艺,技术水平较为先进。

(四)综合利用情况

除化隆县九方矿业化隆县关藏镍矿没有评价共伴生组分,其余5家矿山均共伴生有1种以上有益组分,各矿区共伴生组分统计见表4-27。

表 4-27　镍矿山综合利用及采选情况表

序号	矿山名称	镍品位（%）	共生矿产及品位	伴生矿产	综合利用矿产	开采回采率(%) 设计	开采回采率(%) 最低	开采回采率(%) 实际	贫化率(%) 设计	贫化率(%) 实际	选矿回收率(%) 设计	选矿回收率(%) 最低	选矿回收率(%) 实际
1	裕龙矿业共和县裕龙沟铜镍矿	0.46	Cu:0.56%	Pt:0.18g/t Pd:0.33g/t	原矿销售，选冶厂利用	92	75			6		68	
2	化隆县沙家矿业沙家铜镍矿	1.15	Cu:0.22% Co:0.059%		原矿销售，选冶厂利用	92	88			12		72	
3	化隆县永顺矿业冶什春硅酸镍矿	1.89	Cu:0.22%	Co:0.028%	原矿销售，选冶厂利用	92	88					72	
4	化隆县九方矿业化隆县关藏镍矿	1.22			原矿销售，选冶厂利用	92	88					72	
5	化隆县矿业有限拉水峡铜镍矿	4.47	Co:0.11% Cu:0.59%		原矿销售，选冶厂利用	80	88					82	
6	鑫海资源公司平安县元石山铁镍矿	0.84	TFe:31.24%	Co:0.047%	铁、钴	95	92					68	70

注：1. 拉水峡已闭坑；2. 沙家铜镍矿、冶什春硅酸镍矿、关藏镍矿硅酸镍含量较多，矿石难选；3. 矿体厚度小于 5m。

按国土资源部《关于镍、锡、锑、石膏和滑石等矿产资源合理开发利用"三率"指标要求（试行）的公告》（国土资源部公告 2015 年第 30 号）中的《镍、锡、锑、石膏和滑石等矿产资源合理开发利用"三率"指标要求（试行）》对镍矿共伴生元素综合利用的要求是：镍矿中与其共生及伴生的矿产有铜、钴、铂、钯、锇、钌、铑、铱、金、银，以及硫、铁、铬、锰、硒、碲等，当组分达到表 4-28 所列含量要求时应加强综合评价与回收利用；同时规定当综合回收黑色金属时和（或）非金属资源时，其共伴生矿产综合利用率不低于 45%，当综合回收资源全部为有色金属时，其共伴生矿产综合利用率不低于 60%。

表 4-28　镍矿床伴生有用组分评价参考表

组分	铂、钯	锇、铱、钌、铑	金	银	钴	硒	碲
含量	0.03g/t	0.02g/t	0.05～0.1g/t	1.0g/t	0.01%	0.0006%	0.0002%

按此要求对照，青海省镍矿中共伴生组分均达到了综合利用的组分品位要求，应达到的最低综合利用指标为 45%。

镍矿在开发利用过程中，除矿床本身共伴生的有益组分外，主要产生固体废弃物（废弃岩石土、选矿尾矿）、矿井废水、选矿废水等。

1. 共伴生组分的综合利用

青海省小型镍矿，均销售原矿，共伴生组分由选矿厂、冶炼厂回收利用，回收利用情况不清，视为已综合利用，但小型矿山均无化验室及相关技术人员，多数矿山的有用组分含量产品出售时不清楚。

中型矿山无石山铁镍矿开展了多种组分的综合利用工作，铁、钴得到了有效利用，除镍精粉外，矿山还生产销售铁精粉、钴精矿。按单矿种和开发利用方案衡量，综合利用率 100%。

总体看，青海省镍矿开发利用综合利用水平按开发利用方案或设计要求，综合利用符合要求。

2. 废弃岩土及尾矿综合利用

绝大多数均分布于偏远地区，周边人口稀少，运离城镇，给尾矿及废弃岩土综合利用带来了不便，多数矿山的废弃岩土除采坑回填、矿区修补道路外，废弃岩土基本无法利用，产生的废弃岩土主要堆置于排土场中。

3. 矿井废水及选矿废水

青海省属干旱气候，矿井（坑）废水提升至地表经沉淀池沉淀后主要用于矿区绿化灌溉、喷洒降尘等，矿井（坑）废水全部利用，个别矿山因废水较少还需到其他地区运水使用。废水综合利用率达到100%。

选矿废水选厂基本上沉淀澄清后二次利用，利用率达到80%，符合部要求的"选矿厂废水综合利用率不低于80%，干旱戈壁沙漠等特殊地区选矿废水综合利用率不低于50%"，随尾矿排放的极少量废水自然蒸发。

综上所述，镍矿矿山的开采回采率均达到了部最低要求，选矿回收率达到了开发利用方案、部颁最低要求的指标标准；按开发利用方案要求，镍矿共伴生组分的综合利用亦达到了要求。尾矿及废弃岩土综合利用需逐步加强。

六、金矿（岩金）

以单矿种计，青海省上表金矿产地67处，部分矿产地是以铁、铜、铅、锌等矿产的共生矿，以金为主的53处（表3-14），其中已经开采的矿区18处。本次开展问卷调查的金矿山3家，实地调研13家，其中2019年生产矿山7家、停采9家（表4-29）。

全省金矿山设计采矿能力209.6万t/a，2018年实际生产能力88.51万t，产能利用率为42.23%；金矿山配套建设选矿厂设计选矿能力223.85万t/a，2018年实际选矿147.35万t，产能利用率65.83%。总体采选能力基本平衡，目前选矿能力大于采矿能力的原因是青海山金矿业有限公司都兰县果洛龙洼金矿、青海省都兰县五龙沟金矿有限责任公司五龙沟金矿的采矿证核定设计采矿能力分别为3万t/a和4.5万t/a，而选矿设计能力分别为14.85万t/a和13.5万t/a，两矿山矿区资源量规模均达中型规模，但采矿证未变更开采规模。

2018年金矿生产矿山7家，占43.75%。停采矿山较多，主要原因是部分矿山勘查程度低，资源保障能力差等。7家生产矿山的设计采矿能力为123.6万t/a，实际采矿88.51万t，设计采矿能力的利用率为71.61%。生产矿山中，大型矿山的骨干支撑作用显著，青海省第六地质矿产勘查院都兰县五龙沟矿区红旗沟-深水潭金矿的实际采产量为79.22万t，占生产矿山总矿石量的89.5%。

从开采矿山填报数据分析，绝大多数矿山没有达到设计生产能力，部分矿山设计生产能力利用率仅25%。松树南沟金矿没有开采矿石，选厂使用上年度库存矿石，选矿49.98万t/a，设计采选矿能力利用率有待进一步提高。

（一）金矿山开发规模及方式

开发利用库数据显示，露天开采的有3家，其中青海大柴旦矿业有限公司青龙沟金矿、青海大柴旦矿业有限公司滩间山金矿地表原采矿权标高范围内的矿石已开采殆尽，下一步继续开采的方式尚在论证中，其余13家为地下开采。受矿产资源量规模限制，金矿山开采规模总体表现为大中型矿山少，

表 4-29 2018—2019 年金矿矿山基本情况表

序号	矿山名称	调研情况	2018年生产状态	2019年生产状态	规模	开采方式	开采回采率（%）			选矿回收率（%）			生产能力（万t/a）		选矿能力（万t/a）	
							设计	最低	实际	设计	最低	实际	设计	实际	设计	实际
1	青海大柴旦矿业有限公司青龙沟金矿	实地	停产	生产	大型	露天	97	90	98.79			86.12	20		80	
2	青海大柴旦矿业有限公司滩间山金矿	实地	停产	停产	大型	露天	90	90	92.25			84.09	60			
3	青海省第六地质矿产勘查院都兰县五龙沟矿区红旗沟-深水潭金矿	实地	生产	生产	大型	地下	87	87	88.84	80.86		81.52	92.4	79.22	92.4	79.22
4	都兰西金矿业有限公司都兰打柴沟金矿	实地	停产	停产	小型	地下	90	87					2			
5	青海山金矿业有限公司都兰县果洛龙洼金矿	实地	生产	生产	小型	地下	87	87	93.19	80		85.81	3	2.96	14.85	11.82
6	青海省都兰县五龙沟金矿有限责任公司开荒北金矿	实地	生产	生产	小型	地下	85	85	82.7			86	4.5	4.49	13.5	4.49
7	都兰县金龙有限责任公司巴隆金矿	问卷	停产	停产	小型	地下	92	87					2		2	
8	都兰宏图矿业有限责任公司巴隆金矿	实地	生产	停产	小型	地下	85	85	96.69	92.49		93	0.6		1	
9	化隆县南天重峡矿业有限责任公司南天重峡金矿	实地	停产	生产	小型	地下		85					1.5		1.2	
10	西宁双君矿业有限责任公司化隆县泥旦沟金矿	实地	停产	生产	小型	地下	85	85					1.2	0.25	1.2	0.25

续表4-29

序号	矿山名称	调研情况	2018年生产状态	2019年生产状态	规模	开采方式	开采回采率(%) 设计	开采回采率(%) 最低	开采回采率(%) 实际	选矿回收率(%) 设计	选矿回收率(%) 最低	选矿回收率(%) 实际	生产能力(万t/a) 设计	生产能力(万t/a) 实际	选矿能力(万t/a) 设计	选矿能力(万t/a) 实际
11	青海鹏兴建材有限公司乐都县槽子沟金矿	实地	关闭	停产	小型	地下		85					0.4		0.4	
12	青海海鑫矿业有限公司门源县松树南沟金矿	实地	停产	停采	中型	露天	95	90	96.49	85.69		86.45	13.5		13.5	49.98
13	同德县显富鑫金银开发有限公司龙沟金矿	实地	生产	生产	小型	地下		85	88			Au:88 Sb:93	1	0.26	1	0.26
14	同德县高寨矿业有限责任公司石藏寺金矿	问卷	筹建	停产	小型	地下		85					4.5		4.5	
15	乌兰县金穗农牧工商有限责任公司赛坝沟金矿	实地	生产	生产	小型	地下	90	87	80	90		88.23	1.5	1.33	1.5	1.33
16	青海神牛矿业有限公司泽库县夺确兑金矿	问卷	停产	停产	小型	地下		85				0	1.5			
	合计												209.6	88.51	225.85	147.35

注：实际生产能力来源于2018年开发利用数据库。

小型矿山多,全省现有大型矿山 3 处,中型 1 处,12 处小型矿山。其中 3 家大型矿山的设计采矿能力达 172.4 万 t/a,占设计生产能力的 82.25%,中型矿山 1 家,设计采矿能力 13.5 万 t/a;4 家大中型矿山设计采矿能力为 185.9 万 t/a,占 88.69%,大中型矿山的骨干作用明显。12 家小型矿山设计采矿能力 23.7 万 t/a,占 11.31%,小型矿山平均采矿能力仅有 1.98 万 t/a,开采规模需进行调整,开发利用规模应与矿区资源量规模相适应。

(二)金矿矿山开采水平

通过对 3 家金矿山开展了问卷调查,13 家金矿山进行了实地调研,对金矿开采回采率、选矿回收率、贫化率情况进行了调查并收集了相关资料。

按国土资源部《关于金矿资源合理开发利用"三率"指标要求(试行)的公告》(国土资源部公告 2012 年第 29 号)规定了金矿的开采回采率指标,公告要求"按照金矿不同的赋存条件,地下开采的矿山企业开采回采率要在设计矿石贫化率范围内达到以下指标要求",见表 4-30。

表 4-30 金矿地下开采回采率指标要求

围岩稳固性①	矿体倾斜度②	矿体厚度③	回采率(%)
稳固	缓倾斜与急倾斜矿体	薄矿体	92
		中厚矿体	90
		厚矿体	87
	倾斜矿体	薄矿体	90
		中厚矿体	87
		厚矿体	85
不稳固	缓倾斜与急倾斜矿体	薄矿体	87
		中厚矿体	85
		厚矿体	82
	倾斜矿体	薄矿体	85
		中厚矿体	82
		厚矿体	80

注:①根据《工程岩体分级标准》(GB/T 50218—2014),将矿体围岩稳固性划分为稳固(Ⅰ级、Ⅱ级、Ⅲ级)、不稳固(Ⅳ级)和极不稳固(Ⅴ级)3 类。②根据《有色金属矿山地下开采生产技术规程》和黄金行业特点,将矿体倾斜度按倾角划分为缓倾斜矿体($\alpha<30°$)、倾斜矿体($30°\leqslant\alpha<55°$)和急倾斜矿体($\alpha\geqslant55°$)3 类。③矿体厚度划分为薄矿体($h\leqslant0.8m$)、中厚矿体($0.8m<h\leqslant4m$)和厚矿体($h>4m$)3 类。

同时"'三率'指标要求(试行)的公告"要求露天黄金矿山企业的开采回采率在矿石贫化率不超过 10%的前提下达到 90%以上。

青海省查明及开发利用金矿区的稳固性基本为不稳固,稳固和极不稳固矿区少(如铜厂沟金矿等),矿体一般为倾斜矿体,矿体厚度为中厚矿体,少部分为薄矿体(如赛坝沟金矿等),由于大多数矿区矿石品位较低,矿山开采的贫化率不宜过高,本次研究推荐的地下开采回采率为 85%~87%(各矿山企业应根据本矿区的不同特点制定适合的回采率指标),见表 4-29。

1. 露天开采金矿山开采回采率

全省露天开采矿山 3 家,2 家大型,1 家中型。大型矿山为青海大柴旦矿业有限公司滩间山金矿和青海大柴旦矿业有限公司青龙沟金矿,设计采矿能力分别为 60 万 t/a 和 20 万 t/a,中型矿山为青海海鑫矿业有限公司门源县松树南沟金矿,设计采矿能力13.5万t/a。3家矿山均采用台阶式自上而下开拓开采,公路运输。滩间山金矿、青龙沟金矿、松树南沟金矿的设计采矿回收率分别是90%、97%、95%,符合部公告中"露天黄金矿山企业的开采回采率在矿石贫化率不超过10%的前提下达到90%以上的指标"的要求,2018年3家矿山的实际采矿分别达到了93.79%、92.25%、96.49%,均达到了设计及部公告要求的开采回采率指标。

2. 地下开采金矿山开采回采率

地下开采金矿山共13家,其中大型1家(都兰县五龙沟矿区红旗沟－深水潭金矿),设计采矿能力92.4万t/a。其余12家均为小型矿山。

地下开采的矿山设计开采回采率85%～92%,符合"'三率'指标要求(试行)公告"指标取值要求,设计开采回采率最高的是都兰县金龙有限责任公司开荒北金矿(92%)。主要原因是该矿成因类型为石英脉型,矿体厚度薄,一般低于0.8m,但矿体品位高。

地下开采的生产矿山5家,分别是都兰县五龙沟矿区红旗沟-深水潭金矿、山金矿业有限公司都兰县果洛龙洼金矿、五龙沟金矿有限责任公司五龙沟金矿、显龙富鑫金银开发有限公司显龙沟金矿和金穗农牧工商有限责任公司赛坝沟金矿,各矿山的开采回采率见表4-29。

5家生产矿山的设计开采回采率为85%～90%,均符合部颁要求的最低指标,实际开采回采率达标的矿山有红旗沟-深水潭金矿、果洛龙洼金矿和显龙沟金矿3家。其中果洛龙洼金矿的开采回采率达到93.19%,据调研,该矿山目前开发区及主要矿石类型为石英脉型,矿体薄而富,开采过程矿石能够有效回采,回采率较高,符合矿区实际。

其余两家的开采回采率未达标,青海省都兰县五龙沟金矿有限责任公司五龙沟金矿为82.7%,低于设计和部颁要求2.3个百分点;乌兰县金穗农牧工商有限责任公司赛坝沟金矿为80%,低于设计要求10个百分点,低于部颁要求5个百分点。部分小型矿山的开采回采率水平不容乐观。

3. 开采金矿山采矿贫化率

生产金矿山的贫化率管理差异较大,7个矿山设计的贫化率为5%～15%(表4-31),基本符合矿山开采规律,实际的开采贫化率为1.94%～20%,特别是都兰县五龙沟矿区红旗沟-深水潭金矿、金穗农牧工商有限责任公司赛坝沟金矿、五龙沟金矿有限责任公司五龙沟金矿的实际贫化率分别达到了18.8%、20%和17%。红旗沟-深水潭金矿和五龙沟金矿均为破碎蚀变岩型,矿区中部分矿段的围岩稳固性差,造成围岩混入较多,导致了贫化率较高。但对比对应的回采率,其中赛坝沟金矿和五龙沟金矿的回采率分别为80%、82.7%,在高贫化率情况下反而回采率不高,原因不清。

表4-31 开采金矿山贫化率情况表

序号	矿山名称	开采方式	设计贫化率(%)	实际贫化率(%)	勘查平均品位(g/t)	贫化后品位(g/t)	品位降低数
1	青海大柴旦矿业有限公司青龙沟金矿	露天	5	9	3.88	3.53	0.35
2	都兰县五龙沟矿区红旗沟-深水潭金矿	地下		18.8	2.88	2.34	0.54
3	海鑫矿业有限公司门源县松树南沟金矿	露天	5	1.94	3.2	3.14	0.06
4	山金矿业有限公司都兰县果洛龙洼金矿	地下		9.33	8.30	7.52	0.77
5	五龙沟金矿有限责任公司五龙沟金矿	地下	15	17	11.14	9.25	1.89
6	显龙富鑫金银开发有限公司显龙沟金矿	地下	12		4.6	4.05	0.55
7	金穗农牧工商有限责任公司赛坝沟金矿	地下	10	20	10.09	8.88	2.02

注:资料来源主要为开发库,部分生产矿山实际回采率为调研数据。矿床品位统计自储量表。

(三) 金矿选矿回收率

青海省岩金矿开发利用分为两个阶段,第一个阶段是 20 世纪 80 代末至 90 年代末,以化隆县泥旦沟金矿开采地表氧化矿拉开了青海省岩金开发利用的序幕,随后滩间山、五龙沟、赛坎沟等岩金矿陆续进入开发阶段,以露天开采为主,主要开采地表氧化矿石,堆浸提金。根据 2003 年青海省国土规划研究院提交的《青海省岩金矿产资源利用现状调查报告》,这一时期因工艺技术条件的限制以及上堆矿石品位偏高,堆浸矿山对金的综合回收率一般为 50%,堆浸尾渣的品位普遍在 1~3g/t 之间。第二阶段为 20 世纪 90 年代末至今,随着地表氧化矿开采殆尽,各矿山均转入了原生矿的开采,选矿工艺基本上为浮选,产品大多数为金精粉,销售至中原冶炼厂等冶炼厂提金。

按国土资源部《关于金矿资源合理开发利用"三率"指标要求(试行)的公告》(国土资源部公告 2012 年第 29 号),根据金矿加工处理难易程度不同,规定了黄金矿山企业的选(冶)回收率指标,见表 4-32。难选矿石、低品位矿石仅规定了选冶综合回收指标。

表 4-32　金矿石选(冶)回收率指标要求

类型①		选矿(冶)回收率(%)②	备注
易处理矿石		85(80)	
难处理矿石	易选难冶矿石	85(75)	
	难选难冶矿石	(70)	
低品位矿石		(60)	常规氰化工艺
		(50)	堆浸

注:①采用常规氰化工艺可获得较好回收率为易处理矿石;需采用焙烧、细菌氧化、热压氧化等预处理工艺为难处理矿石;低于矿山现行工业指标而圈定的矿化体为低品位矿石。矿石类型划分可参考矿山的选矿试验研究报告或设计报告。②按照生产精矿或合质金产品的不同,回收率可分别称为选矿回收率或选冶回收率,括号外为选矿回收率,括号内为选冶回收率。

各金矿山根据矿区金的赋存状态和加工技术性能的不同,选择了不同的选矿方式,主要是浮选,个别矿山使用全泥碳浆氰化提金工艺,各矿山选矿工艺及回收率情况见表 4-33。

表 4-33　金矿山选矿工艺及回收率情况表

序号	矿山名称	矿石类型	选矿工艺	选矿回收率(%)			精矿加工	备注
				设计	最低	实际		
1	青龙沟金矿	原生金矿石、碳质高,易选难冶	浮选		85	86.12	焙烧氰化	
2	红旗沟-深水潭金矿	原生金矿石,砷高,易选难冶	浮选	80.86	85	81.52	精矿销售	
3	果洛龙洼金矿	原生金矿石	浮选		85	85.81	精矿销售	
4	五龙沟金矿	原生金矿石,砷高,易选难冶	浮选	80	85	86	精矿销售	

续表 4-33

序号	矿山名称	矿石类型	选矿工艺	选矿回收率(%) 设计	选矿回收率(%) 最低	选矿回收率(%) 实际	精矿加工	备注
5	松树南沟金矿	原生金矿石	全泥氰化碳浆	85.69	85	86.45	合质金	
6	显龙沟金矿	原生金矿石碳质高，易选难冶	浮选		85	88	精矿销售	
7	赛坝沟金矿	原生石英脉型金矿石	浮选	90	85	88.23	精矿销售	

数据显示，青龙沟金矿、滩间山金矿、红旗沟-深水潭金矿、五龙沟金矿和显龙沟金矿的矿石中砷、碳含量高，载金矿物主要为黄铁矿，属浮选易选矿石，由于金矿石在浮选过程中砷、碳也同时富集于精矿粉中，冶炼时须进行焙烧后氰化提金，属难冶矿石类型；果洛龙洼金矿、松树南沟金矿和赛坝沟金矿为易处理矿石，依据国土资源部《关于金矿资源合理开发利用"三率"指标要求（试行）的公告》（国土资源部公告2012年第29号），根据金矿加工处理难易程度不同，青海省原生金矿的选矿回收率取值为85%。

通过调研，青海省岩金矿山选矿回收率总体水平符合相关规范要求，生产矿山中仅红旗沟-深水潭金矿的选矿回收率低于部最低要求3.5个百分点，由于大多数矿山销售精矿粉，其冶炼回收率不清。

（四）综合利用情况

国土资源部《关于金矿资源合理开发利用"三率"指标要求（试行）的公告》（国土资源部公告2012年第29号），对金矿综合利用提出的要求是：国家鼓励黄金矿山企业合理开发与综合利用银、硫、铜、铅、锌等共伴生矿产资源。当黄金与其他矿物共生时，综合利用率不低于60%；当黄金与其他矿物伴生时，综合利用率不低于40%。

本次调研的16家金矿山中有7家具有综合利用的基础条件，其中4家矿山的矿石中含有可供综合利用的Ag、As等有益元素，且均有可供二次利用的堆浸、选矿尾矿（表4-34）。

表 4-34 各生产金矿共伴生组分统计情况表

序号	矿区名称	工作程度	共伴生矿产	共伴生矿产品位	可供综合利用组分及形态	综合利用现状
1	乌兰县赛坝沟金矿	普查			堆浸尾矿	堆浸尾矿
2	都兰县五龙沟金矿区	详查	银未评价		银、砷，堆浸尾矿	银、砷
3	都兰县开荒北金矿	普查			堆浸尾矿	
4	都兰县红旗沟-深水潭金矿	勘探	银、砷未评价		银、砷，堆浸尾矿	银、砷
5	大柴旦滩间山金龙沟矿区	详查	银	2g/t	银，堆浸尾矿	银，堆浸尾矿
6	大柴旦行委青龙沟金矿	详查	银未评价		银，堆浸尾矿	银，堆浸尾矿
7	海鑫矿业松树南沟金矿	详查	铜、银		铜、银原选矿尾矿	原选矿尾矿铜、银

金矿山在开发利用过程中，除矿床本身共伴生的有益组分外，主要产生固体废弃物（废弃岩石土、选矿尾矿）、矿井废水、选矿废水等。

1. 共伴生组分的综合利用

青海省金矿中伴生可供利用的元素主要有 Ag、As，各矿山并未直接利用。银、砷在浮选过程中随金一起富集至金精矿中，由冶炼厂在焙烧冶炼过程中回收利用，因此金矿中伴生组分的综合利用率可视为已达 100%。

其中松树南沟金矿的做法较为典型，该矿西矿区矿石除主要元素金外，还伴有铜、银等多种有益组分。公司对选矿工艺进行了实验和优化改造，提高了矿产资源的综合利用水平和能力：银在金的冶炼过程中回收；铜是通过改进尾液提铜工艺，利用体系化学中相平衡原理，回收氰化物、铜、金等，从而提高了铜的回收，通过技术改进，提高尾矿综合利用，每年回收金、铜，新增效益 520 万元。

2. 低品位矿的综合利用

青海省岩金矿山的金一般为中低品位矿，勘查阶段提交的低品位矿资源量一般占 1/3 左右。各开采矿山都在尽力提高低品矿的利用效率，主要是在采矿过程中贫富均采，在选矿过程中配矿利用，个别矿山对选（提）金工艺进行改革，全部利用低品位矿进行生产，全省的开采矿山对低品位矿的利用率达 100%。对低品位矿利用较好的是都兰县五龙沟矿区红旗沟-深水潭金矿和海鑫矿业有限公司门源县松树南沟金矿。

(1) 都兰县五龙沟矿区红旗沟-深水潭金矿是青海省地质矿产勘查开发局下属的大型金矿山，矿山开发始于 20 世纪 90 年代，前期开采地表氧化矿，采用堆浸工艺提金。90 年代末逐渐开始开采原生矿，采用浮选工艺，产品为金精粉。矿区累计查明金资源量 39 812.32kg，平均品位 2.88g/t，其中低品位矿的占比达 33.68%。对此，矿山通过提高选矿工艺水平，高效利用了低品位矿石，低品位矿石量占其历年消耗矿石总量的 35.67%，低品位金金属量占其历年消耗金金属量的 21.52%，有效地综合利用了低品位矿石。

(2) 松树南沟金矿开发始于 20 世纪 80 年代末，采用浮选工艺选矿，受当时技术条件限制，入选品位较高，生产规模为年采选矿石 1.5 万 t。矿区勘查初期，资源量估算使用的工业指标为边界品位 2.0g/t，最低工业品位 4.0g/t，最小可采厚度 0.8m，估算资源量 9253kg。

2005 年，青海省有色地勘局与四川省冶金局合作对该矿进行规模开发利用并成立了青海海鑫矿业有限公司，为有效利用资源，公司委托西南冶金地质测试中心进行选矿试验，最终确定使用全泥氰化碳浆法提金，将入选品位降至 2g/t 以下，入选品位下降了 1 倍多。由于降低了工业指标，重新估算的全矿区查明资源量比 2004 年估算的 9253kg 增加了 7105kg，相当于新找到 1 处中型矿山，大幅提高了矿山的服务年限，最大限度地节约利用了有限的宝贵资源。

3. 岩金矿尾矿综合利用

青海省岩金矿开采起步晚，在选矿技术上与岩金开采发达省份有一定差距，由于特殊的历史原因，早期青海省大部岩金矿山的选矿回收水平较低，多数矿山遗留有品位较高的尾矿，随着选矿工艺技术水平的不断提高，矿山企业对尾矿利用的重视程度不断提高。据调研，综合利用尾矿的矿山有松树南沟金矿、果洛龙洼金矿、滩间山金矿、青龙沟金矿、赛坝沟金矿等，矿山企业对原堆浸尾渣或浮选尾矿进行了二次利用，取得了一定的成效。尾渣与尾矿利用工作典型矿山是松树南沟金矿、果洛龙洼金矿、滩间山金矿、青龙沟金矿（其中滩间山金矿、青龙沟金矿为一个生产主体，共用 1 套选矿设施）。

(1) 滩间山金矿、青龙沟金矿：两个矿山的开发始于 20 世纪 90 年代初期，开发利用初期，均采用露天开采，主要使用堆浸工艺提金，金的浸出率仅为 33.55%～47.82%，原生矿的选矿回收率为 57.36%。2005 年，青海大柴旦矿业有限公司建设了年处理 100 万 t 金矿石的选矿厂，矿山生产采用了浮选—精矿焙烧—氰化浸出的选冶工艺，大幅提升了回收率和产率。为节约资源，综合利用尾矿，2011 年 3 月，青海大柴旦矿业有限公司委托青海省第一地质矿产勘查院开展了"青海省大柴旦镇滩间山金矿堆浸尾矿堆勘查"工作,并对尾矿进行了二次利用,矿山尾矿综合利用和低品位金的利用工作取得了显著成效。

(2)松树南沟金矿:矿山前期浮选厂建于青石咀大通河边,尾矿中金品位平均大于2g/t,尾矿堆临近大通河,既影响景观,又易造成环境污染。青海海鑫矿业有限公司对尾矿开展必要的评价后,将堆存的约30万t尾矿进行了二次选矿利用,取得了较好的社会和经济效益。

4. 废弃岩土综合利用

绝大多数均分布于偏远地区,周边人口稀少,运离城镇,给尾矿及废弃岩土综合利用带来了不便,多数矿山的废弃岩土除采坑回填、矿区修补道路外,废弃岩土基本无法利用,产生的废弃岩土主要堆置于排土场中。

做得较好的为松树南沟金矿,矿山产生的废石、锅炉渣、尾矿等,根据其特性不同,主要用于砌墙、铺路等。四川省建材工业科学研究院对矿山尾矿渣再利用进行了可行性研究,通过高温加工成无毒的建设材料。

总体看,由于金矿山分布偏远,废弃岩土及尾矿难以利用,目前基本处于未综合利用状态。

5. 矿井废水及选矿废水

青海省属干旱气候,矿井(坑)废水提升至地表经沉淀池沉淀后主要用于矿区绿化灌溉、喷洒降尘等,矿井(坑)废水全部利用,个别矿山因水废较少还需到其他地区运水使用。废水综合利用率达到100%。

选矿废水选厂基本上沉淀澄清后二次利用,利用率达80%以上,符合部要求的"选矿厂废水综合利用率不低于80%,干旱戈壁沙漠等特殊地区选矿废水综合利用率不低于50%",随尾矿排放的极少量废水自然蒸发。

综上所述,青海省金矿矿山的开采回采率均达到了部最低要求,选矿回收率达到了开发利用方案、部颁最低要求的指标;按开发利用方案要求,金矿中共伴生组分的综合利用亦达到了要求;尾矿利用情况较好。废弃岩土综合利用需逐步加强。

七、其他金属矿产

(一)锰矿

青海省的锰矿查明资源较贫乏,矿床资源量规模小,全省最多时有4家锰矿(祁连县边麻沟、石头沟锰矿已关闭),列入调研的锰矿共2家,分别是德令哈市恒源矿业有限公司高特拉蒙铁锰矿(小型,停产)和都兰县兰天矿业有限责任公司哈莉哈德山锰矿(中型,停产)。

高特拉蒙铁锰矿设计生产能力为0.1万t/a,露天开采,出售原矿至甘肃酒钢,设计开采回采率80%,矿石类型为氧化锰矿,矿山已停采多年。该矿工作程度很低,目前正在开展生产探矿工作,地表矿少,矿体延伸长度有限,属中等稳固中厚矿体(0.8m<H<4m)。根据调研估算,开采回采率超过95%,符合国土资源部《关于锰、铬、铝土矿、钨、钼、硫铁矿、石墨和石棉等矿产资源合理开发利用"三率"最低指标要求(试行)的公告》(国土资源部公告2014年第31号)要求的小型露天锰矿开采回采率不低于90%的要求。该矿的设计生产能力远低于国土资源部《关于调整部分矿种矿山生产建设规模标准的通知》(国土资发〔2004〕208号)中规定的锰矿最低矿山建设规模2万t/a的要求,需进行生产规模调整。

哈莉哈德山锰矿设计生矿能力7万t/a,为露天开采,设计开采回采率90%,原矿首选后销售至甘肃酒钢,矿石类型为硅酸锰矿,地表有少量氧化锰矿石,矿石选矿工艺复杂,因资源条件等限制矿山已停采多年。该矿的工作程度不高,仅2015年提交过普查报告,属稳固中厚矿体(0.8m<H<4m),前期矿山开采属边探边采,开采回采率超过95%(估算),符合国土资源部《关于锰、铬、铝土矿、钨、钼、硫铁矿、石墨和石棉等矿产资源合理开发利用"三率"最低指标要求(试行)的公告》(国土资源部公告2014年第31号)要求的大中型露天锰矿开采回采率不低于92%的要求。

(二)锑矿

青海省上表锑矿床(点)6处,单矿种(锑)大型矿床1处(同德县石藏寺金矿,锑为共生矿),其余均为小型;以锑为主要矿产的产地1处,即格尔木市东大滩金锑矿,其余5处产地中,同德县克穆达钨锑矿区为锑钨共生矿产,其余4处上表锑矿产地均为锑金共生矿产,见表4-35。

全省目前上表锑矿产地中涉及开发利用的产地仅有格尔木市东大滩金锑矿1处,其余共伴生产地的开发利用要以其主要矿产开发利用现状及开发"三率"水平时做综合利用研究。

表4-35 青海省锑矿基本情况表(单矿种产地)

矿区名称	勘查程度	主要矿产	共生矿产	矿床规模	开发现状	备注
格尔木市东大滩金锑矿	详查	Sb	Au	小型	停采	
同德县克穆达钨锑矿区	普查	W	Sb	小型	开采矿区	多年停采
同德县显龙沟金矿	详查	Au	Sb	小型	开采矿区	
同德县石藏寺金矿	详查	Au	Sb	中型	基建矿区	Sb:100 531t(大型)
兴海县浪琴—得龙地区金锑矿	详查	Au	Sb	小型	未利用	
都兰县沙丘沟金矿	普查	Au	Sb	小型	未利用	

本次调研的开采许可证为锑矿的矿山1家,即格尔木市东大滩金锑矿,设计采矿能力为3万t/a,开采方式为地下开采。矿山停采多年,停采的主要原因是矿山办理采矿证时矿区工作程度低,矿体规模小,开发利用困难,矿山近年来开展过多次矿区的生产探矿和外围及深部找矿工作。

东大滩金锑矿的开发利用始于20世纪90年代,受当时技术条件制约,主要开采金锑富矿体,矿产品是原矿。由于年代久远,矿业权人几度更迭,矿山开采的相关资料无法收集,难以对开发利用水平作出评价,现将有关要求说明如下,以备青海省锑矿开采时参考。

按国土资源部《关于镍、锡、锑、石膏和滑石等矿产资源合理开发利用"三率"指标要求(试行)的公告》(国土资源部公告2015年第30号)中的《镍、锡、锑、石膏和滑石等矿产资源合理开发利用"三率"指标要求(试行)》,规定了锑矿的开采回采率最低指标要求为75%~90%,见表4-36。

同时"'三率'指标要求(试行)的公告"要求锑矿露天矿山的开采回采率不低于95%,矿体形态复杂的不低于92%。

按《镍、锡、锑、石膏和滑石等矿产资源合理开发利用"三率"指标要求(试行)》,针对不同矿石类型的锑矿石的选矿回收率也作出了要求,部"三率"试行公告根据锑矿品位、矿石可选难易程度的不同,锑矿选矿回收率指标最低要求分别为60%~90%(表4-36)。

按《镍、锡、锑、石膏和滑石等矿产资源合理开发利用"三率"指标要求(试行)》对镍矿共伴生元素综合利用的要求是:锑矿中常伴生有砷、金、银、钨、汞、铋、硒、钴、镍、萤石、重晶石等组分,当伴生组分达到表4-37所列含量要求时应加强综合评价与回收利用;同时规定当锑矿石为中等可选时,其共伴生矿产综合利用率不低于50%,当锑矿石为复杂难选时,其共伴生矿产综合利用率不低于40%。

表 4-36 锑矿地下开采回采率和选矿回收率的最低指标要求

矿石品位(%)	回采率指标要求		回收率指标要求(%)	
	矿体厚度≤5m	矿体厚度>5m	矿石中等可选①	矿石复杂难选②
≤1.5	75	80	75	80
<1.5～>2.5	77	85	77	85
≥2.5	80	90	80	90

注:①矿石中等可选是指矿石的物质组成、结构、有价成分的赋存状态使其在常规选矿方法、选矿条件和选矿流程中较容易分选并得到理想指标;②矿石复杂难选是指矿石赋存状态微细(小于10μm),呈浸染状嵌布,或者共伴生组分多,或者泥化严重,或者氧化率>30%,或者以上条件兼而有之。

表 4-37 锑矿床伴生有用组分评价参考表

组分	砷(%)	金(g/t)	银(g/t)	钨(%)	汞(%)	铋(%)	硒(%)	钴(%)	镍(%)	萤石(%)	重晶石(%)
含量	0.2	0.1	2.0	0.05	0.005	0.05	0.001	0.01	0.1	5	8

按《镍、锡、锑、石膏和滑石等矿产资源合理开发利用"三率"指标要求(试行)》对锑矿"三率"指标要求,青海省锑矿的开采回采率的最低指标要求为80%～90%,选矿回收率指标为75%～80%,综合利用率为40%。

(三)钼矿

青海省上表钼矿床(点)12处,大型矿床1处(杂多县纳日贡玛铜钼矿),中型矿床2处,其余均为小型;以钼为主要矿产的有5处,共生4处,伴生3处(表4-38)。

表 4-38 青海省钼矿基本情况表(单矿种产地)

矿区名称	勘查程度	矿产组合			矿床规模	开发现状
		主要	共生	伴生		
杂多县纳日贡玛铜钼矿区	详查	Mo	Cu	Cu、Ag、S	大型	未利用
都兰县热水钼矿	普查	Mo			小型	停采
都兰县沙柳河南钼矿	详查	Mo			小型	未利用
都兰县多龙恰柔钼矿	普查	Mo			小型	未利用
格尔木市大干沟口金矿	普查	Mo	V₂O₅		小型	未利用
格尔木市它温查汗铁多金属矿	详查	Fe	Mo		中型	未利用
格尔木市索拉吉尔铜矿	详查	Cu	Mo		中型	开采矿区
格尔木市拉陵灶火中游铜多金属矿	详查	Cu	Mo		小型	未利用
兴海县什多龙铅锌矿外围多金属矿	普查	Pb	Mo		小型	未利用
冷湖行委小赛什腾山铜矿	勘探	Cu		Mo	小型	未利用
茫崖行委迎庆沟锌铜铅多金属矿	勘探	Zn		Mo	小型	未利用
治多县尕龙格玛多金属矿区	普查	Cu		Mo	小型	开采矿区

在5个以钼为主的矿区中,本次调研了都兰县热水钼矿,矿山设计采矿能力50万t/a,开采规模中型,开采方式为露天/地下开采。自取得采矿许可证后,2014年前仅对地表富矿进行了小规模开采,开采矿石量不足千吨。2014年后停采至今,主要是钼矿产品价格下滑严重,矿区矿体规模小而分散,开发利用困难。

1. 开采回采率

按国土资源部《关于锰、铬、铝土矿、钨、钼、硫铁矿、石墨和石棉等矿产资源合理开发利用"三率"指标要求(试行)的公告》(国土资源部公告2014年第31号)中的《锰、铬、铝土矿、钨、钼、硫铁矿、石墨和石棉等矿产资源合理开发利用"三率"最低指标要求(试行)》,根据矿体厚度和品位的不同,规定了钼矿的开采回采率最低指标要求,见表4-39。

表4-39 钼矿地下开采回采率的最低指标要求

矿体厚度 H(m)	钼品位(%)		
	$\geqslant 0.2$	$0.1\sim 0.2$	$\leqslant 0.1$
$H\leqslant 5$	88	80	75
$5<H<15$	90	83	80
$H\geqslant 15$	92	85	85

同时"'三率'指标要求(试行)的公告"要求钼矿大型矿山露天的开采回采率不低于95%,中小型露天矿山或矿体形态变化大、矿体薄、矿岩稳固性差的矿山,其开采回采率不低于92%。

青海省以钼为主要矿产的矿区中有3个钼品位大于0.2%,厚度小于5m,适合地下开采,最低开采回采率要求为88%。杂多县纳日贡玛铜钼矿区矿体厚大,品位较低,为0.064%,适合露采,最低开采回采率要求为92%。

都兰县热水钼矿采用露天/地下联合开采,开发利用方案设计的开采回采率为93%,符合部颁最低指标要求。2014年前矿山对主矿体地表矿体进行了小规模的露天开采,矿山实际开采回采率为93.3%,经实地调研,露天开采所针对的矿体产状较陡,矿体厚度较小,矿山对矿体两侧围岩进行了"V"字形剥离回采矿石,实际开采回采率大于93.3%,符合相关要求;建议矿山转入地下开采时应根据"三率"公告要求重新设计地下开采的回采率。

2. 贫化率

虽然以钼为主的矿区品位较高,但贫化率管理仍十分重要,以热水钼矿为例,其矿床平均品位0.09%,开发利用方案设计的贫化率为12%,按设计矿石入选品位为0.08%,但矿山管理到位,实际贫化率为5.88%,实际入选品位为0.085%,入选品位得到提高,为后续加工打下了良好的基础。

3. 选矿回收率

按《锰、铬、铝土矿、钨、钼、硫铁矿、石墨和石棉等矿产资源合理开发利用"三率"最低指标要求(试行)》,针对不同矿石类型的钼矿石在保证合格钼精矿产品(钼精矿品位$\geqslant 45\%$)的基础上,根据矿石结构构造类型、矿石入选品位等影响因素,钼矿选矿回收率应分别达到以下指标要求,见表4-40。

由于钼矿山多年停采,2014年前的采出矿量极少,未能开展选矿工作,据了解目前省内没有钼选矿装置,根据矿区现状,未来钼矿的选矿回收率按不同矿区取值应为79%~90%。

表 4-40 钼矿选矿回收率指标要求

结构构造类型	入选品位 a					
	$a\leq0.06$	$0.06<a\leq0.08$	$0.08<a\leq0.1$	$0.1<a\leq0.2$	$0.2<a\leq0.5$	$a>0.5$
块状、粒状(%)	80.5	81.5	86	88	92.5	93.5
条带状(%)	80	81	85	87	92	93
似层状网脉状(%)	79.5	80.5	84	86	91	92
浸染状、交代状(%)	79	80	83	85	90	91

4. 综合利用

按《锰、铬、铝土矿、钨、钼、硫铁矿、石墨和石棉等矿产资源合理开发利用"三率"最低指标要求(试行)》对钼矿共伴生元素综合利用的要求是:钼矿床中常伴生有钨、铋、铜、铅、锌、钴、铁、金、铌、铍、铼、铟、硒、碲、硫等组分,当伴生组分达到表4-41所列含量要求时应加强综合评价与回收利用;同时规定结合钼行业生产实际,当钼仅回收铜或单伴生组分时,综合利用率应达到50%以上,当回收两种以上伴生组分,矿石为复杂难选时,综合利用率应达到40%以上。

表 4-41 钼矿床伴生有用组分评价参考表

组分	钨(%)	铜(%)	铅(%)	锌(%)	铁(%)	硫(%)	铋(%)	铼(g/t)
含量	0.06	0.1	0.2	0.4	10	1	0.03	10

按《锰、铬、铝土矿、钨、钼、硫铁矿、石墨和石棉等矿产资源合理开发利用"三率"最低指标要求(试行)》要求,青海省钼矿的综合利用率应不低于40%。

综合钼矿开发利用情况,青海省钼矿开发利用强度低,基本处于未开发利用状态,唯一的以钼矿为主采矿种的矿山,多年停采,从其试生产效果看,钼矿的开发利用的"三率"指标基本符合相关要求。

八、盐湖矿产

以单矿种计,青海省上表盐湖主要矿产有钾盐(氯化钾)、镁盐(氯化镁、硫酸镁)、盐矿(氯化钠)、芒硝、硼矿、天然碱(碳酸钠、碳酸氢钠),盐湖还有稀有金属锂矿(氯化锂)、锶矿(天青石)等共计8种,10个亚种,伴生铷、碘、溴等,除锶矿、天然碱外,其他矿种均是以固液共存或液体矿的形态赋存于各盐湖中。其中,5个以盐矿(氯化钠)为主,4个以锶矿为主,其余均为钾、镁、盐共存的多组分共伴生矿床。

以主矿种为矿区单元计,共有产地46个,其中以锂矿为主要矿产的矿区3个,锶矿4个,芒硝1个,天然碱3个,盐矿(氯化钠)7个,盐1个,钾盐21个,硼矿6个,见表4-42。

46个矿区中有大型28个,中型9个,小型3个,矿点6个。开采矿区24个,停采矿区2个,未利用矿区20个。

表 4-42 盐湖矿产地一览表

序号	矿区名称	勘查程度	矿床规模	勘查开发现状	共生矿产	伴生矿产
锂矿（氯化锂）						
1	柴达木一里坪锂矿（固、液）	勘探	大型	开采	氯化镁、硼、氯化钾、氯化钠	
2	格尔木市柴达木西台吉乃尔湖锂矿矿区（固、液）	勘探	大型	开采	氯化钠、氯化镁、硼、氯化钾	
3	格尔木市东台吉乃尔湖锂硼钾矿（固、液）	勘探	大型	开采	氯化钠、氯化镁、硼、硫酸镁、氯化钾	
锶矿（天青石：$SrSO_4$）						
4	花土沟镇尖顶山锶矿	普查	大型	未利用		
5	花土沟镇大风山锶矿田Ⅰ、Ⅱ、Ⅲ矿区	详查	大型	开采		
6	花土沟镇大风山锶矿田Ⅳ矿区	勘探	中型	开采		
7	柴达木盆地西部碱山锶矿	普查	中型	未利用		
芒硝						
8	冷湖行委察汗斯拉图矿区芒硝矿	详查	大型	开采	氯化钠	
天然碱						
9	都兰县柴达木河北岸土碱矿	普查	矿点	未利用		
10	都兰县哈鲁乌苏河土碱矿	普查	矿点	未利用		
11	都兰县宗家-巴隆天然碱矿	详查	小型	未利用		
盐矿（氯化钠）						
12	囊谦县达改盐矿	勘探	矿点	开采		
13	察尔汗盐湖钾镁盐矿床霍布逊区段北矿段钠盐矿（固、液）	详查	大型	开采	硫酸镁、氯化钾	
14	察尔汗盐湖钾镁盐矿床霍布逊区段东部石盐矿A区（固、液）	详查	中型	未利用		氯化镁、氯化钾
15	乌兰县柯柯盐湖（固、液）	勘探	大型	开采		
16	乌兰县茶卡盐湖（固、液）	勘探	大型	开采		
17	乌兰县柴凯湖盐湖	详查	中型	停采		
18	冷湖行委昆特依钾矿田大盐滩矿床（固、液）	详查	大型	开采	氯化钾、芒硝、硫酸镁、氯化镁	
镁盐（氯化镁）						
19	格尔木市察尔汉盐湖团结湖镁盐矿（尾矿堆积区）（固、液）	勘探	大型	开采	氯化钠、氯化镁、氯化锂、硼	氯化钾

续表 4-42

序号	矿区名称	勘查程度	矿床规模	勘查开发现状	共生矿产	伴生矿产
钾盐（氯化钾）						
20	格尔木市察尔汉盐湖钾镁盐矿察尔汉矿区（固、液）	勘探	大型	开采	氯化钠、氯化镁、硼	氯化锂、碘、溴
21	格尔木市察尔汉盐湖钾镁盐矿别勒滩矿区（固、液）	勘探	大型	开采	氯化钠、氯化镁、硼	氯化锂、碘、溴、铷
22	冷湖行委察汗斯拉图矿区碱北凹地钾矿（固、液）	详查	大型	未利用	氯化钠、硫酸镁、氯化镁	芒硝
23	茫崖行委大浪滩矿田梁中矿床（固、液）	详查	大型	开采	氯化钠、芒硝、硫酸镁、氯化镁	氯化锂、碘、溴、硼
24	茫崖行委大浪滩矿田黄瓜梁矿床（固、液）	详查	大型	开采	氯化钠、芒硝、硫酸镁、氯化镁	
25	茫崖行委大浪滩矿田双泉矿床（固、液）	普查	大型	未利用	氯化钠、芒硝、硫酸镁、氯化镁	
26	茫崖行委大浪滩矿田风南矿床（固、液）	普查	大型	未利用	氯化钠、硫酸镁、氯化镁	芒硝、溴
27	茫崖行委大浪滩矿田黑北矿点（固、液）	详查	中型	未利用	氯化钠、芒硝、硫酸镁	
28	茫崖行委大浪滩矿田风北矿点（固、液）	详查	中型	未利用	氯化钠、硫酸镁、氯化镁	
29	冷湖镇昆特依北部新盐带（固、液）	详查	中型	开采	氯化钠、硫酸镁、氯化镁	
30	冷湖行委钾湖钾镁盐矿床（固、液）	普查	大型	开采	氯化钠、硫酸镁、氯化镁	
31	冷湖镇昆特依钾矿田俄博滩矿床（固、液）	详查	大型	未利用		芒硝、氯化镁、氯化钠、硫酸镁
32	冷湖行委昆特依钾矿田大熊滩矿床（固、液）	普查	大型	未利用	氯化钠、硫酸镁、氯化镁	
33	茫崖行委尕斯库勒钾矿（固、液）	详查	大型	开采	氯化钠、氯化锂、硫酸镁、氯化镁	硼
34	冷湖行委马海钾矿区（固、液）	勘探	大型	开采	氯化钠、硫酸镁、氯化镁	
35	冷湖行委巴仑马海钾矿区（固、液）	详查	大型	开采	氯化钠、硫酸镁、氯化镁	

续表 4-42

序号	矿区名称	勘查程度	矿床规模	勘查开发现状	共生矿产	伴生矿产
36	大柴旦行委红南凹地钾矿（固、液）	详查	大型	未利用	氯化钠	氯化镁
37	大柴旦行委南里滩钾矿（固、液）	普查	大型	未利用	氯化钠	硫酸镁、氯化镁
38	冷湖镇牛郎织女湖钾矿区（固、液）	详查	小型	开采	氯化钠	氯化镁
39	茫崖行委油泉子钾矿床浅部卤水矿（固、液）	详查	中型	开采	氯化钠	硫酸镁、氯化镁、芒硝
40	茫崖行委黑北凹地钾矿（固、液）	详查	大型	未利用	氯化钠、硼	氯化镁、氯化锂
硼矿							
41	柴达木开特米里克矿	详查	矿点	未利用		
42	柴达木雅沙图居红土硼矿	勘探	小型	未利用		
43	柴达木雅沙图靠条灶火硼矿	勘探	矿点	未利用		
44	柴达木马海—南八仙盐类沉积区硼矿	普查	矿点	未利用		
45	大柴旦行委大柴旦湖硼矿区	详查	大型	开采	芒硝、氯化锂、氯化钠、溴、硫酸镁、氯化镁、氯化钾	
46	大柴旦行委小柴旦湖硼矿区	详查	中型	停采	芒硝、氯化钠、氯化镁、氯化钾	氯化锂

开展调研的盐湖矿山 33 家，其中锂矿 2 家，钾盐 16 家，镁盐 5 家，硼矿 2 家，盐矿 8 家，锶矿因长期停采没有纳入本次调研，矿山基本情况见表 4-43。

表 4-43　盐湖矿矿山基本情况表

序号	矿山名称	调研情况	开采主矿产	2018 年生产状态	2019 年生产状态	矿山规模
1	五矿盐湖有限公司冷湖行委—里坪盐湖锂矿	实地	锂矿	筹建	生产	大型
2	青海中信国安科技发展有限公司西台吉乃尔湖锂矿	实地	锂矿	生产	生产	大型
3	盐湖工业股份有限公司察尔汗钾镁盐矿别勒滩矿区	实地	钾盐	生产	生产	大型
4	青海盐湖工业股份有限公司察尔汗盐湖钾镁盐矿	实地	钾盐	生产	生产	大型
5	格尔木藏格钾肥有限公司察尔汗盐湖钾镁盐矿	实地	钾盐	生产	生产	大型
6	地矿化工（集团）有限公司霍布逊区段北矿段钾镁盐矿	实地	钾盐	生产	生产	大型
7	青海香江盐湖开发有限公司团结湖镁盐矿	实地	钾盐	生产	生产	小型
8	冷湖滨地钾肥有限责任公司大盐滩钾镁盐矿	实地	钾盐	生产	生产	大型
9	青海锦泰钾肥有限公司巴仑马海钾盐矿	实地	钾盐	生产	生产	大型
10	青海中航资源有限公司马海钾矿	实地	钾盐	生产	生产	大型
11	冷湖俄北钾肥有限责任公司北部新盐带钾矿	实地	钾盐	停产	停产	中型

续表 4-43

序号	矿山名称	调研情况	开采主矿产	2018年生产状态	2019年生产状态	矿山规模
12	冷湖开源钾肥有限责任公司牛郎织女湖钾矿	实地	钾盐	停产	停产	小型
13	青海省冷湖昆湖钾肥有限责任公司冷湖钾镁湖钾矿	问卷	钾盐	停产	停产	大型
14	青海省茫崖康泰钾肥开发有限责任公司大浪滩钾矿	调研	钾盐	停产	停产	大型
15	茫崖兴元钾肥有限责任公司大浪滩钾矿	实地	钾盐	生产	生产	大型
16	青海晶鑫钾肥有限公司茫崖尕斯库勒湖钾矿	实地	钾盐	生产	生产	大型
17	森盛矿业有限公司察汗斯拉图矿区碱北凹地钾矿	问卷	钾盐	筹建	筹建	大型
18	青海大沃矿业有限公司茫崖行委油泉子钾矿	问卷	钾盐	筹建	筹建	中型
19	香江盐湖开发有限公司察尔汗盐湖团结湖镁盐矿	实地	镁盐	生产	生产	小型
20	青海西部镁业有限公司团结湖镁盐矿	实地	镁盐	停产	停产	中型
21	青海昆仑镁盐有限责任公司团结湖镁盐矿	实地	镁盐	生产	生产	中型
22	青海百事特镁业有限公司团结湖镁盐矿	问卷	镁盐	筹建	停产	中型
23	格尔木富镁科技有限公司团结湖镁盐矿	问卷	镁盐	筹建	停产	大型
24	大柴旦大华化工有限公司大柴旦湖（A 区）硼钾矿	实地	硼矿	生产	生产	小型
25	青海中天硼锂矿业有限公司大柴旦湖硼矿	实地	硼矿	停产	停产	大型
26	五彩碱业有限公司北霍布逊湖矿段钠盐矿	问卷	盐矿	筹建	停产	大型
27	茫崖尕斯库勒盐化有限公司尕斯库勒石盐矿	实地	盐矿	生产	生产	小型
28	中盐青海昆仑碱业有限公司柯柯盐矿	实地	盐矿	停产	停产	大型
29	青海省海西州莫河骆驼场茶卡盐湖盐矿	实地	盐矿	生产	生产	中型
30	青海省盐业股份有限公司茶卡制盐分公司	实地	盐矿	生产	生产	大型
31	青海省盐业股份有限公司柯柯盐厂	实地	盐矿	生产	生产	大型
32	青海发投碱业有限公司柯柯盐湖东部盐矿	实地	盐矿	停产	停产	大型
33	格尔木盐化(集团)有限责任公司察尔汗盐矿	实地	盐矿	生产	生产	中型

2019年生产的矿山有19家，筹建2家，停采12家。对33家矿山开展问卷调查的基础上对其中的27矿山开展了实地调研。各盐湖矿山因矿区矿种的不同开发利用的主要矿产各异，主要分为五大类，分别是锂矿、钾盐、镁盐、硼矿和盐矿。下面根据各矿山主要矿产的开发利用情况对盐湖矿产的开发利用水平进行分析。

（一）锂矿

青海省的锂矿主要是以离子形式赋存于盐湖液体矿中，在勘查评价中一般以氯化锂矿物量估算资源量，2020年上表的有11处产地，以锂为主要矿产的有3处，分别是格尔木市柴达木西台吉乃尔湖锂矿、格尔木市柴达木东台吉乃尔湖锂矿区和柴达木一里坪锂矿，其余8处均为共伴生矿产。现已开发锂资源的盐湖包括东台吉乃尔盐湖、西台吉乃尔盐湖、察尔汗盐湖别勒滩段、一里坪盐湖和大柴旦盐湖，且均已实现工业化生产。

2020年由青海省自然资源厅、发改委、工信厅组成的柴达木盆地盐湖资源产能核查小组对柴达木盆地13个盐湖已设的33宗盐湖采矿权开发利用情况进行了详细核查。柴达木盆地盐湖资源按开采主矿种划分,锂矿采矿权3宗,综合利用锂矿5宗,各企业锂矿生产产能见表4-44。

表4-44　柴达木盆地盐湖资源产能统计表(青海省柴达木综合地质矿产勘查院,2021)

序号	矿山名称	产品	采矿证载明产能(万t/a)	批复产能(万t/a)	设计建成产能(万t/a)	2016—2019年实际生产量平均值(万t/a)
1	格尔木藏格钾肥有限公司察尔汗盐湖钾镁矿	氯化钾	200	200	200	150.36
		碳酸锂	0	0	1	0.2
2	青海盐湖工业股份有限公司察尔汗、别勒滩钾镁盐矿2宗采矿权	氯化钾	130	501	550	417.38
		碳酸锂	0	3	3	0.825
		金属镁	0	10	10	试车
		纯碱	0	100	100	41.075
3	五矿盐湖有限公司冷湖行委一里坪盐湖锂矿	碳酸锂	1	1	1	0.5847
		硼酸	1	1	1	
		氯化钾	30	30	30	23.97
4	青海东台吉乃尔湖锂资源股份有限公司、格尔木市东台吉乃尔湖锂矿	碳酸锂	3	3	3	0.83
		硼酸	3	3	3	0
		硫酸钾	30	30	30	8.8
5	青海中信国安科技发展有限公司西台吉乃尔湖锂矿	碳酸锂	2.5	2.5	2.5	0.392
		硼酸	5	5	5	1.163
		硫酸钾			30	24.34
		氯化钾	100	100	40	21.43
		硫酸钾镁肥			30	0
6	大柴旦大华化工有限公司大柴旦湖A区硼钾矿	硼矿	1	3.95	5	0.478
		氯化钾	11	4	5	1.9
		硫酸钾		15	15	0
		钠盐	10	10	10	0
		溴素	0.06	0.06	0.06	0
		氢氧化锂	0.8	0.8	0	0
		硫酸钾镁肥	0	8	8	0
		氯化锂		1.1	1.1	0.188

与南美等国外盐湖相比,柴达木盆地卤水锂矿具有提锂工艺复杂、成本高等特点,主要制约因素是高镁锂比和锂离子浓度低。各盐湖水化学类型、成矿物质组分差异等因素造就了提锂工艺的多元化。

柴达木盆地锂资源储量丰富,锂资源开发利用潜力巨大。目前柴达木盆地累计批复锂资源产能约13万t/a,但实际生产产能约3.5万t/a。制约产能的主要问题为镁锂比高,提锂成本高且生产工艺复杂多变;前期提钾及盐田晒制过程中大量的夹带致使盐田回收率低,从而导致锂矿综合回收率低;生产工艺复杂,碳酸锂纯度低,高品质锂产品生产技术难题正待解决。

近年来各科研机构企业大力加大对盐湖卤水提锂的科研和技术攻关,在各类盐湖卤水提锂工艺上不断改造和升级,提锂技术不断取得突破,产品品质及回收率均得到逐步提升。

今后柴达木盆地锂资源开发利用仍需不断改进提锂工艺,提高盐田回收率及锂资源回收率,同时提高产品品质,从而加快柴达木盆地锂资源开发利用和国家锂电产业的发展。

(二)钾盐

钾盐是青海省最具特色、最为突出的矿种,在全国具有十分突出的战略地位,查明和保有钾盐资源总量在全国排名第一;经过几十年的努力,青海省已成为全国主要的钾盐(肥)供应基地,为下游化工和农业生产提供了有力的资源保障,目前青海省钾盐开发规模在全国钾盐生产规模拥有绝对优势,拥有全国最大的单体采选企业。钾盐采选工艺技术水平在国内一直位居前列。

本次调研的钾盐矿山16家(生产矿山8家,停采4家,筹建2家),其中大型矿山5家,中型6家,小型5家,见表4-43;4家停采矿山均位于柴达木盆地西部地区,矿区资源量少难以保证生产,个别矿区因富水性差等原因停采。在对16家矿山企业进行问卷调查的基础上并对其中13家企业开展了实地调研,结果如下。

1. 开采规模及开发利用方式

16家钾盐矿山均为露天开采液体矿,一般采用集卤渠集卤,通过输卤渠输入盐田晒卤制备光卤石,光卤石送至选厂磨矿后采用反浮选冷结晶工艺选矿。个别企业在采卤过程中为利用低品位固体钾盐矿石,创新使用了淡水驱动溶矿集卤工艺,还有企业采井渠联合采卤。

钾盐矿山企业的大中型矿山比例达62.5%,是单矿种中大中型矿山比例较高的矿种之一,矿山开采规模与丰富的资源量规模相适应。但矿山填报的数据依据为开采许可证,分别填写了钾肥、卤水、光卤石3种,由于卤水生产光卤石量和光卤石选矿生产钾肥的产率不清,无法准确统计钾肥的产量,同时也无法按报表数据统计光卤石、卤水生产量,只能粗略统计钾肥产量。按报表数据统计,2018年生产钾肥约375万t,见表4-45。

根据钾肥产量反算,年产光卤石约3750万t(约10t光卤石选1t钾肥),采卤量约525 000万m^3(约140m^3卤水生产1t光卤石)。由于柴达木盆地西部地区盐湖矿区地下水补给条件较差,钾肥产量主要来源于柴达木盆地东部的察尔汗矿区、马海钾矿区的矿山。

2. 钾盐矿山开发利用水平

衡量开采技术水平的主要指标是盐田钾盐采收率,各矿区卤水中氯化钾品位差异较大,共伴生组分各异,导致各矿山的盐田采收率各异,同时盐田采收率高低还取决于当年及上年的气候条件,如上年降水多,矿区卤水水位高便于采卤,但同时由于地下水补给较多,卤水中氯化钾的含量降低,而生产当年降雨过多,直接导致盐田光卤石生长缓慢。

按国土资源部《关于铁、铜、铅、锌、稀土、钾盐和萤石等矿产资源合理开发利用"三率"指标要求(试行)的公告》(国土资源部公告2013年第21号)关于钾盐液体矿开发利用的开采回采率要求是:氯化物型卤水的盐湖钾盐盐田采收率不低于70%;硫酸盐型卤水的盐湖钾盐盐田采收率不低于63%。

(1)开发利用库数据显示(表4-45),盐湖钾盐的盐田采收率情况是:各钾盐矿山根据本矿区卤水化学类型,设计的盐田采收率均符合部颁最低要求,大部分矿山的设计高于部颁最低要求10~17个百分点,而且实际采收率均高于设计,最高的是青海锦泰钾肥有限公司巴仑马海钾盐矿(95%)。但地矿化工(集团)有限公司霍布逊区段北矿段钾镁盐矿、青海晶鑫钾肥有限公司茫崖尕斯库勒湖钾矿两个矿山的盐田采收率未达到最低指标要求,分别为57.83%和50%。综上所述,盐田采收率达标率为80%。

表 4-45 钾盐矿山生产能力统计表

序号	矿山名称	矿山规模	盐田采收率(%) 设计	盐田采收率(%) 最低	盐田采收率(%) 报表	盐田采收率(%) 调研	选矿回收率(%) 设计	选矿回收率(%) 最低	选矿回收率(%) 报表	选矿回收率(%) 调研	卤水类型	设计采矿能力	实际采矿能力	设计选矿能力(万t/a)	实际选矿能力(万t/a)
1	盐湖工业股份有限公司察尔汗钾镁盐矿"别勒滩矿区"	大型	85	70	90	93.82	55	55	65	58.28		70万t/a(钾肥)	2 680.34万t/a(光卤石)	70(钾肥)	2 680.34(光卤石)
2	青海盐湖工业股份有限公司察尔汗盐湖钾镁盐矿	大型	85	70	92.57	85	55	55	58	85		60万t/a(钾肥)	4 892.52万t/a(光卤石)	419.58(钾肥)	419.58(钾肥)
3	格尔木藏格钾肥有限公司察尔汗盐湖钾镁矿	大型		70	80	91		55	55	65	氯化物型	29 538万m³/a(卤水)	31 823万m³/a(卤水)	200(光卤石)	147.091 4(光卤石)
4	地矿化工(集团)有限公司霍布逊区段北矿段钾镁盐矿	中型		70	57.83	57.83		55	67.98	67.98		215万t/a(光卤石)	123万t/a		10(钾肥)	11.28(钾肥)
5	青海香江盐湖开发有限公司团结湖钾镁盐矿	小型		70		50		55		63		20万t/a(钾肥)	12万t/a(钾肥)		
6	冷湖滨地钾肥有限责任公司大盐滩钾镁盐矿	大型	80	63	75	75	43	43	67.9	67.9		600万t/a(光卤石)	48万t/a(钾肥)	550(光卤石)	30(钾肥)
7	青海锦泰钾肥有限责任公司巴仑马海钾盐矿	中型		63	95	85	43	43	63	78	硫酸盐型	6万t/a(钾肥)	2500万m³/a(卤水)	6(钾肥)	142(光卤石)
8	青海中航资源有限公司马海钾盐矿	中型		63	78	74	43	43	56	58		25万t/a(钾肥)	17.57万t/a(钾肥)	25(钾肥)	5.45(钾肥)
9	冷湖俄北钾肥有限责任公司北部新盐带钾矿	小型		63	78	67	43	43	50	64		25万t/a(钾肥)	13万t/a(钾肥)	20(钾肥)	13(钾肥)
10	冷湖开源钾肥有限责任公司牛郎织女湖钾矿	小型		63				43				4万t/a(钾肥)	2万t/a(钾肥)	2(钾肥)	0

续表 4-45

序号	矿山名称	矿山规模	盐田采收率（%） 设计	盐田采收率（%） 最低	盐田采收率（%） 报表	盐田采收率（%） 调研	选矿回收率（%） 设计	选矿回收率（%） 最低	选矿回收率（%） 报表	选矿回收率（%） 调研	卤水类型	设计采矿能力	实际采矿能力	设计选矿能力（万 t/a）	实际选矿能力（万 t/a）
11	青海省冷湖昆湖钾肥有限责任公司冷湖钾镁湖钾矿	小型	80	63				43				300 万 t/a（光卤石）		25（钾肥）	
12	青海省茫崖康泰钾肥开发有限责任公司大浪滩钾矿	中型		63				43			硫酸盐型	45 万 t/a（钾肥）	10.603 7 万 t/a（钾肥）	45（钾肥）	10.28（钾肥）
13	茫崖兴元钾肥有限责任公司大浪滩钾矿	大型	63	63	66.16	65	43	43	64.64	63					
14	青海昌鑫钾肥有限公司扎仓尔斯库勒湖钾矿	中型		70	50			55	63			250 万 t/a（光卤石）	（1350～1360）万 m³/a（卤水）	15（钾肥）	12（钾肥）
15	森盛矿业有限公司察汗斯拉图矿区碱北凹地钾矿	中型		70				55			氯化物型	10 万 t/a（钾肥）		10（钾肥）	
16	青海大沃矿业有限公司茫崖行委油泉子钾矿	小型		70		81		55		61		191.89 万 t/a（光卤石）			

（2）实地调研数据。卤水氯化物型钾盐矿的最高盐田采收率为盐湖工业股份有限公司察尔汗钾镁盐矿别勒滩矿区，达93.82%，平均76.44%，高于部颁要求6.44个百分点，但地矿化工（集团）有限公司霍布逊区段北矿段钾镁盐矿、青海晶鑫钾肥有限公司茫崖尕斯库勒湖钾矿两个矿山的盐田采收率分别为57.83%和50%，距部最低要求的70%尚有较大差距，主要原因是卤水品位较低，如青海晶鑫钾肥有限公司茫崖尕斯库勒湖钾矿的卤水入选品位仅为0.59%～0.6%，低于1%的一般品位。卤水氯化物型钾盐矿盐田采收率达标率为60%。

卤水硫酸盐型钾盐矿的最高盐田采收率为青海锦泰钾肥有限公司巴仑马海钾盐矿，达85%，最低的茫崖兴元钾肥有限责任公司大浪滩钾矿为65%，平均73.2%，高于部颁要求（63%）10.2个百分点。卤水硫酸盐型钾盐矿盐田采收率达标率为100%。

3. 钾盐矿山选矿回收率

钾盐矿山均为露天开采，使用液体钾矿资源，卤水经晒制后生产光卤石供选厂选矿生产钾肥，由于各矿区卤水化学类型及品位的差异，选矿回收率亦受影响。按国土资源部《关于铁、铜、铅、锌、稀土、钾盐和萤石等矿产资源合理开发利用"三率"指标要求（试行）的公告》（国土资源部公告2013年第21号）关于钾盐开发利用的选矿回收率要求是：固体钾石盐矿不低于63%；氯化物型卤水的盐湖钾盐矿不低于55%；硫酸盐型卤水的盐湖钾盐矿不低43%。

（1）开发利用数据库。有5家矿山填写了设计选矿回收率，其中卤水氯化物型的矿山2家、卤水硫酸盐型3家，见表4-45，设计选矿回收率与部颁要求的指标相一致。实际的选矿回收率均高于设计和部颁的最低指标要求。

卤水氯化物型矿山填报的实际选矿回收率的5家矿山，最高的地矿化工（集团）有限公司霍布逊区段北矿段钾镁盐矿为67.98%，最低的格尔木藏格钾肥有限公司察尔汗盐湖钾镁矿为55%，平均61.8%，高于部最低要求6.8个百分点。卤水氯化物型钾盐矿选矿回收率达标率为100%。

卤水硫酸盐型的矿山填报实际选矿回收率的5家，最高的冷湖滨地钾肥有限责任公司大盐滩钾镁盐矿选矿回收率为67.9%，平均60.31%，高于部最低要求（55%）5.31个百分点。卤水硫酸盐型钾盐矿选矿回收率达标率为100%。

（2）实地调研数据。卤水氯化物型钾盐矿的最高选矿回收率为青海盐湖工业股份有限公司察尔汗盐湖钾镁盐矿，达85%，最低的青海晶鑫钾肥有限公司茫崖尕斯库勒湖钾矿，为63%，平均66.71%，高于部颁要求（55%）11.71个百分点，见表4-45。卤水氯化物型钾盐矿选矿回收率达标率为100%。

卤水硫酸盐型钾盐矿的最高的选矿回收率为青海锦泰钾肥有限公司巴仑马海钾盐矿，达78%，最低的青海中航资源有限公司马海钾矿，为58%，平均66.18%，高于部颁最低要求（43%）23.28个百分点。卤水硫酸盐型钾盐矿选矿回收率达标率为100%。

4. 钾盐矿山综合利用水平

钾盐矿山的综合利用水平不高，据开发利用库及实地调研情况，目前正在生产的钾盐矿山，基本未对共伴生的盐矿（氯化钠）、镁盐、锂矿等矿产进行综合利用，主要原因是市场及工艺技术水平。如各钾盐矿山中共生的氯化钠，因市场原因无法销售，青海盐湖工业股份有限公司利用矿区的氯化镁进行了多年探索，终因各种原因没有投产。

从采矿情况看，近年来各矿山对低品位固体钾矿的综合利用进行了探索，其中最具代表的是青海中航资源有限公司马海钾矿，该矿原开采的地表固体富矿开采殆尽后，经多年攻关研究，开始开采低品位固体矿，主要采用淡水驱动溶解低品位钾矿，取得了良好的效果。

矿山尾水的利用率基本在90%以上，符合要求。

总体看，青海省钾盐矿山的开发利用水平较高，盐田采收率达标率80%，选矿回收率达标率100%，但共伴生综合利用因各种客观原因无法开展。

(三)镁盐

青海省盐湖的镁盐没有独立矿床。镁盐以氯化镁、硫酸镁的形式共伴生于以钾盐、锂盐、硼矿为主要矿产的盐湖中,以单矿种计,全省液体硫酸镁上表矿区20处(其中固液共存的2处);液体氯化镁上表矿区28处,8处矿区固液共存。截至2020年底,查明及保有上表固体硫酸镁资源量607.49万t;查明液体硫酸镁资源量146 782.10万t,保有液体硫酸镁资源量143 808.78万t。查明固体氯化镁资源量30 341.94万t,保有固体氯化镁资源量23 210.86万t;查明液体氯化镁资源量451 315.46万t,保有液体氯化镁资源量346 397.81万t(青海省自然资源厅,2021)。

镁盐主要矿产1处:格尔木市察尔汗盐湖团结湖镁盐矿,但该矿并非原生矿区,为原察尔汗盐湖区钾盐生产厂排放的尾矿,因尾矿中镁盐品位很高,经多年排放堆积蒸发而形成目前的团结湖镁盐矿;共生矿区22处。目前有采矿权5个,全部设于团结湖镁盐矿中。问卷调查2家:青海百事特镁业有限公司团结湖镁盐矿和格尔木富镁科技有限公司团结湖镁盐矿。实地调研3家:青海西部镁业有限公司团结湖镁盐矿、青海香江盐湖开发有限公司团结湖镁盐矿(2个采矿权,均设于团结湖镁盐矿,其中1个办理采矿许可证时开发矿种为钾盐)、青海昆仑镁盐有限责任公司团结湖镁盐矿。

5家镁盐矿山的设计生产能力为大型1家、中型3家、小型1家,2018年有2家筹建,2家正常生产,1家停采,2019年仅有1家生产,其余4家停采(表4-43)。

由于团结湖镁盐矿以氯化镁为主,并且为尾矿沉积,氯化镁品位较高,液体矿中达32.75%,固体矿中达36.16%,同时矿区还共伴生盐类,原选矿时未能回收的锂、硼及尾矿中未选完全的钾经沉淀后形成的低品位固体钾盐矿,为镁盐的开发利用提供了资源基础。

1. 开采规模及开发利用方式

矿区内虽设有5个采矿权,但矿区尚未进行实质性的开发利用,据调研,青海香江盐湖开发有限公司研发的"移动分解、盐田脱钙"利用废弃老卤水回收氯化镁、氯化钾的工艺是目前矿区较为成熟的工艺,其流程如下。

液体矿开采:主要依靠矿区配置的采输卤工程完成开采,采输卤工程由低位集卤渠、高位导卤渠、尾矿母液输水管道、分解母液抽水泵站等构成。

固体矿开采:一般先将盐层中的晶间卤水摊晒、疏干,后将其从湖中挖出运至溶解池溶解,依据不同的析盐顺序自然蒸发,后又继续排入下一个浓缩池,达到矿石分离提纯的目的。

以上所采选液体矿、固体矿的最终步骤均排入氯化镁调节池,卤水在氯化镁调节池中继续蒸发,将残存的极少量氯化钾、氯化钠析出。当卤水的波美度达到36°(夏季)、35°(冬季),卤水表面开始析出氯化镁的时候,老卤水打入氯化镁盐田继续蒸发,析出氯化镁成品。当氯化镁析出阶段完成后,将剩余的少量高锂卤水打入锂浆池,留作以后提取锂的原料。其生产能力见表4-46。

2. 镁盐矿山开发利用水平

目前有关镁盐开发利用"三率"指标尚未制定,暂以开发利用方案指标进行评价。开发库和报表的数据显示,仅香江盐湖开发有限公司察尔汗盐湖团结湖镁盐矿填报了开采回采率,其设计和实际回采率分别为70%和82%;实地调研的青海昆仑镁盐有限责任公司团结湖镁盐矿和香江盐湖开发有限公司察尔汗盐湖团结湖镁盐矿进行了开采,两家公司固体镁盐平均回采率为95%,符合固体矿露天开采的实际。综合认为,生产矿山的采矿回采率达标率为100%。

表 4-46　镁盐矿山生产能力统计表

序号	矿山名称	矿山规模	设计采矿能力（万 t/a）	实际采矿能力（万 t/a）	设计选矿能力（万 t/a）	实际选矿能力（万 t/a）	主矿产名称
1	香江盐湖开发有限公司察尔汗盐湖团结湖镁盐矿	小型	12	12			氯化镁
2	青海西部镁业有限公司团结湖镁盐矿	中型	50				氯化镁
3	青海昆仑镁盐有限责任公司团结湖镁盐矿	中型	30	30	30	30	氯化镁
4	青海百事特镁业有限公司团结湖镁盐矿	中型	50		50		氯化镁
5	格尔木富镁科技有限公司团结湖镁盐矿	大型	120		110		氯化镁
	合计		262	42	190	30	

3. 镁盐矿山选矿回收率

报表显示，青海昆仑镁盐有限责任公司团结湖镁盐矿和香江盐湖开发有限公司察尔汗盐湖团结湖镁盐矿的选矿回收率分别为 30% 和 61%，平均 45.5%，与实际情况出入较大；实地调研两家公司的选矿回收率均为 85%。因此认为，镁盐选矿回收率符合要求，生产矿山的选矿回收率达标率为 100%。

4. 镁盐矿山综合利用水平

镁盐矿山目前均处于试生产和筹建阶段，尚未开展综合利用，青海香江盐湖开发有限公司研发的"移动分解、盐田脱钙"利用废弃老卤水回收氯化镁、氯化钾的工艺是目前该矿区较为成熟的工艺，投入正常生产后能够综合利用钾、锂等共伴生元素。

（四）硼矿

青海省以单矿种计，硼矿上表矿区有 17 处，以硼为主要矿产的盐湖矿床有 3 处，另有 3 处固体硼矿点，其他均以共伴生矿赋存于盐湖矿产地中，见表 4-42。全省查明上表固体硼矿（B_2O_3）资源量 975.95 万 t，保有资源量 858.17 万 t；查明上表液体矿资源量 3 234.32 万 t，保有资源量 873.94 万 t。

3 处以硼为主的盐湖矿床中，均共伴生有氯化钾、芒硝、氯化锂、氯化钠、硫酸镁、氯化镁，组分复杂。矿区最初评价以固体硼矿为主，但两盐湖中均存在固液体硼矿，其他盐湖中均是以液体矿的形态赋存。

目前全省有硼矿采矿权 2 个，均设于大柴旦湖硼矿区内，分别是大柴旦大华化工有限公司大柴旦湖（A 区）硼钾矿（小型，生产）、青海中天硼锂矿业有限公司大柴旦湖硼矿（大型，停产），本次工作对两家矿山均开展了问卷调查和实地调研，见表 4-43。

1. 开采规模及开发利用方式

大柴旦湖硼矿开发利用起步于 20 世纪 50 年代，由国营大柴旦化工厂开采，至 20 世纪 90 年代，矿山一直开采湖区固体富矿，主要产品为硼砂。20 世纪 90 年代末，因固体富矿开采已近枯竭，加之进口硼砂对市场的冲击,大柴旦化工厂倒闭,由民营企业青海中天硼锂矿业有限公司大柴旦湖硼矿接手开采并办理了湖区北部的采矿权,研发了低品位固体硼矿的加工工艺技术,取得了良好的经济效益;21 世纪初大柴旦大华化工有限公司大柴旦湖(A区)硼钾矿办理了南部 A 区采矿权,开采固体硼矿,同时修建有盐田,综合利用共伴生的钾、锂资源。硼矿设计采矿能力 102 万 t/a,2018 年实际采矿 24 万 t,设计选矿能力为 102 万 t/a,2018 年实际选矿 24 万 t,采选能力实际利用率较低,为 23.53%,生产能力见表 4-47。

表 4-47 硼矿矿山生产能力统计表

序号	矿山名称	矿山规模	设计采矿能力（万 t/a）	实际采矿能力（万 t/a）	设计选矿能力（万 t/a）	实际选矿能力（万 t/a）
1	大柴旦大华化工有限公司大柴旦湖(A区)硼钾矿	小型	22	11	22	11
2	青海中天硼锂矿业有限公司大柴旦湖硼矿	大型	80	13	80	13
	合计		102	24	102	24

注:实际生产能力为 2018 年数据。

2. 硼矿矿山开发利用水平

国土资源部《关于锂、锶、重晶石、石灰岩、菱镁矿和硼等矿产资源合理开发利用"三率"指标要求(试行)的公告》(国土资源部公告 2016 年第 30 号)规定了硼矿的开发利用相关指标,固体硼矿露天矿山开采回采率不低于 93%。两家矿山均使用固体露天硼矿,但开发库报表中没有填报开采回采率。

大柴旦湖硼矿存在固液转换现象,其开采方式是:首先根据矿山地测单位采样分析结果确定开采地段,围堤堵水后使用挖掘机开采,开采矿石运至选厂,废弃采坑回填的方式开采,同时在湖区修建有盐田晒卤,回收部分液体硼及共伴生的钾、锂资源。据实地调研,矿山的回采率较高,大于 95%;按工业指标中低品位矿划分标准(5%≤硼≤11%),大柴旦大华化工有限公司大柴旦湖(A区)硼矿目前开采的固体硼矿品位均低于 5%,青海中天硼锂矿业有限公司大柴旦湖硼矿使用硼矿品位已降至 3%,由此分析硼矿开采回采率远大于 95%。因此,硼矿矿山的开采回采率达标率为 100%。

3. 硼矿矿山选矿回收率

国土资源部《关于锂、锶、重晶石、石灰岩、菱镁矿和硼等矿产资源合理开发利用"三率"指标要求(试行)的公告》(国土资源部公告 2016 年第 30 号)规定了硼矿的开发利用相关指标,硼矿只有低品位(5%≤硼≤11%)矿石需要选矿,选矿回收率不低于 65%。

2018 年报表反映,大柴旦大华化工有限公司大柴旦湖(A区)硼钾矿的选矿回收率为 70%,符合要求。由此,生产矿山的选矿回收率达标率为 100%。

4. 硼矿矿山综合利用水平

硼矿矿山的综合利用水平较高,首先是矿山均综合利用了矿区中的低品位硼矿,降低入选品位至 3%,有效利用了宝贵的资源;其次,矿山均在湖区修筑有盐田,综合利用液体矿中的硼、钾、锂资源。大柴旦大华化工有限公司大柴旦湖(A区)硼钾矿建有碳酸锂及 10 万 t 氯化钾生产装置。

综上所述,青海省盐湖硼矿的开发利用技术特别是低品位硼矿的开发利用技术水平在全国处于领先地位,矿山"三率"达标率为 100%。

(五) 盐矿

以单矿种计,青海省查明有资源量并上表的盐矿有35处,以盐(氯化钠)为主的矿床6处,其中大型矿床3处,中型2处,矿点1处,其他盐矿均共生于以锂、钾、硼等为主的矿床中。共生于其他盐湖中的盐矿,大多数达到了大中型矿床的规模,并以固液体矿的形态共存,见表4-42。

截至2020年底全省查明上表固体盐矿(氯化钠)资源量4 935 036.10万t,保有固体盐矿(氯化钠)49 174 872.32万t;查明上表液体盐矿(氯化钠)资源量4 861 747.54万m³,保有液体盐矿(氯化钠)4 405 729.79万m³。

目前全省有盐矿采矿权8个,其中大型矿山5家,中型2家,小型1家;矿山分布相对集中,其中茶卡盐湖有2家,柯柯盐湖3家,其余3家分布于霍布逊、察尔汗和尕斯库勒湖,见表4-48。通过对8家矿山进行了问卷调查,并对其中的7家进行了实地调研,生产矿山5家,3家停采。

1. 开采规模及开发利用方式

茶卡盐湖、柯柯盐湖是国内重要的食用盐及工业盐开采加工基地,其中茶卡盐湖的开发利用历史久远,"青盐"在国内外享有盛名。

盐矿设计采矿能力387万t/a,2018年实际采矿205.56万t,采盐设计生产能力利用率53.11%;设计选矿能力为475万t/a,2018年实际选矿153.56万t,洗选能力实际利用率32.33%,见表4-48。

青海省盐矿生产的原盐除洗选加工生产食用盐外,主要作为化工原料供应下游盐化工企业使用,因此设计的选矿能力也包含了部分企业配套的碱厂生产所需的原盐,但在评价选矿水平时不应包含此类矿山。

表 4-48 盐矿矿山基本情况表

序号	矿山名称	调研情况	生产状态	矿山规模	采矿能力(万t/a) 设计	采矿能力(万t/a) 实际	选矿能力(万t/a) 设计	选矿能力(万t/a) 实际	开采回采率(%)(报表) 设计	开采回采率(%)(报表) 实际	选矿回收率(%)(报表) 设计	选矿回收率(%)(报表) 实际	备注
1	五彩碱业察尔汗钾镁盐矿田北霍布逊湖矿段钠盐矿	问卷	停产	大型	100		100		85		95		碱厂配套
2	茫崖尕斯库勒盐化有限公司尕斯库勒石盐矿	实地	生产	小型	2	2			90		80		卤水直销
3	中盐青海昆仑碱业有限公司柯柯盐矿	实地	停产	大型	70		70						碱厂配套
4	青海省海西州莫河骆驼场茶卡盐湖盐矿	实地	生产	中型	10	9.8	10	9.8	90	100	96		原盐销售
5	青海省盐业股份有限公司茶卡制盐分公司	实地	生产	大型	80	73.6	110	73.6	95	98		96	食用、工业盐

续表 4-48

序号	矿山名称	调研情况	生产状态	矿山规模	采矿能力（万 t/a）		选矿能力（万 t/a）		开采回采率（%）（报表）		选矿回收率（%）（报表）		备注
					设计	实际	设计	实际	设计	实际	设计	实际	
6	青海省盐业股份有限公司柯柯盐厂	实地	生产	大型	50	58.46	110	58.46	95	95		98	食用、工业盐
7	青海发投碱业有限公司柯柯盐湖东部盐矿	实地	停产	大型	50		50		50		97		碱厂配套
8	格尔木盐化（集团）有限责任公司察尔汗盐矿	实地	生产	中型	25	11.7	25	11.7		82	55	56	食用、工业盐
	合计				387	205.56	475	153.56					

2. 盐矿矿山开发利用采选水平

目前自然资源部尚未颁布盐矿合理开发利用"三率"指标要求，结合青海省固体湖盐资源赋存状态以及各矿山主要采用露天开采的方式开采盐矿，采矿工艺各异，各矿山均按实际情况在开发利用方案中明确了开采回采率、选矿回收率（表4-48）。

青海省盐矿开发利用水平因矿山盐矿赋存状态、开发利用对象、开采方式不同而异，8家盐矿山中，茫崖尕斯库勒盐化有限公司尕斯库勒石盐矿开采地下卤水，抽取的卤水运往青海油田分公司钻机用以配制泥浆（冲洗液），因此其开发利用难以正常评价，一是开采地下卤水时采用井采，无法统计其回采率；二是开采的卤水直接销售至石油钻机配制泥浆，也无法衡量选矿水平。

五彩碱业察尔汗钾镁盐矿田北霍布逊湖矿段钠盐矿、中盐青海昆仑碱业有限公司柯柯盐矿、青海省海西州莫河骆驼场茶卡盐湖盐矿和青海发投碱业有限公司柯柯盐湖东部盐矿主要生产工业用盐。其中，莫河骆驼场茶卡盐湖盐矿原盐直销，矿山的开发利用技术水平无须评价；其他3家均有配套建设的碱厂，使用原盐生产纯碱，开采的方法是揭开地表泥土含量很高的盐壳用于矿区修筑道路和构筑采区堤堰，盐壳揭开后直接采挖原盐，待采区开采完成后，由卤水自流入采区经日晒生成日晒盐后继续利用，因此，矿区开采回采率较高，可达95%以上，如将采区日晒盐回收进行统计，则回采率更高。但由于原盐是进入碱厂进行加工，选矿回收率无法评估。

青海省盐业股份有限公司茶卡制盐分公司、青海省盐业股份有限公司柯柯盐厂和格尔木盐化（集团）有限责任公司察尔汗盐矿是国家定点食用盐生产企业，企业建有食用盐生产装置。3家企业的原盐开采方式各异，茶卡制盐分公司采用采盐船采盐，利用绞盘对盐湖卤水下3~5m的盐层进行破碎，破碎的盐粒及卤水泵吸滤水后装船运至加工场地加工，按其开采方式，一次回采率约95%，过采区经卤水结晶沉积后可供再次开采，无论开采情况如何，均未造成资源浪费。原盐经机械拣选后，一部分作为食用盐的原料进行精深加工，大部分作为工业用盐出售，机械拣选的选矿回收率为98%。青海省盐业股份有限公司柯柯盐厂采用露天机械采挖，开采方式与前述柯柯盐湖区两家矿山一致，开采回采率达95%，原盐后续加工与茶卡制盐分公司一致，机械拣选的选矿回收率为98%。格尔木盐化（集团）有限责任公司察尔汗盐矿开采方式主要利用日晒盐。

从各盐矿山开发利用技术工艺方法看，各矿山均根据本矿区的矿床特征，因地制宜地选取了符合实际的开采技术手段,回采率较高,符合要求,针对卤水日晒盐均开展了回收利用,选矿工艺及食用盐加工工艺合理,矿山的采、选矿回收率达标率为100%。

九、非金属矿产

随着社会经济发展及基础设施建设力度不断加大,非金属矿产的开发利用强度也日益加大,非金属矿产在矿业开发中的地位不断提升,因此对石棉、电石用灰岩、制碱用灰岩、石灰岩、水泥用灰岩、水泥用大理岩、玻璃用石英岩、冶金用石英岩、冶金用白云岩、饰面用大理岩、饰面用花岗岩、饰面用蛇纹岩、玉石、长石等14种青海省开发强度及开发潜力较大的矿种进行了调研。

(一)石棉

青海省石棉资源丰富,石棉开采历史较长,在中国石棉工业中占有举足轻重的作用,特别是祁连县的可湿纺石棉资源独具特色,集中分布于海北州祁连县和海西州茫崖镇。截至2020年底,查明资源量并上表的石棉矿产地有7处矿床(区段),见表3-19,累计查明上表石棉矿物资源量100 071.94万t,保有石棉矿物资源量93 638.05万t。

矿产地中有大型矿床3处,中型2处,小型2处,均为已开采矿区;本次问卷调查石棉矿山4家,实地调研3家,祁连地区的石棉矿因环保原因停产,2018年仅青海创安有限公司茫崖石棉矿生产,见表4-49。

表4-49 石棉矿矿山基本情况表

序号	矿山名称	调研情况	矿山规模	生产状态	采矿能力(万t/a)		选矿能力(万t/a)	
					设计	实际	设计	实际
1	青海创安有限公司茫崖石棉矿	实地	大型	生产	218.88(矿石)	21.7(矿石)	4.2(石棉)	
2	青海祁连纤维材料有限责任公司小八宝石棉矿	实地	大型	停产	30(矿石)		一、三选厂:20,二选厂:10	
3	青海祁连祁绵矿业有限公司小八宝石棉矿	问卷	小型	停产	0.5(石棉)			
4	青海祁连纤维材料有限责任公司双岔沟石棉矿	实地	大型	停产	35(矿石)		35(矿石)	9.8(石棉)

注:实际生产能力为2018年数据。

1. 开采规模及开采方式

调研的4家石棉矿山中,大型矿山3家,小型1家,石棉矿山设计开采规模与矿区资源量相适应。设计年采选矿石293.88万t,2018年实际采选矿石21.7万t,产能利用率7.38%,生产矿山仅1家,产能利用率9.91%,产能利用率低。矿山均采用露天开采,公路运输。

2. 石棉矿矿山开发利用采选水平

国土资源部《关于锰、铬、铝土矿、钨、钼、硫铁矿、石墨和石棉等矿产资源合理开发利用"三率"指标要求(试行)的公告》(国土资源部公告2014年第31号)规定了石棉矿的开发利用相关指标：①开采回采率。露天开采，石棉矿露天矿山开采回采率不低于92%。地下开采，石棉矿地下矿山开采回采率不低于80%。②选矿回收率。石棉矿选矿回收率不低于85%。③综合利用率。石棉矿常共伴生菱镁矿、滑石、软玉、镍、钴、铂等资源，应加强综合评价，尽可能回收利用，鼓励矿山企业综合利用共伴生有用矿物及选矿尾矿和废石。

青海省石棉矿开发利用水平见表4-50，按报表数据，设计的开采回采率为95%～97%，高于最低指标3个百分点。

表4-50 石棉矿山采选指标情况统计表

序号	矿山名称	开采方式	开采回采率(%)				选矿回收率(%)			
			设计	最低	报表	调研	设计	最低	报表	调研
1	青海创安有限公司茫崖石棉矿	露天开采	97	92	96.77	96.77	80	85	80.3	80.3
2	青海祁连纤维材料有限责任公司小八宝石棉矿		95	92			85	85		
3	青海祁连祁绵矿业有限公司小八宝石棉矿			92			85	85		93
4	青海祁连纤维材料有限责任公司双岔沟石棉矿		95	92			85	85		93

实际生产矿山为青海创安有限公司茫崖石棉矿1家，设计回采率97%，最低要求92%，实际回采率达96.77%。调研显示，该矿的实际回采率指标与报表指标基本一致，回采率达到了设计和国家要求的最低指标要求。3家停采矿山的实际回采率基本达标，普遍在95%以上。由此，石棉矿山开采回采率达标率100%。

4家石棉矿山均采用干燥—破碎—风力吸选的方式进行选矿，其中停采的3家矿山设计选矿回收率为85%，与国家最低要求一致，由于停采多年，没有实际选矿回收率数据，但按调研情况，以往开采的选矿回收率均在93%以上。

生产矿山青海创安有限公司茫崖石棉矿设计的选矿回收率为80%，实际80.3%，均低于国家要求的最低指标。调研显示，该矿山自2036年就开始了短纤维石棉的回收利用工作，选矿回收率至少提高了5个百分点，但因矿山生产不正常，数据不清。由此，青海省石棉矿的选矿回收率达标率为100%。

3. 石棉矿综合利用水平

国土资源部《关于锰、铬、铝土矿、钨、钼、硫铁矿、石墨和石棉等矿产资源合理开发利用"三率"指标要求(试行)的公告》(国土资源部公告2014年第31号)规定了石棉矿的开发利用相关指标，对石棉矿山综合利用的建议是：石棉矿常共伴生菱镁矿、滑石、软玉、镍、钴、铂等资源，应加强综合评价，尽可能回收利用，鼓励矿山企业综合利用共伴生有用矿物及选矿尾矿和废石。

青海省石棉矿区中的钴、铂品位很低，达不到综合评价的要求，矿区中均不共生菱镁矿。祁连地区的石棉矿主要共生化肥用蛇纹岩、软玉，在唐朝祁连地区的软玉就闻名于世，"葡萄美酒夜光杯"中夜光杯的原料就出自祁连地区，但受历史原因的影响对软玉并没有进行评价，仅评价了化肥用蛇纹岩；茫崖石棉矿田西矿区除共生软玉、化肥用蛇纹岩外，还共生滑石和镍，在后期工作中发现了具有一定利用价值的磁铁矿，但只重点评价了化肥用蛇纹岩和滑石，对软玉、镍等也未作评价。

长期以来石棉矿山综合利用工作基本没有开展，祁连地区共生的软玉没有开展系统规模化利用，仅是偶尔挑拣极少量的成色较好的软玉进行加工，由于销量较少，年利用量仅有10余吨，大量的化肥用蛇纹岩作为尾矿堆存于尾矿库中也未能利用,总体看,祁连地区石棉矿山的综合利用率几乎为零。

茫崖石棉矿田西矿区受区位条件限制,矿山开采及加工过程中没有利用软玉及化肥用蛇纹岩,但对尾矿中的镍及磁铁矿开展了综合利用评价工作:镍在蛇纹岩中的分布不均匀,原分析样品的镍品位(0.22%)与实际出入较大,无法利用;磁铁矿的回收利用取得了进展,其流程是对品位MFe2.5%以上的石棉尾矿干抛(磁选)使磁铁矿富集至14%以上,再通过磨矿磁选使磁铁矿富集至30%以上,最后的浮选可获得精矿品位57%~58%的铁精粉。本次调研时取样2件,经分析精矿品位分别为56.25%和56.6%。

综上所述,青海省石棉矿的综合利用率较低,但对照开发利用方案中对综合利用没有设计的情况看,综合利用视为达标。

(二)石灰岩

青海省石灰岩矿开发强度较大,由于各种需求对石灰岩质量要求的差异,在勘查期间将石灰岩划分为制碱用、水泥用、电石用和熔剂用四大类,受盐化工业发展需求影响,石灰岩的主要用途为制碱用、水泥用和电石用。截至2020年底,上表的各类石灰岩矿床(区)59处(包括水泥用大理岩等),其中以电石用石灰岩为主的矿床(区)11处(包括单一矿区,下同),溶剂用石灰岩为主的矿床(区)1处,水泥用石灰岩为主的矿床(区)24处,制碱用石灰岩为主的矿床(区)3处,其他矿床(区)20处。

本次问卷调查了全部的制碱用、水泥用和电石用石灰岩,以及水泥用大理岩矿山共计29家,实地调研16家,其中,以水泥原料为主要产品的矿山11家,以电石灰岩为主要产品的6家,制碱用石灰岩矿山3家,水泥用大理岩矿山9家。矿山主要分布于西宁市、海东市,以及海西州的格尔木市和德令哈市;大型矿山9家、中型6家、小型14家,其中停产8家,因环保、资源等问题关闭4家。矿山区域分布特征为:东部地区水泥制造业带动了石灰岩、大理岩的开发利用,西部的盐湖制碱对制碱用石灰岩的开发影响明显(表4-51)。

1. 开采规模及开采方式

29家矿山均为露天开采,公路运输,矿山设计规模与矿区资源量规模基本相符。2018年,矿山设计总采矿能力为2 359.2万t/a,实际采矿1 516.59万t,产能利用率为64.28%。其中电石用石灰岩设计采矿能力为775万t/a,实际采矿183.6万t,产能利用率为23.69%;制碱用石灰岩设计采矿能力为135万t/a,实际采矿196.5万t,产能利用率为145.56%;水泥用石灰岩设计采矿能力为1 162.2万t/a,实际采矿1 028.59万t,产能利用率为88.50%;水泥用大理岩设计采矿能力为287.0万t/a,实际采矿107.9万t,产能利用率为37.60%。

2. 矿山开采水平

青海省石灰岩矿山开采的产品主要是各种规格的石灰岩、大理岩块矿,矿山将矿石供给水泥厂、碱厂、电石厂使用,矿山不直接开展选矿工作,因此评价矿山开发利用水平只能评价其开采水平,选矿及后期利用水平无法评价。

国土资源部《关于锂、锶、重晶石、石灰岩、菱镁矿和硼矿等矿产资源合理开发利用"三率"指标要求(试行)的公告》(国土资源部公告2016年第30号)规定了石灰岩矿的开发利用相关指标只规定了开采回采率和综合利用率两项指标:①露天矿山开采回采率不低于90%。②综合利用率:矿山企业开发利用石灰岩矿产时,鼓励矿山开采废石综合利用,用作建筑材料或矿山采空区回填复垦,综合利用率不低于60%。水泥用大理岩尚未发布公告,参照石灰岩露天开采的指标执行。

第四章 主要矿产资源开发利用现状

表 4-51 石灰岩(水泥用大理岩)矿山基本情况表

序号	矿山名称	调研情况	主矿产名称	2018生产状态	2019年实际生产状态	矿山规模	开采方式	采矿能力(万t/a) 设计	采矿能力(万t/a) 实际	选矿能力(万t/a) 设计	选矿能力(万t/a) 实际	开采回采率(%)(报表数据) 设计	开采回采率(%)(报表数据) 最低	开采回采率(%)(报表数据) 实际	开采回采率(%)(调研数据) 设计	开采回采率(%)(调研数据) 最低	开采回采率(%)(调研数据) 实际
1	中盐青海昆仑碱业有限公司青海省德令哈市旺尕秀地区石灰岩矿02矿	实地	电石用灰岩	生产	生产	大型		100	70					97		90	97
2	青海顺鑫矿业开发有限公司青海省德令哈市旺尕秀地区石灰岩矿03矿	实地	电石用灰岩	生产	停产	大型		100	18.6							90	
3	德令哈市旺尕秀地区石灰岩矿07矿	实地	电石用灰岩	生产	生产	大型	露天开采	100	75			95		99	95	90	97
4	德令哈市旺尕秀地区石灰岩矿01矿	问卷	电石用灰岩	筹建	生产	中型		90	20			95		100	95	90	97
5	青海省德令哈市旺尕秀地区石灰岩矿14矿	问卷	电石用灰岩	筹建	生产	大型		370		10		96		96	96	90	96
6	关角山电石灰岩矿	实地	电石用灰岩	筹建	停产	小型		15				95			95	90	
	电石用石灰岩合计							775	183.6	10							
7	海西天天矿业有限责任公司德令哈市旺尕秀地区石灰岩矿	实地	制碱用灰岩	其他	生产	小型	露天开采	20				97		95.8	97	90	95.8
8	德令哈市盛矿业有限公司旺尕秀石灰岩矿	实地	制碱用灰岩	生产	关闭	小型		15	15				90			90	
9	青海五彩碱业有限公司大柴旦镇石灰沟矿区石灰岩矿	实地	制碱石灰岩	生产	生产	大型		100	181.5			98		97	98	90	97
	制碱用石灰岩合计							135	196.5								

续表 4-51

序号	矿山名称	调研情况	主矿产名称	2018生产状态	2019年实际生产状态	矿山规模	开采方式	采矿能力（万t/a）设计	采矿能力（万t/a）实际	选矿能力（万t/a）设计	选矿能力（万t/a）实际	开采回采率（%）（报表数据）设计	开采回采率（%）（报表数据）最低	开采回采率（%）（报表数据）实际	开采回采率（%）（调研数据）设计	开采回采率（%）（调研数据）最低	开采回采率（%）（调研数据）实际
10	青海水泥股份有限公司毛家沟石灰岩矿	实地	水泥用灰岩	生产	生产	中型	露天开采	60	60	60						90	
11	青海省格尔木市雪水河矿区石灰岩矿	实地	水泥用灰岩	生产	生产	大型		200	161			95	90	98	95	90	98
12	互助县花石山石灰岩矿	实地	水泥用灰岩	生产	生产	大型		240	165.39			98	90	98	98	90	98
13	青海江河源水泥有限责任公司巴汉石灰岩矿	实地	水泥用灰岩	生产	停产	小型		5	4							90	
14	青海嘉恒镁业有限公司湟中门旦峡矿区石灰岩西矿段(5—17)线	实地	水泥用灰岩	停产	停产	中型		30	50	10						90	
15	祁连山水泥有限公司湟中县上新庄镇上峡门石灰岩矿	实地	水泥用灰岩	生产	生产	大型		260	260					97		90	97
16	湟中西钢矿业开发有限公司湟中县门旦峡矿区石灰岩东矿段沟东—10勘探线石灰岩矿	实地	水泥用灰岩	生产	中型	中型		50	12.2	50				99		90	96
17	湟中县门旦峡石灰岩矿Ⅰ,Ⅱ(南部分)矿体	实地	水泥用灰岩	停产	生产	大型		300	300			97		100	97	90	97
18	湟中县鑫源建材石料矿	问卷	水泥用灰岩	停产	停产	小型		15	15							90	
19	门源县黄草坡石灰岩矿	问卷	水泥用灰岩	停产	停产	小型		1.2		1						90	
20	循化县振荣水泥有限公司道纬比隆沟石灰岩矿	问卷		关闭	关闭	小型		1	1	1	1						
	水泥用石灰岩合计							1 162.2	1 028.59	121	1						
21	共和县祁连山金河水泥有限责任公司江仓连大理岩矿	实地	水泥用大理岩	生产	生产	小型		80	52.3			95	90	97	95	90	97
22	互助县红崖子沟乡白杨沟大理岩矿	问卷	水泥用大理岩	停产	关闭	小型		3.3								90	

第四章 主要矿产资源开发利用现状

续表 4-51

序号	矿山名称	调研情况	主矿产名称	2018生产状态	2019年实际生产状态	矿山规模	开采方式	采矿能力(万t/a)		选矿能力(万t/a)		开采回采率(%)(报表数据)			开采回采率(%)(调研数据)		
								设计	实际	设计	实际	设计	最低	实际	设计	最低	实际
23	互助县松多乡马营村大理岩矿	问卷	水泥用大理岩	停产	停产	小型		3.7								90	
24	海东地区国久建材有限公司互助县红崖子沟乡沿才沟水泥用大理岩矿	问卷	水泥用大理岩	停产	生产	小型		5						95		90	95
25	乐都县千沟水泉沟水泥有限公司大理岩矿	问卷	水泥用大理岩	停产	生产	中型		60	17.6	60	17.6	98		95.4	98	90	95.4
26	青海乐都华夏水泥有限公司小泉石沟大理岩矿	问卷	水泥用大理岩	2年停产	停产	小型		40								90	
27	青海乐都华夏水泥有限公司乐都区雨润镇选尔沟大理岩矿	问卷	水泥用大理岩	3年停产	生产	小型		15						95		90	95
28	民和北山大理岩矿	问卷	水泥用大理岩	生产	生产	中型		70	38			95		97	95	90	97
29	青海省民和县楼子沟三岔沟石灰岩矿	问卷	水泥用大理岩	停产	关闭	小型		10								90	
	水泥用大理岩合计							287	107.9	60	17.6						

注：1. 实际生产能力为 2018 年数据。2. 共和县祁连山金河水泥有限责任公司江仓龙洼大理岩矿设计采矿 30 万 m^3，实际采矿 15.59 万 m^3，体重 2.67t/m^3。

据报表数据,青海省石灰岩矿均为露天开采,公路运输,设计的开采回采率为95%～98%,实际回采率95%～100%(部分报表数据失真),均高于国家要求的最低指标5～8个百分点。石灰岩、大理岩矿山的开采回采率达标率为100%。

3. 综合利用水平

青海省石灰岩矿床一般规模较大,开发利用时主要废弃物为剥离黄土,一般全部用于采区回填和矿区道路修建使用。矿山开采基本不产生废弃岩石。

根据不同加工要求,矿山经破碎后的石灰岩矿石经筛分后按不同粒级出售给加工企业,矿山综合利用水平高于60%的要求。

总体看,近几年在各级主管部门的督促下,青海省石灰岩、大理岩矿山的开发利用水平得到了很大提高,开发利用水平符合要求。

(三)石英岩

青海省石英岩资源储量丰富,主要用途为冶金和玻璃用石英岩,近年来石英岩精深加工已提上日程,截至2020年底,按单矿计青海省查明上表的冶金用石英岩矿区共计13处,玻璃用石英岩10处,合计矿区19处。

本次问卷调查的冶金和玻璃用石英岩矿山共计24家,实地调研11家,矿山主要分布于西宁市和海东市;全部为小型矿山,其中生产矿山10家,停产4家,关闭10家。以冶金用石英岩为主的矿山21家,以玻璃用石英岩为主的3家。石英岩矿山开采规模与矿区资源储量规模不相适应,见表4-52。

1. 开采规模及开采方式

24家矿山均为露天开采矿山,公路运输。2018年,矿山总设计采矿能力为150.8万t/a,实际采矿62.0141万t,产能利用率为41.12%。其中冶金用石英岩设计采矿能力为131万t/a,实际采矿37.9941万t,产能利用率为29%;玻璃用石英岩设计采矿能力为19.80万t/a,实际采矿24.02万t,产能利用率为145.56%,主要是海东市乐都区金鼎矿业有限责任公司马营乡湾塘矿区1号石英岩矿扩大了生产规模超产所致。

2. 矿山开采水平

青海省石英岩矿山开采的产品主要是各种规格的石英岩块矿,矿山将矿石供给炼钢厂、玻璃厂等后续加工企业使用,矿山不直接开展选矿工作,因此评价矿山开发利用水平只能评价其开采水平,选矿及后期利用无法评价。

目前,尚未制定石英岩合理开发利用"三率"指标,参照石灰岩的"三率"指标要求,确定露天矿山的开采回采率应不低于90%。青海省石英岩矿均为露天开采,公路运输,设计的开采回采率为75%～100%,实际回采率95%～100%(报表数据失真)。由于没有标准,设计的开采回采率各矿山之间相差最高达25个百分点,多个矿山设计回采率100%,说明在发证时开发利用方案审查不严,流于形式。

通过调研,矿山的实际回采率达95%～98%,回采率达到了设计要求。青海省石英岩矿山的开采回采率达标率为100%。

3. 石英岩综合利用水平

参照石灰岩露天开采的指标,鼓励矿山开采废石综合利用,用作建筑材料或矿山采空区回填复垦,综合利用率不低于60%。

表 4-52 石英岩矿山基本情况表

序号	矿山名称	调研情况	主矿产	2018年生产状态	2019年生产状态	矿山规模	开采方式	采矿能力（万t/a）设计	采矿能力（万t/a）实际	选矿能力（万t/a）设计	选矿能力（万t/a）实际	开采回采率(%)设计	开采回采率(%)（报表）实际
1	互助金源石英砂矿厂	问卷		停产	生产			5	3.1				
2	青海华晟冶金铁合金冶炼有限责任公司昆多洛石英岩矿	实地		生产	生产			8	7.8				97
3	海东市乐都区昊天矿业有限责任公司柳湾青草娃石英岩矿	问卷		生产	生产			5	4.85	10	4.85	100	100
4	乐都区中岭乡照壁山石英矿	问卷		筹建	关闭			10					
5	海东市鸿泰矿业有限责任公司乐都区马营乡茶马沟石英岩矿	问卷		生产	生产			5	1.51			77	97
6	乐都泰富矿业有限责任公司芦花乡下黑岭矿区石英岩矿	问卷		生产	生产			15	14.5			100	100
7	乐都县汇丰矿业有限责任公司达拉乡连丰东沟石英岩矿	问卷	冶金用石英岩	关闭	生产	小型	露天开采	23		23			95
8	海东市国盛矿业有限公司乐都区马营乡墩湾村石英岩矿	问卷		筹建	停产			5		5			
9	海东市乐都区明达矿业有限公司高庙镇柳湾村明达石英岩矿	问卷		生产	生产			5	3.11			75	96
10	乐都县乐营乡墩湾2#石英岩矿	实地		关闭	关闭			2		2			
11	乐都县万寿矿业有限公司1#2#3#4#石英岩矿	问卷		生产	生产			5	3.12			77	97
12	民和县万寿矿业有限公司北山黑刺滩石英岩矿	实地		停产	关闭			2					0
13	民和县金犇矿业有限公司北山剩滩石英岩矿	问卷		生产	生产			5				98	98
14	民和县福禄矿业有限公司万林后沟石英岩矿	实地		停产	关闭			5					
15	民和县鑫玉矿业有限公司北山鸡冠子石英岩矿二号矿	实地		停产	关闭			5					
16	民和全林矿业有限公司土路沟石英岩矿	实地		停产	关闭			5					
17	民和县北山乡鸡冠子石英矿	实地		停产	关闭			5					

续表 4-52

序号	矿山名称	调研情况	主矿产	2018年生产状态	2019年生产状态	矿山规模	开采方式	采矿能力（万 t/a）设计	采矿能力（万 t/a）实际	选矿能力（万 t/a）设计	选矿能力（万 t/a）实际	开采回采率(%)（报表）设计	开采回采率(%)（报表）实际
18	民和县川口镇板凳沟石英岩矿	实地		停产	关闭			5					
19	民和县全忠石英岩矿	实地	冶金用石英岩	停产	关闭	小型	露天开采	1					
20	民和县史纳村铁元福石英岩矿	实地		停产	关闭			5					
21	民和县松树乡高滴沟石英岩矿	问卷		停产	停产			5				98	
	冶金用石英岩合计							131	37.99	0	4.85		
22	格尔木隆海物贸有限责任公司道班沟石英岩二号矿	问卷		停产	停产			2		2		97	98
23	格尔木通济矿业有限责任公司道班沟石英岩矿	实地	玻璃用石英岩	停产	停产	小型	露天开采	2.8		2.8		97	97
24	海东市乐都区金鼎矿业有限责任公司马营乡湾塘矿区1#石英岩矿	问卷		生产	生产			15	24.02	15			97
	玻璃用石英岩合计							19.8	24.02	59.8	0		

注：实际生产能力为 2018 年数据。

青海省石英岩矿床规模一般较大,根据不同加工要求,矿山经破碎后的石英岩矿石经筛分后按不同粒级出售给加工企业,矿山综合利用情况高于60%的要求。开发利用时主要废弃物为剥离黄土,一般全部用于采区回填和矿区道路修建使用(矿山开采基本不产生废弃岩石)。

需要指出的是:石英岩矿山的采矿许可证为州(市)所发,部分矿山与上表矿山的关系不清,部分矿山的工作程度很低,矿区范围划定于勘查工作之前,造成矿区范围过小偏离矿体,给合理开发利用带来不便。

总体看,近几年在各级主管部门的监督下,青海省石英岩矿山的开发利用水平得到了很大提高,矿山正在向正规化规模化方向发展。

(四)饰面用石材

青海省饰面用石材资源丰富,品种较多,目前查明有资源量的饰面用石材有饰面用蛇纹岩、饰面用花岗岩、饰面用大理岩等3种,截至2020年底,饰面用石材查明上表的矿区共计19处,其中,未利用矿区12处,开采矿区6处,停采矿区1处,资源利用率低,见表4-53。饰面用蛇纹岩4处,均为中型矿床;饰面用花岗岩矿区6处,其中大型3处,中型2处,小型1处;饰面用大理岩矿区9处,其中大型2处,中型4处,小型3处。

表4-53 饰面用石材矿区情况表

序号	矿区名称	勘查程度	矿床规模	勘查开发现状	主要矿产	备注
1	乐都县中坝玉石台玉石矿区	普查	中型	未利用	饰面用蛇纹岩	
2	祁连县热水沟饰面用蛇纹岩	普查	中型	开采		
3	祁连县锅岔石饰面用蛇纹岩	详查	中型	未利用		
4	格尔木市大灶火西南山蛇纹石三矿	普查	中型	未利用		
5	湟源县寺脑饰面花岗岩石材矿	普查	大型	未利用	饰面用花岗岩	
6	循化相玉矿区花岗岩	勘探	小型	未利用		
7	共和县切吉乡哇洪河矿区花岗岩	勘探	中型	停采		
8	格尔木市低山头西花岗岩矿	详查	大型	未利用		
9	乌兰县阿日茨特花岗岩	详查	大型	开采		
10	都兰县清水河花岗岩矿	普查	中型	开采		
11	共和县沟后大理岩矿	勘探	中型	开采	饰面用大理岩	
12	格尔木市纳赤台硅质大理岩石材矿区	详查	中型	未利用		
13	格尔木九八沟石英岩、大理岩矿	普查	中型	开采		共生玻璃用石英岩
14	格尔木市石灰窑矿区西段大理岩矿	详查	大型	未利用		
15	格尔木市大干沟饰面用大理岩	详查	中型	未利用		
16	格尔木市拉陵高里河下游饰面用大理岩	普查	小型	未利用		
17	乌兰县沙柳泉大理岩矿	详查	大型	未利用		
18	都兰县龙洼尔当多金属矿	详查	小型	未利用		共生矿产
19	都兰县清水南山大理岩矿	详查	小型	开采		

本次问卷调查的饰面用石材矿山28家,实地调研3家,调查矿山数多于上表矿区9处,是因为饰面石材采矿许可证多为州(市)局发放,多数矿山对应的矿区工作程度低,仅为检测或预查,资源量多为推断,未经审查,资源量未上储量简表,从而也反映出非金属矿产资源管理上的不足。28家饰面用石材矿山中饰面用大理岩矿山10家,其中大、中型各1家,小型8家;饰面用花岗岩和蛇纹岩矿山均为9家,且均为小型矿山。28家饰面用石材矿山中生产矿山2家、筹建1家、停产24家,关闭1家,见表4-54。

调研显示,9家分布于海西州境内的饰面用蛇纹岩矿山的开采对象不清,采矿许可证注明的开采矿种为饰面用蛇纹岩,但据实地调研,这9家矿山所对应的矿区中的蛇纹岩矿体规模均很小,工作程度极低,岩石破碎,不具备石材开采的条件,企业办证的目的是可采蛇纹石(软玉)玉,由于市场、加工以及玉石的质量等问题,矿山均停采。

1. 开采规模及开采方式

28家矿山均为露天开采,公路运输,矿山建设规模见表4-54。2018年,除海西州9家饰面用蛇纹岩矿山外,其余19家矿山合计设计采矿能力为180.95万m^3/a,实际采矿58.82万m^3,产能利用率为32.5%,其中饰面用大理岩设计采矿能力为128.45万m^3/a,实际采矿46.53万m^3,产能利用率为36.22%;饰面用花岗岩设计采矿能力为52.5万m^3/a,实际采矿12.29万m^3,产能利用率为23.4%。9家饰面用蛇纹岩设计采矿能力为9.47万t/a,没有实际采矿。

2. 矿山开采水平

青海省饰面用石材规模开采始于2010年,主要是东部地区石材资源保障能力降低,需要在西部地区寻找新的资源接续基地以满足需求。目前,省内饰面用石材的开发现状是:办理采矿许可证的矿山多,实际开采的矿山少,开采矿石量大,但荒料开采情况不清,后续加工产能低;大多数饰面石材矿山的开发利用手段已从手工开采转为绳切割锯开采,从顺坡滚放转为台阶式开采,提高了荒料采出量和荒料质量。除格尔木市外,全省其他地区尚无规模化的石材加工企业,对石材矿山的开采水平无法准确评价。

自然资源部尚未制定饰面用石材合理开发利用"三率"指标,在评价中仅依据开发利用方案设计相关指标进行评价。青海省饰面用石材开发利用水平见表4-54,矿山均为露天开采,公路运输,4家矿山设计的开采回采率为80%~95%,而5家矿山的实际回采率为95%~99.5%,回采率指标针对性不强,是否直接针对荒料而设不得而知,绝大多数矿山由于停采无法获得相关数据。

总体看,青海省饰面用石材矿山还未规模开发利用,绝大多数矿山停采,报表填报数据缺失,因此,无法准确评价矿山采选水平,但随着采选工艺技术水平的提升,矿山将逐步趋于正规。

3. 饰面用石材综合利用水平

饰面用石材矿山的成荒率一般为20%~25%,在开采荒料时将产生大量的不能满足石材加工使用的废石。据调研,矿山的一般做法是将小规格石料加工成地砖、道牙石等产品,不规整废石经破碎后加工成不同规格的建筑石料,因此,饰面用石材矿山的综合利用水平达标。

(五)玉石

青海省玉石开采集中分布于格尔木地区,主要开采对象为昆仑玉,由于玉石成矿背景特殊,致使矿体分布极不规律,玉石矿脉规模较小,一般几厘米至十几厘米,长度几十厘米至数米,玉石矿脉在走向及倾向上常呈尖灭再现的形态产出,由于含矿率较低,矿山开采的剥采比很大,正规开发困难,按规范要求,玉石矿可按边探边采的方式进行,因此也无从谈及"三率"水平。由于矿山均远离城镇,大量的剥离废石难以利用。

玉石矿的开发利用目前尚不正规,应逐步引导规范开采,同时督促企业开展环境整治,开展废石的规范堆存。

表 4-54 饰面石材矿山基本情况表

序号	矿山名称	调研情况	主矿产名称	2018年生产状态	2019年生产状态	矿山规模	开采方式	采矿能力（万 m³/a）或（万 t/a）设计	采矿能力 实际	开采回采率（%）（报表）设计	开采回采率（%）实际
1	青海金恩矿业有限公司都兰县抢口可热大理岩矿	问卷		停产	停产	小型		0.5	0.5		
2	青海同维矿业有限公司都兰县冰沟蛇纹石化大理岩矿	问卷		停产	停产	小型		1			
3	青海省都兰县龙佳芥当地区大理岩矿	问卷		筹建	筹建	小型		1		80	
4	都兰县宗加乡大理岩矿	问卷		停产	停产	小型		1.05		80	
5	都兰玉鑫矿业有限责任公司都兰县诺木洪乡波斯大大理岩矿	实地	饰面用大理岩	停产	停产	小型	露天开采	0.5			
6	格尔木永信矿业有限责任公司格尔木水泥厂北大理岩矿	实地		生产	生产	小型		0.5	0.13	80	95
7	青海省格尔木市石灰窑矿区石灰岩、大理岩矿西段	实地		生产	停产	大型		100	30		
8	格尔木埃玛山川矿业有限公司格尔木市九八沟石英岩矿	问卷		停产	停产	中型		15.9	15.9		
9	青海福隆矿业有限公司共和县吾口大理石矿	问卷		停产	停产	小型		3			
10	海东市乐都区曼安矿业有限公司马儿乡长岭湾白云大理岩矿	问卷		关闭	停产	小型		5			
	饰面用大理岩合计							128.45	46.53		
11	都兰县柯柯赛饰面花岗岩矿	问卷		停产	停产	小型		1			
12	格尔木市瀚海实业发展有限公司都兰县清水河花岗岩矿	问卷		停产	停产	小型		0.5		95	
13	格尔木永信采石场低山头西花岗岩矿	实地	饰面用花岗岩	生产	生产	小型	露天开采	10	0.29		99.5
14	湟中县福安采石厂	问卷	饰面用蛇纹岩	停产	停产	小型		8	5		98
15	湟中县福安石厂	问卷		停产	停产	小型		5	5		98
16	青海裕达建材有限公司	问卷		停产	停产	小型		10	2		98

续表 4-54

序号	矿山名称	调研情况	主矿产名称	2018年生产状态	2019年生产状态	矿山规模	开采方式	采矿能力 (万 m³/a) 或 (万 t/a) 设计	采矿能力 实际	开采回采率(%) (报表) 设计	开采回采率(%) 实际
17	乐都浙闽石料厂花岗岩矿	问卷	饰面用花岗岩	关闭	关闭	小型	露天开采	5			
18	乌兰县芳源花岗岩矿	问卷	花岗岩饰面用	停产	停产	小型		10			
19	乌兰县金鑫矿业开发有限责任公司布拉格花岗岩矿	问卷	蛇纹岩	停产	停产	小型		3			
	饰面用花岗岩合计							52.5	12.29		
20	大柴旦埃玛石材有限公司大柴旦绿山梁蛇纹岩矿	问卷		停产	停产	小型		1			
21	青海省大柴旦行委胜利口东蛇纹岩矿	问卷		停产	停产	小型	露天开采	1.64			
22	青海华伟矿业有限公司都兰县巴隆乡科尔村韩层达峨饰面用蛇纹岩矿	问卷		停产	停产	小型		0.8			
23	格尔木和顺玉石加工有限公司没草沟蛇纹岩矿	问卷	饰面用蛇纹岩	停产	停产	小型		0.05			
24	格尔木市智昌矿业有限责任公司野牛沟蛇纹岩与透闪石玉矿	问卷		停产	停产	小型		0.1		94	
25	格尔木凯隆矿业有限责任公司向阳沟IV号蛇纹岩矿	问卷		停产	停产	小型		0.05			
26	格尔木白云有限公司中灶火西直沟蛇纹岩与透闪石玉矿	问卷		停产	停产	小型		0.03			
27	青海金三才矿业有限公司灰狼沟蛇纹岩矿	问卷		停产	停产	小型		0.5			
28	青海金天利矿业投资有限公司乌兰县哈利哈德山蛇纹岩矿	问卷		停产	停产	小型		5.3			
	饰面用蛇纹岩合计							9.47	0		

注: 1. 实际生产能力为 2018 年数据。2. 饰面用蛇纹岩的设计生产能力为万 t/a。

第五章 矿山开发利用水平概况

第一节 矿山"三率"水平综述

矿产资源是人类社会发展的物质基础,是实现工业化必不可少的要素,矿产资源的不可再生性要求我们必须发挥矿产资源的最大价值,合理、高效地利用矿产资源(康志军,2015)。我国矿产资源具有"三多三少"的特点,即"贫矿多、富矿少,中小型矿多、大型超大型矿少,共伴生矿多、单矿种矿少",这种现状直接决定了在矿产资源的开发利用过程中,必须坚持资源节约优先原则,不断提高矿产资源的开发利用水平和效率。

2012年,为全面了解和掌握全国矿产资源开发利用水平,建立完善矿产资源开发利用技术水平指标和效率评价体系,中国地质调查局启动了"全国矿产资源'三率'综合调查与评价"工作,开展了煤炭、石油、铁等22个重要矿产"三率"调查评价工作,分期分批研究制定了27种矿产的"三率"(开采回采率、选矿回收率、综合利用率)指标要求,主要矿种的矿产资源节约与综合利用评价指标体系初步形成(吴琪等,2016)。

矿产资源开发利用"三率"指标体系的建立具有重要的意义:①它是一条"红线",是矿山企业开发利用矿产资源的最低标准,用以鼓励先进,淘汰落后,引导矿山企业达到或超过这个标准,所以必须要有约束力;②对提高我国矿产资源综合利用水平将起到积极的推动作用,也是我国建设生态文明的迫切需要和内在要求;③"三率"指标要求是矿山设计和矿产资源开发利用方案编制以及国土资源主管部门监督管理矿山企业合理开发利用矿产资源的重要依据。

一、"三率"调查评价结果

本次研究以2018—2019年的调研数据为准,单个矿山指标取2年的平均值。根据问卷调查及实地调研,对青海省的28个矿种"三率"指标进行了汇总,见表5-1。

表5-1 调查评价矿种"三率"指标统计表

序号	矿产名称	开采方式	矿山数(家)	开采回采率/盐田采收率(%)						选矿回收率(%)			
				最高	最低	平均	按规模			大型	中型	小型及以下	平均
							大型	中型	小型及以下				
1	煤炭	露天	5	93.30	97.35	97.81	98.00		97.76				
		地下	12	93.00	75.00	78.60	89.74	76.07	78.86				

续表 5-1

序号	矿产名称	开采方式	矿山数（家）	开采回采率/盐田采收率（%）			按规模			选矿回收率（%）			
				最高	最低	平均	大型	中型	小型及以下	大型	中型	小型及以下	平均
2	铁矿	露天	3	96.50	90.00	93.83		96.00	92.50	89.48	95.00	90.13	91.20
		地下	10	97.50	83.00	86.30	80.00	92.50	85.43				
3	铜矿	露天	1			95.00	95.00			89.48	83.00	82.82	83.96
		地下	5	94.67	85.19	89.86		85.00	89.79				
4	铅矿	地下	4	92.08	82.79	86.91	86.35	82.79	89.24	93.21	86.00	87.5	88.55
5	锌矿	露天	1			92.67		92.67			83.72	85.85	85.14
		地下	2	86.45	83.00	84.73			84.73				
6	金矿	露天	1			98.79	98.79			83.82		88.21	86.95
		地下	6	96.69	80.00	88.24		88.84	88.12				
7	锂矿	露天	2	75.72	68.65	72.19	72.19			62.50			62.50
8	钾盐	露天	10	93.82	50.00	72.67	81.96	66.71	50.00	67.84	66.75	61.00	66.92
9	盐矿	露天	5	100	82.00	93.00	96.50	91.00	90.00	97.00	76.00	80.00	85.20
10	硼矿	露天	1	95.00	95.00	95.00			95.00			70.00	70.00
11	镁盐	露天	2	95.00	95.00	95.00		95.00	95.00			85.00	85.00
12	玻璃用石英岩	露天	1			97.00			97.00				
13	冶金用石英岩	露天	9	98.00	95.00	96.56			96.56				
14	电石用灰岩	露天	5	97.00	90.00	95.40	95.00	97.00					
15	水泥用灰岩	露天	6	98.00	90.00	96.00		97.50	93.00				
16	水泥用大理岩	露天	5	97.00	95.00	95.88		96.20	95.67				
17	制碱用灰岩	露天	3	97.00	90.00	94.27	97.00		92.90				
18	饰面用大理岩	露天	2	95.00	80.00	87.50	95.00		80.00				
19	饰面用花岗岩	露天	1			99.50			99.50				
20	石棉	露天	1			96.77	96.77			80.30			80.30
21	玉石	露天	3	99.00	96.60	97.87			97.87				

注：1. 本表只统计了 2017—2019 年数据填报齐全，且开发利用的矿山，数据填报不全和未开采的矿山未统计。2. 停产矿种：锰矿、锑矿、钼矿、镍矿、冶金用白云岩、饰面用蛇纹岩、长石。

统计数据显示，青海省开发利用的主要矿产资源有 21 种，尚未开采的 7 种。开发利用的"三率"水平较高，但是存在统计数据代表性较差的问题，主要原因是部分矿种开发利用的矿山少，特别是大中型矿山只有 1~2 家，造成了"三率"指标统计学意义不强。

二、"三率"达标率

(一)开采回采率

开采回采率是开采区域采出的矿石量(或回采矿量)与该区域内消耗的工业储量之百分比,它是衡量矿产资源利用程度和矿山开采技术水平的一个最重要的指标。开采回采率反映了对地下资源的利用程度,起着评价矿山工作质量和比较企业管理水平的作用(邹正,2014)。由于矿产资源的不可再生性,为保证矿产资源的合理开发利用,必须不断改进矿产资源的开采技术,优化采矿工艺,努力提高矿产资源的回采率,确保矿产资源能可持续的开发利用(钟家良,2017)。

本次研究对2018—2019年间开采1年以上的100家矿山(其中大型25家、中型21家、小型54家)开采回采率达标情况进行了统计,结果显示(表5-2):大、中、小型矿山的达标率分别为84.29%、81.25%和83.33%。依据矿山设计,达标率均在80%以上;依据国家要求的各矿种"三率"最低指标,大型和小型矿山的达标率均为100%,中型矿山的达标率为97.92%。但青海霍布逊地矿化工(集团)有限公司察尔汗盐湖霍布逊区段北矿段钾镁盐矿(中型)的实际开采回采率仅为57.83%,低于国家最低要求的70%。

表5-2 开采回采率达标统计表(据青海省国土空间规划研究院,2020)

序号	矿种	开采方式	统计矿山(家)				开采回采率达标率(%)					
							按设计指标			按最低指标		
			合计	大型	中型	小型	大型	中型	小型	大型	中型	小型
1	煤炭	露天	5	1		4	100		100	100		100
		地下	11	1	4	6	100	100	100	100	100	100
2	铁矿	露天	3		1	2		100	100		100	100
		地下	7	1	2	4	0	100	100	100	100	100
3	铜矿	露天	1	1			100			100		
		地下	5		1	4		0	100		100	100
4	铅矿	地下	4	1	1	2	100	0	50	100	100	100
5	锌矿	露天	1		1			100			100	
		地下	1			1			100			100
6	金矿	露天	2	1	1		100	100		100	100	
		地下	6	1		5	100		50	100		100
7	锂矿	露天	2	2			100			100		
8	钾盐	露天	9	5	4		80	75		100	75	
9	盐矿	露天	5	2	2	1	100	100	100	100	100	100
10	硼矿	露天	1			1			0			100
11	镁盐	露天	1		1			100			100	
12	玻璃用石英岩	露天	1			1			100			100

续表 5-2

序号	矿种	开采方式	统计矿山（家）				开采回采率达标率（%）					
							按设计指标			按最低指标		
			合计	大型	中型	小型	大型	中型	小型	大型	中型	小型
13	冶金用石英岩	露天	9			9			100			100
14	电石用灰岩	露天	4	3	1		100	100		100	100	
15	水泥用灰岩	露天	6	4	2		100	100		100	100	
16	水泥用大理岩	露天	5		2	3		100	100		100	100
17	制碱用灰岩	露天	2	1	1		0	0		100	100	
18	饰面用大理岩	露天	2			2			100			
19	饰面用花岗岩	露天	1			1			100			
20	石棉	露天	1	1			100			100		
21	玉石	露天	3			3			100			
	平均						84.29	81.25	83.33	100	97.92	100

注：国家尚未制定"三率"指标的矿种仅以设计指标进行对比。

（二）选矿回收率

选矿回收率是开采出的原矿中的有用元素或者矿物成分重量与经选矿后选出的精矿中的有用元素或者矿物成分重量之间的比率。它是考核和衡量矿山企业选矿技术、管理水平和入选矿石中有用成分回收程度的重要技术经济指标。我国在长期的矿山开采过程中，大部分已探明的矿产资源已被开采殆尽，矿山的开采深度和开采难度也在不断增加，矿石的贫化问题日益突出，因此，提高选矿回收率，不仅有利于减少矿产资源的浪费，也能帮助矿山企业降低开采成本，提高经济效益（冯国伟，2020）。

本次对开展选矿的铁矿、铜矿、铅矿、锌矿、金矿、锂矿、钾盐、硼矿和盐矿等 9 个矿种共计 43 家（其中大型 12 家、中型 11 家、小型 20 家）矿山进行统计（对销售原矿和未选矿的企业不作统计），从设计达标情况来看，各矿种矿山的达标率达到了 80% 以上，其中大型矿山的达标率最高，为 94.29%，中型矿山的达标率为 82.14%，小型矿山为 80.42%。以国家要求的各矿种"三率"指标衡量，除铁矿外（相当一部分铁矿区未开展磁性铁分析，是否能达到磁性铁占有率大于 85% 的要求不清，因此无法确定选矿回收率国家最低指标采用磁铁矿还是磁-赤混合矿的指标，故无法判定选矿回收率的达标情况），其他矿山的大、中、小型矿山达标率均为 100%，见表 5-3。

值得一提的是，部分矿种开展选矿的矿山较少，统计意义不强，如锌矿开采矿山仅 2 家，硼矿 1 家，镁盐 2 家。这些矿山代表 1 个矿种的选矿回收率代表性不强，统计数据仅能作为参考。

表 5-3 选矿回收率达标统计表（据青海省国土空间规划研究院，2020）

序号	矿种	开采方式	统计矿山（家）				选矿回收率达标率（%）					
							按设计指标			按最低指标		
			合计	大型	中型	小型	大型	中型	小型	大型	中型	小型
1	铁矿	露天	3		1	2		100	50			
		地下	7	1	2	4	100	100	100			

续表 5-3

序号	矿种	开采方式	统计矿山（家）				选矿回收率达标率（%）					
							按设计指标			按最低指标		
			合计	大型	中型	小型	大型	中型	小型	大型	中型	小型
2	铜矿	露天	1	1			100			100		
		地下	5		1	4		100	33.33		100	100
3	铅矿	地下	4	1	1	2	100	100	100	100	100	100
4	锌矿	露天	1	1			0			100		
		地下	1			1			100			100
5	金矿	露天	2	1	1		100	100		100	100	
		地下	6	1		5	100		60	100		100
6	锂矿	露天	2	2			100			100		
7	钾盐	露天	9	5	4		60	75		100	100	
8	硼矿	露天	1			1			100			100
9	镁盐	露天	1			1			100			100
	平均						94.29	82.14	80.42	100	100	100

（三）综合利用率

综合利用率是矿山企业开发利用的主、共（伴）生矿产资源及其生产过程中所产生的尾矿、废石、废水、废气和废渣等的综合利用程度。它是衡量企业矿产资源开发、技术经济和生产管理水平的重要标志。

随着社会的发展，目前未开发的浅表矿产资源已经很少，客观上增加找矿难度，大型矿产资源越来越难以被找到。这不仅要求找矿技术必须向地下深层和海域等方向发展，也增加了找矿成本。与此同时，开发利用矿产资源的技术难度加大，而矿产资源的供给量无法满足我国工业生产需求的问题愈加突出，因此必须对矿产资源进行综合开发利用（王智纲，2020）。

青海省绝大部分矿山均分布于偏远地区，远离城镇，周边人口稀少，造成废弃岩土及尾矿的综合利用十分不便，多数矿山的废弃岩土除采坑回填、矿区修补道路外，基本无法利用，主要堆置于排土场中，因此，基本处于未综合利用状态。

青海省属干旱气候，几乎所有矿山都将矿井（坑）废水提升至地表，经沉淀池沉淀后主要用于矿区绿化灌溉、喷洒降尘等，因此可以全部利用，个别矿山因废水较少还需到其他地区运水使用，废水综合利用率达到100%。

选厂对选矿废水经沉淀后基本上都进行了二次利用，部分随尾矿排放的尾矿废水排至尾矿库，待澄清后泵至选矿车间进行再次利用或用于矿区绿化。因此，选矿废水也能综合利用。

在"十三五"期间一批先进适用的开采方式的推广，废石和尾矿的利用力度进一步加大，减轻了企业尾矿堆放的压力和环保压力。矿山综合利用意识得到显著提高，特别是铁矿、金矿对低品位矿石和尾矿的利用取得了很大成效，但对共伴生有益组分的综合利用因含量、选矿工艺等影响参差不齐。

1. 煤炭

青海省开发的煤矿区（井田）基本没有共伴生矿产，近年来虽在个别煤矿区中发现了可燃冰、煤层气、油页岩等,但经评价不具开发利用的价值或无法利用,因此不具综合利用条件。煤炭矿山在开发利用过程中,主要产生一些煤矸石、废弃岩土、矿井废水等,但由于青海省区位条件特殊,开展综合利用存在困难。

2. 铁矿

青海省铁矿 TFe 品位一般为 35%～55%,有害杂质硫、磷一般低于工业要求,一般均共生 Pb、Zn、Co、Bi、Au 等有益元素,代表矿床有肯德可克、尕林格、野马泉、海寺、白石崖等。开发的矿山对主要有益组分进行了综合利用,大部分矿山没有开展这项工作,综合利用水平较低。

本次调研的 42 家铁矿山中,部分生产的矿山按照开发利用方案的要求开展了综合利用,选出了合格的精矿产品,但大部分矿山综合利用不够,主要是工艺不成熟,利用共伴生矿产的成本较高,选矿厂也没有针对共伴生矿产设计选矿生产线。

总体而言,从本次调查结果看,青海省生产矿山除主元素铁外,基本没有综合利用其他矿种。

3. 铜矿

青海省铜矿山共伴生的元素很多,在现有的选矿条件下通常可综合回收的元素有 Au、Ag、Fe、Zn 等,多数大中型矿山和选矿厂通过采用先进、高效的设备,改造选矿工艺流程,选用选矿药剂,提高选矿技术等措施来提高矿石中有益组分的综合利用,但是小型铜选厂则不够重视综合利用,除回收金、银外,对硫、铁等不予回收。

本次统计的 17 家铜矿山的铜矿石多为中低品位,且大部分共伴生有 Pb、Zn、Co、Au、Ag、Se、Ge 等有益元素。大部分生产的矿山按照开发利用方案的要求开展了综合利用,但对共伴生的硫铁矿、Cd、Se、Sn、Co 等有益元素,因选矿工艺、经济条件、市场条件等制约而无法利用,铜矿综合利用困难,只能随尾矿堆存于尾矿库中,待技术成熟后再进行利用。

4. 铅锌矿

铅锌矿山多共伴生有铜、钴、金、银等,部分还共伴生有硒、锗、镓、镉、铟等有益组分,且铅锌矿山无论停采还是生产,在编制开发利用方案或开采设计时均针对在目前经济技术条件下能够利用的共伴生矿产作出了综合利用设计,大部分生产的矿山按照开发利用方案的要求开展了综合利用,但伴生的镓、镉、铟等矿产,因经济条件和市场条件而无法利用,这部分矿产随尾矿堆存于尾矿库中。

5. 金矿

青海省的岩金矿山大多数为单金矿床,只有双朋西和谢坑为铜金共生矿,铜厂沟伴生有少量铜,德尔尼伴生有少量银,在开发中都得到不同程度的回收。

本次调研的 16 家金矿矿山均为中低品位金矿石,基本为单矿种,生产矿山均按照开发利用方案的要求开展了综合利用,且达到了在现有技术条件下尽可能综合回收利用的要求。

6. 盐湖矿山

青海省无单一矿种的盐湖矿山,钾盐、镁盐、锂矿、盐矿和硼矿相互共伴生,部分矿山还共伴生有芒硝、溴矿、碘矿、铷矿等,大量的共伴生组分增加了盐湖矿山的综合利用价值,但也给综合利用工业技术增加了难度。钾盐矿山的综合利用水平不高,本次调研的 9 家矿山由于市场及工艺技术水平的限制基本未对共伴生矿进行综合利用;镁盐矿山具开发利用规模的仅为青海香江盐湖开发有限公司团结湖镁盐矿,矿山利用废弃老卤水回收氯化镁、氯化钾的工艺较成熟,但单个矿山的综合利用规模代表性不强;锂矿仅调查 2 家,就矿种而言,设计利用矿种和实际回收利用矿种基本一致,综合利用程度较高;盐矿各矿山均针对卤水日晒盐开展了回收利用,选矿工艺及食用盐加工工艺合理,相对来说比较单一;硼矿矿山的综合利用水平较高,调研的 2 家矿山均综合利用了液体矿中的硼、钾、锂资源,开发利用技术特别是低品位硼矿的开发利用技术水平在全国处于领先水平。

盐湖矿山产生的尾矿主要是晒卤形成的盐矿,基本都进行了集中堆放,少量开展了修路。部分矿山利用淡水溶盐技术,对选矿形成的尾液及老卤等开展了综合利用,利用率基本达到了100%。

7. 非金属矿山

青海省开发强度和潜力较大的非金属矿产主要有石棉、水泥用灰岩、电石用灰岩、制碱用灰岩、玻璃用石英岩、冶金用石英岩、冶金用白云岩、饰面用大理岩、饰面用花岗岩、饰面用蛇纹岩、玉石、长石等。其中,石棉矿山对伴生的铁矿进行了综合利用,取得了较好的效果;石灰岩矿山将剥离的黄土、废石用于采区回填和矿区道路修建,将夹石进行配矿使用,因此石灰岩矿山的综合利用程度很高,综合利用率基本在95%以上;石英岩矿山产生的剥离黄土开采区回填和矿区道路修建,但对部分不符合下游企业要求的破碎废料均集中进行堆放,有待进一步综合回收利用;饰面石材矿山将小规格废石加工成地砖、道牙石等产品,将不规整废石经破碎后加工成不同规格的建筑石料,矿山综合利用水平较高;玉石矿山均远离城镇,且剥采比很大,正规开发困难,均采用边探边采模式,大量的剥离废石难以利用,无从谈及"三率"水平。

第二节 先进适用技术和攻关的重点难点项目

一、适宜推广的先进适用技术

为加快推进矿产资源领域创新驱动发展战略实施,践行创新发展和绿色发展理念,提升矿产资源节约和综合利用水平,自然资源部遴选产生了《矿产资源节约和综合利用先进适用技术目录(2019年版)》。

结合青海省矿产资源特点及开发利用现状,从《矿产资源节约和综合利用先进适用技术目录(2019年版)》中摘选了27种适用于青海省的先进适用技术进行推荐。

(一)煤炭类

1. 0.8m 以下薄煤层高效综采关键技术

技术类型:煤炭资源高效开采技术。

适用范围:0.55~0.8m 极薄煤层,煤层倾角 0~42°,煤炭(夹矸)硬度 $f \leqslant 4$,地质条件较稳定,煤层构造简单或中等。

推广前景:该项技术的推广,可提高极薄煤层机械化开采产煤量的比重,合理部署集约化生产,减少安全事故的发生,全面提高煤炭工业的技术水平,平均提高资源回收率3个百分点。

2. 高效节能煤炭分粒级分选技术

技术类型:煤炭高效选矿技术。

适用范围:煤炭资源清洁加工利用。

推广前景:该技术具有节能节地、吨煤电耗低等特点,按照我国原煤入选率要达到30%的目标测算,预计可节约用电6.67亿kW·h,新增销售额156.28亿元,新增利润76.73亿元,经济社会效益显著,具有较好的推广前景。

3. 低透气性煤层增透抽采瓦斯技术

技术类型:煤炭矿山综合利用技术。

适用范围:煤层透气性系数 $0.1 m^2/(MPa^2 \cdot d)$ 以下的煤层。

推广前景:随着生产水平不断延伸,整个西南地区矿井均面临深部煤层瓦斯治理的难题,矿井建矿时间大部分在 30 年以上,矿井的埋深基本上在 800m 以上,地应力大,煤层透气性较差。该技术在煤与瓦斯突出矿井,特别是在解决难抽采保护层的瓦斯抽采问题方面具有广泛的推广价值。

(二)黑色金属类

1. 破碎难采矿体诱导冒落高效开采技术

技术类型:金属矿山高效开采技术。

适用范围:破碎难采固体矿床。

推广前景:该技术工艺简单、生产安全、成本低、效率高,为矿岩破碎的倾斜中厚以上矿体提供了新途径,在马钢矿山以及我国金属矿山中应用前景广阔。

2. 低品位及难选磁铁矿磁场筛选法分选工艺

技术类型:黑色金属矿山高效选矿技术。

适用范围:低品位及难选磁铁矿。

推广前景:按每年新增应用 CSX 型磁场筛选机的铁矿山精矿产量 2 000 万 t 预算,按提高精矿品位 2 个百分点,给矿山企业带来的直接经济效益达 6 亿元,按提高生产能力 5% 计算,年增经济效益 5 亿元,两项合计给矿山企业带来的直接经济效益总计达 11 亿元。再有提高了入炉原料铁品位,在冶炼中减少了废渣的排放,因此是符合国家低碳环保、节能减排政策的。

3. 钒钛磁铁矿综合回收利用技术

技术类型:钒钛磁铁矿山综合利用技术。

适用范围:钒钛磁铁矿选钛技术领域。

推广前景:该技术实现了钛铁矿中钛、铁、硫、钴资源的高效回收,降低了选矿成本,可在攀西地区、全国乃至世界钒钛磁铁矿钛铁矿回收领域中推广应用。

4. 尾矿中铁矿物回收利用技术

技术类型:金属矿山综合利用技术。

适用范围:含铁尾矿综合利用。

推广前景:该技术从尾矿中回收铁矿物,做到矿山资源的二次开发,变废为宝,不仅节省大量的生产成本,而且能给企业带来一定的经济收入,保护环境,提升资源利用率,可广泛应用于铁资源矿山企业,特别适用于资源为混合型矿石企业。

5. 磁铁矿尾砂综合利用技术及尾矿库恢复使用技术

技术类型:金属矿山综合利用技术。

适用范围:冶金矿山磁铁矿尾矿库尾砂综合利用领域。

推广前景:该技术对老尾矿库尾砂进行再选回收,实现矿石资源的循环利用,提高了企业的经济效益,减少了尾矿量,延长了尾矿库的服务年限,缓解了尾矿排放对环境的影响,符合国家资源高效利用和循环利用经济政策。在全国冶金矿山磁铁矿尾矿库尾砂综合利用领域具有广泛的推广价值。

(三) 有色金属类

1. 露天金属矿大规模安全高效开采关键技术

技术类型:有色金属矿山高效开采技术。

适用范围:露天金属矿开采。

推广前景:露天金属矿山开采规模化,安全高效开采,深部开采联合开拓运输系统的高效运行,提高了系统设备的运转效率等,对露天金属矿山开采具有广泛的借鉴意义。现场混装炸药制备技术与钻爆数字一体化爆破技术,其机械化、灵活移动和本质安全性的特点,决定其在矿山、基础设施建设等方面具有广阔的应用前景。

2. 复杂难选低品位镍矿选矿技术

技术类型:有色金属矿山高效选矿技术。

适用范围:低品位难处理镍矿石。

推广前景:该项技术已成功应用于工业生产,过程运行稳定,技术指标先进,取得了显著的经济效益和良好的社会效益,抗风险能力强,可行性好。

3. 高海拔复杂多金属选矿技术集成及工程转化

技术类型:有色金属矿山高效选矿技术。

适用范围:高海拔复杂多金属矿。

推广前景:该技术为甲玛铜铅锌复杂多金属矿选矿厂的顺利建设和迅速投产并取得盈利奠定了良好的技术基础。新型浮选药剂和选矿废水分支处理分质回用技术降低了基建投资,减少了生产成本,为矿山创造了良好的经济效益。为我国建设高原型大型矿山提供了宝贵的经验,起到了良好的借鉴和示范作用。

4. 铅锌多金属矿资源高效开发与综合利用关键技术

技术类型:有色金属矿山综合利用技术。

适用范围:适用于铜、铅锌等有色金属矿的高效开发与其伴生元素的综合利用,并适用于矿山尾矿、废石、废水"三废"的资源化利用。

推广前景:该技术能有效解决我国铅锌多金属矿开发普遍存在的资源综合回收率低和矿区环境污染的问题,不仅适用于铅锌多金属矿,也适用于其他有色金属矿,尤其适合于土地、水资源紧缺和生态环境脆弱地区的矿业开发。为铅锌多金属矿山的矿产资源节约与综合利用提供了较好技术支撑和示范,对促进我国金属矿山行业技术进步,建设资源节约型、环境友好型的现代化矿山具有重大推动作用。

5. 高原地带低品位复杂铜多金属矿高效综合回收关键技术集成及应用

技术类型:有色金属矿山综合利用技术。

适用范围:铜多金属矿石综合回收。

推广前景:该技术解决了复杂难选的氧化铜铅锌综合回收问题,高效回收了铜、铅、锌等资源,取得了良好的经济效益,为铜多金属矿综合回收提供了技术路径,推广前景好。

(四) 稀有贵金属类

1. 过采区高应力低品位矿体开采技术

技术类型：黄金矿山高效开采技术。

适用范围：老矿山过采区高应力低品位资源。

推广前景：该技术为矿山开发利用复杂赋存条件下的低品位资源提供了一个可供选择的研究思路和解决办法，可在中国黄金集团公司乃至全国类似条件矿山推广应用，从而实现科研效益最大化，推广前景广阔。

2. 黄金矿山低品位资源规模化开发关键技术

技术类型：黄金矿山高效选矿技术。

适用范围：黄金矿山及类似金属矿山高效选矿及降本增效。

推广前景：该技术兼顾了低品位金矿石利用效果及规模效益，实现了黄金矿山低品位资源规模化高效利用，为含金资源规模化、精细化、产业化生产提供了可靠技术支撑，提升了国内黄金产业链技术与装备水平，促进了选矿技术及产业的发展，具有较强的推广前景。

3. 金尾矿有价金属综合回收技术

技术类型：黄金矿山综合利用技术。

适用范围：黄金矿山。

推广前景：该技术可回收氰化尾渣中铜、铅、锌等有价金属，生产过程无有毒有害废水、废渣、废气等污染物排放，环境效益和社会效益显著，可在全国黄金矿山推广应用。

4. 高硫型金铜尾矿资源无害化处理与综合回收利用技术

技术类型：金属矿山综合利用技术。

适用范围：黑色金属、有色金属选矿。

推广前景：我国处在工业化、城市化加速发展阶段，能源及资源消耗量巨大，合理开发利用尾矿资源，是保障矿产资源来源的较好途径，该技术的应用推广，可有效缓解资源和环境的双重压力，产生良好的行业带动示范效应，对实现资源与环境和谐发展具有重要的意义。

(五) 非金属类

1. 露天石灰石矿无废开采技术

技术类型：非金属矿山高效开采技术。

适用范围：露天石灰石矿开采。

推广前景：该技术适用于石灰石矿山采场加工，可有效提高石灰石矿山采场效益、矿石利用率。在资源合理利用、环境友好、推进社会发展等方面有巨大潜力。

2. 低品位萤石粗精矿再磨浮选工艺技术

技术类型：非金属矿山高效选矿技术。

适用范围：低品位萤石矿，品位5%以上的萤石原矿。

推广前景：萤石资源被世界各国列为战略资源，中国萤石行业现存大量的尾矿和低品位萤石资源，既造成资源浪费又污染环境，采用该技术可有效增加中国萤石资源利用量，对我国低品位萤石资源利用具有借鉴意义。

3. 晶质石墨矿选矿自动控制系统

技术类型：非金属矿山高效选矿技术。

适用范围：晶质石墨选矿。

推广前景：该技术实现了选矿工艺数字化管理的创新，有效推动企业向"绿色选矿、数字化选矿"发展，解决了石墨行业"脏乱、落后、污染"等问题，实现了更有助于增加企业的经济效益、环境效益和社会效益，对石墨选矿行业可持续发展具有指导意义。

4. 机制砂石细粉高效回收与废水循环利用工艺技术

技术类型：非金属矿山综合利用技术。

适用范围：建筑石矿及其他非金属矿加工。

推广前景：该项技术可实现取水量、排污量、土地资源占用量的大幅度减少，以及资源回收率和清洁生产水平、环境保护水平的大幅度提升，资源环境及社会经济效益显著，具有良好的应用和推广前景。

（六）化工类

1. 固体钾矿浸泡式溶解转化开采技术

技术类型：盐湖矿山高效开采技术。

适用范围：零星分布的KCl≥0.5％的低品位盐湖固体钾矿（钾石盐、光卤石矿）。

推广前景：该技术能够大幅降低钾盐工业品位，增加可采钾盐资源储量，延长矿山服务年限，实现资源高效综合利用，经济效益显著。对马海盐湖、察尔汗盐湖铁路东部等具有巨大的示范推广意义。

2. 反浮选－冷结晶法生产氯化钾工艺

技术类型：盐湖矿山高效选矿技术。

适用范围：从氯化物型盐湖卤水钾镁盐矿中提取氯化钾。

推广前景：该技术可对传统冷分解浮选法、兑卤盐法的中、小规模氯化钾（钾肥）生产装置进行改造和整合，促进技术、产品升级和选矿回收率提高，从而实现我国盐湖钾矿利用水平的升级，为节约氯化钾资源、增加钾肥总量作出积极贡献。

3. 吸附法从老卤中提锂技术

技术类型：盐湖矿山高效选矿技术。

适用范围：盐湖卤水和老卤中锂资源回收。

推广前景：该技术使盐湖老卤锂资源综合利用率显著提高，为我国其他盐湖锂资源的开发利用提供了技术支撑。

4. 老卤电解法生产金属镁技术

技术类型：盐湖矿山综合利用技术。

适用范围：具有氯化镁资源和优势电能资源地区。

推广前景：该技术以生产钾肥排放的老卤为原料，生产金属镁锭，延伸了盐湖矿产资源开发的产业链,促进了盐湖资源的可持续发展,推动了柴达木盆地循环经济的发展。按照目前钾肥的产量,能产生33%~34% $MgCl_2$ 废液 3000 万 t,可满足年产 244 万 t 金属镁的原料需求。采用该技术镁冶炼总回收率可达到 96% 以上,并且每生产 1t 金属镁的同时可产生约 3t 的氯气,用以生产 PVC 产品,实现冶金与化工的融合发展。

5. 含钾尾矿溶解转化热溶结晶法生产氯化钾技术

技术类型:盐湖矿山综合利用技术。

适用范围:钾肥生产尾矿中钾资源回收以及低品位钾矿综合利用。

推广前景:该技术实现了钾肥生产尾矿和低品位钾矿中钾资源的综合回收,工艺成熟。生成过程中不需添加药剂,生产产品防结块性好。随着技术的推广应用将为社会提供高品质氯化钾产品,以满足国内钾肥需求。

6. 低品位硫铁矿资源综合高效利用技术与装备

技术类型:硫铁矿综合利用技术。

适用范围:低品位硫铁矿。

推广前景:该技术工艺过程稳定、生产技术成熟、经济与社会效益显著,可以在低品位硫铁矿及硫酸生产企业中推广,在全国其他同行业推广使用后,可以有效提高我国硫、铁资源利用率,有利于缓解我国硫铁资源紧缺现状,对低品位硫铁矿资源综合高效利用具有十分重要的意义。

二、需要攻关的重点难点项目

结合青海省矿产资源赋存特点,重点突出青海省铜、铅、锌等金属以及钾、锂、硼等盐湖优势共伴生矿产,低品位、难选的铁矿,加大矿山固体废弃物的综合利用力度,积极实施矿产资源节约集约与综合利用举措。搭建产、学、研平台,充分发挥矿山企业技术创新的主体作用,加大技术攻关,综合考虑预期效益及示范带动作用,设立循环经济发展示范项目工程(王庆民等,2022)。

需要攻关的重点难点项目主要有铜、铅、锌多金属矿的综合利用,钴等难选金属矿的综合利用,盐湖矿产的综合利用,祁连沉积变质型铁矿选矿,矿山固体废弃物的综合利用等。

(一)铜、铅、锌多金属矿的综合利用

青海省铜、铅、锌多金属矿主要分布在海西州的格尔木市、都兰县和大柴旦行委,海南州兴海县,玉树州杂多县以及果洛州的玛沁县和玛多县,但由于青南地区的玉树州和果洛州以及海南州的部分地区均处于保护区内,因此能够大规模开发利用的多处于海西州。矿床类型有热液型、矽卡岩型、斑岩型和沉积型。矿床规模以中小型为主,且多数为共伴生矿产。截至 2020 年底,青海省金矿保有资源储量 343.93 吨;铜矿保有资源储量(金属量)262.12 万 t;铅矿保有资源储量(金属量)349.00 万 t;锌矿保有资源储量(金属量)671.03 万 t。

各类型多金属矿的主元素和共伴生元素多以其独立矿物的形式产出,且多以硫化物原生矿为主,总体上属于易选矿石。多金属矿除互相共伴生外,部分矿产地共伴生金,可综合回收利用。

青海省铜铅锌多金属矿以小矿居多,且很多矿山没有建选厂,直接出售原矿,选矿回收率和伴生矿产的综合利用率参差不齐。个别选厂不注重技术改造和生产技术管理,共伴生组分综合利用水平偏低。

为更好地实现铜、铅、锌多金属矿的综合利用,需着力培植综合利用示范工程,推广成熟的矿产综合利用新技术新工艺。对已经设立示范工程的矿山企业,继续加强跟踪性管理,总结成熟的先进技术和先

进工艺,及时进行推广应用。与此同时,进一步推进资源整合工作,培植大型矿山企业集团。加强矿产资源和矿山企业的整合力度,支持有资金、技术、管理实力的矿山企业区域性整合小矿山企业,整合提高选厂规模,提高矿产资源利用程度和矿产资源综合利用水平(王庆民等,2022)。

(二)钴等难选金属矿的综合利用

青海省钴矿主要分布在东昆仑成矿带,截至 2020 年底,共计上表钴矿区 15 处,查明资源量(金属量)8.12 万 t,保有资源量(金属量)6.26 万 t,其中查明伴生资源量(金属量)5.21 万 t,占比 64.16%。成矿类型主要以岩浆型(夏日哈木、元石山)、喷流沉积型(驼路沟、督冷沟、德尔尼)和矽卡岩型(尕林格、肯德可克、牛苦头)为主。

开发利用的矿山主要为肯德可克和德尔尼,肯德可克查明共生钴金属量 456.81 吨,德尔尼查明共生钴金属量 2.56 万 t。在建矿山夏日哈木查明共生钴金属量 4.29 万 t。

由于肯德可克矿床的开发利用较早,针对钴等多金属的选矿做了很多试验研究(蔡淑霞等,1994;董春艳,2003;王春波等,2006;兰州有色冶金设计研究有限公司,2006;魏明安,2007;潘彤,2009),也给出了富有建设性的方案,但在实际生产中,由于选矿难度大,综合利用的效果不理想。其他矿床在开发利用时参照了肯德可克的选矿试验,因此综合利用水平相当。

肯德可克矿石中的主要工业元素有金、铜、钴、镍、钼、铋、铁等,其中钴矿物有方钴矿、辉砷钴矿、钴毒砂、水钴矿、钴镍矿和菱钴矿等,还有部分钴以类质同象状态赋存于镍、铋、砷等硫化矿物之中(董春艳等,2005),它们相互嵌布,关系复杂,粒度极不均匀,为难选的多金属矿石(潘彤,2009)。

吉林大学地球科学学院(2002)采用破碎—磨矿—预处理—浸出工艺技术,回收肯德可克的有价元素,但由于矿石有价元素品位相对较低,在处理规模上难以达到较大规模处理要求。

2003 年,北京矿冶研究总院对肯德可克复杂难选的钴、铋等矿种作了选矿试验,虽然产生了单一钴精矿和铋精矿,但精矿互含比较严重,如钴在钴精矿中的回收率为 41.03%,在铋精矿中的回收率达 33.09%,因此该方法要实现有用矿物的有效分离难度较大。

在总结分析以上两家单位的选矿试验基础上,兰州有色冶金设计研究有限公司于 2006 年编制了《肯德可克可选性试验报告》,但并未确定针对难选矿种钴、铋、金等的开发利用方案。

德尔尼铜钴矿为多金属复合硫化矿,潜在价值高,复杂难处理。根据矿石性质和经济高效开发利用的需要,北京矿冶研究总院采取选矿和冶金联合技术路线,选矿采用"一段磨矿-优先浮选工艺",流程结构简单,生产成本较低,操作稳定,易于工程化,可使含有的 Co、Cu、S、Zn、Ni、Fe 等得到充分回收。扩大试验指标为:铜精矿 Cu 品位 23.60%,回收率 82.96%;钴硫精矿中 Co 品位 0.141%,回收率 91.72%。

对选矿得到的低品位钴硫精矿进行的冶金扩大试验采用"沸腾焙烧—焙砂浸出—溶液净化分离—储备钴产品"工艺流程回收钴和铜,具有技术先进、工艺可靠、产品方案灵活等特点;冶金工艺中各单元操作大都已有工业生产实践,技术风险低,易于工程化。钴和铜的扩大试验回收率分别为 80.71%、86.13%。

在实际生产中,由于钴的富集程度低,矿石复杂难选,加上对钴的综合回收技术难题尚未突破,目前仍处在科技攻关阶段,因此,当前已开发利用的矿山均未能采取有效的综合利用手段,大量的钴堆存于尾矿库中,待技术突破后再加以综合利用。

针对以上问题,一方面要加快钴回收的技术攻坚,大力推广钴综合回收的现有技术,给予政策支持,积极引导矿山企业进行技术改造。另一方面,实施保护性开发制度,对现阶段难以综合利用的共伴生矿,应采取措施或保留尾矿,以备后用,避免资源流失。

(三)盐湖矿产的综合利用

青海拥有丰富的盐湖资源,钾盐、氯化锂、硼的资源储量分别与全国的 85%、80% 和 25%,是中国西部开发和经济发展的重要战略资源基地。柴达木盆地盐湖资源开发利用是青海经济发展的重要支撑，以综合开发利用为主导，发展青海特色盐类化工产业，将进一步带动地区基础设施建设和工业基础条件的提升，除钾盐产业开发外，还有盐湖锂以及硼、铷、铯、锶、溴、碘的盐湖（含深部卤水）特色产业链，对于改善人民生活、促进社会进步、全面建成小康社会意义重大（郑绵平等，2017）。

当前，青海盐湖各矿区的开发均是以钾为主，综合利用锂、镁等资源。锂资源均赋存于卤水中，与钾、钠、镁、硼等共伴生，主要分布在东台吉乃尔、西台吉乃尔、一里坪、察尔汗4个盐湖中。影响其经济开发的关键难点是高镁锂比、钾钠硼等杂质多。其中东、西台吉乃尔盐湖卤水氯化锂含量高，LiCl 平均含量达 2.57～3.12 g/L，$MgCl_2$ 含量为 44.41～123.26 g/L，镁锂比在 20～40 之间；察尔汗盐湖 LiCl 平均含量为 0.21～1.60 g/L，$MgCl_2$ 含量达 197.42～291.79 g/L，镁锂比高达 200～1000（李增荣等，2016；邓小川等，2018；曹兆江等，2019）。卤水中镁和锂在元素周期表中为对角线，化学性质非常相似，就像一对连体婴儿，镁锂分离非常困难（赵冬等，2017）。目前卤水提锂的主要方法有沉淀法、有溶剂萃取法、离子交换吸附法、盐析法、碳化法和煅烧浸取法等（刘卓等，2015）。其中吸附法是目前最为先进环保且适合低含量、高镁锂比的卤水提锂工艺（李增荣等，2016；熊增华等，2020）。

此外，北京化工大学化工资源有效利用国家重点实验室段雪院士团队，多年来围绕盐湖资源利用开展了系统的基础研究和技术攻关工作，提出了从反应—分离耦合的新视角发展卤水镁、锂等资源分离、提取的新工艺，在资源分离的同时制备镁基插层结构功能材料（层状双金属复合氢氧化物，简称 LDHs）与高值锂产品，真正实现资源的高效、平衡利用。采用该技术可使察尔汗老卤镁/锂比从 311 降到 0.010，锂回收率超过 95%；东台老卤镁/锂比可从 12.67 降到 0.011，锂回收率超过 91%，镁完全进入固相，而锂留在液相被分离，反应—分离耦合过程可以在实现镁、锂高效分离的同时生产镁基功能材料，以及实现锂在溶液中的富集（Guo et al.，2018；段雪等，2022）。

镁盐矿山具开发利用规模的仅为青海香江盐湖开发有限公司团结湖镁盐矿，矿山利用废弃老卤水回收氯化镁、氯化钾的工艺较成熟。在钾肥开采过程中，每生产 1t 氯化钾会副产 8～10t 氯化镁，多年来盐湖地区已累计排放数亿吨氯化镁，氯化镁长期未得到应用，不但破坏了生态环境，还严重影响钾、锂以及稀有元素等资源的可持续开采。

为进一步开辟盐湖镁资源利用途径，发展多品种镁基材料，增加产品附加值，提高对镁资源的利用率，北京化工大学段雪院士团队开展了持续研究，突破了系列关键技术（Lin et al.，2015；林彦军等，2012；Zhou et al.，2012；Wang et al.，2022），并创制了系列镁基功能材料（Dou et al.，2015；Yang et al.，2021；Ren et al.，2021；Duan et al.，2012；林彦军等，2015a，2015b），2017 年在西部矿业集团合作成立了企业院士工作站，积极探索发展具有高附加值的镁基功能材料。经双方努力，于 2020 年联合承担了青海省重大科技专项"利用盐湖镁资源制备镁基功能材料关键技术开发与应用"，并于 2021 年在海西州德令哈市建成了 1 套 2 000t/a 的镁基插层结构功能材料生产装置，生产的新型镁基插层结构无铅 PVC 热稳定剂性能达到并部分超过了国外同类进口产品水平，对于替代传统含铅等重金属的有毒热稳定剂、突破国外技术贸易壁垒等起到了积极作用。利用该生产线还可以生产镁基插层结构紫外阻隔材料，加入沥青中可以提高沥青耐紫外老化寿命 3 倍以上，对于延长青藏高原等高海拔强紫外光照地区沥青路面的服役寿命具有重要意义（段雪等，2022）。

青海盐湖资源丰富，是我国钾肥生产和新能源原料的主要基地，具有重要的战略地位。由于青海盐湖独特的资源特点和开发历程，存在着镁资源利用量少、锂资源提取效率低等核心关键问题。因此提高镁资源利用效率和产品附加值，有利于将青海盐湖逐步建成我国乃至世界上最大的镁产品研发和生产基地。积极探索锂资源高效提取新技术，对现有技术进行升级改造，提高锂资源回收率，设置必要的行业准入门槛，可有力保障我国新能源产业发展。此外，针对盐湖研究和产业发展现状，积极探索产学研合作新模式，建设盐湖化工创新联合体，有利于加快突破盐湖资源综合开发利用的关键技术瓶颈，实现产业结构优化升级，促进区域经济发展和生态环境保护。

(四)祁连沉积变质型铁矿选矿

截至2020年底,青海省上表铁矿区90处,累计查明和保有铁矿资源量分别为7.60亿t和8.24亿t。以接触交代型和沉积变质型为主,其中接触交代型矿床的保有和查明资源量分别为3.87亿t和4.21亿t,分别占全省保有和查明资源量的50.99%和51.11%,多为易选矿,是目前开发利用的重点矿种;沉积变质型矿床的保有和查明资源量为3.18亿t和3.20亿t(表5-4),分别占全省保有和查明资源量的41.82%和38.86%,由于矿石属较难选、难选,多处于待开发状态。

青海省查明资源储量并上表的难选铁矿石矿床(点)共有5处,可选13处。其中大型矿床1处,中型3处,小型10处,矿点3处。矿体厚度一般为1~20m,以似层状和透镜状为主的倾斜矿体,围岩一般较稳固,部分矿床不稳固,开采难度较大。大部分矿床的矿石可选,但祁连地区的小沙龙、大沙龙、小水沟等矿床,由于磁铁矿粒度细,选矿难度大,为难选矿石,不易利用。

难选铁矿规模最大的是祁连县小沙龙铁矿床,矿床规模为大型,TFe品位32.78%。小沙龙铁矿在开展详查工作时,委托北京矿冶研究总院(2007)开展了选矿工艺试验。矿样中主要金属元素为铁(34.86%),有害杂质元素为S(0.076%)、P(0.45%)、SiO_2(31.82%)。主要金属矿物为磁铁矿,大多呈细粒、微细粒稠密或稀疏浸染于脉石矿物中,有的则聚集成不规则粒状或脉状集合体。与其他矿物嵌布关系比较密切且粒度比较细,在-0.074mm粒级中,磁铁矿的占有率为79.35%;其中-0.01mm磁铁矿的占有率达11.41%。通过"原矿两段磨矿—两段磁选工艺流程""磁滑轮预选抛尾—粗精矿两段磨矿—两段磁选工艺流程""原矿三段磨矿—三段磁选工艺流程""磁轮滑预选抛尾—粗精矿三段磨矿—三段磁选工艺流程"等4个方案工艺流程试验对比,结果表明小沙龙铁矿铁的选矿回收率最高64.73%,最低60.19%,从选矿工艺试验结果看,矿石难选。

表5-4 青海省沉积变质型铁矿统计表

序号	矿区名称	矿床规模	可选性	矿石品位(%)	资源量(万t)	
					保有	累计查明
1	乐都县大泉石沟铁矿	矿点		28.21	38.65	38.65
2	祁连县小沙龙铁矿	大型	难选	32.78	15 760.61	15 760.61
3	祁连县小东索铁矿	小型	可选	35.30	232.72	269.41
4	祁连县阿力克铁矿区	小型	可选	39.56	355.8	356.5
5	祁连县托勒热水沟铁矿	小型	可选	29.59	390.1	390.1
6	祁连县大沙龙铁矿	中型	难选	28.91	1668	1668
7	祁连县小沙龙东沟铜矿	小型	可选	37.44	594	594
8	祁连县小水沟铁矿	小型	难选	34.97	923.32	923.32
9	祁连县小清水铁矿	小型	可选	29.28	950.95	950.95
10	祁连县小沙龙直沟铜多金属矿	小型	可选	38.51	150.93	150.93
11	柴达木磁铁山磁铁矿区	小型		28.01	339.4	339.4
12	格尔木市别里赛北铁矿	小型		35.77	193.98	193.98
13	格尔木市那西郭勒地区铁矿	中型	可选	25.77	3 756.99	3 756.99
14	乌兰县乌拉斯太沟铁矿	小型		29.09	129.36	129.36
15	都兰县洪水河铁矿	小型	可选	33.50	716.36	926.8

续表 5-4

序号	矿区名称	矿床规模	可选性	矿石品位（%）	资源量(万 t) 保有	资源量(万 t) 累计查明
16	都兰县清水河铁矿区	中型	难选	36.13	3628.39	3628.39
17	都兰县小庙铁矿	矿点	可选	28.71	71.69	71.69
18	都兰县洪水河铁多金属矿	矿点	可选	46.88	17.57	36.72
19	都兰县三通沟铁矿	矿点	可选	38.37	42.05	42.05
20	天峻县娘哲涅尕铁矿	小型	可选	30.24	137.75	137.75
21	德令哈市尕海断层山绿松石及铁多金属矿	矿点	难选	28.74	0.26	0.26
	合计				30 098.88	30 365.86

其余难选铁矿与小沙龙铁矿类似,磁铁矿粒度细是难选的主要原因,如都兰县清水河铁矿,都兰县西旺公司办理该矿的采矿权已近10年,其间公司曾委托不同的单位开展选矿工艺试验,但收效甚微,至今未能获得经济合理的工艺技术流程,该矿至今未能开发。

近年来,青海省不断加大难选铁矿石的开发利用工艺技术研究,但收效甚微,细粒低品位铁矿石至今不能有效规模开发利用。今后应继续加强对难选矿产的科技攻关的政策和资金支持,搭建产、学、研平台,充分发挥矿山企业技术创新的主体作用,不断探讨研究选矿试验,争取获得技术突破。

(五)矿山固体废弃物的综合利用

青海省矿山在开发利用过程中产生的"三废"中,对环境影响较大的主要是废渣、尾矿等固体废弃物以及各种废水,由于青海省处于干旱半干旱气候带,省域内蒸发量大于降雨量,许多矿山都缺水,对废水的循环利用率较高,因此,加强矿山固体废弃物的综合利用是扩大再生产的经济增长,实现矿山绿色可持续发展的重要支柱之一。

1. 矿山废渣

主要来源一是矿山开拓工程产生的废石、渣土等;二是采矿过程剥离的土石和剔除的夹石、煤矸石等,矿山一般情况将渣土堆放于指定的废石场中。

由于青海的矿山大部分分布于距主干交通线较远的戈壁荒山中,矿山周边基本没有常住居民,除矿山修路、平整场地小部分使用外,大部分废渣堆放于渣土场没有利用。

煤炭矿山开发利用过程中产生的煤矸石,绝大多数矿山没有利用,仅有青海煤业在大通县、大柴旦镇建有利用煤矸石生产空心免烧砖的生产线2条,但因企业所在地区人口稀少,消费量少,空心砖销量较少,企业综合利用煤矸石的积极性受到影响。

2. 尾矿

开发利用矿山均设有尾矿库,大部分利用干沟谷筑坝修建,底部铺设防渗漏底垫,尾矿库建设比较规范。

1)金属矿山尾矿

因青海省目前开发利用的铁、铜、铅、锌、金等金属矿山中,大部分含有除主矿种以外的共伴生组分,受技术、工艺、经济可行性的影响,大多数矿山没有开展综合回收利用。由于矿山均处于偏远的戈壁荒山,尾矿利用存在许多困难,只能堆存于尾矿库中。如德尔尼铜钴矿中在选矿过程中因钴硫分离工艺不成熟,只能堆存尾矿妥善保管,待工艺技术成熟后再进行利用。

主要岩金矿山的尾矿由两部分组成,一是20世纪90年代开展堆浸的浸渣,受矿石中砷、碳的影响及当时的技术条件制约,浸出率较低,尾矿中金的品位一般为1~2.44g/t,平均2.07g/t(滩间山、青龙沟),五龙沟的浸渣品位也在1~3g/t之间。松树南沟金矿一开始就采用浮选工艺,但可收率较低,尾矿中金品位较高,平均品位2g/t左右。二是近年来工艺技术水平提高后的选矿尾矿,这部分尾矿的金含量较低。近年来,随着工艺技术水的不断提高,尾矿的利用也逐步提上了议事日程,松树南沟、滩间山、青龙沟金矿对原有尾矿进行重新选矿,取得了较好的经济效益。

2)非金属矿山尾矿

非金属矿山的尾矿主要是石棉矿山的选矿尾矿,尾矿的主要成分是化肥用蛇纹岩以及未能选出的短纤维石棉,茫崖石棉矿曾开展短纤维石棉的综合回收利用,但由于区位条件差,缺乏下游加工业的支持,外运距离远,使短纤维石棉的综合回收利用工作受阻。

3)盐湖矿山

盐湖矿山排放的"废渣"和"尾矿"主要是液体矿晒卤过程中析出的钠盐,因无法利用作为"废渣"堆存,选矿后排放的矿浆中含有大量氯化镁,排放后在尾矿库结晶沉积,长期得不到有效的规模利用。据不完全统计,在开采钾盐的过程中,堆存的钠盐和镁盐已接近1亿t(青海省国土资源厅,2015)。

为提升矿山固体废弃物的综合利用效果,需加大对尾矿再选和共伴生矿物及有价元素的回收。对于含有有用元素但限于市场价格或技术条件暂不能综合利用的尾矿,要采取措施对其进行保护性处置,待条件成熟时再行利用。加大采选固体废弃物的利用力度,摸清固废利用家底,调动企业的积极性,加大科技攻关力度,大力推广固废的先进利用技术。研究出台配套政策,控制增量,减少存量。根据经济社会发展情况,逐年提高矿山企业尾矿处置比例。

第三节 矿产资源开发利用水平综述

据《青海省统计年鉴(2020年)》,2020年全省生产总值为3 005.92亿元。其中第一产业生产总值为334.30亿元,第二产业1 143.55亿元(其中工业785.90亿元),第三产业1 528.07亿元。

资料显示,青海省10个循环经济重点行业中与矿产资源开发有关的8个行业,规模以上工业总产值合计为1 007.93亿元,占全省规模以上企业工业总产值的43.69%,在全省经济社会发展中起着至关重要的作用。

全省矿山总数为531家,其中大型矿山84家,中型矿山99家,大中型矿山比例达到34.46%,提高了23.5个百分点,矿山企业结构不断优化。全省开发利用矿种61种,年产矿石总量达到1.26亿t,实现采掘业工业总产值402.82亿元,矿石开采总量、采掘业工业总产值、总利润稳步提高。采掘业和相关延伸加工制造业两项合计产值占64.95%,是全省重要的支柱性产业。

矿产开采和选冶业以及延伸加工制造产业在全省经济格局中占有举足轻重的地位,由矿产资源勘查—资源开发—资源加工利用形成的矿产资源产业,不仅为全省国民经济发展提供了资源保障,而且也是经济发展的主导产业。

一、矿山开采进一步规范

通过几年发展,矿山的开发趋于正规,绝大多数矿山企业改变了开拓开采随意性较大的现象,基本上均按开发利用方案或设计执行,特别是露天开采矿山大多数改变了以往顺矿开拓、顺坡直采的现状,改为自上而下台阶式开采,提高了矿石回采率,同时安全隐患大幅减少,矿山环境得到了极大的改观。

二、"三率"指标达标率进一步提高

矿山的"三率"指标达标率进一步提高,通过宣传、督促,矿山节约与综合利用矿产资源的意识增强,自觉性大幅提高,开发利用强度较高的重要矿产煤、铁、铜、铅、锌、金的开采回采率、选矿回收率指标均稳中有升,达到国家规定的最低指标要求。开采回采率大、小型矿山的达标率均为100%,中型矿山的达标率为97.92%;选矿回收率除铁矿外达标率均为100%。

盐湖矿产为青海省特色矿产资源,液体钾矿盐田采收率、选矿回收率均达到设计或最低指标要求,处于全国领先水平,达标率为100%。

矿山综合利用意识得到提高,特别是铁矿、金矿对低品位矿石和尾矿的利用取得了很大成效。"十三五"期间,随着一批先进适用的开采方式的推广,废石和尾矿利用力度进一步加大,减轻了企业尾矿堆放的压力和环保压力。

三、矿产资源管理与服务能力稳步提升

省级地质勘查专项资金管理更加规范,地勘项目工作质量检查验收率100%,重点项目进行野外实地督导,共性问题开展专项整治,促进了青海省地勘工作高质量发展。全面推动矿业权出让制度改革,落实矿业权人勘查开采信息公示制度,完善矿业权权益金制度;对基础性、公益性项目,矿产资源储量评审备案及登记进一步简化了财政审批事项;积极推进矿产资源行政审批制度改革,取消和下放了一批行政审批事项,深化"放管服"改革。

矿山管理水平进一步提升。大部分矿山健全了管理机构,特别是开采技术管理机构得到完善,煤矿、金属矿山基本都有专职技术管理部门和人员,非金属矿山大都聘用有技术人员或协作技术支撑单位。

第四节 矿产资源勘查及开发利用中存在的问题

"十三五"期间,青海省矿产资源开发利用工作在矿产资源开发规模结构,矿种结构、产品结构、技术结构调整上取得了十分显著的成绩,为"十三五"期间青海省经济社会发展作出了巨大贡献,在矿产资源开发工作取得长足进展的同时,也存在一些问题,主要表现在以下几方面。

一、勘查中存在的问题

(一)地质勘查程度低,不能满足矿业发展的需要

青海省重要矿产资源总体查明率较低,平均为27%,远低于36%的全国平均水平,其中石油查明率

为19.6%、天然气查明率为12.9%、煤炭查明率为23.2%、铁矿查明率为37.0%、铜矿查明率为11.5%、金矿查明率为30.9%、钾盐查明率为69.8%等,矿产资源潜力巨大。

但是,基础地质工作程度低,历史欠账多,基础性作用发挥不够。"十一五"至"十二五"期间,中比例尺地质、物探、化探、水工环等基础地质调查虽然加大了投入力度,但与国内其他已全部覆盖的省份相比,完成率仍然偏低。大比例尺矿产资源调查评价只在重点调查评价区局部进行,无法满足找矿工作的需要,围绕经济社会发展的多目标、多学科中大比例尺综合基础地质调查只在东部农业区开展,全省该项工作还需加大投入力度(王岩等,2018)。

"十三五"期间受资金投入影响,勘查工作的进展较为缓慢,虽然提交了一些可供开发利用的矿产地,但仍不能满足矿产资源开发利用的需求,特别是可供开发利用的大中型矿产地较少。

(二)地勘工作空间范围大幅压缩

青海省重要的三江成矿带北段、祁连山成矿带,是有色金属、贵金属等资源富集区和国家找矿突破的重点工作区域,分别与三江源自然保护区、祁连山自然保护区以及三江源国家公园、生态保护红线等范围相重合。根据自然资源部(原国土资源部)和青海省委省政府的要求,对全省地质矿产勘查的思路、目标、范围、布局和工作方式进行了重大调整,工作重点由三江源地区、祁连山地区,调整到柴达木盆地及其周缘,对许多找矿前景巨大的重点项目予以撤项,使"十三五"期间地勘工作的空间范围大幅压缩(王岩等,2018)。

在生态文明建设新形式下,随着地勘工作范围的大幅压缩,地表工作程度持续提升,勘查工作向深部拓展,找矿成本高、难度大,增加了青海省作为国家战略矿产资源重要接续地的难度。此外,干热岩、页岩气、砂岩型铀矿等清洁能源矿产勘查在青海省尚处于起步、探索阶段,缺乏相应的专业技术人才和管理经验,实现找矿突破的难度较大(青海省地质调查局,2022)。

(三)资金投入大幅减少,严重影响矿业高质量发展

由于财政投资体制改革、国家钢铁煤炭产能调控、自然保护区矿权退出、外部环境等因素影响,中央财政地勘专项资金投资方向和规模发生重大变化,资金投入大幅缩减。加之全球经济形势持续低迷,矿产品价格大幅下跌,矿产资源需求减少,商业性矿产资源勘查开发投资意愿明显下降,导致许多勘查项目的资金投入不足,新发现矿产地难以及时转入开发阶段,影响了勘查开发总体进程及找矿成果的取得,继而不能产生直接经济与社会效益。一些矿山基础设施相对较弱,停产关闭矿山数量较多,矿山建设水平参差不齐,尤其小型矿山企业创新意愿不强、投入不够,对新技术、新方法应用不足,矿山发展不均衡、不充分,矿业活力明显降低。

(四)继续实现找矿新突破的难度加大

矿产资源的稀缺性和地质工作的规律性决定了找矿不可能持续每年都有重大突破。在几十年的地质找矿工作积累的基础上,2008—2015年通过大规模投入,青海省地质找矿才实现了重大突破。经过8年的找矿丰收期后,大部分重要矿区资源潜力已经基本显现,新增资源量的空间也已经有限;新的后备勘查基地缺乏,新矿种、新类型、新地区找矿虽然有一些新进展、新成果,但是找矿突破后劲明显不足,可以说青海省找矿已经处在了一个新的节点上,到了一个必须调整思路、模式,提出新的思路和认识,应用新的模式去指导找矿的新阶段。

(五)地质科技创新作用明显不足

一是部分地勘单位尚未深刻认识到新形势下科技创新的重要性,没有从提升单位核心竞争力、决定单位命运的角度看待问题,没有将地质科学研究工作作为地质勘查和找矿突破的主要途径和有效抓手。二是对于科研项目实施效果的考核,缺乏有效的判断依据;对于高层次人才的引进和全方位培养,缺少长远规划、考核、激励和约束机制;地勘单位与科研院所协作的联合攻关机制执行不彻底,科技创新平台作用未能充分发挥。三是相关单位缺乏能够将科学研究与找矿实践相结合的高素质人才,研究力量无法完全满足地勘项目实施需要,实际工作人员年轻化,研究能力和经验不足。四是地勘项目实施中存在工作方式简单化、表面化、程序化的问题,综合分析研究的深度不够;一些制约找矿突破的关键地质问题仍处于攻关阶段,研究工作跟不上勘查进度,缺少能够直接应用于指导具体找矿工作部署的成果。

二、开发利用中存在的问题

(一)受矿业经济等影响,关停矿山较多

全球矿业伴随着世界经济调整而持续低迷,加之受2012年全球矿产资源产品去泡沫化加速推进的影响,青海省矿产品价格大多有不同程度的下滑,企业经营压力较大,停产关闭矿山数量增加。截至2020年底,全省共有各类矿山531家,其中生产矿山233家,占43.88%;停产关闭矿山216家(停产183家,关闭33家),占40.68%;筹建82家,占15.44%(青海省自然资源厅,2021)。

(二)矿产资源开发规模小、强度低,总体优势未能充分发挥

一是矿山开发规模小,截至2020年底,全省共有大型矿山84家,中型99家,小型303家,小矿45家,小型及以下矿山(348家)占全省的65.54%。小型特别是非正规小矿过多、众多的小矿对全省矿业贡献很小,348家小型及以下矿山2020年生产矿石1 356.1万t,占全省年产矿石量的9.95%,实现总产值175 979.6万元,仅占全省矿业开发总产值的3.22%。二是青海省具有资源优势的矿种开发利用强度较低,如铁矿、湖盐、镁盐等矿产开发规模与资源能够保证的规模相差甚远。三是紧缺资源如铜、煤炭等矿种,有一定规模,达到开发利用程度,却一直未能开发,需求长期存在缺口。四是矿业结构不合理,采选冶及后续加工业滞后,大多数矿山企业产品单一,且多为初级产品,深加工水平较低,尤其是不少小型以下矿山更直接出售原矿,采掘业与后续加工业的比例仅为1:2.2,资源优势未能充分发挥。

(三)共伴生资源的综合利用水平有待进一步提高

青海省的金属及盐湖矿山多为多元素共、伴生矿山,组分复杂,一方面为开展综合利用提供了资源基础,另一方面增加了矿山加工综合利用难度。一是市场需求制约了综合利用的开展。如钾盐生产过程中产出的氯化钠和氯化镁,由于氯化钠的市场已趋饱和,大量的氯化钠无法外运销售,为消化大量的氯化钠,兴建了纯碱厂、烧碱厂,但全国纯碱、烧碱的产能和实际产量已大于市场需求。二是综合利用工艺复杂,工艺技术研究滞后。一般铁矿床中多共伴生 Pb、Zn、Cu、Au 等有益元素,铜、铅、锌矿床中除3种元素互相共伴生外,矿床中还共伴生有 Co、Mo、Ni、Au、Ag、Cd、Ga、In 等有益元素,盐湖矿产中除钾、

锂、硼共生外，还共生有钠盐、镁盐、芒硝，伴生溴、碘、铷等组分，针对共、伴生的组分开展专门研究不够。三是低品位难选矿石利用困难，有害组分高的矿石选矿回收率低。各类金属矿产均有低品位矿石存在，受区位条件影响，利用低品位矿石经济效益差，多数低品位矿石未能得到利用。难选矿石主要是细粒铁矿，因矿物粒度细，磨矿要求高，矿石难选，使矿石难以利用。部分金矿因砷、碳含量较高，影响了资源的回收，目前使用焙烧氰化法提金，虽然提高了金的回收率，但砷仍然无法回收。四是政策法规对节约与综合利用矿产资源工作的支持力度不足，不能有效调动矿山企业开展节约与综合利用的积极性。

（四）矿山区位条件差，制约了节约和综合利用工作

青海省金属矿山主要分布在海西州、海北州、海南州，其他州零星分布，矿山分散，单矿山稀疏分布，矿山距中心城镇及主干铁路、公路较远，交通困难，矿产品消费主区与矿山开采生产区距离远，矿山周边基本无常住居民。

由于区位条件差，青海省的矿山开发成本较大，一是生产生活资料及生产成品销售需长途使用公路、铁路运输，增加了生产成本。二是矿山所在地海拔高、气候恶劣，劳动力成本高，加之当地无法解决劳动力，需从外地解决，员工的生活成本高，加大了开采成本。三是基础设施条件差，绝大多数矿山需要修建矿山至主干公路的矿区公路；大多数矿山所在地距国家电网距离较远，电力供应不能保障，大中型矿山建有自备电厂或长距离架设高压线路，小型矿山则使用柴油发电机发电以供生产所需。

因此，青海省矿山开发利用的成本远高于内地同类矿山，使得矿产资源开发利用的利润空间较小，企业不得不提高入选品位来保证矿山的正常生产，即便如此，当矿产品价格发生较大的波动时，仍不能保证正常生产。

（五）部分矿山只注重生产，技术管理不到位

一是部分开发利用方案编制于部颁布"三率"指标公告前，部分矿山开发利用方案多年未经修编，与现行的国家"三率"指标不相符；有的矿山即使新编开发利用方案时也未参照"三率"指标执行，导致部分矿山的开采回采率远高于全国平均水平，造成实际开采过程中难以执行。二是对青海东昆仑成矿带以铁为主的15个矿床进行磁性铁占比统计，磁性铁占比达35%以上的仅7个，多数矿山为磁—赤混合矿，但开发利用方案中设计选矿方案时，仅对磁铁矿开展了磁选的工艺流程设计，并未针对其他类型的铁矿开展选矿回收，导致尾矿中全铁的含量较高。三是虽然大部分矿山对技术管理愈加重视，但仍有部分企业没有技术管理人员或技术管理机构，凭经验开采，面对调查调研，对企业生产情况和技术指标情况难以说清。各类报表填报错漏较多，与实际情况不相符，从开发利用库中统计的数据难以使用。

（六）矿业结构单一，深加工水平低

矿业结构仍需调整，表面看设计采选能力基本平衡，但实际上远矿及后续加工业滞后。省内大多数矿山企业产品单一，且多为初级产品，深加工水平较低，资源优势未能充分发挥。

（七）政策法规对节约与综合利用矿产资源工作的支持力度不足

现行政策对节约与综合利用工作的支持力度不足，操作困难：一是现行政策法规鼓励企业开展节约与综合利用矿产资源，但节约与综合利用工作的界定困难，什么情况是节约与综合利用了矿产资源或浪

费了矿产资源，没有明确的界限。二是对节约与综合利用矿产资源做得好的企业，没有具体的奖励措施，不能有效调动矿山企业开展节约与综合利用的积极性。

部分矿产受国家开发利用总量调控的影响，挫伤了矿山企业开展节约与综合利用的积极性。矿山共伴生的钨、锡等综合利用遭遇了政策瓶颈，一方面，我们鼓励企业开展综合利用。另一方面，受总量控制指标的限制，综合回收的钨、锡等矿产品无法进入市场销售。

第六章 矿产资源节约与综合利用的方向

《青海省矿产资源总体规划（2021—2025）》（简称《规划》）以习近平新时代中国特色社会主义思想为指导，全面落实习近平总书记考察青海重要讲话精神，立足"三个最大"省情定位和"三个更加重要"战略地位，以提高矿产资源保障能力为目标，紧紧围绕"四地"产业建设重大要求，以推进资源合理利用与保护为主线，优化矿产资源勘查开发布局，提高基础地质调查服务民生和绿色有机农畜业能力，在柴达木盆地及周边划定8个重点调查评价区，部署矿产资源调查评价工作，提升基础地质理论研究水平，为下一步勘查工作部署提供依据和靶区；划定37个重点勘查区，聚焦国家紧缺矿种和青海省具有优势矿产，实施新一轮战略性矿产找矿突破行动，着力打造5个能源资源基地，全力保障战略性矿产资源供给。

《规划》注重为"四地"产业建设提供资源保障。以国家能源资源安全和全省经济社会发展需求为导向，围绕"四地"产业建设，重点安排了盐湖产业发展急需的柴达木盆地西部深层卤水钾锂盐勘查，开采矿区浅层储量核查，深层卤水资源可利用性研究，新能源、新材料产业发展急需的锂、铍、铜、镍、晶质石墨、萤石等国家战略性矿产勘查以及地下热水等清洁能源勘查。

《规划》充分体现了绿色勘查开发。坚持绿色勘查与地勘工作"同研究、同部署、同设计、同实施、同检查、同考核"，强调规模化、集约化开采，矿山按照绿色矿山标准开展矿山设计、建设与改造，建设绿色矿山，并按照"边开采、边治理"的原则，落实矿山企业生态保护主体责任，在保护生态环境的前提下，推动矿业绿色发展。

第一节 国家节约与综合利用的形势

"十三五"期间，国家发布了一系列法律法规，积极引导全社会树立节约集约与循环利用的资源观，推动采选冶技术进步，规范矿产资源开发行为，并适时引入第三方评价制度，鼓励矿山对共（伴）生矿、低品位矿和尾矿等固体废物资源的综合利用。矿山企业按照节约资源和保护环境的基本要求，应用先进生产工艺和设备，加强全过程节约管理，使矿山劳动生产率大幅提升，采选技术水平明显提高，尾矿利用和再生金属利用量快速增长。

一、生产集中度大幅上升至35%，劳动生产率明显提高

2011年以来，受国家优化产业结构政策影响，我国小型矿山和小矿数量大幅减少。《全国非油气矿产资源开发利用统计年报》数据显示，全国非油气矿山数量从2011年的10多万家逐年下降至2020年的4.6万家，下降幅度达54%，落后的小型矿山或小矿被淘汰；矿山从业人数也从692万人下降至358万人，下降48.3%；相比之下，大中型矿山占比从2011年的8.4%提高到2020年的34.7%。2011—

2016年年产矿石量逐年下降,从90.68亿t下降至76.01亿t。2017年开始逐年增长,2020年年产矿石量为98.38亿t,为2011年以来的最高值,产量增长29.4%,年均增长6.7%。

煤炭产业结构性去产能稳步推进,大中型矿山占比突破50%。《2020年度全国非油气矿山企业矿产资源开发利用情况通报》数据显示,2020年我国煤矿数量为4531个,同比减少14.3%。由于落后产能的进一步退出,全国煤矿数量比上年减少756个,其中大型矿山增加56个,中型矿山增加151个,小型矿山减少693个,小矿减少270个。大中型矿山占比首次超过50%,达到54.3%。

从劳动效率看,全国非油气矿山从业人员劳动生产率与人均矿业产值均呈逐年增长趋势。2011—2020年,从业人员劳动生产率从1310.45t/人大幅上升至2751.59t/人,增长110%,年均增长8.6%;从业人员人均矿业产值也从28.0万元/人上升至55.4万元/人,年均增长7.9%。这表明矿业领域技术进步支撑矿山规模开发效果显著,先进工艺装备的应用使矿山劳动生产率大幅提高。

二、采选难度持续增加,但资源利用效率逐渐提高

先进技术及设备的推广应用对矿山开采水平提高起着重要作用。2011—2020年,持续大规模高强度开采使得铁矿采出品位下降明显:地采品位从36.2%下降至29.87%,露采品位也下降了2.0个百分点。同期,矿山开采水平持续提高,地采矿山回采率较2011—2015年提高4.0个百分点,2016—2020年又提高1.5个百分点。铁矿选矿利用也处于较高水平,采出品位和入选品位虽逐年下降,但选矿回收率仍维持在75%~80%的较高水平,尾矿品位维持在10%左右。

"十三五"时期,地采铁矿平均采出品位为32.27%,比"十二五"时期下降了2个百分点;评价地采回采率为86.6%,比"十二五"时期提高4.3个百分点;平均选矿回收率为76.5%,比"十二五"时期下降1.3个百分点。尾矿品位变化不大,基本与"十二五"时期持平,维持在10%左右。

随着采矿技术水平的提高,多数有色金属开采回采率提高明显。2019年,铜矿地采回采率超过86%,露采回采率超过98%,铅锌、锡、锑、钨等地采回采率均接近或超过91%,有的超过94%,部分矿种露采回采率约95%。

有色金属矿选矿水平稳步提升。近年来,随着有色金属矿产大规模开发利用,原矿采出品位和入选品位逐渐降低,但多数矿种选矿回收率表现为稳步提高。2019年锌矿露采品位下降明显,比2015年下降1.22个百分点,同期开采回采率维持在94.5%左右的高位,选矿回收率比2015年提高2.22个百分点。选矿科技水平及装备稳步提升也使得多数矿种尾矿品位有所下降,选矿回收率达到了较高水平。

三、尾矿综合利用量逐年增加,年产生量仍超过10亿t

长期以来,我国尾矿排放量巨大,每年的排放量约占原矿产出总量的20%左右。"十三五"以来,受环保政策及充填开采矿山增多等因素影响,我国尾矿排放量在2014年达到峰值后逐年下降,2018年降幅达25%。2018年以后,我国年尾矿排放量一直维持在12亿t左右,2020年尾矿排放量为12.95亿t,基本和上年持平。"十三五"时期,尾矿年均排放量为14.08亿t,低于"十二五"时期的16.95亿t。

"十二五"以来,我国尾矿利用量逐年提高,2020年全国综合利用尾矿总量约为4.41亿t,较上年增加0.28亿t。2020年尾矿综合利用率为近10年最高水平,综合利用率约为34.1%。"十三五"时期,尾矿综合利用率平均为27.6%,远高于"十二五"时期18.7%的平均水平。

尽管尾矿利用呈逐年上升态势,但每年仍有超过70%的尾矿未得到利用,加之以前尾矿堆存数量巨大,尾矿规模化开发利用潜力巨大。

四、主要再生有色金属产量逐年增加，二次资源利用潜力巨大

2011年以来，我国再生有色金属产业快速发展，产业规模不断扩大，资源循环利用水平不断提高。目前我国再生有色金属产量已经连续8年超过1000万t，据初步测算，2019年我国再生有色金属产量约1437万t，同比增长1.9%。2020年我国再生精炼铜产量为235.3万t，同比增长10.2%；再生铝产量为725万t，和上年持平；再生铅产量为319.51万t；再生锌产量为202.7万t，较上年增长39.8%。尽管如此，与铜、铝、铅、锌的消费量相比，利用率只有10%左右，严重低于发达国家二次资源利用水平。我国二次资源利用潜力巨大，任重道远。

五、共（伴）生资源和残矿回收产值提升空间较大

2011年，全国矿产资源（非油气）综合利用产值达历史峰值1525亿元后回落。特别是2015年和2016年大宗矿产品需求下降，价格回落，全国矿产资源（非油气）综合利用产值一直在低位徘徊，同比增幅在2015年和2016年呈现负值，此后呈小幅回升态势。2020年全国矿产资源（非油气）综合利用产值951.8亿元，同比下降10.9%。"十三五"时期，全国矿产资源（非油气）综合利用产值逐年小幅增加，平均综合利用产值863.8亿元，但仍远低于"十二五"时期1 192.95亿元的平均水平，降幅为27.6%。

"十三五"期间，矿产品价格有所回升，矿山企业综合利用的积极性正逐渐恢复。2018年以后，铁矿、铝土矿等大宗矿产的综合利用产值率（综合利用产值占工业总产值的比例）回升明显，铅矿、锌矿和铁矿综合利用产值率均超过2011年的最高水平。2020年，铁矿、铝土矿、铅矿和锌矿的综合利用产值率较上年都有所提高，其中铅矿和锌矿增长速度最快，增长超过10个百分点；金矿较上年有所下降，降幅为1.4个百分点。2019年铝土矿的综合利用产值率降至历史低位，2020年开始提高，比上年提高了1.6个百分点。

从吨矿综合利用产值看，2020年，铅矿最高，其次是锌矿、金矿和钨矿等，处于低位的是铁矿和煤炭。"十三五"期间，锌矿和铜矿的平均吨矿综合利用产值明显高于"十二五"期间平均值，铅矿和煤炭的平均吨矿综合利用产值明显低于"十二五"期间平均值，其他矿种变化不大（朱欣然等，2021）。

第二节 矿产资源节约与综合利用的发展趋势

一、绿色发展

"发展绿色矿业、建设绿色矿山"是转变矿业发展方式、促进矿业健康持续发展的重要平台和抓手。绿色发展是矿业健康持续发展的时代要求，发展绿色矿业建设绿色矿山，是矿产资源管理制度改革发展的重要方向，是适应特殊资源国情和矿业特定发展阶段、建设生态文明、矿业转型升级、落实国土资源管理工作新定位的必然选择（鞠建华等，2017）。

矿业必须走高质量发展之路，必须建立健全绿色矿山建设的标准体系、评价体系、政策体系、创新体系等支撑体系，充分发挥导向作用，实现管理科学化、规范化（鞠建华，2020）。高标准推动绿色低碳转型

和绿色矿山建设,实现科学开采、资源高效利用、生态环境保护、节能减排、规范管理和矿区和谐等目标任务,努力构建科技含量高、资源消耗低、环境污染小的矿业发展新模式(鞠建华,2022)。

自然资源部等六部门联合印发的《关于加快建设绿色矿山的实施意见》中明确指出"全面推进绿色矿山建设工作,并从用地、用矿等方面给予激励政策措施。在矿产资源政策支持方面,从开采总量指标控制、矿业权投放等方面,依法优先向绿色矿山和绿色矿业发展示范区倾斜"。绿色矿山建设作为矿业领域一个全新的、多维的发展理念和模式,随着经济社会持续发展和产业结构优化升级,将为矿业发展提供了新的增长空间。因此,矿业发展必须坚持系统观念,把绿色发展贯穿于矿山建设的全过程和各方面,通过创新发展提升矿业企业市场竞争力,用绿色发展成果提升整体发展质量,加快建设现代化矿业发展体系,推动形成符合新时期要求的绿色矿山建设新发展模式、新发展体系和绿色矿业新发展格局(鞠建华,2021)。

矿业绿色发展是生态文明思想在矿业领域的具体体现。青海省矿产资源丰富,生态环境脆弱,在全国大局中的战略地位突出,绿色矿业发展势在必行(许国成等,2018)。但矿业绿色发展还存在发展基础仍显薄弱、企业创建动力不足、制度政策外部激励不够等问题。青海省要筑牢国家生态安全屏障,着力建设全国乃至国际生态文明高地,这对矿业绿色发展提出了更高的要求(郭冬艳等,2022)。

(一)继续推进绿色勘查

党的十八大作出大力推进生态文明建设战略决策以来,青海立足"三个最大"省情定位和"三个更加重要"战略地位,全面落实中央及省委省政府关于生态文明建设的决策部署,主动谋划矿产资源保障与生态环境保护工作协调发展道路,相继制定出台了省级绿色矿山建设标准和实施方案、青海省绿色勘查管理办法等,为新时代矿产资源勘查开发探索出了绿色发展之路。

"十四五"期间要继续树立绿色环保勘查理念,严格落实勘查实施环境保护措施,切实做到依法勘查、绿色勘查。坚持生态保护第一,大力发展和推广航空物探、遥感等新技术和新方法,健全绿色勘查技术体系,适度调整或替代对地表环境影响大的槽探等勘查手段,减少地质勘查对生态环境的影响;着力发挥政府引导、项目主体的作用,坚持依法勘查、源头管控和技术创新,探索绿色勘查新模式(张福良等,2018)。

(二)全面推进绿色矿山建设

规划、设计、建设和运营全过程要贯彻创新、协调、绿色、开放、共享的发展理念。引领、创新驱动型绿色矿山典范,加快绿色矿山建设步伐。

遵循因矿制宜的原则,结合实际,按照绿色矿山建设要求,制订绿色矿山建设方案,细化绿色矿山建设标准。实现矿产开发全过程资源利用、节能减排和环境保护等的统筹兼顾,完善配套政策和管理制度,切实落实企业主体责任,全面推进绿色矿山建设(鞠建华等,2017)。做到科技创新、数字化矿山和企业形象的全面发展。

(三)推动绿色矿业发展示范区建设

绿色矿业发展示范区建设是矿业绿色发展的重要举措,将绿色矿业发展示范区作为矿产资源管理制度改革创新平台,健全完善绿色矿业发展新机制。重点选择资源相对富集、开发秩序良好、管理创新能力强的市或县,探索建设布局合理、集约高效、生态优良、矿地和谐的绿色矿业发展示范区,由点到面整体推进绿色矿山建设(鞠建华等,2017)。

绿色矿业发展示范区要以政府为主推动本行政区或矿业集中区的矿业绿色发展,将其打造成矿业领域生态文明建设的样板区、资源合理开发利用先进技术和装备应用的展示区、矿山环境保护与矿地和谐的模范区、矿产资源管理创新的先行区,引领带动矿业领域升级和绿色发展(郭冬艳等,2020)。

(四)构建有利于绿色矿山建设的长效机制

切实落实自然资源部等六部委《关于加快绿色矿山建设的实施意见》,加大部门协调协同力度,搞好政策衔接,破除落实政策的障碍,形成工作合力和政策合力,完善绿色矿业发展的长效机制。

通过有效的激励和约束的攻策措施,鼓励并积极推动绿色矿山建设,建立新机制、出台新政策、尝试新方法。一方面,加大政策支持力度,增强支持配套政策的针对性,力争在税费、财政、资源配置、矿业用地等方面出台一批鼓励政策,使企业主动遵守政府和行业规制,履行社会责任,并通过资源节约和综合利用、延长产业链、环境治理、良好声誉与和谐社区等,获得更多经济收益和社会收益,实现政府和企业双赢(鞠建华,2020)。另一方面,鼓励地方打造形成具有影响力和带动力的绿色矿业先行区,"点、面"结合,全域推进绿色矿业发展,提升绿色矿山建设整体水平,打造布局合理、集约高效、环境优良、矿地和谐的样板区,及时总结地方推进绿色矿山建设的经验做法和成果,形成一批可复制可推广的经验。

(五)建立绿色矿山建设标准体系,严格矿山管理

要把发展绿色矿业的要求贯彻于矿产资源管理的始终,用绿色矿山建设标准规范矿产资源勘查、开发利用与保护的各项活动。大力实施标准化战略,加快形成推动矿业高质量发展的标准体系,不断提升标准水平和完善标准体系,加快绿色矿山国家标准和绿色勘查行业标准规范研究制定,开展绿色矿山生产运行过程的管理标准研究制定,建立健全分行业分地区标准体系,支持矿山企业制定更高要求的建设标准,以高标准推动绿色矿山建设(鞠建华,2020)。

对于新建矿山,要按照绿色矿山标准进行规划、设计和建设,并加强对开发利用、环境保护、矿区土地复垦等方案的审查,严禁采用国家限制和淘汰的采选技术、工艺和设备。对于生产矿山,要进一步加强监督管理,督促矿山企业落实企业社会责任,按照绿色矿山建设标准不断改进开发利用方式,提高开发利用水平,实现合理开发、节约资源、保护环境、安全生产和社区和谐(鞠建华等,2017)。

(六)充分发挥矿山企业在绿色矿山建设中的主体作用

建设绿色矿山,矿山企业是主体。充分发挥好矿山企业的主体作用是实现绿色矿山建设格局战略目标的关键。矿山企业要从实际出发,认真制订绿色矿山建设发展规划或方案,明确目标任务、进度和措施,加快建设步伐。切实按照绿色矿山的标准条件,以依法办矿作为前提条件,以资源利用、保护环境、节能减排与社区和谐作为工作核心,以企业文化和规范管理作为重要手段,全面推进绿色矿山建设的各项工作(鞠建华等,2017)。

(七)全面构建绿色矿山发展新模式,建立宣传交流推广平台

将绿色发展理念贯穿于矿产资源开发全过程,促进资源开发与生态环境相协调,通过绿色矿山建设,将资源开发对矿区及周边生态环境扰动控制在可控制范围内,努力构建科技含量高、资源消耗低、环境污染少的绿色矿业发展模式。矿山企业要紧密围绕绿色发展和转型升级的总体要求,结合实际情况,将资源高效利用、保护环境、节能减排、矿地和谐作为核心任务,大胆创新和实践,积极探索绿色

矿山建设的新途径，推进现代化矿山建设，促进矿业由"粗放浪费"向"集约高效"转变。同时，努力促进矿地和谐，与矿区群众共享矿产资源开发收益和发展成果，真正实现开发一方资源，造福一方百姓（鞠建华，2020）。

"十四五"时期，必须坚持系统观念，加快建立现代化矿业新发展模式，从绿色转型和高质量发展角度统筹推进，不仅使"绿色"贯穿于矿山规划设计到建设运营的全过程，更要全方位形成开采方式科学化、资源利用高效化、生产工艺环保化、企业管理规范化、矿山环境生态化、矿区社区和谐化的综合系统发展模式，更加注重资源效益、生态效益、经济效益和社会效益的统一（鞠建华，2021）。

二、智能采选

为贯彻落实国务院《关于深化"互联网＋先进制造业"发展工业互联网的指导意见》《新一代人工智能发展规划》等国家相关政策，按照《国家智能制造标准体系建设指南》的总体要求，切实推进有色金属矿山智能升级，2020年4月，工业和信息化部、国家发展和改革委员会、自然资源部联合发布《有色金属行业智能工厂（矿山）建设指南（试行）》。

有色金属行业是典型的流程工业，具有种类繁多、原料来源繁杂、工艺复杂流程长、工况环境苛刻等特点。总体看，有色金属行业智能制造水平比较落后，难以满足高质量发展的需要，其中，采矿装备主要依赖人工驾驶作业，工作强度大、安全风险高；冶炼装备种类和安全敏感源多，企业自动化管控水平参差不齐，尤其是小型企业工艺设备落后，多依赖人工操作，环保治理和安全生产形势严峻；部分加工企业的生产及作业数据通过纸质填写，在线监测手段不足，质量管控能力不高，生产组织缺乏柔性。在新一轮科技革命蓬勃发展、资源和环境约束不断增强的新形势下，企业普遍认识到智能制造的重要性，加快推进数字化、网络化，部分企业在无人行车、设备智能诊断、铜板自动剥离等局部领域的智能化应用取得突破，但大部分企业面临建设目标和路径不明确、建设内容不成体系、建设重点不够突出、项目推进困难等问题，多是"摸着石头过河"，系统意识不足，信息孤岛现象严重，极易陷入"重局部改造，轻整体优化""重业务系统建设，轻数据价值挖掘""重建设，轻运维"等误区。为进一步推进5G、工业互联网、人工智能等新一代信息通信技术在有色金属行业的集成创新和融合应用，管理部门在操作层面为企业开展智能制造提供顶层设计和全面引导，在智能矿山、智能冶炼工厂、智能加工工厂建设等方面进行了全面研究，并出台了相关指南，主要涉及以下几个方面。

（一）基础设施的数字化改造与建设

基础设施主要包括新型仪器仪表的应用、生产线的自动化改造以及成套智能装备的应用、网络部署及信息安全建设。

一是针对有色矿山生产中劳动作业强度大、作业环境恶劣（高温、多粉尘、噪声大等）的凿岩、装药、支护、铲装、运输等岗位，引导企业应用智能凿岩台车、智能锚杆台车、智能铲运机、智能卡车、智能装药车等具备自主行驶与自主作业功能的智能化采矿装备进行凿岩、装药、支护、铲装、运输等作业，降低人员劳动强度，提高安全水平。

二是针对有色冶炼生产工艺复杂且涉及高温、多粉尘、强磁、强腐蚀等复杂工况，关键工艺参数和性能指标难以实时检测等问题，引导企业进行基础设施的数字化改造，鼓励企业在劳动作业强度大、人员安全风险大的熔铸、熔体开堵口、电解铸造等岗位应用智能仪器仪表和智能装备，实现清洁生产和安全作业。

三是针对有色加工过程铸造、轧制、挤压、拉拔等工序精度控制要求高、生产运行速度快等特点，引导企业应用自动控制、智能感知等技术对现有轧机、挤压机、热处理炉等生产设备及其他装置进行数字化改造或配置智能设备,完善工业网络及信息安全建设,实现质量稳定和精准控制。

(二)基于业务驱动的智能生产系统建设

一是针对有色矿山地质资源信息数据量大、属性复杂且动态变化、采矿设计采用二维手工设计、采矿装备主要依赖人工驾驶、充填系统自动化程度不高、选矿多工艺环节协同难等问题,鼓励企业通过矿山资源数字化、采选生产过程智能控制、安全集成化管理、矿山虚拟仿真,建立具有工艺流程优化、动态排产、能耗管理等功能的智能生产系统,构建以"矿石流"为主线的高度集成化、智能化、扁平化的矿山生产运营管理模式。

二是针对有色冶炼企业在火法熔炼、余热锅炉、烟气收尘等重点工序流程协同困难、无法预测和自调节、调整粗放生产波动大、过程控制反应滞后、受限于人工经验、信息孤岛严重等问题,鼓励企业建立基于机理模型、经验模型和仿真模型的先进工业控制软件,优化生产作业和设备运行参数,引导企业开展数据采集与集中监视、生产组织与调度、生产管理与执行、企业管理与经营决策等系统的建设,实现实时监控、动态调度和协同优化。

三是针对有色加工企业产品品种规格多、订单批量小、生产工艺路线长、并行工艺路径多、物流调度频繁等问题,引导企业建立生产运营管控中心,对管理区域内的订单、计划、工艺、质量、设备、能源、安环、人员等进行数据化、可视化实时监控与生产统一调度及集中管理,鼓励企业建立基于供应链、数据模型和智能优化算法的生产计划排产系统,实现大规模个性化定制。

(三)基于服务型制造的智能服务应用建设

针对有色矿山凿岩台车、铲运机等关键设备远程运维需求迫切,有色冶炼企业大宗原料采购仓储物流效率低、过程不透明、业财不同步,有色加工企业下游客户分散、需求响应速度快、个性化需求多等问题,督促企业完善智能矿山、冶炼工厂、加工工厂指南,以保证生产连续为核心,指导企业打通消费与生产、供应与制造、产品和服务间的信息通道,整合信息资源,降低供应链综合成本。鼓励有条件的企业发展服务型制造,创新服务模式,推动设备远程运维、能源合同管理等工业APP优先上云,为行业其他企业提供服务,有效延伸企业产业链。

(四)基于工业大数据的协同创新平台建设

针对有色金属企业数据价值挖掘不够、工艺技术和企业管理受限于人工经验、知识分享不足等问题,督促企业完善智能矿山、冶炼工厂、加工工厂指南鼓励企业构建基于工业大数据的协同创新体系,激发企业活力和内生动力,推进企业工艺技术和管理经验的知识沉淀和全面共享,对企业生产制造过程和经营管理活动中的设备运行优化、工艺参数优化、质量管理优化、生产管理优化、经营决策优化等业务场景进行应用创新。

(五)指导企业运用5G、人工智能、大数据等新一代信息通信技术

管理部门要推进互联网、大数据、人工智能、5G、边缘计算、虚拟现实等前沿技术在有色企业的应用,并给出了具体的应用场景,如要基于5G网络大带宽的优势,利用ADAS(高级驾驶辅助系统)技术,开展矿山无人驾驶系统建设;利用人工智能、机器学习等技术建立关键设备和生产工序的虚拟仿真模

型,通过建设人工智能配料等系统指导实际生产;利用大数据技术对客户的分布、行业、类型、来源、资质、风险等进行全面分析,深度挖掘客户需求,为企业经营决策提供支撑(工信部原材料工业司,2020)。

三、高效开发

矿产资源是经济社会发展的重要物质基础和生态环境的构成要素,矿业对中国经济建设的贡献和影响都很巨大。中国是矿产资源大国,也是矿业大国,中国经济转向高质量发展的巨大潜力和增长空间对矿产资源的需求将持续增长(鞠建华等,2019)。随着我国经济的快速发展对矿产资源的需求不断增多,资源消耗快速增加,资源、环境压力逐渐加大,矿产资源短缺现象的出现将成为重要制约因素(唐宇,2014)。面对矿产资源在高效开发利用、环境保护等方面存在的诸多问题,要坚定不移地贯彻落实党中央、国务院关于加快推进生态文明建设的战略决策部署,推进矿产资源全面节约和高效利用,加快转变矿业发展方式,提高矿产资源保障能力,维护资源和生态安全(国土资源部,2016)。

矿产资源高效清洁利用对有效利用矿产资源和合理保护生态环境将发挥积极作用,对推动我国经济增长方式由"粗放型"向"集约型"转变、实现资源优化配置和经济可持续发展具有重要意义(毕献武等,2014)。

高效和节约利用矿产资源,全面提高资源利用效率。把全面节约和高效利用的要求落实到矿产资源勘查开发全过程,提高先进适用技术转化率和普及率,健全技术标准体系,完善激励约束机制,提高矿产资源开发利用水平和综合效益,促进矿业转型升级和生态文明建设(国土资源部,2016)。

(一)完善矿产资源高效利用政策体系,优化资源高效利用环境

加强法律法规体系建设,制定矿产资源高效利用的法律法规,确定资源高效利用的基本原则、管理范围、基本制度及主要措施等,为资源高效利用及其立法提供基本依据,并使资源的高效清洁利用纳入法制化轨道,为矿产资源高效利用、发展循环经济提供法律保证。

首先,要进一步完善矿产资源勘查、开采、选矿技术标准规范体系,加强培训和执行效果跟踪评估;健全完善矿产资源品级标准,推进矿产资源优质优用、分级利用和循环利用。其次,要制定、修改、完善资源高效利用各主要方面的单行法规,包括共伴生矿产资源、二次资源和再生资源高效利用的单行法,进一步明确对矿产资源综合高效利用,提高"三率"要求,加快资源高效利用法律体系建设,依法促进矿产资源高效利用(唐宇,2014)。最后,要鼓励行业协会、矿山企业和科研单位组织参与标准编制,推动关键技术和成套技术研究成果转化为国家、行业标准。

(二)加强新技术、新工艺的开发与应用

矿产资源高效利用的根本出路在于技术的进步,加强采选冶过程中新技术、新工艺的研究及推广,不断提高矿产资源的综合利用水平。首先,要实现矿产资源的高效利用,必须针对我国资源特点,借助于每个单元的技术创新和设备革新,进一步创新适合我国资源特点的选矿新技术,如生物选矿技术、微细粒贫矿选矿技术、多金属共生矿综合利用技术、尾矿再利用技术等(马金平,2010);在催化反应、装备、流程工艺等方面形成一批自主知识产权,形成综合利用资源的核心技术、先进装备等。其次,建设"产学研"创新平台和技术研发与应用的利益共同体,围绕保障矿产资源安全供给和促进矿业绿色转型,探索建立产业技术创新战略联盟,积极争取国家重点研发计划支持,大力研发先进技术。一是重点开发非常规油气资源勘查开发重大共性关键技术,以及适合我国资源特点的低品位矿、复杂共伴生矿、难选冶矿

的高效利用技术,突破一批尾矿等废弃物高值利用的技术,研发精细化产品的加工技术和应用技术。二是在高新技术和新材料产业、传统产业的技术进步和产业升级方面,以及环保产业发展方面开展科技攻关,并为相关产业发展提供资源保障,努力解决矿业发展不平衡不充分问题(鞠建华等,2019)。

(三)健全资源高效利用的约束和激励机制

资源高效利用的有效实施需要完善的体制机制来支撑,这是发展高效经济必不可少的外部条件。完善配套政策,强化政策导向,综合运用财政、税收、价格、金融、投资等手段,加大扶持力度,建立以经济调节为主、法律手段和行政手段为辅的调控机制。通过国债支持、财政贴息、银行贷款和企业自筹等方式,拓展资金渠道,建立稳定的多元化资金投入机制。推广高效经济试点示范工程,围绕"减量化、再利用、资源化"的中心,缓解资源压力、推进资源利用方式转变(唐宇,2014)。

持续推进"三率"指标体系建设,完善矿产资源开发利用水平调查评估制度,尽快建立激励约束机制,加大税费征收与"三率"指标挂钩的力度,扩大税费征收中"三率"指标调节系数的适用范围,通过经济政策促进优质矿山发展(鞠建华等,2019)。对高效利用较好的矿山企业,在同等条件下可优先获得采矿权;对高效利用较差的矿山企业,则酌情限制其采矿资格。

(四)加强科技进步与创新,增强科技支撑能力

建立资源高效利用的技术支撑体系。发展高效型的矿业经济要引入一系列的先进技术。继续研究制定推进资源高效利用的技术政策,加大科技投入,建立稳定的科研队伍,持续开展创新性技术的开发与研究。推进科技创新,推广应用能提高资源利用率、改善生态环境、提高经济效益的技术、工艺和设备,限期淘汰落后的采选方法、技术、工艺和设备等(唐宇,2014)。重点包括:提高复杂难处理矿、共生矿、中低品位矿利用率的主要支撑技术;提高贵金属共生矿、中低品位矿利用率的支撑技术;非金属矿深加工技术;开发高选择性低毒(无毒)选矿药剂;实现矿业废弃物资源化及矿山环境和生态修复的技术;开发尾矿、废石、冶炼烟尘渣的综合利用新技术;发展生产过程中节水和水循环利用技术;矿山生态修复技术;发展废旧金属及非金属再生利用技术等(陈从喜,2009)。

(五)建立完善矿产资源节约与高效利用指标体系

建立完善矿产资源综合利用的科学指标体系和评价指标体系,包括矿产资源共伴生资源综合利用率,废石围岩利用率和尾矿利用率,主要矿种的开采回采率、选矿回收率,矿产资源综合勘探、综合评价的指标;明确作为回采率计算基础的储量到底是工业储量还是可采储量还是批准开采储量,对企业上报的开采回采率、选矿回收率等有关数据的确定由国土资源部门定期或不定期检查、验收,并有权进行奖罚。建立和完善矿产资源综合开发利用标准体系、矿山资源综合开发利用的经济指标体系和评估验证体系。采用科学的方法综合评价矿山企业综合利用的水平。按技术可行、经济合理的要求,评价、监督矿山企业综合开发和利用工作(唐宇,2014)。

(六)充分发挥市场机制,促进资源合理高效利用

要充分发挥财政、税收、投资、价格等经济手段,提高资源的利用水平和利用效率。一是加大对矿产资源综合利用与循环经济示范试点项目的支持,通过直接投资或资金补助、贷款贴息、见面税收、价格调节等措施,充分发挥政府投资对社会投资的引导作用,支持企业开发贫困、复杂难选台矿等呆滞矿产;对

提高资源利用率的技术改造项目和综合利用项目,国家可给予提供信贷金融支持,享受国家财税优惠政策,积极引导企业开展矿产资源集约利用。二是加快推进资源性产品价格的市场化进程,建立反应资源稀缺程度的价格形成机制,充分发挥市场配置资源的基础性作用;加快制定鼓励性的财政税收政策,充分发挥市场机制和经济杠杆的作用,注重运用价格、财税、金融等经济手段促进资源的节约和有效利用,逐步建立健全有利于建设资源节约型社会的财税政策体系。三是对"两资一高"的产品出口和"一次性"且难以回收利用的产品实行限制政策,对严重浪费资源、破坏环境的产品课以重税,对主要责任人进行经济和法律的问责。四是继续扩大实施矿产资源综合利用示范工程,推进矿产资源领域循环经济的发展。将矿产资源综合利用继续纳入国家综合利用和循环经济优惠政策范围(陈从喜,2009)。

四、综合利用

综合利用矿产资源是我国矿业开发的基本方针之一。习近平总书记指出"要加强矿产资源勘查、保护、合理开发,提高矿产资源勘查合理开采和综合利用水平","要抓住资源利用这个源头,推进资源总量管理、科学配置、全面节约、循环利用,全面提高资源利用效率"。党的十九大报告也提出必须树立和践行绿水青山就是金山银山的理念,坚持以节约优先、保护优先、自然恢复为主的方针,形成节约资源和保护环境的空间格局、产业结构、生产方式、生活方式。

矿产资源综合利用工作要立足于节约资源和保护环境的基本国策,运用经济、法律、行政、技术手段,构建以"调查评价、技术进步、示范引领、建立标准、监测监管、激励约束"为核心的矿产资源综合利用长效机制,推动形成"调查监测数字化、梯级利用标准化、技术推广常态化、监管服务信息化、配套政策系统化"的矿产资源综合利用格局。

在全面贯彻新发展理念和碳达峰、碳中和战略的新形势下,国家对于资源节约和环境保护提出了更高的要求,中国矿业需要坚持高质量发展,加快发展循环经济,大力推动资源高效利用,不断提升绿色低碳发展水平和能源利用效率(李文超等,2022)。要不断开展综合利用水平监测、完善"三率"指标体系、加强信用监管、升级监管技术、健全激励约束机制等,持续提升综合利用水平。

(一)建立调查评估制度,摸清矿产资源开发利用水平

建立矿产资源开发利用调查评估制度,一是科学设计调查体系,真实反映矿产资源开发利用水平;二是强化信用管理,增强企业自律意识,由矿山企业积极主动如实填报数据;三是管理机关采取"双随机一公开"的方式,结合重点地区、重要矿山和社会监督反映的问题开展实地核查,确保调查数据的真实性;四是构建科学合理的调查评估工作机制,明确管理部门、矿山企业、第三方评估机构的职责分工和工作程序;五是以矿山企业开发利用水平为依据,推进财税优惠政策落地,根据新时代要求制定修订相关政策,建立激励约束政策体系。

(二)完善技术标准体系,构建矿产资源开发利用"三条线"

加快构建生态功能保障基线、环境质量安全底线、自然资源利用上线。随着资源管理政策的趋紧,应将用途管制扩大到矿产资源领域,坚持生态优先、区域统筹、分级分类、协同共治的原则,与生态保护红线制度和自然资源管理体制改革要求相衔接,进一步完善"三率"最低指标,研究制定领跑者指标,并将"三率"最低指标纳入行业准入条件。根据地区资源和环境承载力情况,研究矿产资源开发总量和强度控制的新制度、新政策,完善我国矿产资源开发利用技术标准体系。

(三)创新推广先进适用技术,全面提高矿产资源开发利用水平

目前,矿产资源的综合利用工作体系基本形成,该体系以政府为主导、以企业为主体,在技术指标的完善与技术水平提升上均取得了显著成效,进一步推进了矿产资源综合利用(周宏,2022)。一是政府引导与市场机制相结合,扶持技术服务平台的建设,引导鼓励大型矿业集团建立面向全球的专业技术推广服务机构,保护技术创新行为,为矿业技术创新形成产业化发展模式提供有利环境。二是将先进技术推广与调查评估成果相关联,参与激励约束。三是建立技术目录更新制度。通过评价和矿山反馈,评估技术使用情况和问题,及时增加和调整过时的技术内容。四是加大对战略新兴矿产、清洁能源矿产开发利用相关技术研发和推广的支持力度。采用财政、技术等综合政策,支持盐湖锂、晶质石墨、伴生天然气等资源的勘查开发及相关产业发展,鼓励技术创新和应用,着力解决矿业发展的不平衡不充分问题。

(四)加强矿产资源开发利用监管,推进资源管理方式转变

信用管理是现代社会监督管理的发展方向,完善强化矿业权人勘查开采信息公示制度,严格按照"双随机一公开"要求开展抽查,加强矿业权人异常名录管理,强化信用管理。积极与有关部门协调沟通,将矿业权人信用融入企业信用,与社会信用体系联网,推进矿业领域诚信体系建设,推动建立部门联合惩戒机制,构建"企业自律、社会监督、政府监管"共同治理新格局,推动管理方式根本转变。同时,严格储量报告、开发利用方案和压矿申请的审查,强化对矿山储量、资源利用、技术工艺等内容的监督(鞠建华等,2018)。

(五)制定差别化激励约束政策,增强矿山企业节约与综合利用内生动力

完善的经济激励政策是提高矿山企业节约与综合利用资源积极性的根本措施,建议将共伴生矿产、尾矿等综合利用形式纳入增值税和所得税优惠范围,完善"以奖代补"评价指标并对综合利用成效显著企业进行奖励,对企业开展技术升级改造进行资金支持。

一是将最常见的共伴生矿产综合利用纳入增值税和所得税优惠范围。共伴生矿产多是我国矿产资源的三大特点之一,将大量的以共伴生形式存在的金属矿产的综合利用纳入增值税和所得税优惠范围,将使这部分矿山企业对共伴生矿综合利用的积极性得到充分激发。二是将尾矿再选纳入优惠范围。由于早期开发中选矿技术工艺水平不高,尾矿中含有较多的有价元素,有的甚至超过当前的原生矿产,尾矿再选已成为生产建筑材料、空场充填后第三大综合利用方式。将尾矿再选纳入优惠政策中来,激励矿山企业吃干榨净。三是将矿山高于设计或核定开采回采率、选矿回收率生产的矿产品纳入优惠目录。每座矿山达到设计或核定指标即达到管理部门的考核要求,继续提高指标则需投入资金进行研发攻关和设备升级改造。如果将高于设计或核定指标而来矿产品相关增值税、所得税让渡给企业,则能大幅提高矿山积极性,资源也可得到充分利用。四是设立矿产资源节约与综合利用"以奖代补"专项资金。"以奖代补"作为一种事后奖励政策,得到了矿山企业、行业协会以及相关科研院所的广泛认可,极大激发了矿山企业开展技术改造和实施节约与综合利用的热情。五是加大对先进适用技术推广的资金支持。自2012年以来,国土资源部公告发布了4批210项节约与综合利用的先进技术。由于只是以公告的形式对社会发布,不带有强制性,矿山企业对自行投资技改的积极性不高,需要给予矿山企业一些实惠,以鼓励其转型升级(范继涛等,2016)。

（六）全面建设绿色矿山和绿色矿业发展示范区

矿业绿色发展是实现节约集约利用矿产资源的有效途径。一要因地制宜，结合各地实际，细化绿色矿山建设标准，完善配套政策和管理制度，全面推进绿色矿山建设。二要将绿色矿业发展示范区作为矿产资源管理制度改革创新平台，健全完善绿色矿业发展新机制，探索建设布局合理、集约高效、生态优良、矿地和谐的绿色矿业发展示范区，由点到面整体推进绿色矿山建设。三要将建设绿色矿山的要求贯穿于矿山规划、设计、建设、运营、闭坑全过程，完善配套支持政策，形成绿色矿业发展长效机制。矿业领域必须在观念、模式、管理、技术、工艺、装备等方面实现创新和绿色发展，在更好地发挥资源保障和产业支撑作用的同时，为生态文明建设和美丽中国建设作积极贡献，成为中华民族复兴伟大事业的主力军（鞠建华等，2018）。

第七章 青海省矿产资源节约与综合利用的对策建议

针对青海省矿产资源节约与综合利用方面存在的问题，韩生福（2012）、青海省国土资源厅（2015）、王岩（2018）、青海省国土空间规划研究院（2020）等均提出了符合实际且富有成效的对策建议，本书深入研究了青海省矿产资源的开发利用水平、矿山"三率"水平，在分析总结存在问题的基础上，结合前人的研究成果，提出了几点节约与综合利用方面的对策建议。

一、提高共伴生矿产资源的综合利用要求

对于新建矿山，凡是有共生矿产资源的必须同时开发、同时利用，严禁单一的开发方式；凡共生矿产不能综合利用的，原则上不予颁发采矿证。

对正在筹建或已经开发的矿山，其重要共生矿产综合利用问题暂不能解决的，应限定时间整改，配备相应的选矿工艺设备，然后再进行综合开发。

伴生矿产资源要逐步进行回收利用，并按照难易程度制定明确的时间表，通过政府引导，督促矿山企业组织科技攻关或引入先进的选矿工艺。

二、加强监督管理，提高矿产资源开发利用水平和效率

加强对矿山企业"三率"的监督管理，引导和强制矿山企业提高采、选技术水平，达不到要求的不得颁发、延续采矿许可证；新建矿山不得采用国家限制和淘汰的采选技术、工艺和设备；清理整顿采选技术指标低下、浪费资源严重的矿山企业；努力提高矿产资源开发利用技术水平，减少储量消耗和矿山废物排放；引导、鼓励矿山企业推广应用先进、适用的采、选矿技术和综合回收工艺，提高资源开采回采率和选矿回收率。

加强对矿产资源开发利用技术水平的监督管理。重点对矿产资源开发利用方案的审查、"三率"指标的考核、动用矿产资源储量的审批核销、闭坑地质报告审查等方面进行监督、检查；逐步建立和完善矿山开发利用方案审批制度、矿山督察制度、统计年报和年检制度、资源储量损失报批制度、矿山闭坑审查制度等。

三、加强矿产资源开发利用研究，提高资源的利用效率

加强低品位、难选冶矿石的开发利用工艺技术研究，为低品位、难选冶矿石的加工利用提供技术支持。

一是加强矿产资源勘查工作中的综合评价工作,将综合评价工作贯穿于矿产资源勘查工作的全过程,重点应加强共伴生矿产的综合利用工艺技术研究工作,为共伴生矿产资源综合回收提供依据;进一步开展青海省内已有矿床、矿山共伴生矿产开发利用工艺技术研究,为开展共伴生矿产资源的综合回收利用提供依据;根据资源现状,特别是盐湖共伴生资源现状,开展适销对路的产品研发工作,使盐湖矿产综合利用产品的市场空间进一步拓展,为盐湖矿产的综合利用提供市场空间。

二是开展青海省低品位、难选冶矿石的调查工作,摸清矿种、矿石种类、难选冶原因、数量等基础信息,为开展加工工艺研究提供依据;根据调查评价情况,应分门别类地开展加工工艺技术研究工作,采取政府引导、企业出资、依托科研院所及大专院校,高水平、高起点地开展低品位、难选冶矿石的选矿工艺技术研究。

四、开展综合利用及政策研究,提高资源保障

首先,加强低品位、共伴生矿产资源的综合勘查评价和综合利用;加强有色金属、贵金属矿产等共伴生矿产资源开采、选矿过程中的综合开发利用,加强盐湖资源的整体开发和综合利用;加强矿山固体废弃物、尾矿资源和废水利用,提高废弃物的资源化水平;研究推广煤矸石发电和建筑材料生产等技术和工艺,拓展金属和非金属矿山固体废弃物的综合利用领域,充分利用尾矿资源中的有用成分,提高矿山废水的循环利用效率。

其次,开展综合利用、低品位、难选冶矿石开发利用政策研究,为矿山企业开展节约与综合利用提供政策支持,一是通过政策研究,提出鼓励矿山企业开展节约与综合利用矿产资源在税收等方面的优惠措施。二是通过政策研究,制订对矿山企业开展节约与综合利用的奖罚办法,使管理部门的监管有法可依。

最后,建立严格的矿产资源综合利用监督管理和激励机制,将资源的综合利用情况作为年检和核证的重要内容;严格矿产资源综合勘查和综合评价的地质勘探报告评审备案制度;引导和支持矿山企业引进、推广先进的采、选矿技术和工艺,在技术可行和经济合理的范围内,最大限度地回收矿产资源;鼓励和支持矿山企业开展矿产资源节约与综合利用和节能减排;对暂不能综合开发或综合利用的矿产及含有用组分的尾矿,要采取有效保护措施。

五、加强宣传,提高矿山企业的积极性

采用各种形式开展节约与综合利用矿产资源的宣传工作,一是宣传节约与综合利用矿产资源的重要意义。二是通过算经济账,使矿山企业指导节约与综合利用能够产生较大的经济意义,有利可图,把节约与综合利用变为企业的自觉行动,变要求企业开展节约与综合利用为企业自己要开展节约与综合利用。

六、努力发展矿产资源领域的循环经济

以循环经济为指导,按照"再勘查、减量化、再利用、资源化"的原则,促进形成有利于节约资源、保护环境的资源开发利用模式。以矿山企业为主体,实施矿产资源领域循环经济发展示范工程,推进煤矸石、低品位难选冶的铁矿和金矿、共伴生有色金属、矿山固体废弃物和金属尾矿资源等综合开发利用,实

现开采减量而利用量不降低的目标,引导和带动矿产资源领域循环经济发展。探索发展循环经济的有效模式,大力推进绿色矿山建设,安全、环保、可持续地发展矿业经济。

重点推动柴达木盆地盐湖矿产综合开发利用工程,研究和开发盐湖矿产、循环经济产业链模式,努力实现矿业开发全过程的循环经济。通过示范工程建设,使柴达木地区的矿产资源开发利用的效率明显提高,单位产值的资源消耗明显降低,废物排放明显减少,环境污染降到最低程度,努力实现专业集成、投资集中、资源集约、效益集聚的矿产资源开发模式。

七、制定青海省矿产资源节约与综合利用鼓励、限制和淘汰技术目录及政策

为更好地促进青海省的矿山企业淘汰或者升级改造落后的生产技术和工艺设备,调整产业结构,推进采矿业高质量发展。青海省政府部门应当在国家限制和淘汰的技术目录以及自然资源部印发的《矿产资源节约与综合利用鼓励、限制和淘汰技术目录》基础上,按照全国矿产资源规划的统一要求,参照绿色矿山建设要求和相关规范,针对青海省的经济社会、自然生态环境以及矿山企业的生产工艺和技术装备特点,对于安全生产条件差、严重影响生态环境、生产效率低下、浪费资源的采选技术和工艺设备等,编制《青海省矿产资源节约与综合利用鼓励、限制和淘汰技术目录》,发布政策文件或公告,并对目录实时进行调整修订。充分发挥技术目录的政策导向作用,规定新建矿产资源开发项目不得采用限制类和淘汰类技术,已采用限制技术的,逐步淘汰落后产能。对于仍然使用限制和淘汰的技术工艺和装备,应督促企业加大改造力度,限制生产矿山在规定的时限内进行整改,限期内仍未进行改造升级的矿山,自然资源主管部门应依法依规责令其停工停产或者予以关闭。

此外,从政策上支持矿山企业与高校及科研院所开展交流、合作,建立长期的科学研究机制,尤其是技术方法落后、技术管理水平差、生产工艺设备陈旧的矿山。充分发挥高校及科研院所的理论优势、研究能力,结合矿山实际的现场条件,开展开发利用技术、工艺、装备的研发合作,改进、提高矿山企业的开发利用水平和劳动效率(青海省国土资源厅,2015)。

主要参考文献

毕献武,董少花,2014.我国矿产资源高效清洁利用进展与展望[J].矿物岩石地球化学通报,33(1):14-22.

陈从喜,2009.高效集约利用矿产资源提高资源保障能力[C]//中国经济循环经济论坛论文集,105-109.

陈婷,2015.青海省矿产资源开发的经济影响实证研究[D].北京:中国地质大学(北京).

范继涛,乔江晖,2016.关于矿产资源综合利用经济激励政策的思考[J].中国矿业,25(7):42-45.

冯国伟,聂孟圣,2020.提高铅锌选矿回收率的生产实践探析[J].中国金属通报(2):27-28.

工信部原材料工业司,2020.《有色金属行业智能工厂(矿山)建设指南(试行)》解读[J].有色冶金节能(3):1-4.

郭冬艳,孙映祥,陈丽新,2020.关于编制绿色矿业发展示范区建设方案的思考[J].中国矿业,29(7):57-60.

郭冬艳,杨繁,董煜,等,2022.青海省矿业绿色发展探讨[J].自然资源情报(1):37-41.

国土资源部矿产资源量司,2017.矿产资源量管理法规文件汇编(2017年版)[M].北京:地质出版社.

韩生福,李熙鑫,宋顺昌,等,2012.青海省矿产资源勘查开发战略研究[M].北京:地质出版社.

鞠建华,2020.构建中国绿色矿山建设的支撑体系[J].中国矿业,29(1):13-15.

鞠建华,2021.绿色发展引领中国矿业进入新发展阶段[J].中国矿业,30(1):1-4.

鞠建华,2022."双碳"目标背景下矿业发展新机遇与实现路径[J].中国矿业,31(1):1-5.

鞠建华,黄学雄,薛亚洲,等,2018.新时代我国矿产资源节约与综合利用的几点思考[J].中国矿业,27(1):1-5.

鞠建华,强海洋,2017.中国矿业绿色发展的趋势和方向[J].中国矿业,26(2):7-12.

鞠建华,王嫱,陈甲斌,2019.新时代中国矿业高质量发展研究[J].中国矿业,28(1):1-7.

康志军,2015.矿产资源新"三率"指标的构成及意义[J].华北国土资源,68(5):95-96.

李文超,王海军,王雪峰,等,2020.全国矿产资源节约与综合利用报告(2020)[M].北京:地质出版社.

李文超,王雪峰,薛亚洲,2022.新形势下矿产资源综合利用监督管理研究[J].中国矿业,31(8):16-19.

马金平,2010.矿产资源综合回收与利用[J].中国矿业,19(9):57-59,70.

潘彤,王福德,2021.青海省矿产资源探析[J].青海科技(6):39-44.

青海省柴达木综合地质勘查大队,2017.青海省大柴旦镇西台吉乃尔湖锂矿资源量核实报告[R].海西:青海省柴达木综合地质勘查大队.

青海省地质调查局,2022.青海省重要矿产资源勘查开发现状研究报告[R].西宁:青海省地质调查局.

青海省国土规划研究院,2008.青海省矿产资源节约与综合利用研究[R].西宁:青海省国土规划研究院.

青海省国土空间规划研究院,2003.青海省岩金矿产资源利用现状调查报告[R].西宁:青海省国土空间规划研究院.

青海省国土空间规划研究院,2020.青海省矿产资源开发综合利用调查评价报告[R].西宁:青海省国土空间规划研究院.

青海省国土资源厅,2015.青海省重要矿产资源"三率"调查与评价报告[R].西宁:青海省国土资源厅.

青海省矿业协会,1998.青海省矿业概况[M].西宁:青海人民出版社.

青海省统计局,2021.青海省统计年鉴(2020年)[R].西宁:青海省统计局.

青海省自然资源厅,2021.2020年度青海省矿产资源年报[R].西宁:青海省自然资源厅.

青海省自然资源厅,2021.青海省矿产资源储量简表(截至2020年底)[R].西宁:青海省自然资源厅.

唐宇,2014.我国矿产资源高效利用存在问题及对策建议[J].西部资源(3):63-64.

王淑丽,熊先孝,王炳铨,2019.中国矿产地质志(钾盐矿卷)[M].北京:地质出版社.

王伟超,文怀军,王宏宇,等,2020.青海地区煤盆地生态地质勘查分区分析研究[J].中国煤炭地质,32(2):8-12.

王岩,王丰翔,陆智平,2018.新形势下青海省矿产资源勘查开发可持续发展研究[M].北京:地质出版社.

王智纲,李栋,2020.浅析我国地质找矿与矿产资源的综合利用[J].中国资源综合利用,38(7):109-111.

吴琪,陈聪喜,崔新悦,2016.矿产资源开发利用现状及建议[J].中国矿业,25(12):21-26.

许国成,彭昕杰,成金华,2018.青海省绿色矿业发展的问题及对策研究[J].中国国土资源经济,31(2):24-28.

张福良,薛迎喜,马骋,2018.绿色勘查:新时代地质找矿新模式[J].中国国土资源经济,31(8):11-15.

张彭熹,张保珍,唐渊,1993.中国盐湖自然资源及其开发利用[M].北京:科学出版社.

钟家良,2017.探讨影响矿山开采回采率的相关因素及解决对策[J].工程技术(2):297.

周宏,2022.矿产资源节约与综合利用的发展现状与展望[J].价值工程,41(2):30-32.

周园,李丽娟,吴志坚,2013.青海盐湖资源开发及综合利用[J].化学进展,25(10):1613-1624.

朱欣然,乔江晖,李文超,等,2021.矿产资源节约与综合利用报告(2021)[M].北京:地质出版社.

邹正,2014.固体非能源矿产资源地下开采回采率登记评价探讨[D].南宁:广西大学.